वाणी प्रकाशन

नयी दिल्ली-110002

फोन : 3273167, 3275710 ● फैक्स : 3275710

e-mail : vani_prakashan@yahoo.com

vani_prakashan@mantraonline.com

रच

रचना और आलोचना की द्वंद्वात्मकता

कमला प्रसाद

ISBN 81-7055-812-3

वाणी प्रकाशन
21-ए, दरियागंज, नयी दिल्ली-110 002
द्वारा प्रकाशित

प्रथम संस्करण : 2001

मूल्य : 225.00

शुभम ऑफसेट, दिल्ली-110 032
में मुद्रित

RACHNA AUR ALOCHANA KI
DWANDWATMAKTA
by Kamla Prasad

"परिवार के लोगों ने मुझे दुनियाँ के बड़े परिवार तक फैलने का अवकाश दिया है, इसलिए मेरी यह कृति उनके ही नाम है—"

प्रथम संस्करण की भूमिका

कालिदास जब यह लिखते हैं कि, "पुरानमित्येव न साधु सर्वं न चापि काव्यँ नवमित्यवद्यम् सन्तः परीक्ष्यान्यतरद् भजन्ते, मूढ़ः परप्रत्यपनेय बुद्धिः" अर्थात् सत् समीक्षक रचना की भीतरी पहचान से राय कायम करते हैं तथा मूढ़ समीक्षक दूसरों की समाक्षाएँ पढ़कर धारणाएँ बनाते हैं, तो इसका आशय यह कि उस समय मौजूद आलोचना में मूढ़ आलोचक थे। इस तरह के आलोचक आज भी हैं। दरअसल आलोचक की मूढ़ता बहुत जल्दी पकड़ में आ जाती है। रचनाकार काफी समय तक अपनी दृष्टि और दिशा को छिपाकर रख लेता है, वह सस्ती लोकप्रियता पर खुश रह सकता है तथा उसके छद्‌म पर चोट करने वाले आलोचक को भला-बुरा कह सकता है। रचनाकारों में परस्पर प्रशंसा का समझौता संभव है। आज जब कला की विभिन्न विधाओं में अंतर्संबंधों की पुनः खोज शुरू हुई है, रचनाकार और आलोचक अलग-अलग पहचाने जाने के बजाए एक समय में एककृति की विधा से पहचाने जाते हैं। एक ही नागरिक कवि और आलोचक दोनों का कार्य करता है। आलोचक के नाते वह रचना का विवेक अर्जित करता है तथा रचयिता होने की वजह से तात्विकता को रचकर आकृतिबद्ध करता है। रचना में तत्वों की खोज आलोचक करता है तथा आलोचना में जीवनी-शक्ति का समावेश रचना की अंतरंगता में डूबने से होता है। दोनों विधाओं का संबंध द्वंद्वात्मक होता है और इस संबंध से दोनों का भला होता है, यानी गति आती है। एक व्यक्ति यह काम करे जैसा कि निराला और मुक्तिबोध ने किया या दो व्यक्ति अलग-अलग करें—जैसा कि नागार्जुन और नामवर सिंह ने किया—कोई हर्ज नहीं। एक व्यक्ति करता है, तो खतरा है कि वह अतिशय निजी पसंद का सामान्यीकरण आलोचना में न करे जैसा कि अज्ञेय ने किया और दो अलग-अलग व्यक्ति करते हैं, तो खतरा है कि कहीं आलोचक किसी कारणवश रचना से संपर्क छोड़कर निष्कर्ष न निकाल ले, जैसा कि शास्त्रवादी आचार्यों ने किया। इस रास्ते में स्वस्थ मार्ग बहुत पेचीदा है। इसमें धैर्य की जरूरत है तथा अनुपात के निर्वाह की। यह निर्वाह द्वंद्वात्मक संबंधों के बगैर असंभव है। द्वंद्वात्मक संबंधों

के होने का आशय दोनों में परस्परता, सहजता, मैत्री और टकराव होता है। दोनों एक-दूसरे के प्रति सजग रहते हैं। दोनों के मानस में एक-दूसरे की अदृश्य उपस्थिति होती है। कालिदास, भवभूति, राजशेखर और रामचंद्र शुक्ल में यह उपस्थिति दिखती है, रामविलास शर्मा ने निराला और नामवर सिंह ने मुक्तिबोध की उपस्थिति स्वीकार की है। कई बार दोनों विधाओं में काम करते हुए लोग यदि एक साथ रहते हैं, तो सहयोगी होते हैं। निराला और रामविलास शर्मा साथ-साथ रहे और दोनों ने एक-दूसरे में अपने कलात्मक व्यक्तित्व को भरा—उनमें द्वंद्वात्मक संबंध रहे—परिणाम क्या हुआ, यह कि आलोचना और रचना दोनों में विकास हुआ।

रचनाकार और आलोचना—दोनों के संबंध एक-दूसरे के लिए सहायक तब होते हैं, जब वे अपने काल की जीवन पद्धति से जीवंतता के साथ जुड़े होते हैं। जीवन के प्रति लगाव के कारण ही वे परस्पर खुलते एवं खिलते हैं। जीवन में जब मानवीय संबंध अलगाव पूर्ण रहते हैं—तब कला का संसार शून्य का आनंद खोजता है और जब मैत्रीपूर्ण—तब मानवता की अजस्त्र धारा कला से फूटती है। शाश्वत और सार्वकालिक धारा अलगावपूर्ण संबंधों के चलते नहीं बनती। हाँ, यह बात अलग है कि कोई भी रचना ऐसी नहीं होती—जिसमें सहज और स्वाभाविक मानवीय राग पूरी तरह सूख जाए। यह तो मनुष्य का मूल गुण है कि यदि वह जिंदा है तो उसमें परस्परता का रस मौजूद होगा। इसीलिए आज हम अपावन ठौर में पड़ी मानवीय धारा की भी खोज करते हैं। यह काम मार्क्सवादी आलोचक गंभीरता से करते हैं, दूसरे लोग पक्षपातपूर्ण तरीके से। पक्षपात—देखने में एक व्यक्ति के लिए दिखते हुए—वह अंततः वर्गीय हो जाता है। हम चाहते हैं कि वर्गीय संबंधों में आलोचक मानवीय धारा की खोज वर्गहीन समाज की रचना के लिए संयोजित कर शक्तिशाली बनाएँ। इसी के लिए रचना और आलोचना भी अपना काम करें।

"रचना और आलोचना की द्वंद्वात्मकता" पुस्तक में कुल पाँच अध्याय हैं। क्रम है—मूल्य और संस्कृति, रचनाकार : व्यक्तित्व का अर्जन, रचना अनुभव : रचना प्रक्रिया, आलोचना की प्रक्रिया, रचना और आलोचना की द्वंद्वात्मकता। शुरुआत में व्यवस्था से संस्कृति के उदय और मूल्यों के निर्माण की खोज का प्रयास है। अगली स्थिति है कि रचनाकार समाज में रहकर अपने व्यक्तित्व का कैसे विकास करता है। समाज से उसके ऐंद्रिय संबंध ही विकास के मूल में हैं और संबंधों के मूल में संघर्ष। प्रतिभा, प्रेरणा, स्फुरण, व्याप्ति, सृजनशक्ति संघर्ष पूर्ण संबंधों से अर्जित गुण हैं, जो रचनाकार में आते हैं। 'रचनाकार पैदा होते हैं'—जैसी अवधारणा को यहाँ अस्वीकार किया गया है। 'रचना अनुभव : रचना प्रक्रिया' के खंड में रचनाकार की उस रचनात्मक वापसी का वृत्तांत है—जो कृति के रूप में होती है। मुक्तिबोध ने इस वापसी को "कला के तीन क्षण" में कहा है। संभव है कि मेरे विश्लेषण में "एक साहित्यिक की डायरी" का प्रभाव हो। पुस्तक का दूसरा पक्ष रचना की ही

तरह आलोचना की प्रक्रिया खोजकर अंततः 'रचना और आलोचना की द्वंद्वात्मकता' की तार्किक सीमा में लाने का प्रयास किया गया है। हिंदी में ऐसी पुस्तक न थी, इसलिए मैंने यह काम चुना। इसकी सफलता आप जानें। यहाँ एक वादा करता हूँ कि इस पुस्तक में जिन सिद्धांतों का चयन मौजूद है, दूसरी पुस्तक में ''आधुनिक हिंदी कविता के विकास की खोज'' इसी परिप्रेक्ष्य में करूँगा। सिद्धांतों के मामले में मैंने संस्कृत, हिंदी, अंग्रेजी तथा समाजवादी देशों की कला के सिद्धांतकारों को स्पर्श करते हुए तुलनात्मक बहस छेड़ी है, व्यावहारिक काम में भी ज्यादा से ज्यादा व्यापक होने का उपक्रम रहेगा। मेरी राय में यह कुल काम ''रचना में सौंदर्य'' तथा ''आलोचना में सृजन'' के अनुशीलन के लिए है।

इस पुस्तक की तैयारी मैंने विश्वविद्यालय अनुदान आयोग की सीनियर फेलोशप के तहत की है। इस बीच जाने-अनजाने अपनी रचना परंपरा की खोज में मुझे अनेक सुधी आलोचकों-रचनाकारों का सहयोग मिला है। मैं उनका ऋण स्वीकार करता हूँ—अनाम। सागर विश्वविद्यालय में हिंदी विभाग से पाई प्रेरणा के कण भी इसमें झलकेंगे--इसमें संदेह नहीं। वह मेरी संस्कार भूमि है, संस्कारों की तरह ही मुझमें रहेगी।

भोपाल
1 दिसंबर, 1981

—डॉ. कमला प्रसाद

दूसरे संस्करण के समय

'रचना और आलोचना की द्वंद्वात्मकता' का दूसरा संस्करण प्रकाशित होते देख मुझे बहुत प्रसन्नता हो रही है। यह इसलिए कि पहले संस्करण के बाद बहुत कम पुस्तकें होती हैं जिनका दूसरा संस्करण आवश्यक लगता होगा। उनके प्रकाशन में दिलचस्पी दिखाई पड़ती होगी, इस किताब का पहला संस्करण वर्षों पहले समाप्त हो गया था। सोचता रहता था कि दूसरी आवृत्ति हो। अचानक बल्लभ विद्यानगर में नामवर जी ने कहा कि इस पुस्तक को शीघ्र ही फिर छपना चाहिए।

साहित्यवाणी इलाहाबाद के प्रकाशक चाहते तो थे कि दूसरी आवृत्ति वे ही करें, पर उनके इस व्यवसाय में कुछ शिथिलता आ जाने से संभव न हुआ। मैं कृतज्ञ हूं कि उन्होंने मैत्रीभाव से इस पुस्तक के अन्यत्र छपने में आपत्ति नहीं की। इस पुस्तक का हिंदी पाठकों के बीच स्वागत हुआ है। मुझे अनेक पत्र मिलते रहे हैं। पत्रिकाओं में इसकी व्यापक समीक्षाएँ हुई थीं। कारण यह था कि हिंदी में 'रचना और आलोचना' के संबंधों पर कुछ लेखों के अलावा कोई सैद्धांतिक पुस्तक नहीं लिखी गई थी। मैंने पुस्तक की तैयारी के लिए पूर्वी-पश्चिमी शास्त्रीय चिंतन को टटोलने का प्रयास किया। कण-कण में बिखरे सच का संश्लेष इस पुस्तक में मौजूद है। रचना और आलोचना का संबंध निर्गुण नहीं है। यह नैतिक प्रश्न होते हुए सामाजिक हिस्सेदारी से जुड़ा है। लेखक और आलोचक की समाज के प्रति क्या दृष्टि है और उसके रचनात्मक निहितार्थ क्या हैं, इसी से उसकी रचना का धरातल बनता है और आलोचना का भी। आलोचना कर्म में प्रवृत्ति के पूर्व या कृति विशेष का चयन करने में लेखक की सामाजिक दृष्टि अहम् भूमिका अदा करती है। वह सोचता है कि वह क्या चुने और क्या त्याग दे। बीसवीं शताब्दी में सक्रिय होकर कोई आलोचक वाल्मीकि और कालिदास में रुचि लेता है, और कोई अपने समय की कृतियों में विश्राम करता है। रामायण या रघुवंश का पाठक आज की अपनी आंतरिक जरूरत से उतनी दूर तक जाता है। जीवित आदमी की जरूरत भी जीवित और प्रासंगिक होती है। न हुई तो समझना चाहिए कि वह एक व्यर्थ का आदमी है। उसकी भीतरी जरूरत

केवल उपभोक्ता वस्तु की है। वह भोगी आदमी है। वह समय से कटा रईस आदमी है या मनोरोगी। कोई राजा हो उससे फर्क नहीं पड़ता। वह कठौती के पानी को समुद्र समझता है। वह रीतिबद्ध है।

अतीत की महान कृतियों का समकालीन पाठ नई अर्थवत्ता प्रदान करता है। इसीलिए वे कृतियाँ बार-बार पढ़ी जाती हैं और भिन्न-भिन्न अर्थ देती हैं। नए प्रश्नों की जिज्ञासा में वे नया समाधान सूत्र देती हैं। इसका अर्थ यह नहीं कि उन कृतियों में वह सारवस्तु पहले न थी। जैसे अणु की मूलभूत ताकत को आज के वैज्ञानिकों ने पहचाना है। यह ताकत पहले भी थी, खोज नहीं हो पाई थी। किसी भी वस्तु का रूप आदिम है। आदिम रूप में देश-काल की गति से परिवर्तन होता आया। रूपांतरण हुआ। उसका मूल कई-कई रूपों से गुजरा। नष्ट नहीं हुआ। केवल रूप बदला। बीसवीं शताब्दी का अन्वेषी जब उसे टटोलता है, तो उसकी मनोरचना में जो रोशनी है, रोशनी की जो दिशा है, जहाँ रोशनी रुकती है, वही हिस्सा उसकी पकड़ में आता है। सृजित वस्तु का एक बार में एक ही पक्ष उद्‌घाटित होता है। बार-बार टटोलने से उसके अनेक पक्ष प्रकट होते हैं। आलोचना का विकास इसी रूप में बड़ा दिलचस्प है। हम देखते हैं कि कालिदास की कविता उनके काल से लेकर आज तक गृहीता को जिस तरह दिखी, उसमें क्रमशः भारी अंतर है। हजारी प्रसाद द्विवेदी, रामविलास शर्मा, नामवर सिंह, देवीशंकर अवस्थी, धनंजय वर्मा में एक तरह से नहीं दिखी। आलंकारिकों की और भी भिन्न दृष्टि थी। राधा वल्लभ त्रिपाठी समकालीन रुचियों से प्राचीन गौरव ग्रंथों को देखते हैं तो उनके भीतर कई तरह की परंपराएँ दिखती हैं। एक वस्तु में निहित कई परंपराएँ दरअसल कई छबियाँ हैं। इससे क्या यह निष्कर्ष नहीं निकलता कि आलोचक की रचनात्मकता अनुगामिनी शक्ति नहीं है। उसमें अन्वेषण और सृजन की प्रतिभा होती है। इसके विपरीत श्रेष्ठ रचना वह है जिसमें सृजन की संपूर्ण संभावनाएँ मौजूद हों। उत्तेजना मात्र से जो न रची गई हो, वरन्, प्रवहमान काल की संगति से जिसका रूप बना हो। मतलब कि जो वस्तु अपना रूप स्वयं लाई हो। रचनाकार अपनी रचना प्रक्रिया में सृजन के प्राकृतिक नियमों की खोज करता है और उन्हीं नियमों से दूसरा नया रूप तैयार कर देता है। सारी कलाएँ सृजन के स्वतः उद्‌भूत नियमों से ही रची जाती हैं। आलोचक जब तक स्वतः उद्‌भूत नियमों का अन्वेषक और सर्जक नहीं होता, वह रचना पारखी नहीं होता। दोनों की प्रक्रिया में परिप्रेक्ष्य, गहराई और अर्थापन की शक्ति होती है।

रचना और आलोचना के संबंधों की खोज के प्रयास में अनेक दृष्टियाँ सक्रिय रहती हैं। आलोचना को इसीलिए कई विशेषणों से संबोधित किया जाता है। इधर रचनात्मक आलोचना का प्रचार हुआ है। हिंदी में एक स्कूल इस प्रचार में सक्रिय है। रचनात्मक आलोचना से उनका अभिप्राय रचना का मूल्यांकन साहित्येतर प्रतिमानों से न करना है। इसके अलावा वे कहते हैं कि मूल्यांकन की कोशिश रचना के भीतरी

तत्त्वों के विश्लेषण से ही हो। मूल्यांकन का पहला उपकरण भाषा हो। रचना उनकी निगाह में भाषा का संसार है। मुझे लगता है कि कोई भी आलोचना रचनात्मक होकर ही सार्थक होती है किंतु उसके रचनात्मक होने का परिप्रेक्ष्य साहित्य से बाहर होता है। रचना और आलोचना दोनों का प्ररिप्रेक्ष्य बाहर रहता है—समाज में। परंपरा के अवगाहन के बिना गहरी दृष्टि नहीं आती, गहरा कुआँ वही होता है, जिसमें ऊपर से आया पानी भीतर बह रहे पानी से मिल जाए। मूल्यांकन का उपकरण परिप्रेक्ष्य और गहराई से आता है। नामवर सिंह ने कहा कि रचना के मूल्यांकन का प्रतिमान सार्वकालिक और सार्वजनिक नहीं होता। रचना के मनस्तत्त्वों का विश्लेषण करने से रचनाकार की क्षमता और क्षमता का रचनात्मक रूपाकार स्पष्ट होता है। यहीं से मूल्यांकन की प्रक्रिया शुरू होती है। भट्टतोत ने कहा था, "कालौभूत भविष्यन्तौ वर्तमान भवीविशत्" अर्थात रचना प्रक्रिया में अतीत से लेकर वर्तमान तक का प्रवाह वर्तमान हो जाता है। यही स्थिति रचना की गहराई के लिए आवश्यक है और वहाँ तक पहुँचे बिना आलोचना में गहन दृष्टि नहीं आती। भवभूति ने आलोचना के उथले में तैरने की आदत के कारण कहा था कि महान रचना के मुल्यांकन के लिए समानधर्मा की प्रतीक्षा लंबे समय तक करनी पड़ती है। रचना और आलोचना में वैरभाव इसी दूरी के कारण पैदा होता है। रचनाकाल और आलोचक एक साथ अपने दायित्व का निर्वाह करते नहीं दिखते। आज की परिस्थिति में साधना के बिना साध्य मंडराता रहता है।

'रचना और आलोचना की द्वंद्वात्मकता' एक सैद्धांतिक पुस्तक है। इसके निरूपण में मेरी दृष्टि मार्क्सवादी रही है। लोगों की आपत्तियाँ यह रही हैं कि मार्क्सवाद रचना के लिए न स्थायी दृष्टि है और न समीक्षा के लिए। मैंने इस आपत्ति का उत्तर पुस्तक के भीतर दिया है। मेरी समझ है कि मार्क्सवाद केवल दर्शन या वाद नहीं है। यह वैज्ञानिक दृष्टि है। सारतः यह वैज्ञानिक दृष्टि ही है रहस्य भेदन में इसकी रुचि है। नितनूतन होना इसका स्वभाव है। अपने प्रति निर्मम होना इसके लिए आवश्यक है। निष्कर्षों के गलत होने में इसे लज्जा नहीं लगती। स्थितियाँ बदल जाती हैं, नए तथ्य मिल जाते हैं तो निष्कर्ष बदलेंगे ही। यह पतन और ह्रास विरोधी दृष्टि हैं। समग्रता में विचरण इसका मार्ग है। इस आलोक में मार्क्सवाद को दूर से देखने से ही दुराग्रह रह सकते हैं।

मुझे भरोसा है कि जिन पाठकों के पास पहले यह पुस्तक नहीं पहुँच पाई थी, वह इस बार पहुँचेगी। वाणी प्रकाशन के प्रमुख अरुण महेश्वरी का आभारी हूँ कि उन्होंने इस पुस्तक के दूसरे संस्करण में रुचि ली।

दिनांक : 1 जनवरी, 2001

—कमला प्रसाद

क्रम

मूल्य और संस्कृति 15

रचनाकार : व्यक्तित्व का अर्जन 44

रचना अनुभव : रचना प्रक्रिया 86

आलोचना की प्रक्रिया 147

रचना और आलोचना की द्वंद्वात्मकता 191

मूल्य और संस्कृति

मूल्य

मनुष्य एक सक्रिय सामाजिक है। सक्रियता के लिए उसके तीन आयाम होते हैं। पहला–बौद्धिक संकल्प, द्वितीय–शारीरिक हलचल, तृतीय–बाह्य जगत के साथ मुठभेड़। इनके बिना मनुष्य सक्रिय नहीं रह सकता। इन्हीं के कारण घटनाएँ होती और विचार बनते हैं। प्रश्न है कि मनुष्य के बौद्धिक संकल्प, शारीरिक हलचल और बाह्य जगत से मुठभेड़ का कारण क्या है ? क्या यह उसकी इच्छा पर निर्भर करता है ? इतिहास में उनके उत्तर के लिए लगातार मंथन हुआ है। मंथन के लिए जिन चिंतकों ने आदिम साक्ष्य प्राप्त किया और आदमी की विकास मान अवस्थाओं के भीतरी नियमों को जांचा वे सच्चाई के समीप रहे। जिन चिंतकों ने साक्ष्य से परे जाकर निरपेक्ष अनुशीलन का रास्ता पकड़ा, ये रचना की अनिवार्य शक्तियों से दूर रहे। इतिहास में ऐसी स्थितियाँ पर्याप्त हैं, जहाँ चिंतकों ने अज्ञानता का दर्शन इसलिए गढ़ा, क्योंकि वे वर्गीय हितों के रक्षक रहे हैं। उन्होंने समूह के लिए उस तरह की नैतिकता की स्थापना की। अर्जुन को उपदेश देते कृष्ण का कहना "प्रत्येक धर्म और आदर्श को भाग्य को सौंपकर तू मेरी शरण में आ"[1] आकस्मिक नहीं है। यह समूह की गण प्रजातांत्रिक नैतिकता के ऊपर वर्ग नैतिकता की स्थापना है। "गीता ने तमाम मानवों को एक सार रूप में पृथक कर दिया जिसे आत्मा कहते हैं। यद्यपि यह आत्मा शरीर में बंद है, फिर भी यह उससे भिन्न है।"[2] गीता का प्रसंग इसलिए उल्लेख्य है क्योंकि अपने जन्म काल से अब तक वह वर्ग नैतिकता के खिलाफ जन उभार के दबाने में औजार के रूप में रही। उसमें गांधी, अरविंद घोष, तिलक, संत ज्ञानेश्वर, वैष्णव आचार्यों और शंकर को इसी से जीवन सूत्र मिले। गीता वस्तुतः "पूर्ण विकसित सामंतवाद का सारतत्त्व है वैयक्तिक निष्ठा की शृंखला जो अनुजीवी (आश्रित व्यक्ति) को सरदार से, आसामी को मालिक से और सामंत को सम्राट से बाँधे रखती है।"[3] वे इतिहासकार जो इस वर्गीय नैतिकता की ऐतिहासिकता को

मानवीय विकास का आधार मानते हैं, वे जीवन की पूरी सच्चाई से कोसों दूर होते हैं। वे इतिहास का समग्र अनुशीलन नहीं करते। उनकी चिंता साक्ष्य चयन की नहीं होती। वे देखते हैं कि मनुष्य कितना गतिशील है, पर उस आँख को गतिशीलता के नियमों तक नहीं जाने देते। ऐसे चिंतक और इतिहासकार वैज्ञानिक शब्दावली में भाववादी होते हैं।

इतिहास के अध्ययन की नई धारा ने जन्म ले लिया है। वह धारा वैज्ञानिक चिंतन की है। उसकी मूल प्रतिज्ञा है कि कोई घटना या कार्य बिना कारण के नहीं होता। कारण और कार्य का स्थान भौतिक जगत है। इस अवधारणा ने अब तक के मानवीय विकास के लिए उत्तरदायी साक्ष्यों का उपयोग किया है। इसने जाना कि मनुष्य की मूल इच्छा और आवश्यकता भोजन से संबद्ध है। भोजन की इच्छा और उसके लिए उत्पादन का क्रमिक विकास समूचे इतिहास की जीवनीशक्ति है। इच्छा और पूर्ति के द्वंद्व ने ही मानवीय चेतना को बिकसित किया है तथा पूर्ति की पद्धतियों को भी। दोनों की विभिन्न पद्धतियाँ प्रत्यक्ष होती गईं। यही पद्धतियाँ सभ्यता और संस्कृति के मूल में हैं। बौद्धिक संकल्प, शारीरिक हलचल एवं बाह्य जगत में मनुष्य के क्रियाकलापों ने ही उसकी बौद्धिकता की नींव रखी बाद में दोनों का एक-दूसरे के साथ द्वंद्वात्मक संबंध जारी रहा। वाह्य जगत, में जो औजार के रूप में बार-बार नए रूप में रचा गया—वह विज्ञान बना और आंतरिक संसार में जो बोध-राग का सक्रिय तेजस्वी कोश बना वह ज्ञान कहलाया। दोनों की संगति समाज के भीतर होती रही। संस्कृति इन्हीं मानव समूह के विभिन्न कार्यकलापों का पुंज है। इस पुंज में क्रिया है तो ज्ञान भी। आचरण है तो मूल्य भी। समाज और संस्कृति, बोध और क्रिया के व्यापार में एक-दूसरे से जुड़े हैं। रमेश कुंतलमेघ का निष्कर्ष उचित है कि "समाज को मानवों का संगठित समूह माना जाता है। इसी वजन पर सरल और सुलभ आवधारणा के अनुसार संस्कृति को उन विचारों आइडियाज, आदतों, अनियोजित संवेगात्मक प्रतिबोधों (कंडीशंड इमोशनल रेस्पांस) आदि के संगठित समूह कहा जाता है, जो एक समाज के मनुष्यों के सामाजिक समूहों द्वारा सहानुभूति होते हैं। अतः संस्कृति (समाज के माध्यम से) मनुष्य तथा आचार-विचार को एक तालनत्व प्रदान करती है। फलतः वह आंतरिक एवं वाह्य रचना, दोनों में प्रस्फुटित है। संस्कृति मूल्य एवं प्रतीक से संबद्ध होने के कारण मनुष्य की बोधात्मक, रागात्मक एवं क्रियात्मक चेतना की प्रतीति है। इसीलिए विज्ञान, दर्शन; नैतिकता, कला, काव्य, कानून आदि विभिन्न सांस्कृतिक रूप हैं जो सामाजिक चेतना की देन हैं।[4] स्पष्ट ही है कि सामान्य सामाजिक चेतना अपनी विशिष्टता में विज्ञान, दर्शन, नैतिकता, कला, कानून के रूप में आकृति प्राप्त करती है। मूल्य भी सामाजिक चेतना से निर्धारित होते हैं। "मूल्यों का अर्थ है, परिघटनाएँ, वस्तुएँ, विचार आदि, जिनका मनुष्य को अपने भौतिक तथा बौद्धिक कार्यकलाप के दौरान में सामना करना पड़ता है, जो उसके लिए एक विशेष

मानी रखते हैं और जिनसे उसकी आवश्यकताएँ पूरी होतीं तथा हित साधन होता है मूल्य-मानक दरअसल ऐसे प्रमाप हैं, जिनसे वस्तुनिष्ठ जगत की परिघटनाओं और मनुष्य के भौतिक तथा बौद्धिक कार्यकलाप के परिणामों के प्रति किसी व्यक्ति (सामाजिक समूह, वर्ग, समाज) का सकारात्मक अथवा नकारात्मक रवैया निर्धारित होता है। मूल्य मानकों से मनुष्यों को संतान, सामान्य रूप से रचनात्मक कार्यकलाप तथा उनके सामाजिक आचरण में निर्देशन मिलता है।''[5] इतना तय होने के बाद कि सामाजिक चेतना ने अनेक रचनात्मक विधाएँ अर्जित की हैं–यह भी उल्लेख्य है कि सामाजिक चेतना मनुष्य के विकास का ऊपरी ढांचा है और ऊपरी ढांचा अपने-आप आजाद नहीं होता। वस्तुओं का दृश्यरूप, घटनाओं की तात्कालिकता और विचारों की नीयत और दिशा के भीतर वे अरूप और गतिशील नियम सक्रिय होते हैं–जिनके कारण ढांचे की रचना होती रहती है। वे सक्रिय नियम के रूप में अभिव्यक्ति प्राप्त करते हैं। ढांचे और नियमों को जोड़ने वाले नियमों का अध्ययन वास्तव में सृष्टि का अध्ययन है। वह सामान्य और विशिष्ट दोनों हैं। इन नियमों के अध्ययन का लक्ष्य तय है, इसलिए कि उसे सृष्टि का अध्ययन करना है, कि उसे ढांचे और नियमों के अंतर्संबंध को पहचानता है, अतएव यह समूचा अध्ययन कर्म दर्शन का विषय है। अध्ययन की प्रक्रिया साक्ष्यमूलक है, इसलिए वैज्ञानिक है। दर्शन के क्षेत्र में मानवीय बोध और क्रिया भी सम्मिलित हैं। कारण कि मनुष्य समाज की उपज है और समाज प्रकृति के साथ विशेष नियमों से चालित अंतर्संबंधों की उपज। इससे प्रकृति, समाज और मनुष्य के एक साथ सापेक्ष अध्ययन अनिवार्य हैं–नियमों की सार्वभौमिकता और सार्वत्रिकता इस सहकारी अनुशीलन के बिना संभव नहीं। मूल्यों अथवा क्रियाकलापों के मानकों की निर्मिति इसी अनुशीलन का परिणाम होगी।

दर्शन की साक्ष्य मूलकता

दुनिया के दार्शनिक चिंतन में साक्ष्य मूलक और कल्पना मूलक दोनों तरह की अवधारणाएँ मौजूद हैं। कल्पना मूलक अवधारणाएँ इसलिए व्यवस्थित रहीं, क्योंकि वे शासकों के हित में थीं। साक्ष्य मूलक अवधारणाएँ अपनी अव्यवस्था में ही सही, आज उसके कारण सृष्टि और मनुष्य के अंतर्संबंधों का वैज्ञानिक अध्ययन संभव हुआ। भारत में उपेक्षित किंतु साक्ष्य मूलक अवधारणाओं में प्रमुख चार्वाक की परंपरा ने इतिहास के विकास के नियमों की पहचान दी है। दर्शन के क्षेत्र में साक्ष्य मूलक प्रवृत्तियों का शक्तिशाली उभार जर्मन दार्शनिक कांट, हीगेल, फायरवाख के समय में हुआ। इसे मार्क्स और एंगिल्स के चिंतन ने परिणति दी। कांट, हीगेल और फायरवाख के तत्त्व चिंतन में ऐसे भौतिक आधार मौजूद हैं–जो आगे के चिंतकों को विश्लेषण का आधार दे सकें। कांट ने ईश्वर की सत्ता को स्वीकार तो किया परंतु प्राकृतिक विज्ञान के अध्ययन में उसने प्राकृतिक शक्तियों की गतिशीलता पहचान ली। हीगेल

कांट के आलोचक थे, पर वे भी वस्तुगत सत्ता को प्राथमिक नहीं मान सके। उन्होंने माना, "हर वास्तविक चीज जहाँ तक कि व्रह सत्य है, भावना है और उसकी सत्यता केवल भावना से और भावना के प्रताप से ही है।"[6] इन दोनों की कमजोरियों को दूर किया—फायरवाख ने। उन्होंने भावना और धर्म की कल्पना मूलक सत्ता को अस्वीकार किया। उन्होंने भावना की निरपेक्ष सत्ता का महत्त्व ढहा दिया। मार्क्स और एंगेल्स ने हीगेल, फायरवाख के मूल आधारों को ही आगे बढ़ाया। दोनों विचारकों को यह सूत्र फायरवाख में ही मिला था, "पदार्थ मस्तिष्क की उपज नहीं है वरन् उसके विपरीत मस्तिष्क पदार्थ की सर्वोच्य सृष्टि मात्र है। यही वास्तव में विशुद्ध भौतिकवाद है।"[7] मार्क्स और एंगेल्स ने भौतिकवादी चिंतन की परंपरा को आत्मसात कर उसका व्यावहारिक विश्लेषण किया और पूर्व की कमजोरियों को दूर कर उसे ठोस सैद्धांतिक अस्तित्व में ला दिया। उन्होंने प्रकृति में परमाणुओं के कणों से विराट ब्रह्मांड के पिंडों तक की गतिशीलता के नियमों की जांच की। मनुष्य के ऊपर इनके प्रभाव, उसके खुद के विकास के नियमों की पड़ताल भी की। बताया कि सृष्टि का अस्तित्व मनुष्य और उसकी चेतना के पूर्व से है। वह स्वतंत्र है। उसी ने अपने क्रियाकलापों एवं निहित नियमों के परिणाम से आदमी को जन्म दिया। आदमी के आने के बाद सहयोग के दो ध्रुव हो गए, प्रकृति और मनुष्य। दोनों का संबंध सहयोग और संघर्ष का रहा। चेतना उसी संबंध की देन है। मार्क्स और एंगेल्स के अनुसार पदार्थ या वस्तुओं में पृथकता नहीं है। पदार्थ सभी वस्तुओं (मनुष्य भी) के गुणों, गुणधर्मों और पार्श्वों, संपर्क और घात-प्रतिघातों में सामान्य बुनियादी समानताओं की इकाई है। लेनिन लिखते हैं, "पदार्थ वस्तुगत यथार्थ का इंगित करने वाली एक दार्शनिक परिकल्पना है, जो मनुष्य को उसकी संवेदनाओं से प्राप्त होती है, और जो हमारी संवेदनाओं से स्वतंत्र रहते हुए उनके द्वारा अनुकृत, फोटो चित्रित और प्रतिबिंबित होती रहती है।"[8]

सामाजिक चेतना का दर्शन

चेतना के वस्तुगत स्रोत और उसके सच्चे दार्शनिक निरूपण को द्वंद्वात्मक भौतिकवाद कहा गया। भौतिकवाद इसलिए कि उसकी ही सत्ता प्राथमिक है। द्वंद्ववादी इसलिए कि पदार्थ गतिशील होते हैं। कुछ निश्चित नियमों के अधीन पदार्थ की गतिशीलता जारी रहती है। "गति पदार्थ के अस्तित्व की विधि है। गति के बिना पदार्थ कहीं भी न तो रहा है, न रह सकता है।"[9] पदार्थ में परिवर्तन का कारण यही गति है। गति सीधी नहीं होती। वह पदार्थ के भीतर विपरीतों की एकता और संघर्ष, परिमाण से गुणात्मक परिवर्तन और निषेध का निषेध के नियमों से घटित होती है। इन्हीं नियमों के कारण भौतिकवाद द्वंद्वात्मक अथवा द्वंद्ववाद है। ये नियम प्रकृति और समाज में एक साथ लागू होते हैं। लागू ही नहीं—उनकी परंपरा से बँधे भी हैं। प्रकृति और

समाज के अंतर्संबंधी "अनिवार्य संबंध ही नियम हैं।"[10] नियमों का चरित्र वस्तुगत होता है। प्रकृति के अध्ययन में भौतिकवाद ने स्थापना की कि प्रत्येक वस्तु का अस्तित्व स्थान और काल में सीमित होता है। दुनिया की तमाम वस्तुओं से अंतर्ग्रथित कोई वस्तु किसी स्थान में विशेष प्रकार से स्थित रहकर अपना कार्य संपादित करती है।"[11] वस्तु के विकास की अवधि होती है। उसे पूरा कर वह विनष्ट होती है और उसकी जगह नई वस्तु जन्म लेती है।"[12] यही स्थान और अवधि का सिद्धांत परिवर्तन का क्रम स्पष्ट करता चलता है। परिवर्तन में नए का आना-पुराने का जाना चलता है। चाहे वह कला के क्षेत्र में हो या उत्पादन-प्रणाली। वस्तुओं के परस्पर विरोधी गुण एक-दूसरे से टकराते रहते हैं। वे उसके लिए बाध्य हैं। परमाणुओं में धनात्मक-ऋणात्मक इलेक्ट्राण-प्रोट्राण के टकराव से संघटन और विघटन होता है। सजीव शरीर में परिपाचन और विपाचन के विपरीतों में संघर्ष होता है। जीवों में आनुवंशिकता और अनुकूलन का संघर्ष भी। समाज में वर्ग संघर्ष और एकता का क्रम रहता है। विपरीतों की संघर्षात्मक एकता से आए पहले परिवर्तन परिमाणात्मक होते हैं। एक स्थिति में दोनों विरोधी तत्व संतुलन की अवस्था में आ जाते हैं। संतुलन की स्थिति में पदार्थ में गुणात्मक परिवर्तन छलाँग लगाकर होता है। उदाहरण के लिए उबलते पानी का तापमान 60^0 या 70^0 सी. या उसके बाद भी पानी के रूप में स्थित रहता है। तापमान 100^0 सी. तक पहुँचकर वह वाष्प बन जाता है। यह गुणात्मक परिवर्तन है। "परिमाण और गुण ऐसी निश्चित विशेषताएँ हैं, जो सभी वस्तुओं और व्यापारों में अंतर्निहित हैं। परिमाणा और गुण परस्पर संबद्ध हैं। विकास की प्रक्रिया में अव्यक्त, क्रमिक परिणामात्मक परिवर्तन मौलिक गुणात्मक-परिवर्तनों में गमन करते हैं। यह गमन छलाँग का रूप धारण करता है।"[13] छलाँग के बाद पुरानी वस्तु नए में अथवा पुराने विचार नए में रूपांतरित हो जाते हैं।

परिवर्तन के नियमों में तीसरा कम महत्त्वपूर्ण नहीं है। "निषेध का निषेध" नियम का सार यह है कि विकास की प्रक्रिया के क्रम में हर ऊँची मंजिल पूर्व की मंजिल का निषेध करती है, उसे विनष्ट करती है और साथ-साथ उसे नई मंजिल पर उठाकर ले जाती है तथा इस क्रम में उसके सकारात्मक तत्त्व को संरक्षित रखती है।"[14] "निषेध का निषेध" नियम के बीज के विनाश और नए बीजों के जन्म की प्रक्रिया की भाँति होता है। नए को पाने के लिए पुराने का निषेध आवश्यक होता है। नया स्वयं कालजयी नहीं होता। आरंभ में वह क्रांतिकारी होता है—पर स्थान और काल के बदल जाने पर वह पुराना पड़ जाता है। तब पुनः उसका निषेध होता है। इस तरह यह क्रम निरंतर चलता है। परिवर्तन के तीनों नियम सापेक्ष हैं। पदार्थ अथवा समाज की गतिशीलता के साथ इनका सापेक्ष संबंध है। विरोधी एकता मूलतः टकराव और गति का प्रस्थान है। प्रस्थान के बाद एक स्थिति तक परिमाण मूलक गति गुणमूलक हो जाती है। गुणमूलकता वस्तुतः छलाँग की क्रिया है। यह नए में

प्रवेश हैं। प्रवेश के पूर्व निषेध के निषेध का नियम अपना काम करता है। परिवर्तन के इन नियमों के द्वारा भौतिकवादी दर्शन की सार्वभौमिकता सिद्ध हुई।

चेतना की रचना प्रक्रिया

चेतना वास्तविक संसार की प्रतिच्छवि है। यह प्रतिच्छवि वास्तविक संसार के समरूप होने के बावजूद समान नहीं होती। शारीरिक रचना के भीतर होने वाली रासायनिक क्रिया चेतना के रूप में पुनः प्रस्तुत होती है। शरीर में विभिन्नताओं तथा अंतक्रिया की प्रक्रिया में भेद के कारण वास्तविकता का ग्रहण भिन्न हो जाता है। स्नायविक संगठन स्नायु कोशिकाओं और बिखरे कोशाणुओं के रूप में पशुओं में मौजूद होता है। जब उसकी शारीरिक रचना बदलकर मनुष्य के रूप में ढल जाती है तथा उससे भी आगे वाह्य संसार के प्रति उसमें जागरूकता का विकास हो जाता है, तब उसका स्नायविक संगठन नियंत्रित हो जाता है। वाह्य संसार के प्रति जागरूकता के अभाव में अनियंत्रित प्रतिच्छायाएँ उभरा करती हैं। "नियंत्रित प्रतिच्छायाओं के माध्यम से वास्तविकता की प्रतिच्छवियों के रूप अनयिंत्रितों की तुलना में पूरी तरह भिन्न होती है। तुनक मिजाजी, उत्तेजनाएँ अनियंत्रित प्रतिच्छायाएँ हैं। ये जैविक रूप हैं, जबकि नियंत्रित छायाएँ वास्तविकता के मनोवैज्ञानिक रूप।"[15] नियंत्रित छायाओं के आधार पर ही स्वस्थ मानस की रचना होती है। ऐसे मानस में संकल्पशक्ति का विकास होता है। "मस्तिष्क के मनोवैज्ञानिक क्रियाकलाप एक प्रकार से वाह्य संसार की विभिन्न परिघटनाओं और शारीरिक संरचना के संबंधों पर निर्भर हैं। मानव का विकास मस्तिष्क में निर्मित विभिन्न संयोजक रूपों के आधार पर होता है। संयोजक और मस्तिष्क दोनों एक-दूसरे पर निर्भर करते हैं।"[16]

चेतना, वास्तविकता की मानसिक प्रतिच्छवि का उच्चतम रूप है। पशु से मनुष्य के रूप में विकास की अवस्था तक चेतना अपना स्तर विकसित करती रही है। परिर्वतन का मूल आधार श्रम रहा है। श्रम की सजीवता के पीछे इच्छाएँ थीं। श्रम और इच्छाओं में मानसिक-शारीरिक संघर्ष के सिलसिले में ही स्वर, प्रतीक विचार जन्मे। "शब्दों के विशेष रूप में वास्तविकता की आकृति का निर्माण चेतना के मानवीय रूप की कथा है।"[17] इस तरह चेतना के अस्तित्व और निवास का आधार श्रम और समाज है। यह पदार्थ की गति का सामाजिक रूप है। गति व्यक्तियों की चेतना के माध्यम से जीवित रहकर सामाजिक होती है। सामाजिक चेतना को व्यक्त करने के लिए प्रत्येक व्यक्ति भाषा के प्रयोग के साथ श्रम तथा गतिविधि की पद्धतियों का निर्माण करता है। इन्हीं पद्धतियों के द्वारा व्यक्तियों के अनुभव संस्कृति और भौतिक मूल्यों के रूप में रूपांतरित होते हुए रचे जाते हैं। चेतना पदार्थ से इस तरह संबद्ध है कि उसका अलगाव संभव नहीं। पदार्थ का अस्तित्व चेतना के बिना रह सकता है। पर चेतना का नहीं। चेतना सृष्टि की द्वितीयक शक्ति है। संयोग यह है कि वह स्वयं

पदार्थ का ही एक रूप है। यह इसलिए कि इसकी प्रत्यक्षता मस्तिष्क में निश्चित शारीरिक प्रक्रिया के आधार पर होती है। यह जरूर है कि वह वाह्य संसार की वास्तविकता की प्रतिच्छवि होने में आदर्श होती है। उसका अभिव्यक्त रूप वाह्य पदार्थ से ज्यों का त्यों नहीं मिलता। संवेदनात्मक अवयवों में पड़े हुए निरंतर प्रभावों से उसका आकलन होता है और कल्पनात्मक प्रतीकों के रूप में अभिव्यक्ति होती है। मार्क्स ने लिखा है कि, "आदर्श कुछ नहीं, बल्कि वाह्य संसार का मानसिक प्रति संसार है, जिसका विचार के विभिन्न रूपों में अनुवाद होता है।"[18]

चेतना में वैयक्तिकता

चेतना के रूप में मनुष्य अपने-आपको परिवेश से विलगा लेता है। वह उसमें घटित को समझता है और अपनी कार्यविधि में उसका आधार रखता है। परिवेश से विलगाव, समझ और कार्यविधि में निर्धारित लक्ष्य के अनुरूप निजी फैसला सिद्ध करता है कि वह व्यक्ति भी है। वातावरण के प्रभाव को वह बोधात्मक बनाकर रूपांतरित करता है। प्रत्येक व्यक्ति एक विशेष समूह में जीता है, इसलिए वह तमाम व्यक्तियों में अनुभवों के रूप में अंतःर्संबद्ध और सापेक्षिक रूप में आजाद होता है। अंतर्संबद्धता और सापेक्षित स्वतंत्रता के आधार पर ही व्यक्ति विश्व की इकाई होता है। वह तभी तक उस रूप में है, जब तक सामाजिक वास्तविकता को वहन करता है। वैयक्तिकता वास्तविकता की जागरूक प्रतिच्छवि है। प्रतिच्छवि वास्तविकता और वैयक्तिकता की एकता का परिणाम है। उसमें वास्तविकता के स्वतंत्र तत्त्व तो रहते ही हैं, व्यक्ति की स्नायु संरचना के स्वरूप व्यक्तिगत अनुभव, सामाजिक स्तर, जीवन की शर्तें आदि के कारण व्यक्ति पर निर्भर होने वाले तत्त्व भी होते हैं।'[19]

ज्ञान का सार अनुभव

'मनुष्य की चेतना में वास्तविकता की प्रतिच्छवि ही ज्ञान है, यह वस्तुजगत का पुनःसृजन है। यह आदर्श प्रतीकों के रूप में वास्तविकता के विभिन्न संबंधों और सत्ताओं का अध्ययन है।'[20] आदर्शवादी चिंतक उसे वास्तविकता से संबद्ध नहीं मानते। वे ज्ञान को ऐंद्रिय आवेगों और मनोभावों के बीच का अध्ययन मानते हैं। इस तरह की अवधारणाओं में मनुष्य की वाह्य और आंतरिकता की अधूरी जानकारी होती है।

ज्ञान का मूलाधार व्यावहारिकता होती है। व्यावहारिकता की प्राणशक्ति अनुभव है। ज्ञान का अर्जन अनुभव के द्वारा होता है। दुनिया की अब तक की इस हैसियत में अनुभव ने रचनात्मक भूमिका अदा की है। वास्तविक संसार के साथ मुठभेड़ ने ही अनुभव को जन्म दिया। गणित, विज्ञान, मानव विज्ञान और कला से अभिव्यक्त ज्ञान का कोई अंश ऐसा नहीं, जो अनुभव से न आया हो। स्थापित सत्य का आधार अनुभव है। मार्क्स ने गंभीर अध्ययन के बाद कहा कि मनुष्य ने वस्तुगत संसार

के प्रति सैद्धांतिक अवधारणाओं से शुरूआत नहीं की। उसकी शुरूआत कर्म या श्रम में है। इच्छाओं के क्रम में वस्तुगत संसार से संघर्ष करता हुआ–वह उस पर अधिकार करता गया। 'एक स्थिति में मनुष्य की इच्छाएँ और क्रम पद्धति ने उसे तोष प्रदान करते हुए गुणात्मक विकास करने लगीं। मनुष्य ने वस्तुओं का वर्गीकरण तथा नामांकन किया। इसी प्रक्रिया में अनुभव के आधार पर वह प्रत्यक्ष जगत का वर्गीकरण कर सका। भाषा के द्वारा वस्तुओं तथा गतिविधियों का प्रतिनिधित्व वस्तुतः अनुभव का रूपांतरण ही है।'[21] आदर्शवादी अनुभव का अर्थ आँखों से प्राप्त निरपेक्ष संवेदनात्मक टुकड़े से लगाते हैं। वे असंपादित, अनियोजित भावुक तरलताओं को अनुभव कहते हैं। वे लगभग इलहाम की भाषा में बोलते हैं। सच्चाई इसके विपरीत है। क्रिया और रूपों के अंतर्संबंधों की पहचान के बिना अनुभव सच्चा नहीं होता। वास्तविक संसार के साथ निर्णायक कर्म करने से अनुभव और वास्तविक संसार दोनों में प्रभाव पड़ता है। इसी तरह से संज्ञान वैज्ञानिक होता जाता है। व्यावहारिकता पर निर्भर रहकर संज्ञान सजीव चिंतन से अमूर्तन के बीच गतिशील रहता है। वह व्यवहार से संज्ञान और संज्ञान से व्यवहार तक की प्रक्रिया है।'[22] सजीव चिंतन क्या है ? साक्ष्यमूलक अवधारणा के अनुसार सजीव चिंतन ऐंद्रिय संवेगों से प्राप्त वास्तविकता की छाया है। रंग को आंख से देखा जाता है; गंध-नाक, स्वर उच्चारण अवयवों, आस्वाद-जीभ, कोमलता और कठोरता-स्पर्श की वस्तुगत गति क्रियाएँ हैं। आकार भी आँखों के अनुभव मूलक निर्धारण हैं। यही ऐंद्रिय संवेदनाएँ–जीवंत चिंतन का निर्माण करती हैं। इन्हें इंद्रियों के ऊपर प्रत्यक्ष प्रभाव का बिंबन कहा जा सकता है। वे बिंब प्रत्यक्ष जगत की समग्रता तथा जातीय स्मृति की अनुरूपता को पूरा आकर नहीं दे सकते। इनसे विशेष रूप ही की छाया उभरती है। इस विशेष छाया रूप के निर्माण की प्रक्रिया भी तात्कालिक नहीं होती। सैकड़ों संवेग आपस में गुंथकर एक बिंब बनाते हैं। मस्तिष्क में इन्हीं संवेगों का योग अनुभव कहलाता है। एक बार अनुभव बन जाने के बाद मानवीय उपलब्धि हो जाते हैं। वे अतीत को सुरक्षित रखते हैं। सामाजिक चेतना के विभिन्न रूप (विज्ञान, गणित, मानव विज्ञान आदि) अनुभव की जातीय स्मृतियाँ हैं। आवश्यकतानुसार ये अतीत और वर्तमान, वर्तमान और भविष्य के द्वंद्व में पुनःपुनः प्रस्तुत होती रहती हैं।

चिंतन

ए.पी. शेपटुलिन ने लिखा, "चिंतन, चेतना के कुछ निश्चित रूपों के अलग होकर, नए ज्ञान के उत्पादन के लिए विशेष स्थितियों में शामिल होता है।"[23] आरंभ में श्रम की प्रत्यक्ष गतिविधियों और स्पष्ट उद्देश्य की प्रेरणा से प्रकृति के साथ संघर्ष ने चेतना को जन्म दिया था। कालांतर में विकास क्रम के परिणाम से चेतना के हिस्से अलग होते रहे और वे नए-नए दृश्य बिंबों में शामिल होते गए। उत्पादन की

समुन्नत अवस्था में मनुष्य की दृढ़ संकल्प शक्ति संवेगों से विच्छिन्न होने लगी। इसी आधार पर आशय–(Notions) अवधारणाएँ (Concepts) और अदृश्य आदर्श बिंब बनने लगे। ये बिंब परिवेश की वास्तविकता से संबद्ध संघटना की छवि तो थे, पर वे प्रतिनिधि और सामान्य थे। वे सीधे प्रतिबिंब नहीं थे। असाधारणाओं के आने से अमूर्त चिंतन को बढावा मिला। नए ज्ञान की ललक के साथ अमूर्त चिंतन का विकास हुआ। इनके पीछे अवधारणाएँ हैं, प्रत्यक्ष जगत के गुणात्मक रूप से विकसित आदर्श बिंब। ये संवेगात्मक ज्ञान से भिन्न हैं। इनमें दृश्यता नहीं होती। प्रजातंत्र और साहस-अवधारणाएँ हैं। ज्ञान की विरासत का आंतरिक संयोजन-संपादन इनमें दिखता है। कई-कई अवधारणाओं के टकराव और अंतर्संबंधों से वास्तविकता की प्रतिच्छवि के दूसरे रूप जैसे निर्णय एवं अनुमान जन्मते हैं। निर्णय, अवधारणा या आशय के उपस्थित अनुपस्थित वस्तुगत तत्त्वों एवं उद्देश्य के अंतर्संबंधों से तैयार रूप हैं। जैसे मनुष्य एक सामाजिक प्राणी है। अनुमान सोच का दूसरा रूप है, यह निर्णय और नए निर्णय के बीच के संबंधों से बनता है। अमूर्त चिंतन में अवधारणाएँ, निर्णय और अनुमान शामिल हैं। सीधे वस्तुगत अध्ययन से इसका संबंध नहीं है। इस तरह परिवेश के वर्तमान, जातीय स्मृति और भविष्य का अध्ययन दो तरह से किया जाता है। प्रथम-जीवित चिंतन से, द्वितीय-अमूर्त-चिंतन से। संवेगवादी मानते हैं कि संज्ञान ही ज्ञान का मूलाधार है, जबकि अमूर्त चिंतकों का विश्वास है कि मनुष्य के मानस में संवेगों के कोई नए तथ्य जानकारी के लिए बचे नहीं हैं।

तार्किकों का मत है कि संवेग के बजाए अमूर्तन और तर्क ही वास्तविकता को प्रतिरूपित करने के माध्यम हैं। संवेगों के माध्यम से प्राप्त सत्य बोध को अपर्याप्त मानते हैं। वे मानते हैं कि ज्ञान का शत्रु पूर्वग्रह है। अतएव तर्क पूर्वग्रह को तोड़ता है इसलिए उसी विधि से अर्जित ज्ञान निरापद है। ये तीनों मत अलग-अलग रहकर अधूरे हैं। वे पूरक होकर ही सच्चाई के नजदीक आ सकते हैं। वैज्ञानिक चिंतन में ज्ञान के दो रूप होते हैं। पहला-अनुभव मूलक, दूसरा-सैद्धांतिक। अनुभव-मूलक ज्ञान-प्रत्यक्ष जगत में ऊपर ऊपर जो घटनाएँ घटती हैं और उनमें जिस तरह का संबंध दिखता है–वही अनुभव मूलक ज्ञान का निर्माता है। सैद्धांतिक ज्ञान-अवधारणाओं, निर्णय और अनुमानों के टकराव से सिद्धांतों का विकास होता है। सूत्र रूप में कहें तो होगा कि सैद्धांतिक ज्ञान प्रत्यक्ष जगत की पूरे अंतर्संबंधों की संगति में मानसिक पुनर्रचना है। अनुभव मूलक ज्ञान और सैद्धांतिक ज्ञान में पूरक संबंध है। अनुभव का आधार व्यवहार है और सिद्धांत का प्राथमिक आधार अनुभव है। विचारों की जाँच-पड़ताल इसी आधार पर होती है कि वे कितने अनुभवों से रचे गए हैं। दोनों को मिलाने से वस्तुगत सत्य बनता है। वस्तुगत चरित्र में सापेक्ष और निरपेक्ष सत्यों का अर्थ यह होगा कि सापेक्ष सत्य सामाजिक ज्ञान और परिवर्तन की स्थितियों के अनुसार बदलता रहता है। वह स्थायी नहीं हो सकता। निरपेक्ष सत्य

का अर्थ केवल यह है कि एक विशेष काल में सापेक्ष सत्यों की क्या स्थिति है, उनके योग से संज्ञान की दार्शनिक स्थिति क्या बनती है ? जैसे-जैसे संज्ञान और सामाजिक गतिविधियों में वृद्धि होती जाती है—वैसे-वैसे सापेक्ष सत्य के अनेक स्तर विकसित होते हैं। विभिन्न समयों की सीमा में ही निरपेक्ष सत्य का आकलन हो सकता है। सापेक्ष सत्य में परिवर्तन निरपेक्ष सत्य का स्वतःस्फूर्त परिवर्तन बन जाता है।

वैज्ञानिक चिंतन-रूप और पद्धति

परिवेश का बोध करते हुए मनुष्य वास्तविकता की प्रतिच्छवि के लिए अनेक प्रासंगिक विधियों की ईजाद करता है। वह उसके रूप रचता तथा उपयोग करता है। स्थिति विशेष के अध्ययन और सामान्य रूप से काल का अनुशीलन करने के लिए अधिक से अधिक विश्वसनीय संज्ञान की खोज करता है। इसके लिए अनेक निर्णय रूपों, अनुमानों और अवधारणाओं का चुनाव करता हुआ वह संज्ञान के सिद्धांतों और लक्षणों का सहारा लेता है। इसी क्रम में ज्ञान की पद्धतियाँ बनती हैं। विशेष क्षेत्र के संदर्भ में वास्तविकता की पहचान के लिए आवश्यकताओं और सिद्धांतों की पूर्णता ही पद्धति कहलाती है। संज्ञान को वैज्ञानिक बनाने के लिए समाजशास्त्रियों ने पहली पद्धति पर्यवेक्षण की तय की है। पर्यवेक्षण पहली क्रिया है। योजना और उद्देश्य पूर्वक किसी संघटना या वस्तु के विषय में धारणाओं का चयन पर्यवेक्षण है। इससे अंतर परीक्षण की क्रिया संपन्न होती है। इसमें शोधार्थी का व्यक्तित्व हस्तक्षेप करता है। परिणाम के अनुमानों को वह परीक्षण द्वारा स्वीकृति अथवा अस्वीकृति प्रदान करता है। तुलना की अगली क्रिया में आलोच्य संघटना की अन्यों से एक रूपता और विभिन्नता की पहचान की जाती है। परिकल्पना की क्रिया वैज्ञानिक चिंतन में बहुत महत्त्व की है। यह पूर्वानुमान के लिए जरूरी है। संघटना के कारणों की पहचान और स्थापित तत्त्वों के अनुशीलन से परिकल्पना जागृत होती है। यह शक्ति सिद्धांत और व्यवहार को जोड़ती है। वाह्य वास्तविकता की प्रतिच्छवि की ओर संक्रमण का निश्चय इसी से होता है। सादृश्य की अगली क्रिया-अनुभव को सैद्धांतिक बनाने का आश्वासन देती है। इससे निष्कर्षों का निकलना प्रायः तय हो जाता है। इन प्रक्रियाओं से गुजरने के बाद आदर्श निर्मित की आवश्यकता होती है ! आदर्श निर्मित-वस्तु-जगत के निश्चित लक्षणों और संबद्धताओं का पुनरुत्पादन है। यह वास्तविकता की दूसरी विशेष रूप से सृजित इकाई है। इस इकाई के जरिए उन विशेषताओं का बारीकी से अध्ययन हो सकता है।

ज्ञान की आगमन पद्धति अनुभव का आकलन करती है। इसी की सहायता से सामान्य निष्कर्ष निकलते हैं। समस्याओं के आधार पर यह संभावना का अंदाज लगाती है। यह अनिवार्यता और आकस्मिकता की पहचान नहीं करा सकती। निगमन

पद्धति तर्क पूर्ण होती है। वह संघटनाओं के सामान्य नियम तथा विचार उपलब्ध कराती है। वैज्ञानिक चिंतन की रचना में अमूर्तन और मूर्तन-दोनों की स्थितियाँ रहती हैं। अमूर्तन, चेतना में वस्तु का एक पक्षीय बिंबन है तथा मूर्तन-वस्तु का पुनरोत्पादन है। वह संवेदनाओं का दृश्य रूप है। इसी जगह ऐतिहासिक और तार्किक ज्ञान का संयोग होता है। संयोग के लिए शोधार्थी विश्लेषण और संश्लेषण की क्रियाएँ करता है। विश्लेषण करते हुए वह वस्तु के संज्ञान के विभिन्न टुकड़े कर लेता है और विशेषताओं के आधार पर उन्हें बिलगाता है। संश्लेषण इसके विपरीत क्रिया है। विभाजित विशेषताओं का एक वृत में मानसिक संयोजन विश्लेषण है। वैज्ञानिक चिंतन का यही क्रम है। इनके बिना भाववादी चिंतन होता रहेगा, जिसे प्रत्यक्ष करना संभव नहीं हो सकता।

कथ्य और रूप

किसी संघटना में अंतर्क्रियाएँ होती रहती हैं, जिससे उसमें निर्णायक परिवर्तन होते हैं। समाज में उत्पादन, वितरण और भोग के बीच निहित अंतःक्रियाओं, राजनीतिक दलों, राज्य तथा नागरिकों के बीच, आंतरिक तथा वाह्य के बीच, संघटना के तत्त्वों तथा संघटना की दूसरों की अन्तःक्रियाओं के बीच की स्थितियाँ वस्तु तत्त्व हैं। वस्तु पक्ष अपनी समग्रता में एक व्यवस्था है। व्यवस्था की माने—वस्तु और रूप की सापेक्षता है। वह एक आकृति है। कथ्य के सजीव अंगों से रूपतंत्र अथवा संरचनात्मक•ढांचा बनता है। उत्पादन से वितरण के बीच सामाजिक संबंधों की स्थायी व्यवस्था उसका रूपपक्ष है। आदर्शवादी रूपपक्ष की आजादी स्वीकारते हैं। भौतिक विचारधारा मानती है कि वस्तु और रूप में आंतरिक संघर्ष और एकता रहती है। इस संघर्ष और एकता की क्रिया में वस्तुतत्त्व निर्णायक होता है। वही रूप तैयार कर लेता है। रूप निष्क्रिय नहीं होता—वह भी कथ्य पर प्रभाव डालता है। वह अपेक्षाकृत स्थायी होता है। जब तक वस्तु में मात्रात्मक परिवर्तन होता रहता है—तब तक रूप नहीं बदलता। गुणात्मक परिवर्तन के बाद ही उसमें परिवर्तन हो पाता है। "वस्तु का रूप से संघर्ष और रूपांतर की प्रक्रिया में जब पुराना रूप हटता है—तब वस्तु का ही रूपांतरण होता है।"[24] वस्तुतत्व प्रकरण का पूरा भाग है, जिसमें सभी तत्व और ढंग तथा उसकी अंतः क्रियाएँ संलग्न हैं। उसके अलग-अलग टुकड़े हो सकते हैं, तत्व और ढाँचा हो सकता है। उसमें अंशी और अंश का संबंध रहता है। यही वास्तविकता है।

बुद्धिजीवी और मध्यवर्ग

समाज के बुनियादी गैर बुनियादी वर्गों के बीच पूँजीवादी समाज में बुद्धिजीवी वर्ग होता है। वह अपना प्रभाव दोनों बुनियादी वर्गों में डालता है। अस्तित्व के रूप में वह न मालिक होता और न सीधे उत्पादक। विभिन्न वर्गों से आकर वे इस तरह

का ग्रुप बना लेते हैं। एक ग्रुप वह जो सुविधा संपन्न (जागीरदार-जमींदार) और दूसरा ग्रुप सुविधा रहित (कलाकार, किसान) होते हैं। "दूसरे ग्रुपों की तुलना में बुद्धिजीवियों का गुणों की दृष्टि से उच्चस्तरीय ग्रुप विभिन्न विज्ञानों, दर्शन, कला का निर्माता होता है और निम्न स्तरीय ग्रुप प्रशासकों का जो परंपरागत बौद्धिक क्षमता के सहारे अपना अधिकार जमाता है।"[25] ग्रामशी ने आधुनिक युग में बुद्धिजीवियों के स्तर, भूमिका, शहरी-ग्रामीण बुद्धिजीवी आदि का ब्यौरा विस्तार पूर्वक दिया है। कहता है कि "प्रजातांत्रित नौकरशाही व्यवस्था ने समाज के भीतर उत्पादन की अनिवार्यताओं से विरहित इतने कार्य पैदा किए हैं कि बुद्धिजीवियों का उत्पादन से कटा हुआ एक वर्ग ही बन गया है, जिससे शासकों की राजनीतिक अनिवार्यताओं से औचित्य मिलता है।"[26] यह वर्ग राष्ट्रीय आय का बहुत बड़ा हिस्सा हजम कर जाता है। इस वर्ग ने जनता में व्यक्तिगत योग्यता के दर्प में व्यक्तिवादी मनोविज्ञान के संस्कार पैदा किए हैं। रोजगार, धंधे की सुरक्षा और अन्य आवश्यकताओं की पूर्ति के लिए यह वर्ग निजी प्रतियोगितामूलक ईर्षा-द्वेष पैदा करता है। शहरी बुद्धिजीवी औद्योगिक क्षेत्र में मध्यस्थ की भूमिका अदा करते हैं। इसके विपरीत गाँव के बुद्धिजीवी परंपरागत अवधारणाओं के द्वारा किसानों को स्थानीय स्वायत्त संस्थाओं तथा राज्य के प्रशासन से जोड़ता है। पूँजीवादी विचारक कहते हैं कि सर्वहारा और पूँजीपति की जगह अब मध्यवर्ग का बुद्धिजीवी लेता जा रहा है।

सामाजिक चेतना के रूप

मार्क्सवादी विचारधारा ने सामाजिक मनुष्य और सामाजिक चेतना के संबंधों के सामान्य नियमों की खोज की। समाज के भौतिक और ज्ञानात्मक अंतःसंबंध आधार और ढांचे के अंतःसंबंध की भी खोज हुई। उसने पूरे समाज के निर्माण, विकास, बौद्धिक-आत्मिक क्षमताओं में वृद्धि तथा मूल्यों के रचाव की प्रक्रिया का अनुसंधान किया। "इस विचारधारा ने वैज्ञानिक विश्लेषण द्वारा चेतना के समाजीकरण की विशिष्टताओं का आधार बताया। भिन्नताओं के अध्ययन ने कई दिशाएँ ग्रहण कीं। सामाजिक चेतना का निर्धारण करने वाली ऐतिहासिक स्थितियों के तहत् सक्रिय संस्थाओं के शोध के साथ सामाजिक स्थितियों और सामाजिक चेतना की विभिन्न संघटनाओं का अनुसंधान हुआ।"[27] इस विचार ने सामाजिक चेतना को परिभाषित करते हुए कहा कि, सामाजिक चेतना समाज में अस्तित्ववान निश्चित विचारों, दृष्टिकोण, संवेदनाएँ, इच्छाएँ, लोगों के व्यक्तिगत जीवन चरित्र का पुंज है।"[28] तय है कि सामाजिक चेतना में समाज के लोगों का मनोविज्ञान शामिल होता है। मनोविज्ञान क्या है—लोगों के दैनंदिन जीवन में प्रकट होती संवदेनाओं, आचरण के तरीकों, मनःस्थितियों, विचारों, क्रियाकलाप और अनुभवों का योग। आदर्शवादी चिंतक कहते हैं कि मनुष्य का मनोविज्ञान आजादी से विकसित होता है। किसी विचारधारा पर

विश्वास करने से उसकी मानसिकता बाधित है। विचारधारा के कारण औसत अनुभव ही समाज में रह जाते हैं, चेतना की भौतिक गति समाप्त हो जाती है। भ्रमपूर्ण इस धारणा की नब्ज पहचानने के पूर्व जान लेना चाहिए कि विचारधारा वस्तुतः क्या है ? सूत्र रूप में कहें तो, 'विचारधारा, विचारों और दृष्टियों का वह पूर्णयोग है, जिससे लोगों की भौतिक परिस्थितियाँ, जीवन, सामाजिक चेतना को तर्कपूर्ण आकार मिलता है।''[29] इस परिभाषा में मनुष्य की विकासमूलक स्वतंत्रता और मौलिकता बाधित होने की संभावना कहाँ है ? इसमें संदेह नहीं होना चाहिए कि विकास का आधार भौतिक परिस्थितियों, उसमें सक्रिय जीवन प्रेरक सामाजिक चेतना का द्वंद्वात्मक संबंध होता है। विचारधारा की प्रामाणिकता ही इसमें है कि वह समूची परिस्थितियों का दोहन करे और मनुष्य के विकास की बाधाओं का अनावरण करे। विचारधारा ही परिस्थितियों के साथ निष्क्रिय संबंधों को सक्रिय बनाने के लिए मानसिक विपर्यस्तता को सुनियोजित करती है। आदर्शवादी अराजक और निष्क्रिय मानसिकता की वकालत कर उसे मनोविज्ञान का नाम लेते हैं। वे आवेग मूलक आकस्मिक और बाहरी छाया को मनोवैज्ञानिक क्रिया कहते हैं। भौतिक संबंधों तथा कारणों का बोध वहाँ नहीं होता। यह सामाजिक अध्ययन का प्राथमिक स्तर है। सामाजिक मनोविज्ञान और विचारधारा का अंतर उच्चतर मानव चेतना का अध्ययन है। विचारधारा की प्रक्रिया में सामाजिकता के सभी रूपों की सैद्धांतिक व्यावहारिक समझ निहित होती है। मनोविज्ञान के निष्कर्षों को भी वह तर्क पूर्ण ढंग से आकृति प्रदान करती है। विचारधारा के उदय के बाद वह समाज में अपना सक्रिय प्रभाव डालती है। प्रभाव यह कि सामाजिक की आवेग मूलकता और चेतना की गतिविधियाँ रूपांतरित हो जाती हैं।

राजनीतिक विचारधारा, वैधानिक चेतना, नैतिक आदर्श, कला, धर्म विज्ञान और दर्शन सामाजिक चेतना के प्रमुख रूप हैं। इन्हीं रूपों के माध्यम से वह अभिव्यक्त होती है। उसकी प्राणशक्ति के ये सभी आयाम हैं। राजनैतिक विचारधारा का क्षेत्र है—वर्गों, राष्ट्रों तथा दलों के बीच विशेष प्रकार के संबंधों की पृष्ठभूमि में शासकों के वर्ग, रूप, चरित्र तथा सामाजिकों के साथ उनका संबंध। वैधानिक चेतना-विशेष काल में लोगों की आस्थाओं करणीय-अकरणीय आचरणों, अधिकार और दायित्वों, कानून के अनुरूप न्याय और अन्याय की धारणों का अध्ययन करती है। समाज के नैतिक आदर्शों का जीवनपद्धति के काफी योग रहता है। नैतिक आदर्शों के द्वारा ही सामाजिक अहसास, आचरण, उचित-अनुचित, न्यायपूर्ण अथवा अन्यायपूर्ण स्वतः-व्यवहार, ईमानदारी-बेईमानी के प्रसंगों का बोध होता है। नैतिकता एक प्रकार से मापकों का चयन और विकास की प्रक्रिया का नियमन है। वैधानिक नियमों की बाध्यताएँ शासन की ओर से होती हैं, जबकि नैतिक नियम लोक व्यवहार में स्वीकृत होते हैं। लोक व्यवहार ही उनका नियंत्रण करता है। इन नियमों के आदर्शवादी आध्यात्मिक, कुछ लोग जैविक तथा अनेक आचार्य शाश्वत मानते हैं। भौतिक

विचारधारा द्वारा ऐतिहासिक अनुशीलन से पता चला है कि नैतिक आदर्शों की रचना-संयुक्त उत्पादक गतिविधियों इच्छाओं व्यक्ति और समूह के संबंधों-आवश्यकताओं, दायित्व के अनुबंधों, व्यावहारिक अनिवार्यताओं-दंड के निर्धारक मापकों-सामूहिक कार्य क्षेत्र में—व्यक्ति के प्रति कृतज्ञताओं का संयोग है। इन आदर्शों से आर्थिक संबंधों का बोध होता है इसलिए नैतिक आदर्श वर्गानुमोदित होते हैं। बूर्ज्वावर्ग के नैतिक सूत्र होते हैं—"दान घर से शुरू होता है।" समाजवाद में-भाईचारा, ईमानदारी, प्यार, रक्षा, जागरूकता, सत्य, साधारणता-आदि नैतिक आदर्श हैं। प्रश्न है कि क्या नैतिकता शाश्वत भी होती है ?—जैसे माता-पिता और बच्चों के साथ संबंधों की। ऊपर से देखने में यह नैतिकता वर्गों से अलग तथा कालजयी लगती है पर वस्तुतः वह इतिहास निरपेक्ष नहीं होती। "नीति की जड़ें संवेदना में होती हैं जिसकी पहचान-अच्छे-बुरे, ठीक, गलत, बेहतर, खराब दोष, कर्त्तव्य कृतज्ञता, आदर्श-अनादर्श जैसी विशेषताओं से होती है। ये क्रियाएँ ही नैतिक संवेग हैं। ये जब जैसी घटित होती हैं—स्वाभाविक सत्य के रूप में।"[30] नैतिक चेतना से जुड़ा हुआ सामाजिक चेतना का अन्य रूप धर्म है। धर्म मनुष्येतर शक्तियों की भ्रमपूर्ण व्याख्या करता है, उन्हें अद्भुत शक्ति के रूप में अनुरूपित करता है। धरती की शक्तियों को अलौकिक मानना, देवों पर विश्वास और आचरण का कर्मकांड तैयार करना—धार्मिक चेतना का रूप है। वह शोषकों की मदद करता है। मार्क्स-एंगेल्स ने ईसाई धर्म के बारे में लिखा, "ईसाई धर्म के सामाजिक सिद्धांत प्रथाओं की गुलामी को औचित्य प्रदान करते हैं, मध्ययुगीन कृषक दासता को उदारता प्रदान करता है और आवश्यकतानुसार श्रमिकों के दमन की इजाजत देता है।"[31] विज्ञान, धर्म के विपरीत सामाजिक चेतना का रूप है। इसमें प्राकृतिक, सामाजिक और चिंतन विषयक ज्ञान की पूर्ण व्यवस्था है। वास्तविकता के संधान में इसकी वस्तुगत हैसियत है। यह विकास के नियमों का व्यावहारिक अनुसंधान भी करता है। प्राकृतिक विज्ञानों का समाज से अप्रत्यक्ष संबंध होता है। उत्पादन के माध्यम से वह वर्गीय हो जाता है। सामाजिक विज्ञानों से विज्ञान अपना संबंध कायम रखता है तथा तर्क पूर्ण तरीके से भिन्नता भी प्रदर्शित करता है। राजनीतिक विचारधारा, न्यायशास्त्र, नैतिकशास्त्र सौंदर्यशास्त्र, और धर्म-वाह्य ढाँचे में निर्विवाद रूप से स्वीकृत हैं जबकि विज्ञान को लेकर विवाद हैं। कुछ लोग सामाजिक विज्ञानों के मूल सिद्धांतों और सामाजिक विज्ञानों को ही ढाँचे में मानते हैं। "हमारे विचार में विज्ञान का ढाँचे से संबंध न होने वाला सिद्धांत अधिक विश्वसनीय प्रतीत होता है। यह इसलिए कि सभी प्रकार की वस्तुगत सच्चाई प्रासंगिक सिद्धांतों, कानूनों और अभिप्रायों से ही विज्ञान की बुनियादी विषय-वस्तु निर्मित होती है। वस्तुगत सत्य मानवीय ज्ञान का विषय है—जिसका आधार न मनुष्य है और न मानवता। वह वस्तुगत परिस्थितियों को ही अपेक्षाकृत व्यक्त करता है। इस कारण विज्ञान ढाँचे का विषय नहीं हो सकता।"[32] इसके विपरीत उल्लेखनीय बात है कि आर्थिक आधार

विज्ञान पर अपना प्रभाव डालता है। विज्ञान की दिशा भी आधार ही तय करता है जिससे उसका विकास संभव हो सके। समस्याएँ और संदर्भ आधार से ही तय होते हैं—जिसका अध्ययन विज्ञान करता है और उन्हीं से विज्ञान की प्रगति निर्धारित होती है। विज्ञान की भाँति सामाजिक चेतना और दूसरा शक्तिशाली रूप कला है। बूर्ज्वा चिंतक कला की स्वायतता की भी बात करते हैं और विश्लेषण से कतराकर निर्णय को अमूर्तन की ओर ले जाते हैं। हकीकत यह है कि कला सामाजिक चेतना से निरंतर संबद्ध रहकर उसके आत्मिक विकास में योग देती है। वैज्ञानिक शोध के जरिए कला के बूर्ज्वा विश्वासों की भी पड़ताल हो जाती है। जाहिर हो जाता है कि कला एक सामाजिक संघटना है वह माननीय आकांक्षाओं तथा सौंदर्य मूलक खुशियों से जन्म लेती है। सामाजिक चेतना का यह उच्चतर रूप है—अपेक्षाकृत अधिक प्रतिनिधि। वस्तुगत और आत्मगत का आदर्शवादी विभाजन भ्रामक है। कला और वस्तुगत सच्चाई—एक-दूसरे के पूरक हैं।

मूल्य मीमांसा

सामाजिक चेतना की प्रक्रिया, दर्शन और विभिन्न रूपों का अनुशीलन सिद्ध करता है कि मूल्यों का निर्माण वहीं से होता है। इन सबका मापन और स्वरूप बंधन मूल्यों के द्वारा होता है। सामाजिक चेतना अपना जीवंत रूप वर्गों और मनुष्यों (व्यक्ति समूहों) में चित्रित करती है। वर्गीय ढाँचे में शामिल मनुष्य उसी चेतना के अनुरूप भौतिक उद्देश्यों से परिचालित होता है और संघटनाओं में वे उद्देश्य अंतर्ग्रथित होते हैं। भौतिक वस्तुएँ और संघटनाएँ विभिन्न प्रकार के मूल्यों का प्रतिनिधित्व करती हैं क्योंकि उनमें भौतिक, आर्थिक और आत्मिक हितों का लक्ष्य होता है। उदाहरण के लिए—एक पुस्तक, जैसे 'चाँद का मुँह टेढ़ा है' (मुक्तिबोध) को लें। इसमें युग की वास्तविकता की मानसिक तस्वीर है। अध्ययन से यह तस्वीर पाठक में भी बनती है, जिससे उसका बोध संसार बढ़ता है। अतएव उस पुस्तक का यह उपयोग मूल्य हुआ। वे कविताएँ कवि के जटिल श्रम से तैयार हुई हैं। इसके बदले एक ऐसी इकाई बनी—जिसे बाजार में बेचा जा सके। इस कारण पुस्तक का आर्थिक मूल्य बना। कला की दृष्टि से कविताओं की रचना का स्तर वास्तविक सच्चाई को प्रतिबिंबित करने में कवि की साधना का प्रमाण अंतर सौंदर्य मूल्य और पुस्तक के प्रकाशन में प्रकाशन का बाजार की दृष्टि से कौशल वाह्य सौंदर्य मूल्य यह सब योग सौंदर्य मूल्य हैं। सभी मूल्य इस पुस्तक में पूँजीभूत हैं। भौतिक लक्ष्य से लेकर—कलात्मक कर्म, मानव रुचियों का आकार, सामाजिक चेतना की प्रक्रिया और दर्शन आदि तक। कवि के विचार, मूल्य बन गए हैं। वे सजीव होकर आकार में खड़े हैं। उन विचारों से कवि वर्ग चेतना, नैतिकता और आदर्श को पहचानता है। वे पूरे साक्ष्य के साथ रचनाओं में उपस्थित है। उसने विचारधारा को मानवीय हित के मूल्य मापकों में

बदल दिया है। कवि की विचारधारा कम्युनिज्म है। इस कविता में वह विचारधारा की वकालत नहीं करता। वह विचारों के उद्देश्य, संघटनवस्तु, सपने, महत्त्वाकांक्षाएँ, कर्म निर्देश, सामाजिक-आर्थिक-कलात्मक लक्ष्यों को मूल्यों में रूपांतरित कर ऐसे बिंब रचता है—जिनकी अंतरंग लहरों में विचारधारा तल्लीन है। इन लहरों में नैतिकता, वैधानिकता, राजनीति, संस्कृति और इतिहास अंतर्भूत है। कविता के जरिए रचनाकार ने एक व्यवस्था रची है, जिसमें कि समाज के आदर्श अभिरूप उपस्थित हों। सामान्य निष्कर्ष है कि समाज के आदर्श रचने और उन्हें व्यावहारिक मूल्य प्रदान करने की क्षमता के बलबूते ही विचार मूल्यवान बनते हैं। मूल्यवान विचार वास्तविकता के कुछ अंश और कुछ वस्तुओं को अस्वीकृत करते हैं। वे सामाजिक क्रियाकलाप को निर्देशित करते हैं। वे व्यावहारिक स्वभाव के होते हैं। इसी कारण वर्ग समाज में वे स्पष्ट रूप से वर्ग चरित्र वहन करते हैं। कम्युनिज्म और बूर्ज्वा विचारधारों का संघर्ष कभी-कभी दो विरोधी मूल्य व्यवस्थाओं का संघर्ष होता है। मूल्यों की प्रकृति का अध्ययन मूल्य मीमांसा के क्षेत्र में किया जाता है।[33]

दुनिया में मूल्य मीमांसा के क्षेत्र में काफी विचार मंथन हुआ था। आधार और अधिरचना के संबंधों की पारदर्शी समझ के अभाव में अधिरचना के भीतर भटकते हुए अनेक भ्रम रचे गए हैं, दूसरी ओर यथार्थ चिंतन की शृंखला अस्त-व्यस्त रूप में ही सही, प्राप्त होती है। सारतः मनुष्य, "अनेक प्रकृतिगत, आर्थिक सामाजिक असंगतियों पर विजय प्राप्त कर चुका है और फिर भी वह नए द्वंद्वों की सृष्टि कर रहा है। अब एक मूल्यचिंतन के लिए ये नए द्वंद्व की चुनौतियाँ हैं, जिन्हें दूर करने के क्रम में वह फिर नए अंतर्विरोधों का विकास करेगा और इस तरह उसका यह अनवरत क्रम अनंत काल तक चलेगा। बशर्ते कि दिग्भ्रम में ग्रस्त मानव चेतना सामूहिक आत्म (तृतीय विश्वयुद्ध) नहीं कर लेती।"[34] इतिहास की यात्रा में सिद्ध है कि मूल्य बदलते हैं। आधार के बदलते ही अधिरचना में परिवर्तन आने लगता है और अधिरचना में परिवर्तन मूल्य मीमांसा का द्वार खोल देता है। कभी-कभी तीनों प्रक्रियाएँ एक साथ चलती रहती हैं। इसका कारण यह होता है कि विश्व के किसी कोने में आधार का गतिशील, आकर्षक, लोक हितकारी परिवर्तन हो गया है। वह परिवर्तन विचारधारात्मक रूप से अपना प्रभाव छोड़ता है। फ्रांस की राज्य क्रांति के कारण स्वतंत्रता, समानता और बंधुता तथा रूस की जनक्रांति के बाद समाजवादी विचारधारा के प्रभाव से दुनिया में आधार और अधिरचना के परिवर्तन की सुगबुगाहट एक साथ शुरू हो गई और मूल्यों पर तदनुरूप विमर्श होने लगा। मूल्य का संबंध आदिम साम्य संघों में मनुष्य की इच्छा और उसके लिए किए गए संघर्ष से था। इच्छा और संघर्ष का परिणाम मूल्य था और क्रम का द्वंद्वात्मक रिश्ता था। दोनों को अलग नहीं किया जा सकता था। क्रम से परिणाम के काटे जाने के कारण इतिहास में श्रम और मूल्य का रिश्ता दूर-दूर तक छटक गया। हिरण्य रूपी मुद्रा मध्यस्थता करने लगी। हिरण्य

के रूप में श्रम से अर्जित वस्तुएं खरीदी जाने लगीं। हिरण्य शक्तिशाली के पास एकत्र होने लगा। वस्तुएँ अर्जित करने वाला भी हिरण्य के बिना वस्तुओं की प्राप्ति में असमर्थ हो गया। हाथ और मस्तिष्क के आवयविक संबंध कायम नहीं रह सके। हानि और लाभ का व्यवसाय दाखिल हुआ। हिरण्य की शक्ति में रहस्य मूलक प्रत्यय जुड़े। ईश्वर आया। वह भी रहस्य मूलक हो गया। उस पर शक्तिशाली वर्ग का अधिकार हुआ। हिरण्य और ईश्वर का संयुक्त रहस्य-मूल्य को नई आकृति देने लगा।''[35] ऋग्वेद के प्रसंग में इतिहासकार प्रश्न करता है, 'हाँ, ईश्वर ! क्या तू भी स्वयं हिरण्य के गर्भ में से उत्पन्न होकर हिरण्य गर्भ तो नहीं हो गया था ?'[36] हिरण्य के साथ ईश्वर का जोड़, दोनों से क्रम का विलगाव एवं लाभ हानि के लिए की जाने वाली बौद्धिक लीलाओं का परिणाम लगातार यह होता गया कि मूल्यों की व्यवस्था को कृत्रिम स्वायत्तता दी जाने लगी। यह आधार और अधिरचना के स्वतः स्फूर्त संबंधों को तोड़ने का बहुत दूरगामी उपक्रम था। यहीं मनुष्य, श्रम और मानवता को विभाजित किया गया। तब से मूल्य की कल्पना आत्मा के साथ हुई।

वस्तुगत संसार को माया कहा गया है। ईश्वर एक अमूर्त-अलौकिक अद्वैत शक्ति हुआ। मूल्य मीमांसा में मूल्य की कल्पना पूरे विश्व में हवाई यात्रा करने लगी। उदाहरण के लिए कहा गया, ''आंतरिक मूल्य (Instrinsic Value) वस्तु आश्रित न होकर मानव की इच्छा, आकांक्षा या परितोष पर आश्रित रहता है।''[37] दूसरे स्थान पर ''मूल्य आत्म प्रदर्शन है।''[38] मानव और मानवता को अलग-अलग देखने वाले तथा कथित विचारक प्रभाकर माचवे का विश्वास है, ''इन सब विविध मूल्यों (पारिवारिक, सामाजिक, आर्थिक, राजनीतिक, नीतिक, वैज्ञानिक आदि) के बाद भी एक बड़ा मूल्य बचा रहता है, जो एक प्रकार से इन सबका सार है और वह है मानवीय मूल्य। यद्यपि मानवता को भी विशेषणों से परिभाषित किया गया है, यथा वैज्ञानिक, क्रांतिकारी, नव्य आदि। मानवीय मूल्य ही अंततः साहित्य में विवेक के बढ़ाने की दिशा में सहायक हो सकते हैं।''[39] आंतरिक मूल्य और आत्म प्रदर्शन को मूल्य निर्धारित करने वाली शक्ति कहने के पीछे इतिहास की हिरण्यगर्भ वाली वही परंपरा विकसित है, जिसने आत्म और अनात्म को विलगा दिया था। इच्छा और आकांक्षाओं को वस्तु सापेक्ष मानने के बजाए ''मनुष्य की स्वायत्त मानसिक'' वृत्तियाँ इसी परंपरा में कहा गया था। मानसिक वृत्तियों का निराधार उन्मूलन एवं विलास किसी नए शोध को टालता रहा। अलबत्ता शरीर के भीतर वृत्तियों को अराजक बनाता गया। उसके पास वह पकड़ भी नहीं रही जिससे मूल स्रोत तक जाया जा सके। मानव से मानवता को अलगाना भी दीपक और प्रकाश के अंतर्संबंधों को तोड़ने का असफल प्रयास है। वह तरह तरह से समस्याओं से ओझल होकर बार-बार आत्मअनात्म की संगति में पुनरुत्थानवादी सूत्रों को गढ़ता रहा। कभी कहना, ''कोई भी वस्तु अपने अस्तित्व के कारण ही मूल्यवान नहीं मानी जा सकती, क्योंकि मूल्य

बोध अस्तित्व बोध से भिन्न है।''[40] या इस तरह बोलना, ''मूल्य सदा अनुभव होता है, वस्तु या विषय नहीं है।''[41] नीत्शे कहता है, ''शारीरिक मूल्यों की तुलना में, नैतिक मूल्य भ्रामक है''[42] नीत्शे ने ईश्वर की तो खुली अवमानना की, पर मनुष्य की शारीरिक शक्ति और युद्ध की अनिवार्यता को मूल्य का आधार माना।''[43] डार्विन ने जैविक अस्तित्व को मूल्य के केंद्र में रखा। फ्रायड ने घोषणा की कि मनुष्य अज्ञात दमित वृत्तियों और अचेतन आकांक्षाओं द्वारा परिचालित होता है। इन आकांक्षाओं को यौन कुंठा प्रेरित करती है। फ्रायड ने जैविक अस्तित्ववादियों के विरोध में लिखा, ''जब जैवकीय गवेषणा ने मनुष्य की यह विशेषता छीन ली कि उसका निर्माण किसी विशेष तरह से हुआ था, और उसे पशुजगत से उत्पन्न बना दिया, जिसका मतलब यह था कि उसमें ऐसी पशु-प्रकृति मौजूद है जिसे उन्मूलित नहीं किया जा सकता। यह मूल्यांतरण, अर्थात् मूल्यों का परिवर्तन हमारे ही जमाने में चार्ल्स डार्विन, वालेस और उनके पूर्ववर्तियों की प्रेरणा पर हुआ और उसका उनके समकालीन लोगों ने बड़ा प्रबल विरोध किया। पर अब, मनुष्य की बड़प्पन की लालसा को, आजकल की मनोवैज्ञानिक गवेषणा से तीसरा सबसे प्रबल आघात सहना पड़ रहा है—यह मनोवैज्ञानिक गवेषणा हममें से प्रत्येक के अहम् के सामने यह सिद्ध करने का यत्न कर रही है कि तुम अपने स्वयं के भी स्वामी नहीं हो, बल्कि तुम्हें जो कुछ तुम्हारे अपने मन में अचेतन रूप से चल रहा है, उसके बारे में भी बहुत ही कम जानकारी से संतुष्ट रहना होगा।

मनुष्य जाति को यह कहने का काम कि वह अपने अंदर की ओर देखे; सबसे पहले और यह एक मात्र मनोविश्लेषकों ने ही नहीं किया है, पर प्रतीत होता है कि इसका पूरे आग्रह के साथ समर्थन करना और प्रत्येक व्यक्ति से नजदीकी संबंध रखने वाली आनुभाविक गवाही से इसका समर्थन करना, हमारे ही जिम्मे पड़ा है।''[44] मूल्यों के विषय में निष्पत्तियाँ दो गलत आग्रहों पर आधारित हैं। मोरे की कल्पना में वाह्य मूल्य और आंतरिक मूल्य भिन्न हैं। टेलर आत्म प्रदर्शन की स्वायत्तता के पक्षधर हैं। जगदीश गुप्त सीधी भाषा में यही बात नहीं कहते। वे अस्तित्व से भिन्न मूल्यों की उपस्थिति के बहाने स्थिति को रहस्य मूलक बना देते हैं। रहस्यमूलकता आंतरिकता के लोक में ही कल्पित है। अनुभववादी पारकर वस्तुगत यथार्थ और अनुभव के कारण कार्य रिश्ते से अनभिज्ञ हैं। फ्रायड ने अचेतन को मूल्य प्रेरक मानव की यौन कुण्ठा जन्य अहम् भावना के बहाने आंतरिक संसार को और भी छोटा किया। वह आत्मा लोक के भावात्मक विस्तार को भी सीमाओं में बाँधता है नीत्शे और डार्विन इस आत्मवादी चिंतन के विपरीत बाह्य सत्ता, शारीरिक सत्ता अथवा भौतिक शक्ति मूलक सच्चाई को विकास का आधार मानते हैं। उनकी स्थापना समग्र इसलिए नहीं, क्योंकि वहाँ भी वास्तविक संसार की प्रतिच्छवि, जिसे आत्म जगत कहा जाएगा—की उपेक्षा है। यद्यपि समकालीन वस्तुवादी चिंतन को विकसित करने में उनका सहयोग है।

दोनों निरपेक्षतावादी चिंतक मूलतः आधार और अधिरचना के अंतर्संबंधों को नहीं पहचानते हैं। वे पूरी तरह या आंशिक भटके हुए हैं। मार्क्सएंगेल्स ने इतिहास की इस गायब मूल चिंता को फिर जोड़ा और मानवीय मूल्यों का सापेक्ष आधार तैयार किया। एंगेल्स ने लिखा, ''वस्तुओं के ऊपर मानव अधिकार का विकास अच्छा ही रहा परंतु मनुष्य के ऊपर अधिकार दुर्भाग्यपूर्ण बना।''[45] यह मनुष्य के ऊपर अधिकार किसका था—आत्मा या अवचेतना का। इस मूल को समाप्त करते हुए उन्होंने कहा कि पूँजीवादी समाज व्यवस्था ने धन को दो ध्रुवों में बाँट रखा है उत्पादन और वितरण। उत्पादन के रूप में धन अच्छी बात है। धन का मनुष्य के ऊपर अधिकार वितरण का काम है जो अब तक जारी है। यह बुरा हुआ। ''इस तरह पूँजीवाद की उत्पादन दिशा अच्छी है, उसे जारी रहना चाहिए। उसकी वितरण दिशा दूषित है—उसे दूर किया जाना चाहिए।''[46] उत्पादन और वितरण को श्रम सापेक्ष बनाने की यह चेष्टा श्रम और फल के टूटे हुए रिश्ते को पुनः जोड़ती है। आत्म और अनात्म का यही स्वाभाविक संबंध है। संबंधों के इस पुनर्संयोजन और संपादन से सामंतवादी पूँजीवादी मूल्यों के अंतर्विरोधों को समाप्त किया जा सका। दार्शनिकता का यूतोपिया इससे समाप्त हुआ। इस्तवान मैस जोरोस लिखते हैं, ''मूल्य, जिन्हें हम अत्यंत जटिल दार्शनिकता के द्वारा दृढ़ता पूर्वक मान्यता देते हैं, अंततः अपने स्वभाव से ही मानवीय इच्छाओं से रचे जाते हैं। इच्छाओं के पारस्परिक संवाद के बिना मूल्यों की कल्पना नहीं की जा सकती। यहाँ तक कि दिशा हीनता अलगाव अथवा विच्छिन्नता मूलक मूल्य भी उसी तरह की इच्छाओं पर आधारित हैं।''[47] इस्तवान ने अपनी बात के प्रमाण में कहा कि सोने की धातु तब तक निरर्थक है, जब तक उसके साथ मानवीय इच्छा नहीं जुड़ जाती। मानवीय इच्छा द्वारा अत्यधिक प्रशंसा के कारण उसका मूल्य तय ही नहीं होता, बढ़ता जाता है। अन्य वस्तुओं के साथ भी यही स्थिति है। यहाँ तक कि, ''कला भी तब तक मूल्यवान है, जब तक वह मानवीय इच्छा का प्रतिनिधित्व करती है। यही इच्छाएँ तुष्टि और आस्वादन में आनंद का अनुभव देती हैं।''[48] इस तरह मनुष्य के विकास की भाँति मूल्यों का विकास भी इच्छाओं और प्रकृति के बीच टकराव से हुआ है। संघर्ष में उत्पादन, संबंधों तथा मूल्यों में जो नवीनता आती रही, उनमें मात्रात्मक और गुणात्मक विकास होता रहा। उसमें मनुष्य को न तो इच्छाओं ने, न धन और आत्मा ने अपने कब्जे में किया। मध्ययुगीन मिथों में यह भ्रम जरूर पैदा हुआ, पर मनुष्य ने उस स्थिति को पार किया। सारी विकास की मंजिल का सूत्र बना—''प्रकृति की अनंतता को क्रमशः इच्छाओं के अनुकूल ढालते जाते ज्ञान, कर्म और मूल्य का विस्तार। अध्यात्म ने यह चुनौती स्वीकार नहीं की थी। इसीलिए वह जिजीविषा से नहीं जुड़ा। मनुष्य की जिजीविषा ने इच्छा, अर्थ और मूल्य के द्वंद्वात्मक अंतर्संबंधों से मनुष्य को रचा और मनुष्य ने इन आंतरिक प्रतिच्छवियों में इजाफा किया। यही था निर्माण का माध्यम, भौतिक उपलब्धि और ज्ञान का आयाम।

स्पष्ट है कि मूल्य को वास्तविकता से काटने की कोशिश बहुत समय तक नहीं चल पाई। पूरे विकास क्रम में अंतर्विरोध मौजूद रहे हैं—वे टकराए हैं, उनकी शक्लों में परिवर्तन हुआ है, अच्छे और बुरे सापेक्ष मूल्य प्रत्यक्ष-अप्रत्यक्ष होते रहे हैं, पर उसका यह परिणाम कभी नहीं हुआ कि मनुष्य की क्षमताओं को पुनः आदिम अवस्था में पहुँचा दिया जाए, जैसा प्रलय के मिथों में कहा जाता है। सबूत यह है कि विकास की यात्रा में मनुष्य ने अपने-आपको भी औजार बनाकर परिष्कार किया है। वह खुद विकसित हुआ है। इसके व्यक्तित्व से उसमें भरे मूल्य अब विलग नहीं हो सकते। चीजें नष्ट की जा सकती हैं। मनुष्य का विकसित व्यक्तित्व नहीं। "आधुनिकीकरण की प्रक्रिया में मूल्य आविर्भूत होते हैं तथा आधुनिकता बोध में मूल्य परिवर्तन की चेतना का उन्मेष होता है। आधुनिकीकरण के सभी मानवीय पक्ष वस्तुतः मूल्य की समस्या हुआ करते हैं। आधुनिकीकरण के साथ ही मूल्यों में परिवर्तन होता है। मूल्य काव्य या श्रेय (डिजायरेबिल) की धारणाएँ हैं और प्रसामान्यक (नार्म) या प्रतिमान काम्य आचरण के रूपबंध पैटर्न हैं जो संदर्भों की विविधताओं में मूल्यों को लागू करते हैं। मूल्यों को किसी स्थिति में निहित व्यापक सांस्कृतिक अर्थों के पैटर्नों से तदाकृत किया जाता है।"[49] आधुनिकीकरण के रूप में यहाँ जो तथ्य उद्घाटित हैं, वह कमोवेश व्यवस्था के हर परिवर्तन की स्थिति के काल और स्थान के द्वंद्व में दिखाई पड़ते हैं। कभी ऐसा नहीं होता कि नई व्यवस्था के औजार आ जाएँ उत्पादन की पद्धति बदल जाए और चेतना का उन्मेष तद्नुरूप न हो।

सामाजिक चेतना इस तरह ढल न जाए। यह अपने प्रसामान्यक न तय कर ले। मूल्यों का संघर्ष किसी कालावधि में अहेतुकों से होता है। विशिष्ट सामाजिक संबंध निषेध का निषेध करते हैं। वे नए संबंधों के योग्य अनिवार्यताएँ तय करते हैं, ताकि उन सामाजिक संबंधों को जनता में ढाला जा सके। अनिवार्यताओं का निर्धारण बूर्ज्वा समाज में शासक और जनता के बीच वैमनस्पूर्ण ढंग से होता है। जनता की स्वतः स्फूर्त सामान्यताओं को विशिष्ट अनिवार्यताओं के रूप में शासक स्वीकार नहीं करता। वह अपनी विशिष्टताओं को सामान्य बनाने का प्रयास करता है। समाजवादी समाज में यह निर्माण मित्रता पूर्ण वातावरण में होता है। मूल्य वास्तव में प्रिय और सुंदर की स्वानुमोदित अनिवार्यताएँ हैं। सामाजिक क्रांति के बाद रूस में सांस्कृतिक क्रांति की जरूरत इसीलिए पड़ी कि नई उत्पादन पद्धति के अनुरूप संस्कृति और उसके मूल्य अपने स्वतःस्फूर्त प्रतिमान तथा प्रसामान्यक तय करते और मूल्य उन सांस्कृतिक अर्थों और प्रसामान्यकों में ढल जाएँ। अब अगर वहाँ का आदमी किसी का शोषण नहीं करता, चोरी, अपराध, असत्य, घूसखोरी के लिए भाववादी उपदेशों की जरूरत नहीं समझता तो उसका कारण यह कि वहाँ काम्य या श्रेय के रूपबंध पैटर्न बन गए हैं। नए मूल्यों ने अपना मनोविज्ञान विकसित कर लिया है। व्यावहारिक साक्ष्य ने सिद्ध किया है कि मनोविज्ञान या अचेतन भी भौतिक सच्चाई

का गहरे धँसा संस्कार है—ऐंद्रिय, संवेदनात्मक ज्ञानात्मक संस्कारों के आर-पार। आधार के बदलने के बाद सामाजिक संबंधों के सांस्कृतीकरण की प्रक्रिया को वैज्ञानिक ढंग से न समझ पाने अथवा अमरीकी सोवियत विभाग द्वारा अनर्गल प्रलाप के कारण समाजवादी मूल्यों के बारे में ये निष्कर्ष हास्यास्पद लगते हैं, "सोवियत नीति शास्त्र चारित्रिक दृष्टि से यांत्रिक है और लक्ष्यों की अपेक्षा साधनों को गौण मानता है।—जिस सर्वहारा के नाम से क्रांति की गई थी और जिसके नाम में अधिनायकत्व चलाया जाता है, वह वर्तमान सर्वहारा नहीं, वरन् भविष्य का आदर्शीकृत सर्वहारा है।[50] आरोप कर्त्ताओं को इस वैज्ञानिक निष्कर्ष पर विश्वास करना चाहिए कि समाजवादी देश रूस विज्ञान, शिक्षा, क्रीड़ा, कला और चरित्र की दृष्टि से विश्व में सबसे आगे है। यह शारीरिक कौशल ही नहीं प्रतिभाजन्य कौशल में भी अमूर्त स्वतंत्रतावादियों को परास्त करता है। यह बात उपहास की लगती है कि प्रतिभा का उन्मेष भी शक्ति और दबाव पर हो सकता है। वास्तविकता यह है कि जनता की स्वतःस्फूर्त आकांक्षाओं, शासन की नीतियों और सांस्कृतिक संचार साधनों में अंतर्संबंध इतने पारस्परिक और संपादित हैं, कि वहाँ अराजक शक्ति क्षरण समाप्त हो गया है। शक्ति का रचनात्मक रूपांतरण प्रतिभा के उन्मेष को बहुत ही द्रुतगामी बना चुका है। वह प्रक्रिया इतनी सूक्ष्म वैज्ञानिक, विश्वसनीय और साधार है कि खिड़की से झाँककर उसको आत्मसात नहीं किया जा सकता।

समाजवादी मूल्यों ने स्वतत्रंता की यथार्थ और सार्थक खोज की है। उन्होंने मानव वैज्ञानिक परीक्षणों से पाया है कि व्यक्तित्व निर्माण के लिए मनुष्य स्वच्छंद नहीं होता। वह प्रकृति से तथा अपने सामाजिक आधार से नियंत्रित होता है। दोनों नियंत्रण शक्तियाँ आमने-सामने नहीं होतीं। वे काल, इतिहास और परिवेश के अलावा विरासत के संस्कारों से होकर आती हैं। उनका नियंत्रण बेमालूम तरीके से होता है। प्रकृति से संघर्ष में से निर्माण की जितनी स्थितियाँ उसके नियंत्रण में आ जाती हैं, मनुष्य का कर्म उतना ही आजाद होता है। आजादी वस्तुतः उसकी प्रकृति पर विजय और अधिकार है। विजय के लिए प्राथमिकताओं का चुनाव"[51] निर्णय संकल्प और इनके अनुरूप कर्म की स्वतंत्रता होती है। एंगेल्स ने स्वतंत्रता की परिभाषा करते हुए लिखा कि "स्वतंत्रता अपने-आप पर नियंत्रण और बाह्य प्रकृति के नियंत्रण के बीच निहित है। ये नियंत्रण मनुष्य की स्वाभाविक इच्छाओं के संज्ञानिक योग पर निर्भर करते हैं। जिन्हें ऐतिहासिक क्रमता के बोध से पाया जा सकता है।"[52] निर्विवाद है कि सार्थक संकल्प पूर्ण स्वतंत्रता विकास की व्यावहारिकता को परिमाण से गुणात्मक बना देती है। समूची रचना प्रक्रिया के व्यावहारिक होने के कारण विचार और मूल्यों का मैत्रीपूर्ण सह-संबंध मनोवैज्ञानिक हो जाता है। निष्कर्ष रूप में यह बात सही है कि, "विचार ज्ञान के पुंज हैं। जब वे स्वतंत्र कर्मता से संबद्ध होते हैं, तब वे सत्य से भी जुड़ते हैं। सही कर्मता ही स्वतंत्र कर्मता होती है क्योंकि वह

सत्य से निर्देशित होती है। इस तरह सही, स्वतंत्र और सत्य के त्रिकोण की केंद्रवाली कर्मता में ही सिद्धांत से अमल में छलाँग लगायी जाती है।''[53]

स्वतंत्रता और मूल्यों में टकराव

वास्तविक सच्चाइयों और प्रश्नों से कटने का ही नाम श्रम और उत्पाद्य से विच्छेद था। अतीत और इतिहास से अलगाव के बावजूद तथाकथित दार्शनिक आलोड़न-विलोड़न को शाश्वत और स्वाभाविक कहने का अभिप्राय था—कुछ इस प्रकार के मूल्यों का संयोजन, जिनका संबंध यथार्थ से बिलकुल न हो। श्रमिक की जैविक आवश्यकता की पूर्ति के लिए श्रम ही करना होता, पर उत्पाद्य से अपनत्व रखना नहीं। उत्पाद्य से विरत रहकर भी श्रमिक प्रकृति के साथ संघर्ष करते हुए तथा युग प्रवाह को आगे-आगे ले जाकर आधुनिकता की श्रेष्ठ उत्पादन पद्धति तक पहुँचा। उसने प्रकृति को बदला और इसी द्वंद्वात्मक प्रक्रिया में खुद बदला किंतु उसका स्वयं का बदलना बे मन होता रहा। उत्पाद्य से अपनत्व का अभाव ही कारण था कि निर्माण के साथ वह मुक्त, विवेकी, स्वाभाविक और रचनात्मक नहीं रह सका। उसकी क्रिया में ज्यादा शारीरिक रहीं, कम मनोवैज्ञानिक 'अतः मनुष्य स्वतंत्रता खो बैठा। यह 'स्व' का लोप है। इस स्वतंत्रता हानि की प्रकृति कुछ दूसरी है क्योंकि यह शोषण और अमानवीयता इतिहास एवं दर्शन से विच्छेद के साथ संबद्ध है। स्वतंत्र देशों, स्वतंत्र राष्ट्रों, इफरात वाली अर्थ व्यवस्थाओं, स्वतंत्रता समूहों के बीच भी मनुष्य उक्त स्वतंत्रता को खो बैठा है। अर्थात् अभिलषित मुक्त सचेतन, सहज और रचनात्मक कार्य ही अजनबी हो गया है तथा वह अपनी निजता खो बैठा है। इस तरह अजनबी कार्यवृति तथा निर्वैयक्तिक मनुष्य क्रमशः अकेली भीड़ तथा अजनबी इंसान के हेतु हैं। यही आत्मपरायेपन की धारणा है।'[54]

स्वतंत्रता मनुष्य की उसके होने की सूचना है। इसके अभाव में उसकी मौजूदगी एक वस्तु के रूप में होती है। वह अपने कार्य का चुनाव नहीं करता। मनुष्य, प्रकृति और उत्पाद्य के स्वाभाविक अंतर्संबंधों को व्यक्तिगत संपत्ति और श्रम के मजदूरी में विनिमय के व्यवहार ने खोखला कर दिया। इच्छानुसार स्वतंत्र संकल्प शक्ति और क्रिया से व्यक्तित्व का निर्माण बंद हो गया। इसके बदले अर्जित ऐतिहासिक व्यक्तित्व का विघटन होने लगा।[55] व्यक्तित्व के बिना सामाजिक चेतना वस्तुतः प्रभुवर्ग की विकलांग सामाजिक चेतना के निर्माण में श्रमिक जनता का संबंध पराएपन का था। जीविका की जरूरत और उत्पादन में मजदूरी की हैसियत के ही आधार पर वह कार्य-प्रणाली में शरीक रहता था। कार्य प्रणाली के साथ उसकी मनोवैज्ञानिक रिश्ता नहीं रहा। इसीलिए उत्पाद्य के मालिक के साथ उसका अघोषित शत्रुता और सहकारी के साथ असंलग्न यात्रा अर्थात् पराएपन की लगातार अनुभूति ने आत्मपराएपन में बदला। इस्तवान मेसआरोस ने इस तरह विकसित अस्वाभाविक संबंधों का रेखा चित्र

बनाते बताया कि (1) मनुष्य की श्रम, कार्य वृति और प्रक्रिया की सहजता को खंडित कर व्यक्तिगत संपत्ति और श्रमिक मजदूरी में बदला गया, (2) व्यक्तिगत संपत्ति और श्रमिक में वैमनस्य पूर्ण संबंध बने; (3) मनुष्य उत्पाद्य (उद्योग) और प्रकृति के अंतर्संबंध-विकृत होकर व्यक्तिगत संपत्ति, आत्मपरायीकृत उत्पाद्य और आत्म-परायीकृत प्रकृति तथा श्रमिक मजदूरी भी आत्मपरायीकृत उत्पाद्य और आत्मपरायी कृत प्रकृति में रूपांतरित हो गए। आशय कि कार्यप्रणाली और कृति के प्रति विच्छिन्नता श्रमिक में विकसित हुई। इस तरह पूरा रचनाक्रम आत्मपराएपन का शिकार हुआ।'[56] आत्मपराएपन की विकृति को ढकने के लिए पुरोहितों और आचार्यों ने नीति शास्त्र रच डाला। दुःख की शाश्वतता, भाग्यवाद और ईश्वर केंद्री नीति शास्त्र प्रकारांतर से वास्तविक चेतना को पौराणिक वृत्तों में आवृत्त करने के प्रयास थे। यह मनुष्य ही स्वतंत्रता का अपहरण था। मार्क्स ने लिखा, "व्यक्तिगत संपत्ति का आगमन की इस सच्चाई की अभिव्यक्ति है कि मनुष्य केवल अपने लिए वस्तुगत तथा दूसरों के लिए विलक्षण और अमानवीय हो जाता है। इसके साथ यह भी कि वह अपने जीवन पर बल देता हुआ अपने जीवन से पराया हो जाता है। उसकी अनुभूतियाँ सच्चाई का क्षरण हैं। वह अनुभूति परायीकृत सच्चाई है।"[57] इसे आगे बढ़ाते हुए उन्होंने लिखा 'मनुष्य अपनी समग्र सारवस्तु को अपनी संपूर्ण जीवन विधियों जिसे समग्र मनुष्य की तरह कहें, को औचित्य देता है' संसार के साथ अपने प्रत्येक संबंधों-मसलन् देखता, सुनता, सूँघता, चखता, शारीरिक संवेदना, नोचना, अवलोकना, अनुभवना, चाहना क्रियाकलाप, प्यार करना—संक्षेप में सभी वैयक्ति अवयव जो कि अपने रूप में सामाजिक जीवन से संबद्ध हैं, निर्धारित वस्तुगतता अथवा वस्तुपरकता के निर्धारण होते हैं। वे इस तरह वस्तुगत को औचित्य प्रदान करते हुए वास्तविक सच्चाई का अनुमोदित करते हैं।[58]

इस ऐतिहासिक विश्लेषण का आधार हुआ कि व्यक्तिगत संपत्ति और श्रमिक मजदूरी के रूप में वर्ग विभाजन ने लगातार व्यक्तित्व को इस तरह ढाला कि व्यक्ति और समाज के अंतर्संबंध विच्छिन्न होते गए। वे अस्तित्व और अनुभूति को झुठलाते परोक्ष में डूबते-उतराते, शून्य और जड़ता के रूप में परिणत होते गए। हासर के शब्दों में 'पराएपन के विचार का अर्थ है—व्यक्ति का समाज से संबंध च्युत होना, अपने कार्य से संलग्नता का अभाव, अपनी प्रेरणाओं, जीवनस्तरों तथा महताकांक्षाओं में कभी भी संगति की असमर्थता का उदय।[59]

भारतीय समाज में श्रम विभाजन जाति के द्वारा तथा धन में व्यक्तिगत संपत्ति ने वर्गों के निर्माण के द्वारा—शारीरिक मानसिक, व्यक्तिगत-सामाजिक संबंधों के अंतराल को लगातार बढ़ाया। श्रमिक से बौद्धिक अधिकार छीन लिया गया—जिससे उसकी संकल्प शक्ति और निश्चयात्मक स्वतंत्रता खो गई। संकल्प और स्वतंत्रता रहित मनुष्य भय ग्रस्त और असुरक्षित महसूस करता रहा। मिथ्यातोषों और परदायी

मूल्यों को वह ढोता रहा। वह बिक्री की वस्तु बनने का विरोध नहीं संजो सका। परिणाम यह रहा कि उसकी जिंदगी निस्संग होती गई। संत्रास, फूहड़पन और शून्यता ने उसको चारों ओर से घेरकर दबोच दिया। इतिहास की मुख्य धारा इस तरह उसके लिए मूल्यहीन कर दी गई तथा इतिहास विहीन अमूर्त और आदर्शवादी धारा पर्यावरण में मड़राती रही। हीगेल ने उस अंतर्विरोध को गहरे से पहचाना, फायरवाख ने उसे और स्पष्ट किया तथा मार्क्स ने दोनों की पहचान को वैज्ञानिक रूप दिया। हीगेल ने कहा था कि पराएपन की समस्या आत्मतात्विक है। प्रकृति पर अधिकार प्राप्त करके मनुष्य अपनी आवश्यकता की पूर्ति तो कर लेगा किंतु वह स्वतंत्र नहीं कहलाएगा। स्वतंत्रता-वस्तुतः आत्मसंकल्प तथा मनुष्य का लक्ष्य है। वह मानता है कि आत्मसंकल्प सांसारिक रचना का आधार है। हीगेल का विश्लेषण आदर्शवादी मूल्यमीमांसा से अधूरा मुक्त था। फायरवाख एक कदम आगे बढ़े। उन्होंने कहा कि मनुष्य के हित के विषय में मनुष्य के बाहर सोचना भ्रम है। भ्रम के कारण ही अंधविश्वास तथा प्रकृति पूजा का प्रपंच खड़ा हुआ है। यही प्रपंच आत्मपराएपन की बीज है। मार्क्स ने इन निष्पत्तियों के सकारात्मक पहलुओं को ग्रहण करते हुए आत्मपराएपन के ऐतिहासिक कारणों को खोजा और वास्तविक जीवन तथा उसके प्रभावों की विभिन्न विचार रूपों में अभिव्यक्ति के संबंधात्मक दुहरेपन की समस्याओं का विश्लेषण किया। अंतर की खोज के विवादों में पड़े बगैर यह निर्विवाद सत्य है कि मार्क्स ने पराएपन का कारण व्यक्तिगत संपत्ति और श्रम की मजदूरी में परिणति के ऐतिहासिक क्रम को माना था—जो कालांतर में लेनिन समेत अनेक विचारकों से स्पष्ट होता गया। तमाम विचारकों ने पाया है कि आत्मपराएपन की इतिहास में मौजूदगी आधुनिक युग में ज्यादा मुखर हुई है और उसे अब मार्क्स के समय से सैद्धांतिक रूप में पहचाना जाने लगा है। यह एक विश्व संघटना बन गई है। आत्मपराएपन का शिकार श्रमिक तो होता ही है, प्रभुवर्ग भी उससे नहीं बच सकता। यह इसलिए कि वह उत्पाद्य का रचयिता नहीं होता। वह उसकी सृजन पीड़ा से नहीं गुजरता। श्रम के कार्य से उसका संबंध केवल भोग के स्तर पर होता है। इसी कारण वह उत्पाद्य के साथ अमानवीय उपभोग करता है। मार्क्स-एंगेल्स ने लिखा, 'संपत्ति शाली वर्ग तथा सर्वहारा वर्ग एक ही प्रकार का मानवीय-परायापन प्रस्तुत करते हैं। लेकिन पहला संपत्ति शाली वर्ग इस आत्म परायेपन में अपना स्थायी स्वीकार, अपना शुभ तथा अपनी निजीशक्ति पाता है, इसमें उसे मानवीय अस्तित्व का सादृश्य हासिल होता है। सर्वहारा का वर्ग अपने आत्मपराएपन में केवल बर्बादी का अनुभव करता है, इसमें उसे अपनी शक्ति हीनता और एक अमानवीय अस्तित्व की यथार्थता दिखाई देती है।''[60] जाहिर है कि आत्मपराएपन की समस्या वर्ग व्यवस्था में एक तरह की नहीं होती। पूँजीवादी सामाजिक व्यवस्था में मध्यवर्ग के नए उभार और सामाजिक गतिविधियों में निर्णायक हिस्सेदारी के कारण एक और तीसरा स्तर भी हो गया है।

मध्यवर्ग का आत्मपराएपन दोनों बुनियादी वर्गों से किंचित भिन्न नजर आता है। यह वर्ग न श्रम से जुड़ा है और न उत्पाद्य से। इसीलिए उसका अनुभव संघर्ष और भोग दोनों से विलग है। वह इन वर्गों की दुनियाँ में प्रवेश करता है तो अपने मूल रूप में नकली होता है। वह बार-बार अनुभवों पर जोर देता है। थोड़े ही समय में पाता है कि उस अनुभव में दम नहीं है। इसलिए वह नए नाम और मुहावरे की खोज करता रहता है। वह अपने को परिभाषित करने के मूल्य संकट से गुजरता है। उसके भोगे यथार्थ, 'सच्ची अनुभूति', 'प्रामाणिक अनुभव,' अभिव्यक्ति का संकट' जैसे आंशिक परिभाषित मुहावरे उसका साथ नहीं देते। वह कभी अहं ग्रस्त होता है और कभी आत्महीनता का शिकार। उसमें हीन ग्रंथियाँ तरह-तरह की विकृतियाँ पैदा करती हैं। वह अवसरवादी चरित्र अपनाता है। वह बेहद कृत्रिम चरित्र धारण करता है। वह घर के भीतर और बाहर मिलकर अनेक भूमिकाएँ अदा करता है। उसकी भूमिकाएँ अदाएँ होती हैं अभिनयात्मक। अंदर से वह खोखला अथवा विच्छिन्न आदमी होता है। विच्छिन्नता को छिपाने के लिए वह क्या नहीं करता, कहाँ नहीं जाता। वह मूल्यों की बातें करता हुआ पराएपन का इजहार करता है। वह पद और प्रतिष्ठा का भोग करता हुआ हमेशा असुरक्षित महसूस करता है। उसका सारा अस्तित्व रोब-दाब मासिक वेतन और इस बहाने रोजगार दाता की तिजोड़ी में बंद रहता है। वह वहाँ से अधिकार पाता है और कर्मियों से उनके श्रम की व्यापार की वस्तु में बदलने में मध्यस्थ की भूमिका अदा कर उन्हें वापस कर देता है। यह सब इसलिए हो रहा है कि व्यवस्था विशेषीकरण के नाम दोहरी जीवन प्रणाली पैदा करती है। वह शिक्षित जन समूह को आधार से काटकर संज्ञान की वैज्ञानिकता को स्थगित करती है। इस प्रसंग में रमेश कुंतल मेघ ने गैराडी का मत उद्धृत किया है, 'एक ऐसे जन समुदाय में जहाँ प्रत्येक चीज बेची तथा खरीदी जाती है, जहाँ बूर्ज्वा नारी से नहीं बल्कि उसके दहेज से शादी करता है, दोस्त इसलिए बनाए जाते हैं कि उनसे क्या फायदा हो सकता है, विरासत का विचार वात्सल्य को खत्म कर देता है, मनुष्य की इज्जत उसके व्यक्तिगत गुणों के कारण नहीं की जाती बल्कि दौलत के लिए या उसके पद के कारण, बूर्ज्वा कलाकृतियों को जैसे मोटरों के बिलकुल नए माडलों को, आवश्यकता के लिए नहीं खरीदता बल्कि प्रदर्शन तथा ऊँची कीमत के लिए खरीदता है।'[61] इस व्यवस्था में मध्यवर्ग के सामने निर्णायक भूमिका निभाने के लिए अपने वर्ग से नीचे उतरने की समस्या होती है। उसका अनुभव तभी सच्चा हो सकता है जब वह अपने-आपको श्रमिकों के बीच पाए। वह अपने सामाजिक संबंधों को बदल कर ही श्रमिकों का नेतृत्व कर सकता है। यदि उसकी प्राथमिकता वर्गारोहण की है–

तो उधर जाना उसका तभी संभव होता है, जब वह कहीं किसी संस्था का स्वामित्व अर्जित कर ले। अधिकांश उच्च मध्यवर्गीय भद्रजन ऐसा कर लेते हैं।

आत्मपराएपन की समस्या के अनुशीलन के बाद स्पष्ट है कि आधुनिक पूँजी के समाज में इसकी उपस्थिति, अभिव्यक्ति और निर्मित मूल्यों के रूप में की जाती है। दुःख के शाश्वतवाद ने यह नया रूप धारण कर लिया है। अच्छी बात यह है कि वर्ग समाज में जिस प्रकार आत्म परायापन अब मूल्य के रूप में मूर्त है, उसी प्रकार परिवर्तन के क्रांतिकारी नियम भी प्रयत्क्ष हैं। वैज्ञानिक चिंतन ने इतिहास के आत्मपराएपन के कारणों को खोज निकाला है। मनुष्य की गुप्त और दबी इच्छाएँ और आवश्यकताएँ पहचानी गई हैं। इसी पहचान के आधार पर एंगेल्स की भविष्य वाणी, कि "मानवता आवश्यकता के राज्य से कूदकर स्वाधीनता के राज्य में चली जाएगी,"[62] सही साबित हुई है। विश्व की अनेक सामाजिक व्यवस्थाएँ और सामाजिक चेतना के विभिन्न रूप बदल गए हैं। मनुष्य निरंतर अपनी स्वाधीनता में विकास कर रहा है। स्वाधीनता का चुनाव संकल्प शक्ति, सजगता, स्वाभाविकता और रचनात्मक मूल्यों का क्रांतिकारी विस्तार हो रहा है। मार्क्सवादी विचारक चे गुएवारा ने क्यूबा की क्रांति के संदर्भ में कहा था, "यह क्रांति सिर्फ मानवता से लैस गुणों के साथ है। दुनिया के हारे हुए लोगों के साथ यह क्रांति एक खास तरह का एकांत महसूस करती है। दरअसल अंतर्राष्ट्रीयतावाद ही आदमियत की सबसे ज्यादा सच्ची, सार्थक जलती हुई और ठोस अभिव्यक्ति है।"[63]

नई संस्कृति : नए मूल्य

बीसवीं शताब्दी में दुनियाँ के अनेक देशों में क्रांतियाँ संपन्न हो गई हैं। राजनीतिक नेतृत्व उन वर्गों के हाथ में आ गया है, जिनका लक्ष्य राष्ट्रीय संपत्ति और सृजनशक्ति का अपहरण नहीं है। श्रमिकों और मजदूरों का वह नेतृत्व उन देशों में अधिक से अधिक उत्पादन और वितरण की द्वंद्वात्मकता के जरिए मनुष्य की समूची संभावनाएँ तलाश रहा है। संभावनाएँ केवल भौतिक नहीं, आत्मिक भी। उपलब्धियों में भौतिकता और आत्मिकता का अन्योन्य रिश्ता होता है। इस रिश्ते में आत्मपरायापन नहीं होता। मनुष्य का खोया हुआ आत्मविश्वास वापस लौटता है। वह तल्लीनता पूर्वक उद्योगों, खलिहानों और कला प्रसंगों में सक्रिय होता है। उसे हर औजार और कविता में उसका वह बिंब झलकता है, जिसकी रचना प्रक्रिया में मानवीय इतिहास भरा हुआ है। मानव की विरासत के रूप में महसूसता हर नागरिक हर क्षण सृजन का दायित्व निभाता है। क्रांति के बाद जो नया मनुष्य उन देशों में उदित है—वह फूहड़पन से दूर है। वह अराजक नहीं है। कुंठा-संत्रास उसके मूल्य नहीं हैं। उसका कोई साथी 'अंधायुग' का पात्र नहीं है। उसकी रची नई संस्कृति में समाज, परिवार, व्यक्ति, नीति, कला, राजनीति, आर्थिक व्यवस्था में कोई दरार नहीं है। ये सभी इकाइयाँ और शक्तियाँ आपस में मिलकर शक्ति के रूप में रूपांतरित हैं। मनुष्य और शक्ति का अनंत मिलन संस्कृति के नए आयाम खोलता है। प्रकृति का इतिहास मनुष्य के लिए वरदान है।

वह उसी के नियमों की पुनर्रचना करता है। प्रकृति से सीखना और उसे बदलना आदमी का लक्ष्य है। सीखने और बदलने का लंबा सिलसिला कई रूपों में अपनी पहचान बनाता चलता है। सभ्यता और संस्कृति उसकी महत्त्वपूर्ण पहचान ही हैं। इसके द्वारा मनुष्य का रचनात्मक स्वभाव जाना जाता है। आदमी की हार-जीत, राग-द्वेष, लड़ाई-प्रेम, आस्था-अनास्था आदि का सार इनमें निहित है। मानस, कामायनी, अंधेरे में, रेल, हवाई जहाज, सोयूज और अपोलो—में मनुष्य की सृजनात्मक संस्कृति रूपायित है। इनमें उसकी प्रयोजनीयता और सौंदर्य बोध दोनों हैं। पुनर्रजना का सपना वह देख ही नहीं सकता—जब तक भावों या रागों में प्रयोजनीयता नहीं होती। प्रयोजनीयता ही मूल्यों का निर्धारण करती है। इसलिए मूल्य प्रयोजन और संस्कृति में अटूट संबंध है। जैसा कि मेघ ने लिखा, "विचार और विचारधारा तथा मनुष्य की विविध (संज्ञानात्मक, रागात्मक एवं क्रियात्मक) चेतना के संबंधों के कारण सांस्कृतिक की सृजनात्मक चेतना युक्त, विशिष्ट और निरंतर होती है।" द्वंद्वात्मक भौतिकवादी इसीलिए सर्वोच्च है क्योंकि उसने मनुष्य के भीतर और बाहर की असमानताओं तथा अव्यवस्थाओं की संगति खोजने की पहल की है। उसके लेखे मनुष्य के व्यक्तित्व का उन्मोचन, व्यक्तित्व की रक्षा और उसमें निरंतरता की अनुभूति का होना—ही सृजनात्मकता का प्रमाण है। विचारधारा का अस्तित्व इससे अलग नहीं है। मनुष्य के गतिमान अस्तित्व से विरत विचारधारा का कोई अर्थ नहीं होता। बकौल गोल्डमान के, "द्वंद्वात्मक दर्शन का एक सबसे महत्त्वपूर्ण विचार यह है कि चिंतन हमेशा जीवन में नए से नए अर्थ की खोज की कोशिश हैं जो निश्चित स्थितियों में घटित होते हैं और इन्हीं के अनुरूप मनुष्य के वे आचार निर्धारित होते हैं, जो मानव समूह में आशाओं के अनुरूप वास्तविकता को बदलते हैं।"[64] साहित्य का स्रोत यही है। नए अर्थ की प्राप्ति के प्रयत्नों और तदनुरूप निर्धारित वास्तविकताओं, आचार-व्यवहारों का प्रतिबिंब साहित्य में होता है। कोई नागरिक यदि कविता लिखता है और स्रोतों को या तो छिपाता है या उनसे दूर भागने की चेष्टा करता है, तो भी उसकी कृति हकीकत बोल ही देती है। जे.एम. हाथार्न ने लिखा, "जब हम किसी रचना का अध्ययन करते हैं, तो उस अध्ययन में विश्व के रूपांतरण की सामाजिक स्वीकृति ही मिलती है। उसमें हमारे विषयप्रवेश, व्यावहारिक संलग्नता, कृति के प्रति हमारे अनुमान और निकष, व्यक्ति और समाज की अंतनिर्भरता की प्रक्रिया का बोध होता है।"[65] इस तरह समाज के आधार और अधिरचना के विकास की प्रक्रिया में मूल्यों की संगति व्यावहारिक प्रमाण के रूप में पेश है। संस्कृति और साहित्य भी उसके घटक हैं। ये घटक मानव इतिहास में जीवंतता तथा सृजनात्मकता के वाहक बने हुए हैं। इनका संबंध निरपेक्ष उड़ानों से न होकर रचना विधान से है।

संदर्भ

1. (अ) सर्वधर्मान् परित्यज मामेकं शरणं ब्रज। गीता–अं. 18-661
   (ब) कर्मण्येवाधिकारस्ते मा फलेषुकदाचन।
   मा कर्म फल हेतु र्भूर्माते संगो-स्त्वकर्माणि। गीता, 2-471।
   नियतं कुरु कर्म त्वम्। गीता, 3-81
2. श्रीपाद अमृत डाँगे–'भारत'–पृ. 183
3. डी.डी. कौसाम्बी–मिथक और यथार्थ–पृ. 36
4. रमेशकुंतल मेघ–अथातौ सौंदर्य जिज्ञासा पृ. 457
5. व. केल्ले और म. कोवाल्जोन–ऐतिहासिक भौतिकवाद–पृ. 70
6. वि. अफनास्येव–मार्क्सवादी दर्शन–पृ. 34
7. जी. प्लेखानोव–मार्क्सवाद की मूल समस्याएँ–पृ. 23 से उद्धृत।
8. लेनिन–संग्रहीत रचनाएँ खण्ड 14–पृ. 130
9. एंगेल्स–ड्यूहरिगमत खण्डन (1959) पृ. 86
10. लेनिन–कलेक्टेड वर्क्स–खंड 38 पृ. 153
11. ए.पी. शेपटुलिन–मार्क्सिष्ट-लेनिनिष्ट फिलासफी–पृ. 111
12. वही
13. वि. अफनास्येव–मार्क्सवादी दर्शन–पृ. 116
14. ओ. याखोत–द्वंद्वात्मक भौतिकवाद क्या है ?–पृ. 108
15. ए.पी. शेपटुलिन–मार्क्सिष्ट-लेनिनिष्ट फिलासफी–पृ. 121
16. वही–पृ. 122
17. वही–पृ. 126
18. कालमार्क्स–पूँजी 'खंड'–पृ. 29
19. ए.पी. शेपटुलिन–मार्क्सिष्ट-लेनिनिष्ट फिलासफी–पृ. 132
20. वही–पृ. 33
21. डी.पी. गोत्स्की–फिलासफी इन द यू.एम.एस. आर (सं.)–पृ. 158-159
22. लेनिन का लेख कलेक्टेडवर्क्स–खंड 38–पृ. 170-172
23. ए.पी. शेपटुलिन–मार्क्षिट लेनिनिष्ट फिलासफी–पृ. 140
24. लेनिन–कलेक्टेड वर्क्स-खंड 38–पृ. 222
25. अन्टोनियोग्राम्शी–सलेक्शन्स् फ्राम द प्रिजननोट बुक्स्–पृ. 13
26. वही
27. बी.जे. केल्लेकालेख–फिलासफी इन द यू.एस.एस. आर (सं.) पृ. 258
28. ए.पी. शेपटुलिन–मार्क्सिष्ट-लेनिनिष्ट फिलासफी–पृ. 437
29. वही–पृ. 439
30. कैशियस कीशर–(न्यूयार्क 1952)–कलेक्टेड वर्क्स खण्ड 2–पृ. 242
31. मार्क्स–एंगेल्स–कलेक्टडवर्क्स–खंड 7–पृ. 231
32. ए. पी. शेष्टुलिन–मार्क्सिष्ट फिलासफी–पृ. 479
33. एम. रोजेन्थाल एण्ड पी. युदीन–डिक्सनरी आफ फिलासफी (सं.) पृ. 471
34. विश्वम्भर नाथ उपाध्याय–जलते और उबलते प्रश्न–पृ. 25
35. ऋग्वेद के बाद के अध्यायों में सृष्टि कर्त्ता को विश्वकर्मा और हिण्यगर्भ कहा गया है। वेदांत

दर्शनों का अद्वैत आदर्शवाद जिसमें आत्मा और ब्रह्म का संबंध स्थापित है, उन्हीं विचारों से उत्पन्न हुआ। –(ऋग्वेद–10-121)

36. श्री पाद अमृत डाँगे–पृ. 81
37. जी.ई. मोरे–कन्टेम्पोरेरी फिलासफी–पृ. 42-44
38. हेनरी आसवर्न टेलर–हनूमन वेल्यूज एण्डवेरायटी–पृ. 20
39. जगदीश गुप्त–लहर–सितंबर 60–पृ. 34
40. डी. विट. पारकर–द एनालिसिस आफ वैल्यू–पृ. 178
41. नीत्शे–द कम्पलीटवर्क्स खंड 7 (सं. डॉ. ओस्कर लिवी)–हनूमन आल टू हनूमन पृ. 43
42. डार्विन–
43. सिगमंड फ्रायड-मनोविश्लेषण (देवेंद्र कुमार का अनुवाद) पृ. 262–263
44. एंगेल्स–एन्टीडयूहरिंग–पृ. 214
45. एंगेल्स–वही
46. इस्तवान मेस जोरोस–मार्क्स्‌थ्योरी आफ एलिवनेशन–पृ. 191-192
47. वही–पृ. 192
48. रमेश कुंतलमेघ–क्योंकि समय एक शब्द है–पृ. 17
49. द ग्रीड आफ कार्लमार्क्स–टाइम्स लिट. सप्लीमेन्ट, जून-1959–पृ. 330
50. दे. रत्नादत्त–वेल्यूज इन माडल्स आफ माडर्नाइजेशन (1971) पृ. 59
51. एंगेल्स–एण्टी डयूहरिंग–पृ. 133
52. रमेश कुंतलमेघ–क्योंकि समय एक शब्द है–पृ. 628
13. रमेश कुंतलमेघ–आधुनिकताबोध और आधुनिकीकरण–पृ. 193–194
54. गोर्की–गोर्की आन लिटरेचर–
55. इस्तवान मेसजोसेस–मार्क्स्‌थ्योरी आफ एलिवनेशन–पृ. 108–109
56. कार्लमार्क्स–मार्क्सिज्म एंड आर्ट (सं.) बेरेललैंग एवं फारेष्टविलियम्स में प्रापर्टी एंड एलियनेशन-निबंध–पृ. 24
57. वही–
58. वही–एलियनेशन ऐज द की आफ मैनरिज्म (निबंध)–पृ. 397
59. मार्क्सएंगेल्स–द होलीफेमिली (मास्को 1956) पृ. 5
60. रोजर गैराडी का लेख–वर्ल्ड मार्क्सिष्ट रिव्यू–अक्टूबर 1960 पृ. 19
61. एंगेल्स–एण्डट्यिूहकिंग–(1947) पृ. 421
62. चे गुएवारा–सलेक्टेडवर्क्स–पृ. 275
63. रमेश कुंतलमेघ–अथातो सौंदर्य जिज्ञासा–पृ. 457-458
64. लूसिएंगोल्डमान–द डायालैक्टिस आफ लिबरेशन–पृ. 140
65. जे.एम. हाथार्न–आइडेंटटी एंड रिलेशनशिप–पृ. 149

रचनाकार : व्यक्तित्व का अर्जन

जार्ज थामसन ने कविता के उद्गम और उसके स्रोतों की परीक्षा की है। निष्कर्ष के रूप में उन्होंने घोषित किया है, "कविता की भाषा सामान्य भाषा की तुलना में अनिवार्यतः अधिक आदिम है, क्योंकि उसमें लय, माधुर्य और मनमौजों की विरासत का उच्चतर स्तर सुरक्षित है। यद्यपि उसका आधार अनुमान है परंतु आदिम भाषा के द्वारा प्राप्त सामग्री से यह प्रमाणित है।"[1] अध्ययन की इस परिणति के भीतर कुछ तथ्य समाहित हैं। जैसे यह कि भाषा का जन्म-मनुष्य के क्रमशः विकास की शृंखला में हुआ है। श्रम में संलग्नता, औजारों द्वारा प्रकृति के साथ संघर्ष, प्रकृति को अनुकूल बनाने के लिए उसके दृश्य चरित्र के अनुमानित अनुकरण की अवधि में उसके मनस्तल में रूपांतरण होता रहा है। मनुष्य इस रूपांतरण की अनुगूँज को मनमौजों में व्यक्त करता रहा है। पानी की जरूरत महसूस हुई तो लोग घिरते बादलों की तरह सामूहिक सूल्य गरज के प्रतिरूप घोष, जलधारा की तरह झूम—पैदा करते रहे हैं। यह क्रिया प्रकृति को वश में करने के लिए थी। यह अवस्था शब्द रहित संगीत की थी। यहीं से इंद्रजाल अथवा जादू का जन्म होता है। कविता का उद्भव भी उसी सामूहिक अनुगूँज में निहित है। यह स्थिति जादू, शब्द रहित संगीत और कविता के पुराने मिश्रित घोल की है। इसी अनुगूँज ने बाद में तरह-तरह के रूप धारण किए। इसलिए कि आदिम सामूहिक चेतना में गुणात्मक विकास आया। उसमें इतना समाव बना दिया कि अभिव्यक्ति के अनेक रूप ढल सकें। आदिवासियों में अभी भी सामूहिक चेतना का घनत्व न होने के कारण कला की विशिष्टताएँ कायम नहीं हुईं। आयरिश कविता के विषय में थामसन की खोज कहती है, "यह प्रायः निवासियों के अधरों में रहती है। यह सार्वजनिक संपत्ति है। प्रत्येक व्यक्ति उसे जानता है। प्रत्येक उसे प्यार करता है। वह निरंतर व्यक्तियों की बातचीत में सुगबुगाती रहती है और यह अब भी रचनात्मक है।"[2] यह सही है कि कविता वार्ता के जन्म के पूर्व मनुष्य की अनुभूत से जुड़ी रही है। उसका परिष्कृत रूप वार्ता तथा फिर भाषा के साथ आया। भाषा के बनते ही उसके दो रूप हो गए। पहला-सामान्य

वार्ता-जिससे लोग प्रायः बातचीत का काम निकालते हैं। दूसरा- काव्यात्मक वार्ता-यह सामूहिक चेतना का अधिक संगत, सघन तथा आत्मिक रूप है। औजारों के साथ संघर्ष करते श्रम की प्रक्रिया में व्यक्तित्व का विकास होता रहा। व्यक्तित्व के विकास के भीतरी आयाम-विभिन्न मनोवेग, उमंगें, मधुरताएँ और लयें हैं। उन सबका पुँज उसका स्वभाव है। स्वभाव की व्यावहारिकता क्रिया में प्रकट होती तथा क्रिया की व्यावहारिकता स्वभाव को अधिक संगत बनाती। यहाँ द्वंद्वात्मक संबंध व्यक्तित्व को विकसित करता रहा है। दूसरे शब्दों में मनुष्य ने लगातार व्यक्तित्व का अर्जन किया है। अर्जन की आरंभिक प्रक्रिया पर प्रकाश डालते हुए गोर्की ने लिखा कि उस समय समूह के प्रत्येक व्यक्ति का आंतरिक जीवन सभी की जाँच-पड़ताल के लिए खुला था। उसकी सभी संवेदनाएँ, विचार और आशंकाएँ सामूहिक संपत्ति थीं। प्रत्येक व्यक्ति अपने मन में उदित विचारों को कहकर हलका होने के लिए उत्साहित रहता था। चतुर्दिक जंगल की शक्तियों, चौपाए जानवरों, समुद्र और आकाश, रात्रि और सूर्य आदि को डरावनी शक्तियों के खिलाफ अपनी असहायता पर विचार-विनियम करता था। वह अपने रात्रि के सपनों और दिन तथा रात्रि की छायाओं को देखकर भी आंदोलित होता था। इस तरह व्यक्तिगत अनुभव तुरंत सामूहिक अनुभव में बदल जाते और समूह के अनुभव प्रत्येक की चेतना के धरोहर हो जाते।''[3] समूह और व्यक्ति के अनुभाविक अंतसूसंबंधों के कारण कला अथवा रचना की विभिन्न इकाइयाँ जन्मी हैं। कला के भारतीय आचार्य भरत ने भी नाट्य रचना पर विचार करते हुए कहा, ''लोक स्वभाव की सुख-दुखात्मक अवस्थाओं को लेकर जब संगीत आदि अंग तथा अभिनय संयुक्त होते हैं, यह क्रिया नाट्यधर्मी होती है।''[4] भरत ने नाट्य के बहाने विविध कलाओं का विवेचन किया है। यह वह विवेचन है, जहाँ कलाओं का अंतसूसंबंध स्वाभाविक रूप से विद्यमान है। बाद के आचार्यों ने आत्मा और शरीर के नाम से इस स्वाभाविकता को खंडित किया। आचार्य भरत लोकधर्म की पहचान को कला की सार वस्तु मानते हैं। स्थान-स्थान पर इस प्रसंग की ओर वे इशारा करते हैं। अनुभव के ही विकासमान आयाम हैं कि सामाजिक चेतना ने, कवि, साहित्यकार, संगीतकार, चित्रकार, मूर्तिकार, वास्तुकार, नर्तक पैदा किए। अनुभव ने ही वस्तुओं को आभूषण और औजार में परिणत करना सिखाया। एक-एक विद्या में अलग-अलग विशिष्ट इकाइयाँ बनीं-जैसे काव्य में—गद्य, नाटक, कहानी, महाकाव्य आदि। संगीत में—तबलावादक, सितारवादक आदि। विशेष काम में दीक्षित जातियाँ नाई, स्वर्णकार, लौहकार, कुंभकार आदि। इन सबके लिए रचनाकार शब्द का प्रयोग किया जा सकता है, भले ही आज वह केवल साहित्यकार के लिए रूढ़ हो गया हो। मूल में रचनाकार, वह हर श्रमिक रहा है जिसके पास अनुभव हैं और जो प्रकृति पर अधिकार और पुनर्सजन के लिए सक्रिय है। सक्रियता की बदौलत वह प्रकृति में से कुछ न कुछ निर्माण करके ही लौटता था। निर्माण उसके होने की शर्त थी।

उसे ऐसा करते दोहरा लाभ मिलता था। एक तो वस्तु बनकर तैयार होती, दूसरे उसका व्यक्तित्व अनुभव का धनी हो जाता। वह पहले से ऊपर उठ जाता। प्रकृति की भयानकता और घेराव से इस समय वह आंशिक मुक्त होता। यहीं उसे उसकी लड़ाई मुक्ति के लिए भी रही है। मुक्ति के संघर्ष में वह बीसवीं शताब्दी तक प्रकृति से काफी आजाद हुआ है। उसने वातावरण को मानवीय बनाया है और खुद वातावरण का अंग बनता गया है ! ''मनुष्य, प्राकृतिक तत्वों का रूपांतरण कर उस पर अधिकार करता है। उसका कर्म ही प्रकृति का रूपांतरण है। आदमी प्रकृति पर जादू करने का सपना देखता है, ताकि अपने लक्ष्यों को बदलने में सक्षम हो सके और जादू के साधनों से उन्हें नया रूप दे सके।''[5] वातावरण के आर-पार मनुष्य का होना, उसके रचनात्मक व्यक्तित्व की विशेषता बनती गई है। जब वातावरण शक्तिशाली था, तब वह अपने साधारण अनुभवों से प्रकृति की विराटता पर थोपता था। प्रकृति के विषय में उसकी धारणाएँ अनुमान मूलक थीं। अनुमान की कल्पनाओं ने हजारों देवताओं, भूतों और सुंदरियों को रहस्यमूलक आकार दे रखे थे। पुराणों में भयानक और रोचक वृत्तांतों के सहारे उन आदर्शों की स्थापना की गई जो देवी-देवताओं का अस्तित्व प्रमाणित करें। मंत्रों का प्रभामंडल मनोलोक के रहस्यमूलक अस्तित्व के ही कारण बना।

यह सब जादू के रूप में उभर रहा था। जैसे-जैसे मनुष्य ने अनुभव के आधार पर अपने को समृद्ध बनाया, आत्मिक विकास किया, नए माध्यम के रूप में अनुभवों की पुनर्सजना की, वह जादू से मुक्त हुआ। उसके अनुभव का ज्ञानात्मक हिस्सा-विज्ञान कहलाया और भावात्मक हिस्सा-कला।

मनुष्य के इतिहास में व्यक्तित्व निर्माण और विघटन-दोनों प्रमाण मिलते हैं। व्यक्ति निर्माण से आशय-लगातार प्रौढ़ता की ओर गति है। प्रौढ़ता, दूसरे शब्दों में बौद्धिक, भावात्मक, ऐच्छिक, शारीरिक तथा आत्मिक शक्तियों के सम्मलित सर्वांगीण विकास का नाम है। सर्वांगीण विकसित मनुष्य की कल्पना है, शोषण, निर्धनता और बेरोजगारी, लिंग भेद, स्थान, राष्ट्र या जातियों के आधार पर किए जाते भेदों से मुक्त। समाज के प्रत्येक व्यक्ति को शिक्षा एवं रचनात्मक श्रम की आजादी और लोगों के सामाजिक तथा पारिवारिक जीवन में असमानता तथा अधीनता की समाप्ति। आदमी की व्यक्तित्व हैसियत की समाज द्वारा रक्षा। प्रत्येक व्यक्ति को धंधा और व्यवसाय चुनने की समानता और आजादी-जिसमें सामाजिक हितों का ध्यान रखा गया हो। भौतिक उत्पादन में जितना कम से कम समय लगे-उतना ही उसे अपनी योग्यताओं, क्षमताओं का प्रदर्शन—विज्ञान; यांत्रिकी, साहित्य और कला के क्षेत्र में करने का अवसर मिलेगा।''[6] यह कथन इतिहास के इस निष्कर्ष पर आधारित है कि मनुष्य का व्यक्ति उसकी सक्रियता से रचित और विकसित है। व्यक्तित्व के लिए वह खुद जिम्मेदारी उसने सामूहिक कर्म से प्राप्त की है। समूह की एक जीवित

इकाई होने के कारण समूह और उसके बीच अविच्छन्न संबंध होते हैं। संबंधों की अविच्छिन्नता में मनुष्य में आपसी दुराव पैदा नहीं होता। बौद्धिक, शारीरिक और आत्मिक अर्जन के लिए समूह और व्यक्ति की धनात्मक सक्रियता गुणात्मक परिणाम में बदलती है। पुरुष या स्त्री, इस देश या उस देश के निवासी किसी जाति या धर्म के लोग-अपनी सामूहिकता और निजता के रिश्ते नहीं तोड़ते। स्वाभाविक प्रक्रिया में मनुष्यों के बीच स्वार्थपूर्ण आचरण का प्रश्न नहीं उठता। समूह के द्वारा रची सामग्री में से कोई चोरी नहीं करता। रचने में कोई दायित्वहीन नहीं रहता। इसलिए सामाजिक संबंधों में असामानता और शोषण का व्यवहार जन्म नहीं लेता। रचने की जिम्मेदारी सबकी है—इसलिए कोई बेरोजगार नहीं होता। बेरोजगारी का अर्थ है रचने की क्रिया से वंचित किया गया मनुष्य। रचने में सक्रियता के अभाव में एक सामूहिक अर्जन में हिस्सेदार भी नहीं रहा। इसलिए वह निर्धन है। निर्धनता और बेरोजगारी व्यक्ति की मनुष्य होने की आजादी छीन लेना है। यह ऐंद्रिक शक्तियों के द्वारा प्रत्यक्ष संसार से जुड़ने की स्वतंत्रता का अपहरण है। दृश्य को अदृश्य, स्पर्श प्रतीति को अप्रतीति, वस्तुओं के उपभोग, सुख से विलगाव, घ्राण शक्ति की विच्छिन्नता और शब्दों की कर्म से च्युति के लिए निर्धन और बेरोजगार आदमी बाध्य किया गया। वास्तविक सच्चाई को अनुभव करने का उसके पास और क्या तरीका होता ? आँख के होते अंधा, उत्पादक होते भूखा, शब्दों का अर्थ जानते हुए भी मौन क्या यह आजादी थी ?

यहाँ तक कि सूंघने और स्पर्श करने से रोककर व्यक्तित्वहीन बनाया गया। व्यक्ति होने की पहचान इसके अलावा और क्या हो सकती थी कि उसके पास-अनुभव करने के लिए अपनी निजी खिड़कियाँ हैं, तो इन्हीं खिड़कियों से बाहरी संसार भीतरी तक तथा भीतरी संसार बाहर से जुड़ता है। जब तक उसकी खिड़कियाँ बंद नहीं की गईं, वह व्यक्तित्व का अर्जन करता रहा। खिड़कियाँ क्रमशः बंद की गईं, उसी तरह उसकी अनुभव करने की आजादी क्रमशः छीनी गई। समूह में से ''मैं'' का उदय काल प्रक्रिया में महत्त्वपूर्ण घटना है। कविता की समाज में एक स्थिति यह भी थी, जब इसका उदय अनिवार्य था-समूह हित में। इस स्थिति के विषय में गोर्की कहते हैं, ''जैसे ही मनुष्यों की संख्या बढ़ी, और (खाद्य सामग्री कम पड़ने लगी) कबीलों में आपसी संघर्ष उठ खड़े हुए। समूहबोध ''हम'' की अवधारणा के साथ दूसरे समीपी कबीलों के लिए ''वे'' की अवधारणा का जन्म हुआ। वे और प्रकृति के साथ संघर्ष के लिए समूह में विभिन्न कार्यों का विभाजन करने की गरज से ''मैं'' के व्यक्तित्व का निर्माण किया। वह महाकाव्यात्मक नायक की भाँति उदित हुआ। सामूहिक अनुभवों के सदस्यों में वितरण की विशेषता जन्मी और यही क्षण था, जबसे सामूहिक शक्ति का विघटन शुरू हुआ।''[7] ''मैं'' के व्यक्तित्व का प्रभाव समूह में धीरे-धीरे इतना बढ़ा कि समूह उसकी छाया और प्रभाव में जीने लगा।

व्यक्तित्व ने व्यक्तिवाद को शासक के रूप में पूरी तरह जमा दिया। उसने शाश्वत ईश्वर की कल्पना की। जनता को मैं के साथ ईश्वर जैसा व्यवहार करने को बाध्य किया गया। उसने स्वयं अपने द्वारा निर्मित शक्ति (ईश्वर) पर विपथगामी आस्थाएँ व्यक्त कीं। सामंत युग का नीतिशास्त्र "मैं" की इसी प्रतिष्ठा के लिए सक्रिय है। कालांतर में पूँजीवादी सामाजिक व्यवस्था ने "मैं" के साथ जुड़े, नाम मात्र के भी सामूहिक मनोभावों को ध्वस्त कर दिया। "पूँजीवादी उत्पादन मनुष्यता का शत्रु हो गया। उत्पादन, मनुष्य की सेवा के बजाए मनुष्य उत्पादन की सेवा के लिए तैनात हो गया। वस्तुओं और जिन्सों की भीड़ में मनुष्य खो गया। वह स्वयं विक्री की वस्तु के रूप में ढल गया। यह मनुष्य के अस्तित्व में पराएपन की संघटना है।"[8] मनुष्य के अस्तित्व में से अपनेपन का निष्कासन वस्तुतः व्यक्तित्व का ही बहिर्गमन है। अपनापन उसके भीतर व्यक्तित्व को सघन तथा महत्त्वपूर्ण बनाता है। सर्जना का वही आधार है। उसको निकाल लेने से मनुष्य जीवित रहकर निष्प्राण हो जाता है। निष्प्राणता के रहते मानवीय संबंधों की अपेक्षा कैसे की जा सकती है। इस तरह यह स्पष्ट है कि मानवीय व्यक्ति पूरी तरह मनुष्य की सक्रिय आजादी के द्वारा बनता है। आजाद कर्म ही व्यक्तित्व को भरता है, निष्क्रिय कर्म उसे खाली करता है। रचनाकार में व्यक्तित्व के बिना रचना या तो दुराव क्षति पूर्ति, अहम् की उदात्तता, पलायन, गोपन विलाप, आत्मरति या अनुवर्तन होती है। यह सृजन नहीं होती। सृजन का अर्थ ही है कि वह निरंतर मानवीय विकास के साथ जुड़कर उसकी संभावना को रूपायित करे। सृजन की क्रिया अद्वितीय इसी अर्थ में होती है, क्योंकि उस जैसी दूसरी रचना नहीं बना सकता। रचना इसी समग्रता के साथ दायित्वपूर्ण कर्म है। "कला एक श्रम है, लेकिन वह सच्चे अर्थों में रचनात्मक श्रम है। यह अपनी क्षमता भर लक्ष्यों का मानवीयकरण है। दैनिक जीवन के उपयोगी श्रम से इसका विरोध नहीं है। उसका मूलतः उपभोग आत्मिक है। यह मनुष्य की परिवेश को मानवीय बनाने की इच्छा को पूरा करता है। कलात्मक रचना में मनुष्य के लक्ष्य में प्रेषण की क्षमता को बढ़ाती है। इस दृष्टि से कला दैनिक श्रम से श्रेष्ठ है।"[9] कला के द्वारा आदमी के अर्जित व्यक्तित्व में परिष्कार आता है। उसकी मनोवृत्तियों से अराजकता दूर होती है। वे अधिक संयत और संपादित होकर जीवन की दिशा को आगे बढ़ाती हैं।

व्यक्तित्व के अंतस् सूत्र

व्यक्तित्व के संदर्भ में व्यक्तिगत (Personal), निजी (Individual) तथा सामूहिक (Social) के बीच अंतर्संबंधों की बुनावट समझना भी जरूरी है। श्रम की प्रक्रिया में दो क्रियाएँ होती हैं। प्रथम-उत्पादन वितरण। उत्पादन के समय श्रमिक अपने अनुभव, प्रतिभा, जातीय कौशल की स्मृति और दक्षता के जरिए कर्म में प्रवृत्त होता है। इन्हें

उसने अर्जित किया है, समूह के बीच में से ही। दूसरों ने एक ही कर्म के क्षेत्र में एक तरह का ही अनुभव अर्जित नहीं किया। प्रत्येक का अर्जन और सभी अर्जनों के योग में अंशी-अंश संबंध हैं। हर व्यक्ति का अर्जन उसका एकमात्र है। उसी के जरिए वह कर्म या रचना में प्रवृत्त होता है। रचना प्रक्रिया के दौरान उसकी निजता ही वास्तविक सच्चाई को नए रूप में ढालती है। इस निजता के लिए वह एकमात्र है। रचना के तैयार होने पर व्यक्ति अथवा संस्था का नाम उसके रचयिता के रूप में अंकित होता है। रचनाकार के रूप में उस रचना के लिए वह एकमात्र है। उत्पादन के बाद रचना की पहचान का दूसरा पक्ष सामने आता है वह उसका उपयोग। उपयोग का निर्धारण स्वामित्व का क्षेत्र है। उसको वितरण की व्यवस्था तय करती है। मसलन्-रचना सामाजिक संपत्ति हो जाती है। समाज उसके प्रत्यक्ष-अप्रत्यक्ष उपयोग के लिए लोगों को अधिकार देता है। उपभोक्ता भी उसे बाजार से क्रय करता है। समाज और उपभोक्ता के बीच विनियम मूल्य स्थापित होता है। उपभोक्ता के पास रचना के आने पर वह उसका अधिकारी हो जाता है। उस पर उसकी व्यक्तिगत हैसियत होती है। जिस तरह एक ही वस्तु अपनी निर्माण क्रिया में कर्त्ता की निजी आवयविक प्रक्रिया है, उसी तरह कला के दायरे में व्यक्तित्व का अर्जन और उसके अनुरूप सर्जन-कलाकार की निजी (Indinidual) क्रियाएँ हैं। जैसे ही वह अर्जन और सर्जन पर अपना अधिकार मानने लगता है, वे प्रक्रियाएँ उसकी व्यक्तिगत हो जाती हैं। रची हुई कला में रचनाकार की एक मात्रता और उस पर सामाजिक स्वामित्व में अन्नोन्याश्रित स्वाभाविक संबंधों के बने रहने पर रचना प्रक्रिया पर स्वामित्व का प्रश्न नहीं उठता। वह समूह की एक अनिवार्य इकाई के रूप में घटित होती है। जब व्यक्ति और समाज के संबंधों में अलगाव होने की स्थिति में रचना प्रक्रिया और कृति व्यक्तिगत हो जाते हैं। इस स्थिति में रचनाकार खुद अपने व्यक्तित्व में विच्छिन्न हो जाता है। वह अपनी विच्छिन्नता को पूरे दावे के साथ प्रतिष्ठा भी देता है। समाज और रचयिता के सक्रिय व्यक्तित्व से कटा हुआ व्यक्ति बहुधा व्यक्तिवादी नारे देता है। फ्रायड ने कलाकार के व्यक्तित्व में अहम् का भंडार पाया। उसके अनुसार यौन भावनाओं का अविरल विस्तार कलाकार के अवदमित अहम् को उभारता है। वह अहम् के द्वारा समाज से संघर्ष करता है। दूसरे मनोवैज्ञानिक एडलर जुंग ने कलाकार को एकमात्र मनुष्य से उच्च "सामूहिक मनुष्य, वह जो अचेतन और मनुष्य की मनोवैज्ञानिक जिंदगी का निर्माण और वहन करता है" कहा। जुंग ने मानव व्यक्तित्व और कलाकार में संघर्षपूर्ण संबंधों की कल्पना की। उसने बताया कि जब भी रचनात्मक शक्ति-प्रभावशील होती है, "मानवीय जिंदगी के तत्वों के ऊपर अचेतन का प्रभाव छा जाता है। चेतन के अहम् तथा सांसारिक भावनाएँ अचेतन के प्रभाव के नीचे आ जाती हैं, उनकी दिशा मुड़ जाती है, वे घटनाओं की मूकदर्शक भर रह जाती हैं। इस प्रक्रिया में कवि का भविष्य बनता है और उसका मनोवैज्ञानिक विकास होता

है। (मसलन्) गोदे ने फाउष्ट का निर्माण नहीं किया, फाउष्ट ने गोदे का निर्माण किया।''[10]

जुंग के अनुसार रचना में रचनाकार के व्यक्तित्व की अभिव्यक्ति नहीं होती। वह स्वयं केवल बौद्धिक शक्तियों का कार्यस्थल बन जाता है। उत्तेजक तत्वों के द्वारा रचनाकाल में अनुशासित होने के लिए वह अपराधी जैसा बन जाता है।

अस्तित्ववाद के प्रवर्तक ज्या पाल सार्त्र हैं। वे लेखक की पूर्ण स्वतंत्रता का प्रश्न उठाते हैं। वे कहते हैं कि मनुष्य के पास स्वतंत्रता के अलावा, लिखने का कोई विषय नहीं। सार्त्र की कमजोरी यह है कि उनके पास वैकल्पिक मूल्य नहीं है, इसलिए उनका स्वतंत्र मनुष्य मूल्यहीन और औचित्यहीन है। लिखते हैं, ''मनुष्य की इच्छा पूरी तरह निरपेक्ष ढंग से अपने सभी मानवीय व्यवहारों, भावनाओं, वासनाओं, इच्छाओं में युक्त होने की है। वह समग्र मुक्ति चाहता है।...इसी कारण प्रत्येक मनुष्य एक छोटा ईश्वर बन जाता है।''[11] सार्त्र के चिंतन में ऐतिहासिक विवेक की अनुपस्थिति के कारण व्यक्तित्व अर्जन में आस्था और संकल्प नहीं रहता, इसलिए प्रेम, दया, करुणा और सहानुभूति जैसे मानवीय मूल्यों की अवहेलना हो जाती है। इन अभावों के ही कारण स्वतंत्रता बाधित होती है और मनुष्य कुंठित अनुभव करता है। कुंठा कभी भी सृजन का गतिशील मूल्य नहीं होती। सार्त्र ने जिस अस्तित्व की कल्पना की, वह बूर्ज्वा मध्यवर्गीयता की देन थी, जिसे उन्हें स्वयं छोड़ना पड़ा। जैसे ही उनकी आँखें उससे बाहर आईं, वे इस शून्यता से मुक्त हुए। इससे मानवीय संबंध विकृत हुए।

फ्रायडवादियों और अस्तित्ववादियों ने रचना प्रक्रिया को बाधित किया है। संबंधों की स्वाभाविकता है कि समाज से व्यक्ति अपना व्यक्तित्व अर्जित करता है। अर्जित करते समय निजी माध्यमों से जिनका कोई विकल्प नहीं हो सकता, सामाजिक सदस्यता और निजता की परस्परता बनाए रखता है। वह इस समय स्वामित्व की माँग की जगह अपने दायित्व का निर्वाह करता है कृति के प्रत्यक्ष होते ही उसकी स्वामित्व की माँग जायज होती है और जितने हिस्से पर उसे स्वामित्व दिया जाता है—वह उसका व्यक्तिगत हो जाता है। व्यक्तित्व के अर्जन और सर्जन की समग्र क्रिया में व्यक्ति की एकमात्रता, वैयक्तिकता और सामूहिकता-सापेक्षिक रूप से सक्रिय होते हुए विद्यमान रहती है। मैं (Individual) और मुझे (Personal) के अंतर्संबंधों में एकतानता रहती है। इस एकतानता के चलने में एक संस्श्ण की तरह होता है। यदि वह संस्था की संवेदनाओं का प्रतिनिधि या पुँज नहीं बन सका तो उसमें 'मुझे' का तत्व हावी हो जाता है। वह केवल 'मैं' के घेरे में बंद होकर ग्रस्त हो जाता है। वह आत्म ग्रस्तता भी धीरे-धीरे उसको व्यक्तित्वहीन बना देती है। वह इसलिए कि वस्तु की सच्चाई का उसके भीतर प्रवेश बंद हो जाता है। उसकी देह भी खुली नहीं रहती। यह पराएपन का ही एक रूप है।

रचनाकार के प्रसंग में बहुत दिनों तक कहा जाता रहा कि वह संवाददाता,

उत्साही वस्तुओं का परिगणक, वंदीजन, चारण और सावधान वाचक होता है। वह सच्चाई की खोज करने के स्थान पर पुनर्प्रस्तोता है। वह नितांत निर्वैयक्तिक, लगभग फोटोग्राफर, कंप्यूटर या ग्रामोफोन की मानिन्द होता है। कई यांत्रिक सिद्धांतकारों ने उसे सांख्यिक या गणितज्ञ की तरह कहा। ये सभी मान्यताएँ रचनाकार के व्यक्तित्व की अवहेलना करती हैं। कला में कलाकार के व्यक्तित्व की पहचान इन्हें नहीं हो सकी। पश्चिम में इधर शैलीविज्ञान के नाम पर नई पाठशाला शुरू हुई है। उसके एक प्रमुख प्रवक्ता ओशिपब्रिक ने लिखा है, "कवि जो कुछ लिखता है, वह मनुष्य के सामान्य उद्देश्यों को पूरा करता है। वह पूरी तरह मूल्यहीन होता है क्योंकि वह केवल अपने आपकी अभिव्यक्ति होती है।"[12] रूपवादी कलाकार रचयिता के व्यक्तित्व के तिरस्कार के बहाने, समय, परिस्थितियों तथा कथ्य की अवहेलना कर डालते हैं। दास्तोवस्की ने इसके जवाब में कलाकार से क्या माँग की, उसने लिखा, "कलाकार न तो रुचियों का फोटोग्राफर और न यांत्रिक शुद्धतावादी होता बल्कि इससे भिन्न, महान, व्यापक और अगाध होता है। यद्यपि कला में मानवीय रुचियाँ और शुद्धताएँ अनिवार्य हैं, पर वे काफी नहीं। वे रचना के लिए अन्य कच्ची सामग्री की तरह हैं। यह युग ठहरे वीर काव्यों का नहीं है। यदि कहीं वीर काव्य हैं तो वहीं, जहाँ प्रगति नहीं हुई अथवा जहाँ आदमी के सिर पर संगीन लटकने के कारण जिंदगी में संलग्नता का पूरा अभाव है अथवा जो अंतिम रूप से जराग्रस्त हो गए हैं। कलाकार में ये तीनों दुखद स्थितियाँ नहीं होतीं, इसलिए उसके आस्वादकों को उससे प्रकृति को फोटोग्राफर की तरह नहीं, आदमी की तरह देखने की माँग करने का पूरा अधिकार है।"[13] जाहिर है कि कलाकार प्रचलन का निर्धारण ही नहीं करता; वह स्थितियों का चुनाव, विश्लेषण और पुनर्स्थापन करता है। वह स्वतंत्र रचनात्मक व्यक्तित्व होता है। रचनाएँ रचनात्मक व्यक्तियों द्वारा रची जाती हैं—दर्शकों द्वारा नहीं। "जीवन की रचनात्मक अवधारणा का अर्थ अनिवार्य और प्रतिनिधि सच्चाई अनुरूपन नहीं है। इस अवधारणा की पहचान रचनाकार द्वारा सच्चाई के ग्रहण और उन्मोचन के तरीके में की जानी चाहिए। चरित्रों की पाठकों के बीच प्रस्तुति और प्रतिनिधिकता, जिससे मानव व्यवहार और मनोविज्ञान को नई ज्योति मिलती हो, के द्वारा जीवन की आंतरिक गतिविधियों का बोध होता है।"[14] मनुष्य की जीवंतता का प्रमाण यही होता है कि जीवन के किसी अनिवार्य हिस्से से सोद्देश्य सक्रियता हो और उसकी मानसिक गतिविधियाँ, सक्रियता का भूत, वर्तमान और भविष्य देती हों। इतने बड़े उद्देश्य को औचित्य प्रदान करने के लिए मनुष्य दूसरों की प्रामाणिकता के लिए निरंतर ललकता है। रचनाकार उसकी इसी ललक को पूरा करता है। उसका व्यक्तित्व उसकी विविध आयामी सक्रियता का साक्ष्य होता है। उसकी जीवन दृष्टि और निर्धारित सामान्यताएँ कला में इसीलिए जीवित दिखाई देती हैं। क्योंकि वे जीवित और गतिशील व्यक्तित्व की उपज होती हैं। बहुत से आंदोलनों में कला की यांत्रिक शुद्धता और लागू करते

हुए व्यक्तित्व की अवहेलना होती है, पर वे स्थितियाँ शीघ्र ही दूर हो जाती हैं। इसी तरह कलात्मक आत्मवाद में भी दूसरे तरह के व्यक्तित्व का अस्वीकार निहित होता है, किंतु उसे अधिक दूर तक नहीं खींचा जा सकता।

कलाकार के व्यक्तित्व को समय की सच्चाई से संतप्त होना चाहिए या शाश्वत मूल्यों के अन्वेषण में तल्लीन होना चाहिए—इस प्रश्न को लेकर काफी विचार हुआ है। कभी-कभी दोनों को पृथक-पृथक स्थिति के रूप में देखा गया है। कला के अखंड संगत प्रसंगों पर विचार करते हुए ज्याँ पाल सार्त्र ने लिखा, "यह सत्य है कि इतिहास बोध के लिए प्रतिभा का होना अनिवार्य है, लेकिन मैंने अभी इतिहास में प्रवेश नहीं लिया। मैं यह भी नहीं जानता कि कैसे प्रवेश करूँगा। शायद अकेले, असंख्य भीड़ के साथ अथवा कला की पाठ्य पुस्तकों में उल्लिखित अनेक नामों में शामिल होकर। किसी भी स्थिति में मैं अपने भविष्य के मूल्यांकन के प्रति चिंतित नहीं हूँ क्योंकि उनके लिए मेरे पास करने को कुछ नहीं। कला मृत व्यक्तियों और अजन्मे व्यक्तियों के बीच संवाद नहीं हो सकता।"[15]

सार्त्र के इस कथन में सक्रिय समकालीन जिजीविषा की बेचैनी है। आत्मीय पहचान, स्थितियों के साथ गहरे रिश्ते और विचारों के साथ कर्मता के संघर्ष के द्वारा वह अपने काल से जुड़ने का हिमायती है। यह सही है कि समय को लाँघकर शाश्वतता का कोई अर्थ नहीं होता। रचनाएँ समय की कसौटी में ही कसी जाती हैं। इसलिए जब हम समय से गहरे जुड़ते हैं तो शाश्वतता, "हमारे बगल में, बीच में और आसपास होती है। उसे हम अपने लिए रचते हैं। हमारी संवदेनाएँ और कर्म में शाश्वत गुण केवल अस्तित्व के चलते मौजूद हैं। इस दृष्टि से समय स्वयं शाश्वत है। हमारे ठोस मानवीय संबंधों, अंतर्विरोधों और प्रेरणाओं में इतिहास मौजूद होता है। लेकिन समय के बदलते ही प्रेरणाओं की सापेक्षता तथा इतिहास की इच्छाइयाँ-बुराइयाँ ज्यादा स्पष्ट हो जाती हैं। काल और अवधि अस्तित्व में हमेशा ठीक होते हैं और बीत जाने पर सदैव गलत हो जाते हैं। कला इनके भीतर अपने समय का शाश्वत सत्य ही वहन करती है।"[16]

स्पष्ट है कि शाश्वत साहित्य में ऐतिहासिक संगति और भविष्य की अनुमानित संभावनाएँ खोजी जाती हैं। परंतु इतिहास और भविष्य की विश्वसनीयता किसी कालावधि में कायम होती है। कई बार युगों से प्रचारित ऐतिहासिक सत्य किसी समय की मुठभेड़ में असफल हो जाने पर अस्वीकार कर दिया जाता है। ऐसा सत्य बीता हुआ बन जाता है। सत्य का स्वभाव है कि यह कभी नष्ट न हो। अतः यदि कभी प्रचारित सत्य ध्वस्त हो जाए तो उसके अतीतकालिक अस्तित्व के विषय में भी आशंकाएँ उभर आती हैं। नए इतिहास लेखक उन आशंकाओं के कारणों का समय के परिप्रेक्ष्य में विश्लेषण करते हैं। वे यह भी पहचानते हैं कि सत्य के रूप में असत्य क्यों विद्यमान रहा ? पुनर्मूल्यांकन की प्रक्रिया में शाश्वत

सत्य की बारीक पहचान होती जाती है। इतिहास की धारा अधिक से अधिक मनुष्य के अधिकार में आने लगती है। इतिहास बनाने का अधिकार मनुष्य दूसरी शक्तियों से छीनकर अपने पास सुरक्षित रखने लगता है। यह निरंतरता शाश्वत सत्य की परीक्षा को वैज्ञानिक बनाती है। हकीकत यह है कि मनुष्य के अस्तित्व से बाहर शाश्वत का कोई अर्थ नहीं। शाश्वत मूल्यों के मनुष्य की जिजीविषा में अधिकाधिक शामिल होने में उसकी मौलिकता निहित है। जिजीविषा मनुष्य की सबसे बड़ी और स्थायी ताकत है। कलाकार इस ताकत के प्रति गहरा विश्वास पैदा करता है। वह प्रतिनिधि विश्वासों को सामाजिक संपत्ति मानता है। ब्लादीमीर कोरोलेंको का कहना है, कि लेखकों में ऐसी संवदेनाओं का विकास होना चाहिए जो दूसरों को स्पर्श करें। इसी प्रसंग में उसने रचनाकार के आत्मबोध को उजागर करते हुए कहा, "हमें शब्द अपने संतोष के लिए नहीं दिए गए बल्कि अपनी संवेदनाओं, विचारों अथवा अपने सत्यों और प्रेरणाओं को साकार करते हुए दूसरों तक पहुँचाने के लिए हैं। ...एक रचनाकार को निरंतर दूसरों के लिए संवेदित होना चाहिए और अपने विचारों, संवेदनाओं और बिंबों की परीक्षा (यद्यपि रचना के क्षणों में नहीं) करते रहना चाहिए। उसे स्वयं से हमेशा पूँछना चाहिए कि क्या उसकी रचनाएँ आस्वादकों में विचार, संवेदनाएँ और बिंबों का निर्माण करेंगी ? क्या वे पाठकों को जीवन का संदेश देंगी ? उसे अपने शब्दों को इस तरह क्षमतावान बनाने के परिष्कृत करना चाहिए।"[17] रचनाकार के व्यक्तित्व के विकास का यही परम मार्ग होता है—वास्तविक सच्चाई, शाश्वत सत्य और भाषा के द्वंद्वात्मक रिश्ते के साथ। यदि अपने बंद एकांत में निजी संतोष के लिए रचनाकार ताने-बाने बुने तो वह लगातार क्षरण का शिकार होगा। उसका पूरा जीवन टुकड़ों में विभाजित हो जाएगा। ऐसी व्यक्ति अस्वाभाविक होने लगता है। स्पष्ट है कि शाश्वतता काल की अखंड सच्चाई और सार्वभौमिकता भौगोलिक सीमाओं से पेर मानवीय सच्चाई के मूल्य हैं। कलाकार के व्यक्तित्व में दोनों का पुंज अधिकतम जरूरी होता है।

रचनाकार के व्यक्तित्व के संदर्भ में एक प्रश्न और किया जाता है। वह यह कि क्या रचनाकार व्यक्तित्व और सामान्य ऐतिहासिक नागरिक व्यक्तित्व में कोई फर्क है, संघर्ष या मैत्री का व्यवहार है ? क्या दोनों पूरक होते हैं या एक-दूसरे से पलायन करते हैं ? कई लोगों ने कहा कि दांते और अरस्तू के रचनाकार और नागरिक व्यक्तित्व में फर्क था दोनों में कोई मेल नहीं रहा, खैप चेंकों का उत्तर है, "ये दोनों न तो भिन्न हैं और न इनकी अलग पहचान है और न संबंध भेद। कला में नागरिक व्यक्तित्व का सब-कुछ अभिव्यक्ति नहीं होता। दैनिक व्यक्तिगत जीवन का सब कुछ उसके रचनात्मक मस्तिष्क का सीधा निर्माण नहीं करता।"[18] ऐसे प्रमाण काफी हो सकते हैं, जिसमें व्यक्तित्व दुहरा प्रकट हो। तुलसी और निराला आदि के बारे में ऐसा कहा जा सकता है। तर्क दिया जा सकता है कि इन कवियों ने जीवन में गंभीर

कष्ट झेले, पर रचना में उल्लास की मात्रा अधिक है। यह काफी सतही और मोटा तर्क होगा। वास्तव में कलाकार का व्यक्तित्व का निश्चित समय और स्थान में प्रकट होता है, जबकि नागरिक व्यक्तित्व ऐतिहासिक परिप्रेक्ष्य में उतरता है। उसमें कलात्मक व्यक्तित्व की प्रक्रिया धीरे-धीरे शुरू होती है। कलाकार की स्वयं की जागृत अनुभूति में उसकी ऐतिहासिक अनिवार्यवाएँ स्पष्ट होती हैं। समय का जीवन पर पड़ा प्रभाव, सामाजिक विकास के पहलू, सौंदर्य की स्मृतियाँ—ये सब कलाकार के व्यक्तित्व में घुलकर उसे पूर्णता देती हैं। उसके जीवन में ऊपर से जो भी दिखता है—उतना ही उसके व्यक्तित्व का आकार नहीं होता। यदि कोई लेखक संकट की जिंदगी जीता है, तो यह भी संभव है कि उसकी चिंतन की प्रयोगशाला में उस संकट से मुक्ति का ऐतिहासिक संघर्ष जारी हो। ऊपर से टूटता हुआ वह विजय की स्थितियाँ तलाश रहा हो, वह अँधेरे के संपूर्ण कारणों की खोजकर स्थायी उल्लास का मार्ग उपलब्ध कर रहा हो। मुक्ति बोध की रचनाएँ उसके इसी आत्मसंघर्ष की प्रमाण हैं। इतिहास में ऐसे अवसर जिनमें नागरिक और रचनाकार व्यक्तित्व भेद बहुत गहरे और दूरगामी हैं—उनका विश्लेषण समाज शास्त्रीय ढंग से करना चाहिए। मसलन् हिंदी के रीतिकाल में। इस समय केशव, बिहारी और मतिराम की कविताओं का जीवन से कोई रिश्ता नहीं। इसका समाज शास्त्रीय उत्तर स्पष्ट है कि उनके जीवन का ही सच्चाई के साथ कोई रिश्ता नहीं है। यह युग कला की पाठशालाओं का है। शास्त्रार्थ और वाकचातुरीका। वे शास्त्रों की चमत्कारिक भाषा तथा धर्म की उलटवासियों के लिए रचना करते; विद्या की धाक, राज सम्मान और पुरस्कार के लिए। यहाँ रचनाओं की जीवन की पहचान परदे के पीछे चली गई थी। पश्चिमी प्रतीकवादी आंदोलन के साथ भी यही स्थिति रही। ये कवि अपनी व्यक्तिगत इच्छाओं, उत्तेजनाओं और संवेगों के इर्द-गिर्द घूमते रहे। इनकी कविताएँ निजी दैनिक गतिविधियों से अलग कुछ नहीं बन पाईं और इस तरह उनका रचनात्मक व्यक्तित्व नहीं बन पाया। कविता में व्यक्ति और जीवन में व्यक्तित्व—दुहरे हो गए यद्यपि संबद्ध भी। रोमानी कवियों—वायरन, शैली, वडसूवर्थ आदि के निजी चरित्र की स्वतंत्रता, सामाजिक कुरीतियों के खिलाफ संघर्ष, मानव अधिकारों की सुरक्षा से भरा और उसे रचना में उतारा। इन कवियों ने दैनिक जीवन की सर्वांगीणता को न तो व्यक्तित्व और न रचना का विषय बनाया। यथार्थ मूलक कला व्यक्तित्व के दोहरेपन को पूरी तरह समाप्त करने का प्रयास करती है। इस रचना प्रवृत्ति में इसी कारण जीवन में अनेक अनुद्घाटित सच्चाइयाँ मुखरित होती हैं। इससे व्यक्तित्व की अनेक दिशाएँ खुलती हैं। यहाँ व्यक्तित्व पूरी अभिव्यक्ति प्राप्त करता है। व्यक्तित्व के हिस्से में केवल आँख से देखी सच्चाई नहीं होती वरन् समझी तथा अनुभवी सच्चाई भी होती है। किसी देश का सच्चा लेखक व्यापक रूप से देश की जनता के भविष्य की खुशी की कामना करता है। इसी कामना को इसी आधार पर वह नवीन तथा मौलिक

होती है। इस तरह रचनात्मक व्यक्तित्व अपनी नवीनता और मौलिकता के साथ इतिहास की धारा में एक निरंतर जीवित और गतिशील क्रम होता है।

व्यक्तित्व और जीवन चरित्र

नागरिक और रचनात्मक व्यक्ति के सापेक्ष संबंधों के साथ एक जुड़ी हुई समस्या है कि क्या लेखक की जीवनी में से उसके रचनात्मक व्यक्तित्व की तलाश की जानी चाहिए ? नागरिक के रूप में उसकी चर्चा के भीतर से रचना की बनावट के सूत्र खोजे जाने चाहिए, रचनात्मक व्यक्तित्व और नागरिक जिंदगी का तालमेल कहाँ तक उपयोगी है—क्या यह भी संभव है कि कोई रचनाकार रचना के ताने-बाने सीखने की शाला में भर्ती होकर कलाकौशल हाशिल करे और उसकी जीविका, दैनिक कर्म और रचाव में कोई फर्क न हो। पुराने शास्त्रीय कवियों के विषय में यही बात सही है। वे राज्याश्रय में काव्यशालाओं का संचालन करते खुद सीखते और काव्य रचते। परिवेश के पूरे अनुभवों से उनका कोई संबंध नहीं था—उनके लिए महलों के अनुभव और आदेश थे—जिनको काव्य कला में बाँधते। "**काव्य शास्त्र विवोदेन कालो गच्छति धीमताम्**" उस समय के कवियों की आदत थी। ये कवि अपने कर्म को स्वतंत्र नहीं रख सके, इसलिए व्यक्तित्व बहुआयामी नहीं बन पाया। उस काल में कवियों की अनेक संज्ञाएँ थीं। कुछ श्रेणियाँ थीं—मंत्र कवि—मंत्र बल से कविता करने वाले, आवेशिक कवि—मंत्रों की सिद्धि के बाद आवेश में रचना करने वाले, अविच्छेदी कवि ईश्वर प्रसाद के रूप रचने वाले, सारस्वत कवि—सरस्वती के कृपा पात्र, आहार्य कवि—अभ्यास से बने कवि, महाकवि—महाकाव्यकार, राजकवि—राज दरबार की प्रतियोगिता में श्रेष्ठ तथा राज्य द्वारा घोषित शीर्ष कवि, और घटमान कवि—मुक्तकार। वामन ने बताया है कि उनके समय में अपने को कवि कहने वालों का एक झुंड पैदा हो गया है। उनमें अर्थ व्यक्ति का गुण नहीं रहता और कवि बने फिरते हैं। उन्होंने उन कवियों को दो वर्गों में बाँटा अरोचकी और सतृष्णाम्यवहारी। "अरोचकी—जिनमें विवेक है, वे उनके दोषों के दूर होने का शास्त्रीय उपाय बताते हैं पर सतृष्णाम्यवहारी—अर्थात् विवेक हीनों को शास्त्र से कोई लाभ नहीं पहुँचता। जैसे कतक नामक फल को मैले पानी में डालने से पानी शुद्ध हो जाता है पर उसे कीचड़ में डालने से क्या लाभ होगा।"[19] कवियों की वे श्रेणियाँ सामाजिक जीवन से उछिन्न होकर कृत्रिम मायालोक में घूमते समाधानों से बनी हैं। जमीन से कटे हुए रचनाकार बायवी आवरण में भटकते थे। आकाश चारियों का यह व्यवहार उन्हें व्यक्तिवान नहीं बनने दे सका। केंद्र से कटी, पतंग की भाँति जिधर मुडी—उसी को सत्य समझा। शब्दों को रचना का सर्वस्व माना तो शब्दालंकारी और अर्थ को निरपेक्ष सत्ता दी तो अर्थालंकारी। आख्यान को मर्म या सारवस्तु से काटकर कथा कवि हुए, कीर्ति लोभी हुए, किसी मार्ग के पथिक

बने, उस्तादों के संप्रदाय चले, रीतियाँ-वृत्तियाँ निर्णायक भूमिका अदा करने लगीं। काव्य की रचना के अलग-अलग तत्वों को पूरे परिदृश्य से काटा गया, इसलिए रस कवि, ध्वनि कवि या अलंकार कवि बने। कवियों को कभी अंतर्मुखी, कभी बहिर्मुखी कहकर विभाजित किया गया। कवियों की तीन कोटियाँ कहलाईं—उत्तम, मध्यम, अधम। प्रतिभा संपन्न कवियों को सुकुमार कवि, परिगणक कवियों को विचित्र कहा गया। अवसरवादी या आशुकवियों की कोटियाँ भी बनीं। ये सभी विभाजन भटकते हुए निभने और बीतने की कहानी कहते हैं। इनमें देश और काल की अलगाव मूलक विशेषताएँ मिल जाती हैं। इनका मूल्यांकन तभी संभव है, जब इनके सामाजिक स्रोतों को जान लिया जाए। सामाजिक स्रोतों की पड़ताल से पता चलता है कि जहाँ भी रचनाकारों या कवियों ने आजादी का स्वयं वरण नहीं किया, आश्रय या वृत्ति के उपचार के लिए रचना का इस्तेमाल किया—रचना से गतिशील तत्व गायब हो गए। रचना समाज के अनुभवों से कटी और तब वह रचना ही नहीं रही। रचनाकार का कोई स्वतंत्र नागरिक जीवन नहीं रहा। उसका नागरिक असामाजिक हो गया। सामाजिक समस्याओं से उन्हें संघर्ष भी नहीं करना पड़ा। सामंती मूल्यों के उच्छिष्ट तत्वों के बीच उनका जीवन बीतता और उसे ही रचता। इन काव्य परंपराओं का अध्ययन करने से कवियों के जीवन तथा जीवन की खोज करने से उनके काव्य-कथ्य की संभावना जानी जा सकती है। दुनिया के किसी देश में सामंती मूल्यों के दौर में कवियों के व्यक्तित्व और रचना के तत्वों की बुनावट में इनकी पहचान मिल जाती है। जे.एम. हाथर्न ने उस काल की कला और सौंदर्य की तथाकथित स्वतंत्रता के रहस्य के विषय में लिखा, "वस्तुतः मुझे उन कला और सौंदर्य की संज्ञाओं की तथाकथित स्वायत्तता पर संदेह है। वे संज्ञाएँ प्रायः स्वायत क्षेत्र का विश्वासघाती प्रस्ताव लेकर चलती हैं। उनमें गैर सौंदर्य शास्त्री मूल्यों, प्रेरणाओं और प्रभावों की तोड़-मरोड़ कर या उन्हें हलका करके प्रस्तुत किया जाता है। हमें अनिवार्य रूप से जान लेना चाहिए कि सौंदर्य की पूर्णता गैर सौंदर्यमूलक पूरक उपकरणों की कलात्मक व्यवस्था से आश्रित है। जिनके अंतर्संबंध एक नई पहचान को जन्म देते हैं।"[20] हाथर्न जब गैर सौंदर्यमूलक उपकरणों की बात करते हैं, तो सीधा आशय लेखकीय कर्म से है। कर्म का ही पूरा योगदान उसका जीवन चरित्र है। जाहिर है कि रचनाकार की जीवन की प्रतिक्रियाओं, कर्म भंगिमाओं और कला की प्रतिक्रियाओं में मोटे तौर पर अंतर दिखता है पर गहराई में इनके सूत्र रहते हैं। वास्तव में कलाकर्म उसके जीवन कर्म की अधिक विकसित और प्रतिनिधि पहचान है। पाठक या आलोचक कला के द्वारा अपने मानस में एक व्यक्तित्व ही तो तैयार करता है। वह व्यक्तित्व ऐतिहासिक हो—यह आवश्यक नहीं, वह उसे किसी संज्ञा या सर्वनाम से जाने, या न जाने—इतना तय है कि खुद जीने और अनुभव करने के अभ्यास के आधार पर वह रचना प्रक्रिया के अनुभव की चेतना से एक मानवीय

इकाई तैयार कर लेता है। इस इकाई के बिना रचना और आलोचना का कर्म पूरा नहीं होता। इस तरह इस क्षेत्र में उभयनिष्ठ तत्व—व्यक्तित्व की उपस्थिति है। यदि यह तत्व रचना कर्म में अनिवार्य न होता तो शायद मनुष्य की हर इकाई का मूल्य ही घट जाता। सी.एस. लीविस तो यहाँ तक कहता है, "युद्ध में दो गुप्तचरों का प्रतिवेदन तक एक नहीं होता। यह अंतर उनके व्यक्तित्व में पहचाना जा सकता है।"[21] रचनाकार के नागरिक कर्म को लेकर कई तरह की बातें की जाती हैं। उदाहरण के लिए टी.एस. इलियट का कहना है कि नागरिक कर्म से पलायन या मुक्ति से श्रेष्ठ रचना संभव है[22] जबकि जानसन ने "द लाइट्स आफ द पोयट्स" में ड्राइडन, एडीसन, पोप आदि कवियों के जीवन चरित्र की खोज की और इनके काव्य के मूल्यांकन में सहारा लिया। उसने कहा, "किसी रचना का सही मूल्यांकन करने के लिए ऐतिहासिक दृष्टि को सामने रखकर भी उसका अध्ययन करना जरूरी है। उसके लिए समीक्षक को चाहिए कि वह लेखक के युग में प्रवेश करके यह जाने कि उस समय की क्या माँग थी और कौन से साधनों से उसे पूरा किया जाता था।"[23] कला में जीवन चरित्र को लेकर की गई इन बातों में किंचित भेद है। इलियट जहाँ उसकी उपयोगिता ही नहीं समझते—वे मानकर चलते हैं कि रचयिता रचनाकाल में निजी व्यक्तित्व से मुक्त होता है—और इस तरह रचना में व्यक्तित्व का कोई हिस्सा संलग्न नहीं रहता—वहीं लीबिस और जानसन—कला के मूल्यों को जीवन के मूल्यों का एक हिस्सा मानते हैं। कला के मूल्यों की ये जीवन के ही मूल्यों से रचे गए समुन्नत आकार में नहीं पाते। वे उन्हें एक हिस्सा मानकर मूल्यों के दोहरे अस्तित्व को स्वीकार करते हैं। जानसन न तो जीवन चरित्र की खोज को अनिवार्य कह पाते और न उसे अस्वीकार कर पाते। लीबिस युद्ध काल के दो गुप्तचरों के प्रतिवेदन के मूल्य और रचनाकर्म के मूल्यों को तुलनीय कहते हैं। वे दोनों मूल्यों को जोड़कर समग्र मानवीय मूल्यों की कल्पना करते हैं। यहाँ फिर हाथर्न की बात याद आती है, जब वह सौंदर्य और गैर-सौंदर्य मूल्यों के विभाजन को विश्वासघाती कहता है। कला के वस्तुपूरक मूल्याँकन ने स्पष्ट कर दिया है कि कला कर्म की अपनी स्वतंत्र पहचान है और उसे एक मूल्य के रूप में समझा जाना चाहिए। उसे पारस्परिक उपहिस्सों में नहीं बाँटा जा सकता। मूल्यों का विभाजन—शिक्षा, इतिहास, कला, सेना आदि के मूल्यों के रूप में नहीं होता। मूल्य के सभी हिस्से द्वंद्वात्मक रूप में एक-दूसरे से गुँथे होते हैं। कला अपने इर्द-गिर्द अधूरेपन की छाया नहीं रखती। वह पूर्णता या समग्रता का एहसास देती है। इसमें आत्मनिर्भरता दिखती है। विचार और व्यवहार की यह ऐसी घनीभूत स्थिति है कि उसके टुकड़े नहीं हो सकते। बाह्य जगत से अटूट संबंध स्थापित किए बगैर यह नहीं होता। सार्त्र के शब्दों में, "वह मनुष्य, जो औजार का उपयोग करता है निरंतर लक्ष्य और साधन की श्रृंखला में गुंथा रहता है, जब तक कि औजार टूट न जाए।"[24]

गोल्डमान इसे ही "अविरामता" (Constants)[25] कहता है। कलाकार के लिए तो और भी विश्व के सघन और जटिल संबंधों की निरंतरता का बोध जरूरी है। एक संतुलित व्यक्ति की पहचान ही है कि वह विश्व के अंतर्संबंधों की लगातार परीक्षा करे। परीक्षा इसलिए कि अमानवीय सत्य का प्रवेश रचनाकार के व्यक्तित्व से बंद हो। उस संदेह की सदा के लिए समाप्ति हो जाए की मानवीय सत्य के अलावा भी किसी और का अस्तित्व है। मानवीय सत्य को ही रचनाकार अर्जित करे। इसमें अमानवीयता के खिलाफ द्वंद्व का विवेक जागृत हो। गोल्डमान (हिडेन गाड में) इस प्रसंग में कहते हैं, "रचयिता का व्यक्तित्व ऐसी पर्याप्त स्वायत पूर्ण व्यवस्था हाशिल करा सकता है जिसमें से रचना कर्म को समझने के प्रसंग मिल जाएँ। लेकिन बहुत सी स्थितियों में ऐसी नहीं होता। लेखकीय जीवनीगत सूचनाएँ उसके समग्र प्रकरणों को समझने में केवल पूरक और सहकारी दायित्व निभा सकती हैं। जिसके भीतर कला का अध्ययन फलदायी होता है। अकेले व्यक्ति की तुलना में एक प्रकरण में गुंथे बहुसंख्यक लोगों के अनुशीलन से विस्तृत सामान्यीकरण ज्यादा फलप्रद होते हैं। यही बहुसंख्या का विषय है। इसका अर्थ यह है कि रचनाकर्म के विश्लेषण के अवसर पर रचनाकार को सामाजिक-आर्थिक पृष्ठभूमि की सूचनाएँ कम हानिप्रद होंगी–उस व्यक्ति के निजी जीवन की सूचनाओं की तुलना में। रचनात्मक मूल्य के लिए दूसरे और अधिक सटीक मसले हैं जिसकी परीक्षा मैं बाद में करूँगा।"[26] गोल्डमान यहाँ कहना चाहते हैं कि रचनाकार की मात्र जीवनी और कला में समानता का रिश्ता नहीं हो सकता। मसलन्-रचयिता को विश्व-दृष्टि और अनुप्रेरणाओं की उसके काल की ऐतिहासिक गतिविधियों से सीधी संलग्नताएँ अधिक महत्त्वपूर्ण हैं। इस स्थिति में उसका व्यक्तित्व अधिक व्यापक मूल्यों से जुड़ता है। व्यापक मूल्यों के परिप्रेक्ष्य में जीवनीपरक सूचनाओं की भी प्रासंगिकता बढ़ती है। यहाँ तर्क यह है कि रचनाकार के बोध में सक्रिय विश्व दृष्टि और तत्कालीन महत्त्वपूर्ण आंदोलन उसकी रचनात्मक शक्ति में इजाफा करते हैं। इससे उसका व्यक्तित्व और घनीभूत होता है। मुक्तिबोध ने क्रियाशीलता और सृजन शक्ति के अद्वैत पर विचार करते हुए कहा है, "सृजन स्वयं की प्रक्रिया में, एक शक्ति, सृजनशील शक्ति है–वह प्रसारणशील भी है, हाँ, यह सही है कि वह भौतिक स्थिति के आधार पर टिकी है–अकाल में भूखी औरतें बच्चों को बेचती देखी गई हैं और पेट के लिए स्त्रियाँ शरीर को बेचती हैं और आदमी अक्ल को और मेहनत को बेचता है। तो उसी शक्ति का तकाजा है कि मनुष्य सामाजिक न्याय के लिए आए, मैदान में आकर कर्म सूत्र संभाले। सिर्फ दरमियानी फासलों को देखकर, उससे घबराए नहीं, वरन् उन खाइयों को फांदने के रास्ते और पुल तैयार करें। यह कार्य केवल कर्मशील व्यक्ति ही कर सकता है। केवल भावुक स्वप्नालु व्यक्ति नहीं।"[27] जाहिर है कि लेखक की नागरिक कर्मशीलता तथा भौतिक परिस्थितियों में उसका निर्णायक दायित्व

ही उसके व्यक्तित्व अर्जन की अनिवार्यताएँ हैं। इनके बिना सृजन शून्य में होता है। रचनाकार का व्यक्तित्व, सक्रिय संवेदनशील नागरिक तथा सृजन के लिए अर्जित कौशल से बना होता है।

रचयिता का व्यक्तित्व सक्रियता की स्थिति में दूसरों से अलग होता है। वह एक पूरी इकाई होता है। उसकी अर्जनक्षमता पर निर्भर करता है कि उसकी इकाई कितने परिक्षेत्र को आच्छादित कर सकी है। वस्तुगत सच्चाई के कितने हिस्से से उसका द्वंद्व हो सकता है। उसकी प्रतिनिधिकता का दायरा क्या है। व्यक्तित्व की विशिष्टता यह है कि वह तमाम विभिन्न संवेदनाओं के अलग-अलग रूपों से सघन होता है। यह विभिन्न हिस्सों से सारवस्तु ग्रहण कर एक बनता है और दूसरे उससे अलग इकाइयों के परिप्रेक्ष्य में अपने काल और स्थान के बीच पूर्ण सत्य का एक हिस्सा बनता है। उसमें सापेक्ष पूर्णता तथा निरपेक्ष भिन्नता के गुण होते हैं। इन्हीं गुणों के बल पर उसके अंतर्संबंध वस्तु व्यापार से कायम रहते हैं। व्यक्तित्व के इन आंतरिक गुणों का विश्लेषण करते हुए अनेक संज्ञाएँ बनी हैं। उनमें से कुछ नाम हैं–प्रतिभा, प्रेरणा, साहचर्य, कल्पना आदि। दुनिया के सर्जनात्मक चिंतन में ये संज्ञाएँ थोड़ी बहुत अंतर से प्राप्त होती हैं।

प्रतिभा : स्रोत और विश्लेषण

"सर्वांग विकसित व्यक्ति वह है जिसमें व्यक्तित्व के सभी पक्षों का प्रौढ़ता की ओर सामंजस्यपूर्ण विकास अर्थात्-बौद्धिक, भावात्मक, ऐच्छिक, शारीरिक, आत्मिक शक्तियों की संपन्नता और सर्जनात्मक योग्यता तथा प्रतिभा का पूर्ण उन्मोचन हो।"[28] इस कथन से स्पष्ट है कि प्रतिभा अपने-आप कोई ऐसी शक्ति नहीं-जिसे प्राप्त कर मनुष्य योग्यता के शिखरों में स्वतः पहुँच जाए। प्रतिभा के रहते रचयिता बौद्धिक, भावात्मक, ऐच्छिक, शारीरिक और आत्मिक शक्तियों में सामंजस्य स्थापित करता हुआ–उन्हें समृद्ध बनाता है। समृद्ध और सामंजस्य के द्वंद्वात्मक रिश्ते गतिशील होते हैं। समृद्धि की हर अवस्था एक अवधि तथा परिवेश में दिखती है। अवधि और परिवेश की भिन्नता से यह बदल जाती है। समृद्धि के हर सूचनांक का अलग सामंजस्य होता है। व्यक्तित्व के निरंतर विकास से सर्जनात्मक योग्यता बढ़ती है। इन्हीं सबमें प्रतिभा प्रौढ़ होती और रचना के द्वारा उन्मोचित होती है। व्यक्तित्व में प्रतिभा की यह आदर्श स्थिति है। इसे शास्त्रीय क्रम में देखें तो इतिहास की विशेष स्थितियों में अलग-अलग संदर्भ दृष्टिगोचर होते हैं। भारतीय काव्य शास्त्र में व्यक्तित्व के आंतरिक गुणों को दर्शन के भीतर से पाने की चेष्टा हुई है। अभिनव-गुप्त जैसे रस व्याख्याकार मूलतः शिवदर्शन को केंद्र में रखकर कवि की शक्तियों की व्याख्या कर सके। उन्होंने ने कहा, "जिसके उन्मीलन (आत्मप्रकाशन) से सृष्टि का प्रकाशन होता है, जो आत्म में निवास करती है, उस शिव की परम शक्ति प्रतिभा को नमस्कार करता हूँ।"[(क)]

अभिनव गुप्त के गुरु भट्टतौत का सूत्र प्रायः प्रचलित है "निरंतर नव-नव उन्मेष करने वाली प्रज्ञा को प्रतिभा करते हैं। उससे प्रेरित होकर निरूपण का वर्णन में निपुण व्यक्ति को कवि कहते हैं। उसका कर्म काव्य कहलाता है।"[ख] अभिनव गुप्त की धारणा में इसी का और स्पष्ट उल्लेख है "प्रतिभा वस्तु के अपूर्व निर्माण में समर्थ प्रज्ञा का नाम है। वह रस को आवेश में लाकर विशद और सुंदर काव्य का निर्माण करती है।"[ग]

भट्टतौत और अभिनव गुप्त-दोनों का चिंतन है कि कवि के व्यक्तित्व में निरंतर विकास प्रतिभा के कारण होता है। वह शक्ति अर्जन के बाहर है। यही प्रतिभा सृजन का मूल हेतु है, इसलिए सृजन भी सामान्य मनुष्य के वश में नहीं। प्रतिभा पैदा नहीं की जा सकती। न सृजनशक्ति का पूरा उन्मेष प्रतिभा के कारण है। इस शक्ति को इन आचार्यों ने अलौकिक कहा है। इनकी दृष्टि में संसार की सच्चाई का ग्रहण नहीं, प्रकाशन होता है। यह इसलिए कि प्रतिभा (शिवशक्ति या सृजनशक्ति) आत्मा में विकसित शक्ति है। कुछ आचार्यों का विश्लेषण प्रतिभा को कल्पना के समीप लाता है और कुछ इसे बुद्धि का पर्याय मानते हैं। आनंदवर्धन प्रतिभा और बुद्धि को मानव-आत्मा के दो नेत्र कहते हैं। नैयायिक महिम भट्ट का कहना है, "कवि की प्रतिभा से प्रवाहित होने वाले शब्दों में वस्तु की विशिष्ट प्रकृति का प्रकाशन होता है। जब वह अपनी प्रमुख सर्जनात्मक मनःस्थिति के अनुकूल शब्द और अर्थ की चिंता करता हुआ ध्यानावस्थित होता है तो सहसा उसमें एक ऐसी अंतर्दृष्टि का आविर्भाव होता है, जो वस्तुओं के सार-रूप को छू लेती है।–यही प्रतिभा है। यह वस्तुतः शिव का तीसरा नेत्र है, जो वर्तमान, भूत और भविष्य के सभी तथ्यों का प्रकाशन करता है।"[घ] आचार्यों ने कवि को प्रजापति कहा है क्योंकि वह एक नए संसार का सृजन करता है। आनंदवर्द्धन

(क) अभिनवगुप्त-ध्वन्यालोक, लोचन पृ. 60
यदुन्मीलनशक्त्यैव विश्वमुन्मोलयति क्षणात्
स्वात्मायक्तनविश्रातां बंदे तां प्रतिभां शिवाम्।।

(ख) भट्टतौत-प्रज्ञा नवनवोन्मेषशालिनी प्रतिभा मता।
तदेनुप्राणनाज़ूवद्धर्णना निपुणः कविः।।
तस्य कर्म स्मृतं काव्यम्।। काव्यानुशासन द्वि सं., पृ. 3

(ग) अभिनवगुप्त-प्रतिभा अपूर्ववस्तुनिर्माणक्षमा प्रज्ञा। तस्या विशेषः
रसावेशतैशद्यसौन्दर्यकाव्यनिर्माणक्षमत्वम्।–ध्वन्यालोक लोचन पृ. 29

(घ) विशिष्ट्मस्य यद्रूपं तत् प्रत्यक्षस्य गोचरम्।
स एव सत्कविगिरा गोचरः प्रतिभाभुवाम्।।
रसानुगुणशब्दार्थ चिंतास्तिमितचेतसः।
क्षणं स्वरूप स्पर्शोत्था प्रज्ञैव प्रतिभा कवेः।।
सा हि चर्क्षुभगवतस्तृतीयमिति गीयते।
येन साक्षात्करोत्येषा भावास्त्रैकाल्पवर्तिनः।। भारतीय काव्य सिद्धांत–(संपादित आचार्य काका कालेलकर एव डॉ. नगेंद्र द्वारा) के पृ. 57 से उद्धृत।

का यह कथन "काव्य संसार विलक्षण है। कवि अपनी रूचि के अनुसार विश्व को जैसा देखता है–परिवर्तन कर देता है। परिवर्तन के लिए वह नया संसार रचता है। इसीलिए वह प्रजापति है।"[क] आचार्य के इस वक्तव्य में 'परिवर्तन' शब्द महत्त्वपूर्ण है। उसका अभिप्राय यही होता है कि कवि संसार से प्राप्त सामग्री का उपयोग करता है। उसकी रचना मात्र आत्मप्रकाश नहीं है। आलंकारिकों ने प्रतिभा पर थोड़ा-बहुत लिखा है, पर इस शक्ति पर सबसे अधिक विचार कुंतक ने किया है। उनके अनुसार "कवि जीवन की सामग्री को नग्न रूप में चित्रित नहीं करता है। वह जिस समय वर्णन करता है, उस समय रचना को चारुता से मंडित कर देता है। उसकी रचना में असत् पदार्थ नहीं होते। वह अपनी चारुता में मौलिक पदार्थ को इस तरह आच्छादित रहता है कि रची हुई वस्तु बिलकुल नवीन प्रतीत होने लगती है।"[ख] कुंतक की मान्यता यह नहीं है कि कवि रचना के रूप में नई सृष्टि करता है। वह वास्तव में सामग्री का समाकलन करता हुआ नवीनता का आभास देता है। "कवेः कर्मकाव्यम्" अर्थात् कवि का कर्म काव्य है। कवि के कर्म पर कुंतक ने पूर्व आचार्यों की तुलना में सर्वाधिक विचार किया है। इसी संदर्भ में उसका विवेचन प्रतिभा विषयक भी है। कुंतक ने कहा कि रचना का हेतु एकमात्र प्रतिभा रही है। कवि कल्पना में उदित होने वाली प्रख्या प्रथम स्फुरण में ही पूर्णता प्राप्त नहीं कर लेती। उसकी स्थिति अनगढ रत्न जैसी होती है। खराद और पालिश के बिना, जिसे शब्दपाक कहा गया है–चारुता नहीं आ सकती।

पश्चिम में सृजन प्रक्रिया पर भारतीय काव्य चिंतन की तुलना में अधिक विचार हुआ। पहले प्रसिद्ध आलोचक प्लेटो ने कवि में दैवी शक्ति की कल्पना की। उन्होंने होमर की रचनाओं इलिएड और ओडसी की रचना के पीछे कला की देवियों को प्रेरक कहा। उन्होंने लिखा, "कवि अपने मधुगीतों को कला की देवी के मधु पात्रों से प्राप्त करते हैं, उन्हें कला की देवी के उद्यान और उसकी घाटियों से लाकर हम तक पहुँचाते हैं–मधु मक्खियों की भाँति।–कवि एक वायवीय वस्तु है, वह डैनों वाली और एक पवित्र वस्तु है और वह तब तक काव्य की रचना नहीं कर सकता, जब तक कि वह अनुप्रेरित होकर इंद्रिय ज्ञान से शून्य न हो जाए और उसमें कोई मनोभाव शेष न रह जाए।"[30] अरस्तू ने कवि के व्यक्तित्व को दैवी दुनिया से निकाला और कहा, "कविता दो विशेष कारणों से उद्भुत होती हुई प्रतीत होती है, ये दोनों कारण

(क) अपारे काव्यसंसारे कविरेव प्रजापतिः
यथास्मै रोचते विश्वं तथेदं परिवर्तते–वही, पृ. 89

(ख) यत्र वर्ण्यमानस्वरूपाः पदार्थाः कविभिरभूताः सन्तः क्रियन्ते, केवलं सत्तामात्रेण परिस्फुरतां चैषां तथाविधः कोऽप्यतिशयःपुनराधीयते, येनकामपि सहृदय-हृदयहारिणीं रमणीय तामधिरोच्यते-वक्रोक्ति जीवितम, पृ. 140।

स्वाभाविक हैं। पहला कारण है–अनुकरण और सहज वृत्ति, जो मनुष्य में शैशव काल से ही पाई जाती है, इस बात में वह अन्य पशुओं से भिन्न है। मनुष्य सब-कुछ अनुकरण से सीखता है और अनुकरण करने में उसे आनंद का अनुभव होता है। काव्य के उद्भव के मूल में दूसरी सहज वृत्ति सामंजस्य और लय की है। इस सहज वृत्ति से संपन्न मनुष्य धीरे-धीरे अपनी विशिष्ट प्रवृत्तियों का विकास करता है जिससे उसकी भोंड़ी रचनाएँ कविता का रूप धारण कर लेती हैं।''[31] प्रसिद्ध पश्चिमी कला शास्त्री कोंचे ने प्रतिभा को मनुष्य की शक्ति के रूप में देखते हुए लिखा है, ''कवि जन्मजात होता है'' को ''मनुष्य जन्म से कवि होता है'' में बदल देना अधिक समीचीन है। कुछ मनुष्य महान कवि तथा कुछ छोटे कवि के रूप में जन्म लेते है। सभी अंधविश्वासों सहित प्रतिभा संबंधी धारणा का अभ्युदय इस मात्रात्मक अंतर को गुणात्मक मान लेने से हुआ है। यह भुला दिया गया कि प्रतिभा स्वर्ग से अवतीर्ण कोई वस्तु न होकर स्वयं मानवता ही है।''[32]

भारतीय काव्य शास्त्र में प्रतिभा पर विचार काव्य हेतुओं के अंतर्गत किया गया है। काव्य हेतु प्रायः थे–प्रतिभा या शक्ति, निपुणता या व्युत्पत्ति और अभ्यास। प्रतिभा काव्य हेतुओं के केंद्र में रहा है। इसे रचना के अनिवार्य कारक के रूप में माना गया है। मतभेद यदि था–तो उसकी स्वयं की स्थिति के बारे में। वह संस्कार जन्य है, दैवी शक्ति है, वंशानुक्रम उपलब्धि है या वातावरण से अर्जित शक्ति। दंडी के अनुसार 'पूर्व जन्म के संस्कारों के द्वारा प्रतिभा मिलती है।[33] वामन का कहना कि 'जन्म-जन्म के संचित संस्कार विशेष को प्रतिभा कहेंगे।''[34] अभिनव गुप्त की मान्यता है 'मनुष्य को अनादिकाल से जो संस्कार मिले–उसकी अभिव्यक्ति प्रतिभा में होती है।'[35] तीनों आचार्यों में आंशिक अंतर है। ये कहना चाहते हैं कि प्रतिभा अर्जित शक्ति नहीं है। वह पूर्वजन्म से सहज उपलब्ध है। यह तो भाग्य की बात है कि वह किसे मिल जाती है। प्लेटो ने दूसरे शब्दों में इसे दैवी शक्ति कहा है। उन्हीं मान्यताओं के बल पर कवि ईश्वर का प्रतिनिधि बनाया गया। भारतीय काव्य चिंतन दर्शन से निरंतर जुड़ा रहा, इसलिए ईश्वर की सत्ता केंद्रीय रही। उसी क्रम में दूसरे आचार्य भी रहे हैं जो प्रतिभा को जन्म से प्राप्त शक्ति मानते हुए भी काव्य रचना के लिए व्युत्पत्ति और अभ्यास का अवमूल्यन नहीं कर सके। वे प्रतिभा और अभ्यास तथा अर्जन के द्वंद्व की सक्रियता पर विश्वास करते रहे हैं। इन्होंने अनुभव से होने वाली वृद्धि को अस्वीकार नहीं किया। वे सोचते हैं कि रचनाकार की मूल समस्या है–अपने चित्त को सुव्यवस्थित कर उसे निजी आसक्ति से ऊपर उठाने तथा निर्वेयक्तिक बनाने की। संवदेना की ग्रहणशक्ति, अभिव्यक्ति, कुशलता और आंतरिक व्यवस्था के अंतस् संबंधों की समरसता से निरंतर विकसित शक्ति को ये लोग प्रतिभा कहते हैं। ऐसे आचार्यों में दंडी या क्रोंचे हैं। प्रतिभाशाली रचनाकार शब्द का प्रयोग करते हुए कभी-कभी बहुमुखी प्रतिभाशाली संबोधन भी होता है। ऐसा तब होता है,

जब कोई रचनाकार एक से अधिक विधाओं पर अधिकार पूर्वक लिखता है। वह अपनी क्षमता को अनेक रूपों में ढाल लेता है। मसलन्—हिंदी में इस शब्द का प्रयोग निराला के लिए किया जाता है। निराला ने कविता, कहानी, समीक्षा, उपन्यासों में तो अपनी ऊर्जा को ढाला ही—अकेली एक विधा कविता में—चित्र, वास्तु, संगीत, नृत्य के गुणों को समोये हैं। कविता का दूसरी कलाओं से अन्योन्याश्रय इनकी विशेषता है। इतना नाजुक कौशल की कविता में दर्शन, चित्र, वास्तु, संगीत और नृत्य की समरसता उपस्थित होते हुए अव्यक्त हो जाए, व्यक्त रहे तो केवल कविता। रूप पर इतना आत्मीय अधिकार। यह महाकवि की विशेषता है। ऐसा ही कवि दूर तक काव्यांदोलन को प्रभावित करता है। काव्येतिहास से यह सिद्ध नहीं होता कि प्रतिभा पूरी तरह प्रसुप्त शक्ति का उन्मोचन है। प्रतिभा की स्वतः पूर्णता या शक्तिपात का सिद्धांत इसलिए प्रचलित हुआ कि उस सामाजिक काल में अंतर बाह्य संबंधों की कारण-कार्य अंतर्क्रिया ज्ञात नहीं रही है। एंटन चेखब ने पूछा, "क्या आप जानते हैं कि प्रतिभा क्या है, यह साहस, स्वतंत्र मस्तिष्क, व्यापक परिप्रेक्ष्य का नाम है—अमुक के पास महान प्रतिभा है; लेकिन उसको जीवन का कोई ज्ञान नहीं—उनके पास साहस भी नहीं हो सकता।"[36] इस परिभाषा के अनुसार—जीवन का ज्ञान, स्वतंत्र चिंतन और कर्म को प्रतिभा कहते हैं। जीवन ज्ञान के लिए निरंतर जिज्ञासा और कर्म के लिए संलग्नता के गुणों को इससे काटा नहीं जा सकता। नित-नित उन्मेष के लिए प्रतिभा अपने-आप समर्थ नहीं हो सकती। वह विकृत परंपराओं को तोड़ने, जीवंत तत्वों को इतिहास तथा अपने काल से अर्जित करने का काम करते हुए—समाकलन की क्रिया में उन्मेष करती है। परंपरा और सामाजिक युगों के साथ रचनाकार का द्वंद्वात्मक संबंध नहीं टूटता। हर्वर्ट रीड का कहना है, "परंपरा और प्रतिभा का संबंध पूरक क्रिया-प्रतिक्रिया ही होता है। कभी-कभी संकुचित अर्थ में परंपरावादी प्रतिक्रियावादी बन जाता है जबकि प्रतिभा मौलिकता और नवीनता को प्रश्रय देने के कारण क्रांतिकारिता का पक्ष लेती है। वैसे एक सफल, सशक्त कवि के लिए चाहे वह परंपरावादी हो या क्रांतिकारी, यह आवश्यक है कि वह अपने प्ररिप्रेक्ष्य के अनुकूल अपनी संवदेनशीलता का नवीनीकरण करे।"[37] प्रतिभा अपने सत्य परिवेश की सामूहिक उपलब्धियों को इस तरह प्रस्तुत करती है कि वे विशिष्ट उपलब्धियाँ कालांतर में लेखकों की प्रतिभा के लिए परंपरागत या वंशानुक्रम बन जाती हैं। यह बात इतनी सही है कि अज्ञेय भी इससे असहमत नहीं हो सके। वे लिखते हैं, "अथक श्रम, सामर्थ्य और अध्यवसाय, बहुमुखी क्रियाशीलता, प्राचुर्य चिर जागृत, चिर निर्माणशील कल्पना सबल जिज्ञासा और पर्यवेक्षण, देश-काल या युग सत्य के प्रति सतर्कता, परंपरा ज्ञान, मौलिकता और आत्मविश्वास के घोल से प्रतिभाशाली व्यक्तित्व बनता है।"[38] वह इसलिए निजी है, क्योंकि उसी की आंतरिकता में द्वंद्व और समाकलन की क्रिया घटित होती है। प्रतिभा निरंतर रूढ़ियों से टकराती सृजनशील शक्ति है।

पश्चिम में मनोविज्ञान की विशेष शाखा के उदय के साथ प्रतिभा के विषय में खास तरह के प्रायोगिक निर्णय लिए गए हैं। फ्रायड, जुंग, एलडर के अलावा लोंब्रोसो, क्रेश्मर, लांज आइक बाम आदि ने भी इस विषय में गहरी रुचि ली है। कहा गया कि प्रतिभा के कारण–शारीरिक हीनता, दुर्दमनीय मंथन और मानसिक तनाव, मानवीय विशिष्ट स्वभाव और आवयविक संरचना आदि हैं। शारीरिक-मानसिक अनेक ग्रंथियों के परिणामस्वरूप संसार के प्रति मनुष्य की प्रति-क्रियाओं का अध्ययन करते हुए लोगों ने फैसले लिए हैं। ऐसे फैसले कहते हैं कि प्रतिभा के कारण शरीर की रासायनिक क्रिया में खोजे जाने चाहिए। मनोविश्लेषकों के प्रचलित शब्द हैं–उदात्तीकरण, क्षतिपूर्ति, संकल्पित चिंतन और अवचेतन प्रक्रिया। तीनों क्रियाएँ एक क्रम में देखी जाएँ तो अर्थ होता है–व्यक्ति के अवचेतन का आवेश जीवन की कमियों को पूरा करने के भ्रम में उदात्त हो जाता है। अवेचतन से उदात्तता तक की क्रिया में वह कमी की वास्तविक पूर्ति तो नहीं कर पाता, पर संतुष्ट अवश्य हो जाता है। कलाकार को प्रतिभा का यही कर्म है। वंशानुक्रम, परंपरा और वातावरण से संवेदनात्मक ग्रहण शक्ति का बीज रूप में होना कोई अस्वीकार नहीं कर सकता। यह बात अलग कि उसकी भी पहचान संभव है। काडवेल ने जुंग के संकल्पित चिंतन का समाजशास्त्रीय–कला शास्त्रीय विस्तार करते हुए लिखा है, "जब हम अपनी बोध शक्ति को औचित्य, आत्मबोध, सौंदर्य और आदर्श की ओर प्रेरित करते हैं तो संकल्पित भावना की स्थिति होती है। जिस प्रकार संकल्पित चिंतन विवेक अनुशासित होता है और सत्य के स्वाभाविक निकष को स्वीकार करता है, उसी प्रकार संकल्पित भावना रागात्मक वृत्तियों से अनुशासित होती है और सौंदर्य तथा शिवत्व के सामाजिक निकष को स्वीकार करती है।"[39] व्यक्तित्व में से व्युत्पत्ति और अभ्यास को अलग नहीं किया जा सकता। यह भी तय है कि प्रतिभा के स्फुरण के लिए परंपरा के साथ व्युत्पत्ति और अभ्यास का द्वंद्वात्मक सहयोग अनिवार्य है। वह अकेले कुछ नहीं कर सकती। "जब तक अंतरस्थित शक्तियों का–रचनात्मक या समीक्षात्मक पूर्ण विकास नहीं होता, तब तक लेखक की मूर्ति (उसका व्यक्तित्व) अधूरी है, वह महान् सम्मान का पात्र नहीं है। और जब वह स्वयं वस्तुतः आस्वस्त हो जाता है कि उसकी मूर्ति पूर्ण हो गयी है, उसकी शक्ति का अनंत स्रोत प्रवहमान हो गया है, तो वह स्वयं संतुष्ट होकर ऐसे आनंद को प्राप्त करता है कि उसे किसी प्रकार के विज्ञापन की आवश्यकता नहीं रहती।"[40] रचनाकार की प्रतिभा और शक्ति को काव्य हेतुओं के अंतर्गत पर्याय के रूप में तथा कहीं अलग भी माना गया है। कुछ अलंकारशास्त्रियों के अलावा अभिनवगुप्त की दृष्टि में दोनों एक हैं। मम्मट, पंडितराज, राजशेखर आदि इन्हें एक साथ नहीं मानते। कई लोग एक कहते हुए भी विशेष संदर्भ में पक्षपाती हैं। तमाम स्थापनाओं के विश्लेषण से निष्कर्ष निकला, "शक्ति का सौंदर्यबोधक (एस्थेटिक) या अलौकिक रूपांतर ही प्रतिभा है। शक्ति निष्कल है, प्रतिभा सकल। शक्ति वासना

है, प्रतिभा उसका उन्मीलन वासना शक्तिकरण है तो प्रतिभा उसका कार्य।"[41] स्पष्ट है कि प्रतिभा और शक्ति तात्विक रूप से भिन्न हेतु नहीं हैं। गतिमानवता की स्थिति में अलगाव नजर आता है, पर वहाँ भी दोनों के बीच कोई अंतराल नहीं रहता। कारण और कार्य के रिश्ते तो सापेक्ष ही होते हैं, अतः इन्हें अलग करके जानने का प्रश्न ही नहीं उठता। प्रतिभा के विषय में स्टेन्ढल ने कहा, "प्रतिभाशाली व्यक्ति हमेशा अपने लोगों के बीच चकमक पत्थर में स्फुल्लिंग की भाँति होता है। इसकी अनिवार्यता अपने युग की परिस्थितियों के उचित तरीके से सोए हुए पत्थर की चिनगारी की भाँति समायोजन की है।"[42] देश-विदेश की इन व्याख्याओं तथा रचनात्मक अनुभव के आधार पर कहा जा सकता है कि प्रतिभा निरंतर विकसित होने वाली शक्ति है। वह अपने युग के प्रभावों को निष्ठा के साथ आत्मसात करती है। कुल मिलाकर "प्रतिभा हृदय और मस्तिष्क का वह संयुक्त तथा विशिष्ट संस्कारमूलक रूपांतर है जो व्युत्पत्ति एवं अभ्यास से पोषित होता हुआ प्रज्ञा रूप में गतिमान, व्यापारमान तथा आवेश युक्त होता है। यह प्रज्ञारूप व्यक्तित्व की असाधारणता, प्रेरणा और कल्पना की अतिशयता तथा निपुणता एवं अनुसंधान की नवीनतादि के प्रकाशन व स्फुरण को आयत्त करता है।"[42]

प्रतिभा : प्रेरणा, स्फुरण और व्याप्ति

प्रतिभा के विषय में इस निर्णय के बाद कि वह अलौकिक या दैवी शक्ति के बजाए मनुष्य के विकास में अर्जित आंतरिक यात्रा की अलग-अलग व्यक्तित्वों में आयत्त शक्ति है, प्रेरणा या प्रतिभा स्फुरण का प्रसंग भी पुनर्मूल्यांकन की माँग करता है। प्रतिभा विषयक विश्लेषण अगले फैसले का यह पूर्वानुमान भी दे देता है कि रचनाकार को रचने की प्रेरणा चाहे जितनी अस्पष्ट, विशिष्ट, रहस्यमूलक हो—उसका स्रोत मानवीय व्यापार से अलग नहीं हो सकता। प्रतिभा के चरित्र के साथ ही उसका स्फुरण स्वभाव निहित है।

प्रतिभा एक तरह से संपूर्ण ऐतिहासिक परिप्रेक्ष्य की मनुष्य में उपलब्ध स्मृति है जिसकी पृष्ठभूमि में वह अपने युग की जीवित सच्चाई के संपर्क में आता है। संपर्क में आने के लिए उसके कुछ प्रयत्न सायासिक-अनायासिक, प्रत्यक्ष-अप्रत्यक्ष तरह के होते हैं। वे प्रयत्न जब अंदर से शारीरिक या मानसिक आवश्यकता के रूप में उभरते हैं तो वे इच्छा, भूख, प्यास, काम, संवेग, भाव, अभिरुचि, संवेदना आदि के रूप में दिखते हैं। ये आंतरिक उभार पूर्वानुभूत भौतिक सच्चाई की स्मृति से जुड़े होते हैं और पुनः भौतिक सच्चाई के साथ जुड़ने या उनके साथ मिलकर तृप्ति के लिए वेचैन होते हैं। कला में इन प्रयत्नों के लिए प्रेरणा (Inspiration) या अनुप्रेरणा (Motivation) कहा जाता है। वस्तुगत संसार से जुड़ने का तीव्र उत्साह कई तरह से पैदा होता है। जैसे—किसी घटना, तथ्य, साहचर्य या किसी काल विशेष की स्मृति

के सहयोग से। इन स्थितियों के दबाव से होने वाली प्रतिक्रिया स्थिति के जोर के अनुरूप छोटी या बड़ी होती है। किसी प्रेरणा से एक गीत रचा जाता है और किसी से महाकाव्य। किसी की अवधि हलकी प्रतिक्रिया में समाप्त होती है और किसी से व्यक्ति का पूरा जीवन संकल्प रूपांतरित हो जाता है। प्रेरणा के इस बहुआयामी स्वभाव की पहचान भी काल के अनुरूप अलग-अलग होती है। वह उत्तेजना, आवेश, परवशता, विस्मृति, विभोरता, आसक्ति, प्रबलता, मंथन, अतिक्रमण, आकस्मिकता, सनक, असाधारण चित्तदशा, आत्म निर्वासन और अजनबीपन के रूप में प्रकट होती है। वह कभी पूरी तरह रोमानी और कभी गंभीर होती है। इसका अपना कोई स्वतंत्र अस्तित्व नहीं होता। वस्तुगत दबाव, ऐतिहासिक विवेक, संकल्पी तथा प्रतिज्ञाबद्ध चरित्र—के विभिन्न स्तरों में इसका स्वरूप निर्धारित होता है।

कला के क्षेत्र में ''प्रेरणा'' की भूमिका दोहरी होती है। सबसे पहले वह रचनाकार के व्यक्तित्व को सारवान और समृद्ध बनाती है। वह उसके मानसकोश में गहराई और व्यापकता लाती है। उसे निजी सीमाओं की आसक्ति से मुक्त कर सार्वजनिक और प्रतिनिधि बनाती है। दूसरी बार वह उसके व्यक्तित्व का उन्मोचन करने में सहायक होती है। वस्तुगत संसार की सच्चाई का हर सबूत मार्मिक रूप से आत्मसात कराने तथा कलात्मक अनुभवों के सहयोग से पुनः रचने की प्रक्रिया में उतारने तक ''प्रेरणा'' का कार्यक्षेत्र फैला है। ''प्रेरणा रचनाकार की सामाजिक वह विवशता है, जो उसे रचनाकर्म के प्रति समर्पित करती है। इस सामाजिक विवशता और समर्पण के स्रोत के दो सिद्धांत हैं। प्रथम—स्थान और काल की परिधि में दूसरी की तुलना में अधिक व्यापक है। पहली का स्रोत कवि के बाहर का संसार है और दूसरी का—कवि का अंतर्जगत। पहली अवसाधारणा की सामग्री का आकलन मानव विज्ञान और साहित्य की परंपरा से तथा दूसरी का मनोविज्ञान से होता है।''[44] सभ्यता के विकास में प्रेरणा की दोनों भूमिकाएँ काफी दूर-दूर और जटिल होती गई हैं। आदिम युग में ऐसा नहीं था। उस समय सच्चाई का ग्रहण और उसका उन्मोचन साथ-साथ होता था। वह आशु रचना का काल था। ''वह लिखता नहीं, सुनाता था। वह अक्षरबद्ध करने के बजाए आशु रचना करता था। जैसे ही वह प्रेरित होता, श्रोताओं को सुनाता। श्रोता शीघ्र ही पूरी हार्दिकता के साथ अपनी भ्रांतियों को समर्पित कर देता।''[45] आदिवासियों के बीच पाए जाने वाले कवियों को इस रूप में आज भी पाया जा सकता है। ऐसे कवि शेक्सपियर, गेटे, तुलसी, रवींद्र, निराला और मुक्तिबोध की तुलना में अधिक लोकप्रिय और विश्वसनीय समझे जाते हैं। ये कवि सभ्य दुनियाँ की अधिक सघन, जटिल, शक्ति संपन्न सच्चाई का प्रतिनिधित्व तो करते हैं। किंतु एक बात यह भी है कि ये कवि विभाजित और वर्ग समाज की उपज हैं। इंद्रजालिक समाज का मनुष्य और प्रकृति के बीच का द्वंद्व—व्यक्ति और समाज के द्वंद्व में केंद्रित होकर कला का आधार बन गया है। पी.एन. रिबनिकोब ने एक आदिवासी कवि उत्का, जो कविता

के लिए प्रेरित था, का उदाहरण दिया, "जैसे ही उसने गला साफ किया, सभी लोग चुप हो गए। उसने अपना सिर पीछे घुमाया, मुस्कान के साथ चारों ओर देखा, लोगों की व्याकुलता और उत्सुक निगाहों को पहचाना, वह गाने लगा। धीरे-धीरे उस वृद्ध गायक का चेहरा बदलने लगा, उसकी चालाकी गायब हो गयी। वह शिशुवत हो गया। जो कुछ उसमें प्रेरित था—प्रकट हो गया।"[46] उल्का जैसे कवियों ने प्रेरणा के वस्तुगत प्रमाणों को जीवित रखा है। ये प्रमाण सिद्ध करते हैं कि कवि वास्तविकता से प्रेरित चेतना लेकर फैंटसी की दुनिया में उसे बदलता है। फैंटसी का कवि वास्तविकता के मूलतत्वों को पकड़ लेता है और ऊपरी परतों को छोड़कर उससे नए चरित्र निर्माण करता है। नए चरित्रों का स्वरूप काव्यात्मक और लयात्मक फैंटसी का होता है। इसी कारण फैंटसी की रचनाप्रक्रिया को समाजशास्त्रीय इतिहास में खोजना चाहिए।

भारतीय काव्यशास्त्र में 'प्रेरणा' पर सिद्धांत के रूप में बहुत कम विचार हुआ है। काव्य हेतुओं के प्रसंग में प्रतिभा के साथ ही यह झलक मिलती है कि कवि किसी अज्ञात शक्ति से संचालित होता है। आत्मा को स्वतःपूर्ण मानने के कारण अद्वैतवादी कलाकारों ने कवि को स्वयंभू, मनीषी या ईश्वर का अंश माना। वे मानसशास्त्र की ग्रहणप्रक्रिया के तर्क-वितर्क में नहीं पड़े। ऐसा इसलिए भी नहीं कर सके क्योंकि उनमें से अधिकांश का सामाजिक लगाव कमजोर था। पश्चिम में इस पर पर्याप्त चिंतन हुआ। यद्यपि यह चिंतन पूरी तरह वस्तुपरक नहीं था। प्लेटो से लेकर बीसवीं शताब्दी तक काव्य प्रक्रिया पर विचार प्रकार के बीच भाववादी-वस्तुवादी दोनों तरह की धाराएँ मिलती हैं। प्लेटो ने प्रतिभा के स्फुरण को दैवी प्रेरणा कहा—जबकि अरस्तू ने उसको सामाजिक जगत के अनुकरण से जोड़ा। आगे इन्हीं दोनों प्रवृत्तियों का विस्तार या अनुकरण हुआ। सर फिलिप सिडनी कहता है "कविता को कान पकड़कर नहीं ले जाना चाहिए, उसे कोमलता से ले जाने की आवश्यकता है, अथवा वह ही हमें ले जाए—हमारा मार्गदर्शन करे। और इसीलिए प्राचीन काल के विद्वानों ने कविता को मानवीय कला न मानकर दिव्य शक्ति घोषित किया है।"[47] सिडनी कविता से ज्ञान की अपेक्षा नहीं करते। वे चाहते हैं कि कविता संघर्ष को टाल कर शक्ति के उपाय बताए। यह उपाय—ऐसी तल्लीनता का होता है—जो निद्रा के करीब है। उन्होंने दैवी प्रेरणा को महत्त्व दिया। बेन जानसन ने कविता को कठोर की सुंदरता कहते हुए कवियों के लिए चार बातें अनिवार्य बताईं—नैसर्गिकता, अभ्यास, अनुकरण और अध्ययन। कहा, "सर्वप्रथम उसमें नैसर्गिक प्रतिभा होनी चाहिए जिससे कि वह अपने सहज बोध से अपने मस्तिष्क का खजाना उड़ेल सके।"[48] गेटे का कहना है, "व्यक्तित्व कला और कविता का सर्वस्व है, फिर भी आधुनिक समीक्षकों में कितने ही ऐसे दुर्बल व्यक्ति हैं, जो इस बात को स्वीकार नहीं करते, उलटे वे कविता अथवा कलाकृति में महान व्यक्तित्व को एक क्षुद्र अनुबंध मानते हैं।"[49] अँग्रेजी के स्वच्छंदतावादी कवि और समीक्षक वर्डस् वर्थ का सूत्र कथन प्रसिद्ध है, "कविता

उदात्त अनुभूतियों का स्वतः स्फूर्त प्रवाह है और उसका जन्म शांति के क्षणों में स्मरण किए हुए आवेगों से होता है।''[50] इसी बात को ले. हण्ट ने और आगे बढ़ाया, ''कविता एक कल्पनात्मक भावावेश है, अतएव उसमें विचार, अनुभव, अभिव्यक्ति, कल्पना, क्रिया-व्यापार, चरित्र और अखंडता अधिकाधिक मात्रा में मौजूद हों उसे ही महानतम् कवि कहा गया है।''[51] बीसवीं शताब्दी में अँग्रेजी भाषा के दो विचारक महत्त्वपूर्ण हुए। उनमें से टी.एस. ईलियट कहते हैं, ''कविता भावों का उन्मोचन नहीं, वरन् उससे पयालन है। कविता व्यक्तित्व की अभिव्यक्ति नहीं, वरन् व्यक्तित्व से पलायन है।''[52] इसी क्रम में दूसरे कला समीक्षक आई.ए. रिचर्डस् का कहना है, ''केवल भावावेग होने के कारण, सामान्यतया मनोवेगों को सर्वाधिक मूल्य प्रदान करना कुछ सरल नहीं है। प्रायः बिना किसी विशेष अर्थ के उनका अनुभव किया जा सकता है और कला के साथ उनका संबंध होना आवश्यक नहीं।''[53] पश्चिमी कला चिंतन के मध्य युग में चर्च का प्रभाव बहुत बढ़ा था—जिसके अंतर्गत ईश्वर के नाम पर कला के लिए आदेश भी थे और प्रेरणाएँ भी। दूसरे युगों में कला को समाज से संपृक्त तो किया गया परंतु अंतर्मुखता-बहिर्मुखता का विभाजन कायम रहा। दोनों की सापेक्षता नहीं पहचानी जा सकी। इसी कारण नैसर्गिकता, उदात्तता, कल्पनात्मक भावावेश, आवेगों का उच्छलन—ये सभी विशेषण घूम-फिरकर अनियंत्रित-संकल्पहीन मनोविकार बन जाते रहे। गेटे ने अवश्य ही कलाकार के व्यक्तित्व को कला के केंद्र में स्थापित किया और उसका प्रभाव काफी दिन तक रहा, परंतु पूँजीवादी समाज में व्यक्तित्व के अस्वाभाविक विभाजन को देख टी.एस. ईलियट ने उसे मूल्य के रूप में स्वीकार कर लिया। उसने व्यक्तित्व से मुक्ति के नैतिक प्रश्न उठाए।

उसे अपने युग के व्यक्तित्व से बहुत निराशा मिली थी। रिचर्डस् ने व्यक्तित्व को जोड़ने का प्रयास मनोवैज्ञानिक उपायों से किया, लेकिन वह इसलिए कारगर नहीं सिद्ध हुआ, क्योंकि अलगाव की समस्या मूलतः मनोवैज्ञानिक न होकर समाजशास्त्रीय है। इस तरह पश्चिम का कला चिंतन प्रेरणा के प्रश्न को महत्त्वपूर्ण मानते हुए उसे निर्णायक स्थिति तक नहीं ले जा सका।

प्रेरणा के प्रश्न पर समग्रतया वास्तविक मनुष्य की समस्याओं पर विचार करते हुए सबसे पहले मार्क्स का ध्यान गया। उसने बहिर्मुखता-अंतर्मुखता के विभाजन और अलगाव की प्रक्रिया की वैज्ञानिक पड़ताल की। माना, ''मनुष्य ही विभिन्न विचारों एवं अवधारणाओं के जनक हैं। वास्तविक सक्रिय मनुष्य उत्पादन शक्तियों के निश्चयात्मक विकास का परिणाम है। विकास के विभिन्न रूपों में उनके आपसी अंतस् संबंध बने रहते हैं। यहाँ तक कि चेतना भी और कुछ नहीं बल्कि मनुष्य का सचेतन अस्तित्व है और अस्तित्व जीवन प्रक्रिया की देन होती है।''[54] इस स्थापना के साथ मानवीय अस्तित्व के तमाम संदर्भों (मानविकी, कला, विज्ञान) की पुनर्परीक्षा हुई और इसी क्रम में कला के सौंदर्यशास्त्र का वस्तुगत अध्ययन हुआ। प्रेरणा या अनुप्रेरणा

का विश्लेषण करते हुए वी. क्रूटोअस ने लिखा है, "प्रायः कलात्मक अनुप्रेरणा घटनाओं की व्याख्या के रूप में निर्धारित होती है। वह, चरित्रों के क्रियाकलाप की उत्तेजनाओं और प्रेरणाओं, उन चरित्रों में परिवर्तन और उनके लाक्षणिक और प्रमाणित स्पंदनों में जानी जाती है। अनुप्रेरणा कला निर्माण को निश्चयात्मक, वास्तविक और विश्वसनीय बनाने का प्रमुख साधन है।"[55] वस्तुवादी अवधारणा कला को वास्तविक मनुष्य की निर्मिति के रूप में देखती है। इसीलिए प्रेरणा उसके अस्तित्व को झुंठलाकर रचने का उपक्रम नहीं है। वह इच्छाओं और तर्कों का पूरा सिद्ध योगफल है। यह सही है कि प्रेरणा अथवा शक्ति का स्फुरण कलाकार में तब होता है, जब उसे सिद्धि प्रेषण के लिए व्याकुल बनाती है। कलाकार अपने मस्तिष्क में संबोध्य की कल्पना करता है, उसके ही सामने सिद्धि को सौंपता है और वहाँ से प्रमाणित होने के बाद उसे लिपिबद्ध करता है। मानसिक संबोध्य के कारण ही रचनाकर की अनुभूति का औचित्य सिद्ध होता है। इसीलिए प्रेरणा केवल रचना प्रक्रिया का विश्लेषण नहीं, वह अनुभूति का भी विश्लेषण है। अनुभूति का आधार बनकर वह जीवन की रुचियों और सत्याभासों से जुड़ती है तथा रचना प्रक्रिया का विश्लेषण होते हुए वह संरचनात्मक प्रश्नों से उलझी रहती है। प्रेरणा-जीवन की सच्चाई तथा कलात्मक प्रश्नों से संग्रथित रहती है। अपने भीतर इन प्रश्नों से विभाजित होकर पूरे रूप में वह एक क्रिया बन जाती है। क्रूटोअस ने बोध की प्रक्रिया में प्रेरणा के संबंध स्थापित करते हुए दोनों का अलग-अलग विश्लेषण किया है। "बोध, उनके अनुसार–निर्बोध से बोध में संक्रमण के क्षण के रूप में, कल्पना की पुनर्रचना के प्रसंग में, जीवनानुभवों और बिंबों के अंतर संबंधों के रूप में तथा रचनाकार के सौंदर्य अनुभव तथा उसके कर्म के अंतर्संबंधों के रूप में–ज्ञेय है।–कलात्मक प्रेरणा बोध के तैयार होते तथा उस पर आधारित मूल्याँकन के समय जानी जाती है। यह कला के पूरे ढाँचे से संपर्क रखती है।"[56] प्रेरणा का क्षण अबाधित और अनियंत्रित नहीं होता। वैज्ञानिक विवेचन के अनुसार इसकी अवधि की तकनीक जानी जा चुकी है। क्योंकि इसके संपूर्ण स्रोतों की जानकारी है। यह बौद्धिक और भावात्मक मानसिक प्रक्रिया से पालयन नहीं कराती, वरन् उसके विश्लेषण-संश्लेषण का परिणाम है। यह समझ को वैज्ञानिक बनाने में सहायक है क्योंकि इसका मूल कर्म सामंजस्य है। सूचनाओं, धारणाओं, निष्क्रियता और सक्रियताओं, कलात्मक अनुभवों, शब्दार्थिक क्षमताओं में सामंजस्य कर यह कला की प्रेषणीयता को प्रमाणित करती है। इसकी बुनियादी अवधि घटना, तथ्य और कला से संपृक्त है–इसलिए इसकी समस्या जीवित अनुभव के बीच प्राथमिक स्तर की तथा उच्चतर स्तर की–दोनों है। मनोविज्ञान तो इसके उस क्षण का आधार दे सकता है–जब वह उत्तेजना या कंपन के वशीभूत हो। प्रेरणा वास्तव में पूरे रूप में क्षणिक नहीं–ग्रहण और सृजन के अंत तक की गतिशीलता है। स्वतः स्फूर्तता के कारण अनेक भ्रांतियाँ पैदा हुईं, पर वह तो उसका एक गुण है। इसका दायरा

लेखकों की व्यक्तिगत विशिष्टताओं का अतिक्रमण कर पाठकों तक पहुँचता है। इस कारण वह समग्र सामाजिक-व्यक्तिगत कौशल के सभी साहचर्यों के साथ मानसिक केंद्रीयता है। इसका सौंदर्य बोधात्मक पहलू यह है कि यह रचना के संपूर्ण शैलीगत ढाँचे को जोड़ दे। इस जोड़ के लिए उसके पास आवेशात्मक, सायासिक अनुभव और समृद्ध सौंदर्यमूलक अनुभव पूँजी के रूप में होते हैं। यह केवल तात्कालिक क्रिया नहीं—बल्कि अनुकरण संशोधन की प्रक्रिया से गुजरते हुए समीक्षात्मक और तार्किक बनती रहती है। स्मृति इसमें शामिल एक तत्व है, जिसका काम है—स्मरण, पुनः प्रस्तुति तथा विस्मरण, विस्मरण इसलिए कि प्रेरणा लगातार बुनियाद और प्राथमिकता का चयन भी है। इस चयन की विपरीतों से संघर्ष और संवाद से अनिवार्यताओं, विशिष्टताओं तथा सामान्यताओं के संदर्भ में पाया जाता है। इसे सौंदर्य ग्रहण, सृजन और रसनिष्पत्ति तक अंतर्ग्रथित देखा जा सकता है। यह आतुर तथा गंभीर दोनों स्वभाव की है। आतुर प्रेरणा का रोमांस कहा जाता है। सक्रियता सार्थकता और गतिशीलता के आधार पर गोर्की ने इसको भी दो तरह से समझा। "निश्चेष्ट रोमांसवाद मनुष्य के जीवन को रंग चुनकर उसे संतुष्ट करने अथवा उसके आसपास की दुनिया से उसका ध्यान हटाने की कोशिश करता है और उसे आंतरिक जगत के निष्फल आत्मदर्शन "जीवन की न हल होने वाली पहेलियाँ" जैसे प्रेम, मृत्यु तथा अन्य अनिवार्य समस्याओं के चिंतन में उलझाता है। ये ऐसी समस्याएँ हैं जिन्हें चिंतन तथा मनन से नहीं, बल्कि विज्ञान द्वारा ही हल किया जा सकता है। सक्रिय रोमांसवाद मानव के जीवन संकल्प को दृढ़ करता है, आसपास के जीवन और उसके सभी प्रकार के उत्पीड़न के विरुद्ध भावना जगाता है।"[57]

रचनाकार का व्यक्तित्व वास्तविक संसार तथा ऐतिहासिक स्मृतियों से अपेक्षाकृत ज्यादा गहरे से जुड़ा होता है। बाह्य संसार की प्रकृति का सघन रूप उसके मानस लोक में मिलता है। संसार को प्रत्यक्ष रूप से देखते हुए प्रायः एक वस्तु की कोशिश के बावजूद आसपास की दूसरी वस्तएँ दिखाई देती हैं। उदाहरण के लिए हम देखते हैं—चाँद और तारे भी दिख जाते हैं। क्योंकि वे समीप हैं। इसी तरह एक वस्तु को देखने से स्मृति में पड़ी हुई दूसरी समान वस्तु याद आ जाती है—जैसे—कमल को देखते मुख, लहलहाते खेत की बातों से किसान अथवा असमानता के आधार पर गर्मी का अनुभव करते वर्षात्, दुःख का अनुभव करते सुख आदि। आशय यह कि अचेतन के कोश में विस्मृत तमाम मानसिक प्रतीक, बिंब, वस्तुएँ, छायाएँ—किन्हीं वस्तुओं के दर्शन, विशेष अनुभव या घटनाओं के साथ झटके से चेतन में उपस्थिति हो जाती हैं। जैसे भीड़ से कोई आदमी निकाल लिया गया हो। रचनाकार के प्रेरणा के क्षण या अवधि में यह क्रिया घटित होती है। यह क्रिया हर मनुष्य में समान नहीं होती। इसका आधार है कवि का बोध विस्तार, धारणा-शक्ति, वस्तुओं के अंतस् संबंधों का ज्ञान आदि। ये आधार स्थितियाँ रचनाकारों में व्यक्तिगत होती हैं—इसलिए

परिणाम भिन्न हो जाते हैं। भावुकता से प्रौढ़ता, एकांगिता से विविधता, प्राचीनता से नवीनता, आवृत्ति से मौलिकता की ओर इनका विकास होता है। जैसे-जैसे वस्तुगत जीवन के कलात्मक रूपांतरण का अभ्यास बढ़ता है, व्युत्पत्ति क्षमता विकसित होती है—कलात्मक इतिहास से आत्मीयता स्थापित होती है, वैसे ही कलाकार का स्मृतिकोश बढ़ता है और प्रेरणा की स्थिति में स्मृति से चेतन में आता हुआ बिंब या फैंटसी एकांगी न रहकर प्रतिनिधि बनती है। एक तरह की तमाम स्थितियों, बिंबों और प्रतीकों का चयन और उनसे समग्र प्रतिनिधि रचनात्मक बिंब का सृजन कलाकार की क्षमता का ही सबूत है। प्रतिनिधिकता से ही रचनाकार के मानस लोक की क्षमताओं का अनुमान हो जाता है।

यह केवल मनोविज्ञान की समस्या नहीं, बल्कि मानविकी, कला, विज्ञान आदि सभी से संपृक्त है। गोपनीयता, संकेत, उदारता, आवेश या तटस्थता—ये सभी विशेषताएँ प्रेरणा को सहयोग देती हैं। प्रेरणा का कार्यक्षेत्र इसी कारण व्यापक होता है। वह व्यक्ति कौशल के बजाए समूह कौशल बन जाता है। इसी प्रक्रिया ने राष्ट्रीय, सांस्कृतिक प्रतीक तय किए हैं। अशोक के समय का ज्योति स्तंभ-राष्ट्रीय आजादी का प्रतीक इसीलिए बन गया, क्योंकि उसके साथ संस्कृति की एक महत्त्वपूर्ण धारा जुड़ी है। ये संस्कृति का समूह में एक ही प्रकार से संतरण न होता तो आज इतिहास की याद कठिन होती, उपलब्धियाँ लोक मानस में न होतीं और विकास का मार्ग अवरुद्ध होता। स्मृति के सहचारी तत्वों ने ही कला को भी निरंतर विकसित किया है। धारणाएँ अधिक सुलझीं, मानदंड वैज्ञानिक हुए, रचना के प्रति मानवीय विश्वास बढ़ा और संभावनाओं का अनंत रास्ता खुला। व्यक्तित्व के भीतर प्रेरणा की इस विशाल प्रयोगशाला को संश्लिष्ट करते हुए रमेश कुंतल मेघ ने कहा, "इसीलिए कलाकृति व्यक्ति की रचना होते हुए भी समूह की विभावना होती है। रूपात्मक साहचर्य की तो बहुधा आकृतिमूलक प्रेषणीयता हो जाती है। किंतु विषय वस्तुमूलक साहचर्यों में प्रेषणीयता का सवाल भी पैदा होता है क्योंकि वे कला बहिर्भूत घटकों पर आश्रित होते हैं। कलाकार तो अपने नितांत वैयक्तिक साहचर्यों को कलावस्तु में ढाल देता है। लेकिन आशंसक ढली हुई कलाकृति की विषयवस्तु से उत्तेजित होकर जिन नितांत वैयक्तिक साहचर्यों की दुनिया में तल्लीन हो जाता है, वह कलावस्तु के साहचर्यों से भिन्न हुआ करती है।"[58] इस कथन में दो तरह के सहचारी तत्वों की चर्चा है—विषय वस्तुमूलक और रूपात्मक। दोनों सृजनकाल में संयोजित होते हैं और उनका लक्ष्य प्रेषण होता है। प्रेषण के लक्ष्य की वजह से इनका संबंध सामूहिक जीवन से होता है। यह ठीक है कि विषयवस्तुमूलक सहचारी तत्व यदि नितांत निजी या व्यक्तिगत हैं तो उनकी प्रेषणीयता में कठिनाई होगी। कला के रूपात्मक तत्व—शब्द, अर्थ, शैली, लय, बिंब, प्रतीक, जिनसे रचना आकृति प्राप्त करती है—आकृति को आंशिक रूप से प्रेषणीय बना देंगे, परंतु उसमें निहित विषयवस्तु से पाठक या समीक्षक तादात्म्य

न कर सकेगा। यह कला की बाधा है। स्पष्ट है कि प्रेरणा और उसके सहचारी तत्वों के आपसी संबंध आत्मीय तथा प्रतिनिधि होने पर ही प्रेषण योग्य होते हैं। हम मानते हैं कि अपनी रचना को प्रेषण योग्य बनाने की क्षमता न रखने पर रचनाकार का व्यक्तित्व ही खंडित हो जाता है।

सृजन शक्ति

कवि का काम है रचना। रचना को आलंकारिकों ने कवि व्यापार अथवा कवि कर्म कहा है। कर्म के पूरे व्यापार के द्वारा वह वस्तु जगत का व्यक्तिगत चित्र उतारता है। इस कथन में तीन बातें महत्त्वपूर्ण हैं—वस्तु-जगत, व्यक्तिगत क्रिया तथा चित्रांकन। संक्षेप में, वस्तुत-जगत से सामग्री का चयन और फिर रूपांतरण। रूपांतरण से आशय हुआ कि रचना वस्तु का ज्यों का त्यों रूप नहीं—बदली हुई आकृति। बदलने का कर्म कवि का है। इसीलिए वह निजी है। वह अपनी निजी मानस शक्ति की क्षमता के अनुसार वस्तु-जगत का रूपांतरण कर पाता है। "हमें कला में हमेशा सामाजिक सच्चाइयों की सीधी प्रतिच्छवि की आशा नहीं करनी चाहिए। क्योंकि सामाजिक सच्चाइयाँ (प्रायः या हमेशा) अंतर्वर्त्ती प्रक्रिया से गुजरती हैं जिनमें उनका मौलिक कथ्य रूपांतरित हो जाता है।"[59] यह अंतर्वर्त्ती क्रिया कला में अनिवार्य है। रूपांतरण करने वाली क्षमता का सर्वाधिक क्रियात्मक व्यापार कल्पना है। प्रतिभा, प्रेरणा तथा अन्य सहचारी क्षमताओं के अनुरूप कल्पना में शक्ति पैदा होती है। कल्पना वस्तुतः एक उड़ान है। पक्षी आकाश में उतनी दूर तक उड़ पाता है—जितनी शक्ति उसके भीतर है। जितनी शक्ति उसने जमीन से अर्जित तथा विकसित की है। उसका स्वास्थ और अभ्यास अर्जन और उड़ान में महत्त्वपूर्ण भूमिका निभाते हैं। पूरे विश्लेषण का नतीजा यही होता है कि जमीन से कटी हुई उड़ान नहीं होती। वह ऐसी होने का भ्रम पैदा कर सकती है, पर हो नहीं सकती। भ्रम पैदा होने का कारण कल्पना ही है। यदि यह न होती, तो वस्तुगत संसार और रचे संसार में कारण-कार्य संबंध इतना जटिल और दूरगामी न होता। स्पेनर ने तो रचना की महत्त्वपूर्ण जिम्मेदारी कल्पना को ही दे दी। कहा, "कल्पना का ही मूल्य है कि उसने कवि को उन अनुभवों के उन्मोचन की कला दे दी जो अकाव्यात्मक ढंग से कवि के मस्तिष्क में दबे पड़े थे। वे अकाव्यात्मक इसलिए थे क्योंकि वे पूर्व में किसी कविता में रूपायित नहीं हुए थे।"[60] यह स्थिति हानिप्रद नहीं है। इसका शुभ पक्ष यह है कि विकास की संभावनाओं का अनुमान कल्पना के कारण होता है तथा कच्ची सामग्री का मानसिक आकलन भी इस शक्ति के द्वारा संभव है। कल्पना मूलतः रचनात्मक विकास की देश और कालजन्य सीमा में समर्थवान होती है, इसलिए उसका स्वरूप निरपेक्ष ढंग से विश्लेषण नहीं है। बल्कि विभिन्न स्थितियों में उपलब्ध और परिभाषित कल्पना के चरित्र के आधार पर इतिहास की भी पहचान की जा सकती है। कल्पना मनुष्य के क्रिया-व्यापार

को सार्थक और सोद्देश्य बनाती है। वह मानसिक इकाई की गति है। उसी के द्वारा यह सिद्ध है कि मनुष्य की चेतना भी पदार्थ है विकसित रूप में।

कल्पना के प्रसंग में कला, दर्शन, मनोविज्ञान और विज्ञान—आदि में विचार-विमर्श होता है। ज्ञान के जो भी विषय सृजन शक्ति, सृष्टि, सृजन प्रक्रिया पर विचार करते हैं—वे कल्पना को छोड़ नहीं सकते क्योंकि व्यक्तित्व का विकास तथा पुनर्सृजन उसी के भरोसे होता है। पुनर्सृजन होने के कारण उसका रूप पक्ष वस्तु-जगत की तरह नहीं, बल्कि कलाकार की तरह—प्रतीकात्मक, बिंबात्मक, सांस्कृतिक और विशिष्ट होता है। यह बात अलग है कि कभी इस शक्ति को दैवी मानकर अज्ञेय कहा गया और कभी इसके आभास पर चर्चा हुई। बीसवीं शताब्दी में इसके समग्र स्वरूप पर चर्चा की जाने लगी है इसलिए स्थिति पहले से अधिक साफ है।

संस्कृत काल में कवि के व्यक्तित्व निर्माण और उसी सृजन प्रक्रिया में अधिक चर्चा न होने के कारण यह प्रसंग पूरी तरह सुलझ नहीं सका। भामह ने 'कल्पना' शब्द बौद्ध लोगों से लिया। उन्होंने लिखा, "कल्पना रहित तत्व प्रत्यक्ष होता है जबकि जाति आदि विलक्षण शब्दार्थ योजना—कल्पना कही जाती है। कल्पना ही 'समारोप' है जो कवि कर्म में आवश्यक है, अन्यथा न कोई काव्य वृत्ति बन पाती है और न कोई विशेषता आ पाती है कि काव्य को सामान्य शब्द से पृथक् किया जा सके।"[(क)] भामह ने कल्पना को लगभग शैली के अर्थ में प्रयुक्त किया है। फिर भी उन्होंने यह संकेत तो दिया कि कल्पना काव्य-वृत्ति तथा कवि कर्म के लिए अनिवार्य है। ध्वनि और रस के आचार्यों ने प्रतिभा में अपूर्व निर्माण क्षमता की शक्ति देखी तो यह क्षमता वस्तुतः कल्पना की अव्यक्त अनुमिति है। रामचंद्र शुक्ल ने पहली बार भारतीय कला चिंतन को पश्चिम की सृजन-धर्मी व्यापक परंपरा से जोड़ा और उसके प्रकृत स्वरूप का विस्तार किया। इस विषय में विचार करते हुए लिखा कि, "ज्ञानेंद्रियों से समन्वित मनुष्य जाति जगत्नामक अपार और अगाध रूप-समुद्र में छोड़ दी गई है। न जाने कब से वह उसमें बहती चली आ रही है। इसी की रूप तरंगों से ही उसकी कल्पना का निर्माण और इसी की रूप गति से उसके भीतर विविध भावों या मनोविकारों का विधान हुआ है।—सुंदर, मधुर, भीषण या क्रूर लगने वाले रूपों या व्यापारों से भिन्न सौंदर्य, माधुर्य भीषणता या क्रूरता कोई पदार्थ नहीं। सौंदर्य की भावना जगना सुंदर-सुंदर वस्तुओं या व्यापारों का मन में आना ही है।"[61] शुक्ल जी ने कल्पना की तीन कोटियाँ निर्धारित की हैं—प्रत्यक्ष रूप विधायक, स्मृति रूप

(क) भामह—प्रत्यक्षं कल्पना पौढ़ ततोऽर्थादिति केचन। कल्पनां नाम जात्यादि-योजना प्रचक्षते। समारोपः किलैतावान् सदर्थालम्बनं च तत्। जात्याद्यपोहे वृतिः क्व तत्र विशेषः कुतश्र् च सः।। काव्यालंकार—516-7

विधायक तथा संभावित रूप विधायक। तीनों कल्पना रूपों के विश्लेषण से यह चिंतन वस्तुपरक निष्कर्षों तक पहुँचता है। कल्पना की स्वयं निर्मित और कृति की सापेक्षता का इस तरह का विश्लेषण यहाँ पहले नहीं मिलता इसलिए यह गतिशील और क्रांतिकारी है। बाद में लगातार इसी आधार पर समीक्षकों और रचनाकारों की दृष्टि इस सिलसिले में स्पष्ट होती गई है। उदाहरण के लिए आचार्य शुक्ल की स्थापना में निहित युगानुरूप कल्पना को निर्माणपरक अंतरंगता में से उत्पन्न प्रश्न को लक्ष्य करते हुए नामवर सिंह ने कहा, "नई वास्तविकता के साथ-साथ जैसे-जैसे कवि का संबंध गाढ़ा हो जाता है, उसके भाव और विचार क्रमशः बदलते जाते हैं, हर नई वस्तु और उसके संपर्क के हर नए क्षण से जगा हुआ भाव कवि में नए शब्द और रूप की चेतना जगाता है। उसके ठोस अनुभवों से प्राप्त भाव नया रूप विन्यास चाहते हैं और फिर रूप विन्यास करते भी हैं। इस रूप में व्यक्त होने पर उन भावों में गंभीर प्रभाव की क्षमता आती है क्योंकि उनके मूल में अनुभव की आत्मीयता होती है।"[62]

पश्चिम में कलाकार के व्यक्तित्व पर लगातार चर्चा हुई है। प्लेटो ने चित्रकार और कवि दोनों को सामान्य रूप से प्रकृति तथा मानवीय प्रवृत्तियों का नकलची कहा था। उन्होंने फैंटसी को समाज में क्रांति फैलाने वाली शक्ति बताया। अरस्तू ने अनुकरण शब्द का प्रयोग तो किया–पर नकल के अर्थ में नहीं। उनके अनुसार
कवि, कथ्य, भाषा, लय और जीवनगत सामंजस्य के साथ अनुकरण करता है।" अनुकरण पुनः सृजन की एक क्रिया है, जिसके द्वारा कवि जीवन संबंधी घटना सामग्री का चयन करते समय यथार्थ और वास्तविक वस्तु में से किसी अभिनव वस्तु का निर्माण करने में समर्थ होता है। किसी चित्रकार की भाँति अपनी सामग्री के लिए कवि के तीन वस्तुओं में से कोई एक अवश्य ग्रहण करनी पड़ती है–(क) जैसी वे अपने प्रतीयमान रूप में है या नहीं; (ख) जैसी वे अपने संभाव्य रूप में कही या समझी जाती है; (ग) जैसी वे अपने आदर्श रूप में होनी चाहिए।"[63] जाहिर है कि अरस्तू का मंतव्य वस्तु-जगत का पुनः सृजन रहा है और इस क्रिया में कल्पना की क्रिया, स्वाभाविक रूप से घटित होती है। लोंजाइनल ने कला की भव्यता, अभिजात्य और उदात्तता के बहाने अनुशासन का प्रश्न उठाया। उसने कलाकार की कल्पना शक्ति को बहुत आजादी नहीं दी। फिलिप सिडनी की मान्यता थी कि वास्तविक जीवन की तुलना में कला का जीवन अधिक सुंदर और सुखद होता है। कलाकार की रचना प्रायः प्रति संसार है। कहता है, "वास्तविक संसार पीतल का संसार है जबकि कवि स्वर्णिम संसार का निर्माण करता है।"[64] आगे चलकर अठारवीं शताब्दी के रचनाकारों ने स्वतंत्र अभिव्यक्ति की माँग की। इस काल में एडिसन, प्रामर, टिकोल, स्टील आदि ने उसका नेतृत्व दिया था। एडिसन ने कहा कि रचनाकार ऐसा व्यक्तित्व है, जो कल्पनाशील होता है, इसलिए वह लोगों को उसके आनंद से परिचित कराता है। कल्पना का जन्म उसकी दृष्टि में दृश्यमान वस्तुओं से ही होता है। चित्र, भाव,

मूर्ति का आयोजन दृश्य जगत के अनुभव के बिना नहीं हो सकता। कल्पना दो तरह की होती है, प्रत्यक्ष और माध्यमिक। माध्यमिक में स्मृतियों का उभार अधिक होता है, इसी कारण वह महान विलक्षण और सुंदर होता है। कला का संबंध इसी से है। ऐडिसन का कहना है "कल्पना सबसे पहले कवि मन में सक्रिय होती है फिर प्रकृति के यथार्थ रूप में परिवर्तन करती है।"[65] जानसन ने कल्पना को नियम तोड़ने वाली शक्ति के रूप में पहचाना। कहा, "कला के लिए महत्त्वपूर्ण समझी जाने वाली कल्पना तो एक ऐसी नियमबध्य शक्ति है जो किसी भी सीमा या नियंत्रण के परे है।"[66]

स्वच्छंदतावादी कविता आंदोलन अभिव्यक्ति की आजादी को और आगे बढ़ाता है। इस युग में कल्पना शक्ति का अत्यधिक अनियंत्रित दोहन किया गया है। वर्डसवर्थ, कालरिज, शैली और ले हण्ट ने कल्पना की भूमिका पर नए प्रश्न उठाए। वास्तव में इस दौर में कला चर्चा का यह महत्त्वपूर्ण प्रसंग रही। कालरिज सबमें महत्त्वपूर्ण है। उसने प्राथमिक और सर्जनात्मक कल्पना के दो भेद किए। बताया कि मनुष्य दैवी शक्ति का प्रतिनिधि प्राथमिक कल्पना के द्वारा ही है। दैवी शक्ति सृष्टि रचती है, मनुष्य भी कुछ-न-कुछ बनाता है या बनाने की सोचता है। यह शक्ति हर मनुष्य में होती है—इसलिए शाश्वत है। सर्जनात्मक कल्पना इसी प्राथमिक कल्पना का विशिष्ट रूप है। इस शक्ति का काम है—मौलिकता को जन्म देकर उसे समेटना, हृदय और बुद्धि का समन्वय और काव्यात्मक सत्य का सृजन। उसने "सद्बुद्धि को काव्य प्रतिभा का शरीर, भावतरंग (फैंसी) को आच्छादन गति, शक्ति को जीवन तथा कल्पना को उसकी "आत्मा" कहा है जो सर्वत्र विद्यमान रहती है तथा सबको मिलाकर एक लालित्यपूर्ण बोध मुक्त संपूर्णता का निर्माण करती है।"[67] शैली कविता को कल्पना की अभिव्यक्ति ही मानता था। ले हण्ट—कल्पना और भावतरंग में अंतर करता है। उसके अनुसार भावतरंग में विचार और अनुभूति नहीं होती। "कल्पना शुद्ध अनुभूति है—सूक्ष्मता और प्रभावोत्पादक समानताओं की अनुभूति, यह वस्तुओं के स्वभाव अथवा उनके सार्वजनिक विशिष्टओं के प्रति सहानुभूतियों का इंद्रिक बोध है।"[68] स्वच्छंदतावादी कला चिंत्तकों ने कला को जीवन से अलग नहीं किया था, भले ही उसका ठोस आधार ग्रहण करने की चेष्टा नहीं थी। इस तरह का काम कलावादियों ने किया। उन्होंने कला कला के लिए सिद्धांत का प्रचलन किया। यह आंदोलन फ्रांस में पैदा होकर फैला। इसके प्रमुख सिद्धांतकार थे जेम्स ह्विस्लर, एडगर एलेन पो, वाल्टर पेटर, आस्कर वाइल्ड, ए.सी. ब्रैडले और क्रौचे आदि। ब्रैडले ने "कला-कला के लिए" सिद्धांत के अंतर्गत "कल्पनात्मक अनुभव" को कवि के लिए अनिवार्य कहा। कल्पनात्मक अनुभव क्या हैं—इसका उत्तर देते हुए उसने तीन बातों का उल्लेख किया "पहली तो यह कि यह अनुभव अपने-आप में साध्य है, अपने ही कारण यह ग्राह्य है और इसका आंतरिक मूल्य है, दूसरे जो काव्यात्मक मूल्य है, वही इसका

आंतरिक गुण है।—काव्य का परोक्ष मूल्य भी हो सकता है क्योंकि वह संस्कृत और धर्म का साधन है।''[69] ब्रैडले परोक्ष मूल्यों को कल्पनात्मक अनुभव के लिए हीनता का कारण मानता है और असली काव्य मूल्य तो आभ्यांतरिक होता है। इनके बीच सबसे अधिक प्रचलित हुआ—क्रोंचे। इन्होंने कल्पना और बुद्धि में अंतर करते हुए कल्पना को स्वयं प्रकाश्य ज्ञान की देन बताया। ''यह ज्ञान कल्पना द्वारा उपलब्ध होता है, यह व्यष्टि का अथवा विशिष्ट वस्तुओं का ज्ञान होता है, इसके द्वसरा बिंबों का निर्माण होता है।''[70] बीसवीं शताब्दी में रिचर्डस् ने कल्पना की व्याख्या मनोवैज्ञानिक आधार पर की। उनकी पुस्तक ''कोलरिज आन इमैजिनेशन'' में इसकी विस्तार से चर्चा है। उसने कहा कि ''सौंदर्यानुभूति कोई पृथक् और असाधारण अनुभूति नहीं है क्योंकि मनोविज्ञान में इस प्रकार का अनुभव करने वाली कोई पृथक् इंद्रिय नहीं''[71] इनके अनुसार कल्पना का कार्य है—ऐंद्रिय आवेगों और अनुभवों में सामंजस्य। यही अंततः सौंदर्यानुभूति हो जाती है।

भारतीय काव्यचिंतन में प्रतिभा के साथ अंतर्भुक्त कल्पना और पश्चिमी चिंतकों की मान्यताओं के आकलन से जो विशिष्टताएँ उभरती हैं—उनके अनुसार—(1) कल्पना वस्तुगत संसार की अनुकृति है। अनुकृति की क्रिया नकल नहीं रचनाकार की मानसिक संयोजनात्मक गति है। (2) वह वास्तविक संसार की ऊपरी सतह से मुक्ति का आह्वान करती है। (3) वह सहज एवं स्वयं प्रकाश्य ज्ञान पर आधारित है। उसकी क्रिया स्वायत्त तथा आंतरिक है। (4) कल्पना या तो दैवी शक्ति है (5) या देश-काल की सीमा में वह अभिव्यक्ति होती है। वह विकास मूलक है। वह भूत और भविष्य को जोड़ने का काम भी करती है। (6) कल्पना का संबंध ऐंद्रिक अनुभवों में सामंजस्य के अलावा कुछ नहीं आदि। विवेचन के दौरान यह भी पता चला है कि कल्पना के कई रूप एवं संज्ञाएँ इतिहास में मिलती हैं। उसे फैंटसी, फैंसी, विट से भी जोड़ा गया है। समकालीन कल्पना के विवेचन में इन संज्ञाओं को शामिल मान लिया गया है।

कल्पना विषयक कला चिंतन में इतिहास की विशेषताओं के सकारात्मक पहलुओं को वैज्ञानिक निष्कर्षो तक पहुँचाने के लिए सामाजिक यथार्थवादी अनुसंधान नवीनतम उपलब्धि है। सामाजिक यथार्थवादी चिंतक के रूप में मार्क्स-एंगेल्स का नाम प्रसिद्ध है यद्यपि उन दोनों विचारकों ने अपने विवेचन की प्रामाणिकता इतिहास से अर्जित की है। वेलिस्की, चर्निशेवस्की, मार्क्स एंगेल्स के कुछ ही पूर्व यथार्थ की शक्ति को पहचान चुके थे। जिस दोनों ने सुमंबद्ध रूप प्रदान किया। वैलिंस्की ने घोषणा की थी, ''कला का उद्देश्य है—चित्रण करना—शब्दों, ध्वनियों, रेखाओं और रंगों में प्रकृति के सार्वभौम जीवन को पुनः मूर्त करना।...कवि की प्रेरणा प्रकृति की रचनात्मक शक्तियों का प्रतिबिंब है।''[72] सामाजिक यथार्थ और कला के रिश्ते के प्रसंग में मार्क्स-एंगेल्स के अतिरिक्त लेनिन का 'प्रतिच्छवि का सिद्धांत' (Theory of Reflection) बहुत कारगर सिद्ध हुआ। लेनिन ने उसका आधार बताते हुए लिखा,

''पहली स्थिति, क्षण, संज्ञान की आरंभिक दृष्टि सापेक्षता और निजता है। विश्व की अपने-आप पूर्णता के निषेध के साथ संज्ञान का पहला लक्ष्य निजता है।''[73] काडवेल ने ''प्रतिच्छवि को सिद्धांत तथा कला के प्रति भौतिक विश्लेषण दृष्टि की सच्चाई को एकमात्र निरूपित करने के कारण बताते हुए लिखा ''लोगों के सामान्य अनुभवों का निर्धारण उस युग के सामान्य सामाजिक संबंधों से होता है अथवा ज्यादा से ज्यादा सही होने के लिए उस युग के सामाजिक संबंधों का अर्थ होता है—व्यक्तियों के प्रकट औसत अनुभव। चूँकि कला सामाजिक दुनिया में निवास करती है और वहीं एक मात्र एकीकृत लोगों के सामान्य अनुभवों का मूल्य है, इसलिए यह साफ है कि वही, किसी युग की कला की सामान्य अनुभवों की अभिव्यक्त करती है।''[74] सामान्य अनुभवों में से प्रतिनिधि का चुनाव और उन्हें कल्पना द्वारा चरित्रात्मक रूप देना—काव्य का बुनियादी काम है। प्रतिनिधिकता की जरूरत को स्पष्ट करते हुए लुकाच ने कहा 'कला, चित्रात्मक साधनों से वास्तविकता के तत्वों की प्रवृत्तियों का प्रतिनिधीकरण करती है। इसे वह नियमित विधानों से करती है, यद्यपि उनमें परिवर्तनशील परिस्थितियों के कारण परिवर्तन होता रहता है।''[75] कला के चित्रात्मक रूप को लेकर पश्चिमी कलाकारों ने काफी विवाद पैदा किया है। विवाद पैदा करने वालों में—घटना क्रिया वैज्ञानिक, नव्य प्रत्यक्षवादी, अस्तित्ववादी, शैली वैज्ञानिक हैं। वे कला की सोद्देश्यता के खिलाफ होकर अमूर्त कला का आख्यान करते हैं। ये लोग कल्पना को कला का केंद्रीय तत्व नहीं मानते। पचास वर्षों की कला में—अमूर्त कला के नाम—अभिव्यक्तिवाद, प्रतीकवाद, चाक्षुष कला, गतिक कला जैसे प्रयोगों की असफलता प्रमाण है कि कल्पनाहीनता के आंदोलन में रचना की दुनिया कितनी कृत्रिम है ? इन आंदोलनों के पुरस्कर्त्ता 'प्रतिच्छवि के सिद्धांत' तथा कला की प्रक्रिया को तोड़-मरोड़ कर प्रस्तुत करते हैं। वे यह नहीं बताते कि वस्तुगत संसार का मानसिक प्रतिबिंबन सक्रिय गतिशील क्रिया है। इससे निरंतर सत्य की गहराई और व्याप्ति का अनुसंधान होता है। वह सत्य, जो ऐतिहासिक स्थितियों में नियंत्रित रहता है। लेनिन ने लिखा था ''हमारी संवेदनाएँ, हमारी चेतना बाह्य संसार की संकल्पना मात्र है और यह स्पष्ट है कि कल्पना का अस्तित्व कल्पित वस्तुओं के बिना रह नहीं सकता। वे कल्पनाएँ बाद में स्वतंत्रतापूर्वक अस्तित्ववान रहकर प्रतिबिंबित होती रहती हैं।''[76] मनोवैज्ञानिकों ने इस सिद्धांत के विरोध में अवचेतन को ऐतिहासिक नियंत्रण से परे, रहस्यमूलक और विविध कहा था। कल्पना (फैंटसी) का प्रेरक स्रोत उन्होंने अवचेतन को ही कहा था, इसलिए उसे भी नियंत्रण के परे बताया। काडवेल ने इस भ्रम को दूर करते हुए लिखा, ''अवचेतन की मानसिक अवस्था में कुछ भी रहस्यमूलक नहीं होता। आवृत्ति, जो सूक्ष्मतः भिन्न है, चक्कर लगाती लय, जो आरोह-अवरोह है, प्रतिक्रिया जो पहले से घटित के कारण बदली है,—ये सब मस्तिष्क अथवा जीवन के लिए अद्भुत नहीं रहीं। वे वास्तविकता की प्रक्रिया में सामान्य विशेषताएँ हैं।

पसंदगी का विशेष स्थान में निर्धारण अनचाहे समय के हस्तक्षेप के कारण होता है। जब वह प्रक्रिया जीवन के परिक्षेत्र में साक्ष्य होती है, तभी हम उसे मानसिक कहते हैं और ऐसी स्थिति में हमारे पास कोई कारण नहीं बचता कि चेतना की स्वायत्त स्नायुमंडल की सोद्देश्य गतिविधियों को न स्वीकारें।''[77] सिद्ध है कि जैसे ही मानसिक अवस्था चेतना बन जाती है—यह गुणात्मक छलांग लगाती है। और स्वतंत्र इच्छा का रूप धारण कर लेती है। काडवेल ने मानसिक अवस्था का वर्गीकरण (1) स्वप्न (2) दिवास्वप्न (3) मुक्त साहचर्य (4) निर्देशित चिंतन (5) निर्देशित संवेदनाएँ—के रूप में किया है।''[78] काडवेल ने सामाजिक यथार्थ के अनुरूप ढली मानसिक अवस्था की स्वतंत्र इच्छा में रूपांतरण तक की प्रक्रिया का विश्वसनीय, विश्लेषण किया है—जो फ्रायडवाद को अपूर्ण सिद्ध करता है। गंभीर विवेचन में उन्होंने यह प्रमाणित कर दिया कि स्वप्न या दिवास्वप्न आदि की अवचेतनमूलक क्रियाओं का संबंध यथार्थ जगत की सच्चाई से जटिल रूप से जुड़ा हुआ है। बल्कि कल्पना तथा चिंतन की पहचान इनकी प्रक्रिया के खुल जाने से ज्यादा आसान हो गई है। कल्पना तथा जीवित गतिविधियों में लगातार द्वंद्वात्मक संबंध बना रहता है। कल्पना पूर्वानुमानित प्रतिभाएँ बनाती है और उपलब्धि के स्तर में नवीनता भरती है। कल्पना सामाजिक अहम् को कलाकार के मानस में उतारती है। उसे व्यक्तिगत बनाकर कलाकार अंतः प्रकृति में ढाल लेता है। उसकी अनुभूति सामाजिक अनुभूति का व्यक्तिगत साक्षात्कार हो जाती है।

अवचेतन जनित सपनों की यथार्थता सिद्ध करने के बाद काडवेल ने ''कविता का स्वप्नकर्म'' विषयक प्रसंग में कहा, ''कविता शब्दों का समाकलन है, सपना ''स्मृति प्रतिभाओं'' का। ''स्मृति प्रतिभाएँ बाह्य सच्चाई से गृहीत तार्किक नियमों का अनुशरण नहीं करती बल्कि जैसा कि मानस-विश्लेषण से सिद्ध है कि कल्पना का प्रवाह प्रभावशील नियमों से समझा जाता है।''[79] स्वप्नों का संबंध निर्देशित चिंतन या संवेदनाओं से न होकर उन्मुक्त होता है। यह असामाजिक साहचर्य का परिणाम है। असामाजिक अर्थात् व्यक्तिगत स्वभाव के कारण सपनों की व्याख्या कलाकार के व्यक्तित्व में से ही की जा सकती है। कविता का कर्म भी कलाकार का निजी सापेक्ष्य मसला है, इसलिए स्वप्न और कविता में समीपी रिश्ता है। दोनों की क्रियाएँ अंतवर्ती हैं। अंतक्रियाओं तथा वातावरण और प्रकृति के अनवरत द्वंद्वात्मक रिश्ते से कवि के व्यक्तित्व का अर्जन होता है, तब कविता बनती है। कलाकार की अंतः-क्रियाएँ—कलात्मक चेतना के रूप में ढली हुई होती हैं और लगातार संपादित होती जाती हैं। स्वप्न और कल्पना—दोनों में व्यक्तित्व अपने ही उस अस्तित्व से खुलता है जिससे निर्माण होता रहा है। किसी प्रसंग के सभी साहचर्य उनमें क्रीड़ा करने लगते हैं। अंतर यह है कि स्वप्न किसी रचना के लिए सक्रिय नहीं होते। मस्तिष्क की वृत्तियाँ उन्हें निर्देशित नहीं करतीं, जबकि रचना में ऐसा होता है। ''कविता एक

प्रकार से रूपान्तरित स्वप्न है, जबकि स्वप्न में वास्तविक प्रभाव आंशिक रूप से दमित रहते हैं और मिश्रित प्रतिमाएँ चेतन में उभरती हैं। कविता में सहचरित प्रतिमाएँ आंशिक रूप से दमित होती हैं। चेतन में उपस्थित मिश्रित प्रभाव, प्रभावोत्पादक संगठन के रूप में प्रकट होते हैं।''[80]

इसी क्रम में कल्पना और दिवास्वप्न में भी समरसता के सूत्र खोजे जाते हैं। दिवास्वप्न वास्तव में भ्रमपूर्ण संतोष देते हैं। ये वास्तविकता से कटते जाते किंतु अपनी असहायावस्था को स्वीकार न कर पाने की नितांत व्यक्तिगत गतिविधि के कारण उत्पन्न होते हैं। ये सपने कटी पतंग की तरह निराधार उड़ान भरते हैं। कल्पना इन्हें नियंत्रित कर वास्तविक सक्रियता से जोड़ पाए—तो ये कवि व्यक्तित्व को समर्थ बना सकते हैं। यह इसलिए कि कवि की मानसिक अवस्था में जो भी स्थितियाँ हैं—वे अंततः उसकी रचनात्मकता को संपन्न ही बनाती हैं। जहाँ संपन्नता स्खलित होती है, वहाँ उसका विघटन होता है। कवि अपनी गहरी संवेदना, भावना और आत्मप्रकाश से सामाजिक का साक्षात्कार कराकर अपनी सोद्देश्यता को प्रेषणीय बनाता है। इस तरह उसकी संवेदनाओं का सामयिक मूल्य हो जाता है। विचार या चिंतन के विविध रूपों को अनुभव के रूप में ढाले वगैर कवि का व्यक्तित्व अधूरा रहता है। उसका सत्य निजी नहीं हो पाता। इसी क्रिया में उसके आत्म-प्रकाशन के रूप में आत्मा का समाजीकरण होता है। कलाकार कर्म उपलब्ध कलात्मक इकाइयों से टकराकर उनका निषेध कर आगे बढ़ता है। कलाकार का व्यक्तित्व सघन तथा देश और काल के बीच एकीकृत होता है। वह अपरिवर्तनशील, आनुवंशिक ऐंद्रिय आवेगों के विश्वास में रचना को ले आता है। ऐंद्रिय आवेगों से जुड़कर ही रचना की सारवस्तु शाश्वत होती है। कलाकार की निजता के महत्त्व के कारण आनुवंशिक ऐंद्रिय आवेगों की तुष्टि रचना के लिए अनिवार्य सी शर्त बन गई है। इसी कारण एक रचना दूसरी की अनुकृति नहीं होती, एक ही कवि, परिवेश और युग में भी। हर रचना दूसरी होती है। क्योंकि कलाकार की निजता ऐतिहासिक प्रवाह में शामिल होकर अविराम बन जाती है। प्रवाहहीन रचनाकार की रचना में यह अद्वितीयता हो नहीं सकती। रचना की ऐसी विशिष्टता में कलाकार की कल्पनाशक्ति कितनी जरूरी है—यह अपने आप स्पष्ट है। निजता पर जोर देने के कारण कविता स्वप्न के नजदीक पहुँचती है। क्योंकि दोनों में व्यक्ति केंद्र में है। दोनों में अत्युक्ति, अतिशयोक्ति तथा लाक्षणिक प्रतिमाओं का प्राधान्य रहता है। दास्तोव्स्की ने लिखा, ''सभी कलाएँ एक निश्चित सीमा तक अत्युक्ति पूर्ण हैं। यद्यपि इनकी हदबंदी लाँघी नहीं जानी चाहिए। रूप चित्रकार उसके प्रति अधिक सावधान होते हैं।''[81] कहने का आशय यह है कि अतिशयोक्ति और कल्पना की रचनात्मक भूमिका में इतना अधिक और नाजुक संबंध है कि उसकी लाँघने से रचना में विकृति आ सकती है। रचना में सौंदर्य के पूर्व उन्मोचन की सीमा नहीं समाप्त होती है, जहाँ से विकृति शुरू होती है। जैसे फल

की मिठास की सीमा से कडुवापन। उसको पहचानने की दक्षता रचनाकार में ही होती है। माइकोव्स्की पैब्लो नैरुदा, निराला की कविताएँ उसको पहचानती हैं। ये कवि अतिशयोक्ति को कला में द्वितीयक बनाए रखकर उसका दोहन करते हैं। कल्पना का ही काम है कि वह आलंकारिक–लाक्षणिक कथन तथा भाषा की मार्मिक योजना को रचना की आवयविक समग्रता में बाँध सके। कलाकार की निजता को वैज्ञानिक की तुलना में अधिक काल्पनिक संगति के अधिकार प्राप्त हैं। स्टीफेन स्पेन्डर की इस बात से सहमत हुआ जा सकता है कि, ''साहित्यक संस्कृति–यदि कोई इस तरह कहना स्वीकारता है तो–मानवीय व्यक्तित्व के गुणों के अनुरूप वस्तुगत संसार को संस्कारित करती है। इस अर्थ में वैज्ञानिक संस्कृति नहीं होती (वैज्ञानिकों के सामूहिक व्यवहार के अतिरिक्त) क्योंकि वैज्ञानिक वैयक्तिक मानसिक अवस्था के अनुरूप उस वस्तुगत सच्चाई का संस्कार नहीं करता, जो इतिहास की क्रमिक समग्रता का परिणाम है।''[82] जार्ज वेली (George Wbally) इसी प्रकरण को अपनी तरह से विश्लेषित करते हैं, ''वैज्ञानिक संवेदनाओं के बिना अपनी अमूर्त स्थापनाओं को व्यक्त करता है क्योंकि उसके साथ सामान्यीकरण जुड़े होते हैं। जबकि कला की रचना कलाकार की मानसिकता का ही प्रसार है। उसमें उसके बुनियादी विश्वास और मूल्य की विशेष स्थितियाँ झाँकती हैं। एक ही अर्थ में सभी प्रकार की अभिव्यक्तियों (वैज्ञानिक-कलात्मक) में अमूर्तन का हिस्सा होती हैं कि वे न तो जीवन हैं और न सच्चाई। वे पूरक होती हैं–सच्चाई का संश्लेषण करने के बजाए–मायावी संसार की रचना करके कला की नए मायावी संसार की अभिव्यक्ति इसलिए भिन्न है क्योंकि वह कलाकार की निजता से रचकर आती है। वह अपनी आकृति में वास्तविक होने के स्थान पर प्रकृति में वास्तविकता होता है।''[83] साहित्यिक संस्कृति का प्रसंग कथ्य और भाषा के साथ समान रूप से जुड़ा है। कविता में व्यक्तिगत संस्करण अधिक सक्रिय रहता है। कविता में जो शब्द व्यवहृत होते हैं–वे समग्र साहचर्य के साथ उपस्थित होकर स्मृति की परंपरा को उकसाते हैं। वे वस्तुजगत के नियमों की रची हुई वापसी होते हैं। वापसी में वे नियम की तरह या विचार की तरह नहीं, संवेदना की तरह आते हैं। वे अंतःप्रेरित होते हैं। कल्पना और विचार के रिश्ते की बात इसी जगह उठाई जाती है। यह जरूरी भी है क्योंकि ये निरपेक्ष नहीं हैं। चिंतन बाह्य वास्तविकता की समग्रता में निहित विभिन्न समस्याओं–परिस्थितियों, समाधान के सैद्धांतिक स्रोतों के विश्लेषण-संश्लेषण से बनता है। वह सच्चाई का तथ्यात्मक रूपायन है। परिस्थितियों के प्रति उत्तेजनाओं से चिंतन उद्बुद्ध और नियंत्रित होता है। कलाकार को भी इस प्रक्रिया से गुजरना पड़ता है। वह विचार के साथ बौद्धिक रूप से जुड़ता है। उसका बौद्धिक जोड़–जब उसका संस्कार बन जाता है, उसके मर्म को झकझोरता है; बाह्य वास्तविकता से सत्य टकराने की बेचैनी पैदा करता है, उसमें ऐंद्रिक रूप से रम जाता है, उसे एक मात्र अर्थ के रूप में आंदोलित करता है, तब उसकी इच्छाएँ

कल्पना शक्ति को जगाती हैं। इच्छाओं की निहित शक्ति और साहस के अनुरूप स्वतंत्रता की वरण शक्ति जन्म लेती है ओर यही वरण शक्ति कल्पना को निर्धारित करती है। विचारों की थाती उसे पूरी प्रक्रिया में धकेलने का काम करती है। जैसे-जैसे कल्पनामूलक प्रतिभाएँ कवि व्यक्तित्व में उभरते हैं—कलाकार सुख का अनुभव करता है। प्रतिभाएँ बाह्य खतरों की आसन्नता में भी माधुर्य देती हैं। प्रतिमाओं में जब तक उद्देश्य, गति और अर्थ अंतर्मुक्त होता है—विचार की उपस्थिति गुप्त रूप से रहती ही है। वही उसकी सीमा का निर्धारण भी है।

कल्पना की जागृति की स्थिति कब आती है—यह भी इसी प्रसंग का अंग है। इसका पहला सवाल यह है कि कोई व्यक्ति एक खास प्रकार की ही कल्पना क्यों करता है ? मुक्तिबोध 'ब्रह्म राक्षस' निराला 'कुकुरमुत्ता' और प्रसाद 'पौराणिक दुनिया ही कल्पना' के क्षेत्र क्यों हैं ? कठोर, कोमल, संघर्ष या पलायन—ये कल्पना के विविध चरित्र क्यों हैं ? इसका अर्थ साफ है कि कल्पना का कारण कलाकार के संचित व्यक्तित्व से बाहर नहीं आ सकता। जिन रुचियों से उसके चयन की दिशा तय की गई है, वे ही कल्पना को जगाकर खास तरह का चरित्र देती हैं। कलाकार की रुचियाँ कल्पना का प्रमुख आधार हैं। कई बार उसकी रुचियों के अनुसार तोष में बाधाएँ आती हैं। ऐसी स्थिति में कल्पना क्षतिपूर्ति करती है। जीविका चलाने के लिए अरुचि के कारण में काफी समय निकल जाता है। उस समय कलाकार का मन अलगाव या विच्छिन्न अनुभव करता रहता है। जब उस काम से मुक्त होता है—तो उपन्यास या कविताएँ लिखता है। इन रचनाओं में वह जो प्रतिभा गढ़ता है—उसमें अपनी क्षति पूर्ति कर लेता है। उस व्यवस्था से अपनी असहमति की प्रतिमा गढ़कर वह उसे तोड़ता है। व्यवस्था में परिवर्तन की निजी आकांक्षा के व्यापक बन जाने पर सामाजिक क्रांति का सपना सक्रिय होता है। कलाकार आदमी की असहायता को पूरे सामाजिक ढाँचे में पहचान कर क्रांति की चिंता में डूबते हैं। क्रांति चिंता के कारण ही ''अँधेरे में' या 'हरिजन गाथा' (नागार्जुन) जैसी कविताओं की मानसिक लय बँधती है। क्रांति की कल्पना में कवि व्यक्तित्व वर्ग विरोधों को सामने रखता है। इन विरोधों की जितनी गहरी एवं विश्वसनीय जानकारी रचनाकार की होती है, वह उतनी ही तीखी, प्रहारक जीवंत और ऐंद्रिय संवेगों से उत्तेजित रचनाएँ करता है। कलाकार की प्रतिमा के भीतर उन प्रक्रियाओं की प्रौढ़ता तक पहुँचता है—जो प्रत्यक्ष दृष्टि से अभी या तो धूमिल हैं या रोमानियत से भरी हैं। कल्पना की जागृति की स्थितियाँ सूक्ष्म रूप से अनेक हो सकती हैं, सामाजिक-मानसिक अंतार्वेरोधों की पहचान द्वारा निर्धारित होती रह सकती हैं—पर इन सबके केंद्र में रुचि या इच्छा है। रुचि और इच्छा की व्यापकता के अनुसार उसके स्तर का चरित्र बन जाता है।

परिस्थितियों से पूरी तरह संलग्न तथा अभिरुचियों से जागृत कल्पना ही सफल मानी जा सकती है। ''अच्छे लेखक के सृजन में जागृत कल्पना ताजी और व्यापक

होती है, वह अपनी पूरी शक्ति के साथ—रचना को तीव्रता, स्पष्टता तथा सघनता देती है। सफल कल्पना रचनाकार की अनुभूति की तरह ही वास्तविक सच्चाई एवं स्थिति की अनुभूति करा देती है। रचनाकार रचना का कर्म करते, समूची ग्रहण-शीलता अर्थात् यथार्थता, व्यापकता, ओज और अर्थ प्रबंध को रचना में उड़ेल कर सामाजिक पर ऐसा प्रभाव डालता है—जिससे रचना की कथ्य-सामग्री अनावश्यक, काल्पनिक और उनके अनुभव से नितांत जुदा न लगे। बल्कि वह उनके जीवन में किसी न किसी तरह मौजूद होने की तरह त्वरित अनुभव कर ली जाए।''[84]

कल्पना के इस विश्लेषण से जो नतीजे निकलते हैं, उनका अभिप्राय यही होता है कि रचनाकार कि सक्रियता ही कल्पना की जागृति का स्रोत है। सोए या यथास्थित निष्क्रिय व्यक्तित्व से निर्माणपरक कल्पना की उद्भावना नहीं हो सकती। सक्रिय कल्पना विभिन्न सामाजिक-मानसिक अवस्थाओं का दोहन कर इस तरह का चित्र बनाती है, कि उसे मौलिक या नया चित्र कहने की सहज इच्छा हो पड़ती है। ऐसी कल्पना का घेरा स्वार्थपूर्ण न होकर व्यापक होता है। यह कल्पना रचनाकार के व्यक्तित्व निर्माण और सृजन में कहीं भी बाधक बनने के बजाए गतिमूलक स्फूर्ति प्रदान करती है। उसमें आंतरिक स्फूर्ति और रचनात्मक कौशल—दोनों का द्वंद्वात्मक उन्मेष उपस्थित रहता है। ऐसा करने में कलाकार का विवेक आत्मीय भूमिका अदा करता है। वह विवेक रचनाकार को रचने की आजादी देता है। आवयविक संरचना के पीछे रहकर वह संवेदनाओं, स्मृतियों को उन्मोचित कर देता है। उसका नियंत्रण उसके लिए सतर्क रहता है की कहीं रचना निष्क्रिय रोमानियत के प्रभाव में न आ जाए। संक्षेप में—''कल्पना एकता विधायक, सृजनात्मक, संतुलन करने वाली है। यह नए संबंधों और नए यथार्थ को प्रत्यक्ष कर सकती है, जो पहले कभी प्रत्यक्षीकृत नहीं हो सके। यह विगत अनुभवों के बीज तत्वों का मानस में पुनर्गठन है, जहाँ उनके नए संबंध स्थापित हो जाते हैं और उनका वर्तमान भावात्मक अनुभवों में रूपांतर हो जाता है। इस प्रकार कल्पना वैयक्तिक संस्कार शक्ति (प्रतिभा), अवचेतन में निहित स्मरणों को अप्रकट विचारों से जोड़कर उद्भूत करने वाली साहचर्यात्मक शक्ति (साहचर्यमूलक) और उन्हें पुनर्गठित करने वाली ज्ञानशक्ति (कौशल) है।''[85]

संदर्भ

1. जार्ज थामसन—मार्किसज्म एंड पोयट्री—पृ. 7
2. वही, पृ. 2
3. मैक्सिम गोर्की—आन लिटरेचर, पृ. 73
4. आचार्य भरत—योऽयंस्वभावो लोकस्य सुख-दुखक्रियात्मक; समन्वितः सोद्यगङ्भिनर्युक्तो नाट्यधर्मी प्रकीर्तित।। नाट्यशास्त्र 3/84, 85
5. अंर्सट् फिशर—वेरीलैंग एंड फारिष्ट विलियम्स द्वारा मार्किसज्म एंड आर्ट—संपादित पुस्तक के लेख—द ओरीजिन्स आफ आर्ट, पृ. 137 से

6. प्रोग्राम आफ द (CPSU) 1961, पृ. 109-110
7. मैक्सिम गोर्की—आन लिटरेचर, पृ. 75
8. अडोल्फोसैंन्चेज वैक्वेज—आर्ट एंड सोसाइटी—पृ. 181
9. वही—पृ. 185
10. सी.जे. जुंग—सायकलाजी आफ लिटरेचर (क्रियएटिव प्रोसेस) संपादित—बी. प्योसाले वर्कले एंड लाज एंगेल्स (1952) पृ. 229
11. वही—पृ. 230
12. ज्यॉं पाल सार्त्र—इक्झिष्टेन्सलिज्म एंड ह्यूमनिज्म—पृ. 127
13. एम. खैपचेंको—द राइटर्स क्रिएटिव इनडिविडुयल्टी एंड द डेवलपमेंट आफ लिटरेचर के पृ. 60 से
14. एफ.एम. दास्तोबस्की—कम्पलीट वर्क्स—खंड 3 (मास्को 1930) पृ. 531-532 (अंग्रेजी अनुवाद खैपचेंको)
15. एम. खेपचेंको—द राइटर्स क्रियेटिव इनडिविडुयल्टी एण्ड द डेवलपमेंट आफ लिटरेचर—पृ. 61
16. ज्यॉं पाल सार्त्र—हसकेल, एम. ब्लाक एंड हरमैन सालिंगर द्वारा संपादित पुस्तक "द क्रिएटिव विजन, माडर्न योरोपियन राइटर्स आन देयर आर्ट" में से लेख—"वी राइट फार अवर ओन टाइम" पृ. 187
17. एम. खैपचेंको—द राइटर्स क्रिएटिव इनडिविडुयल्टी एंड द डेवलपमेंट आफ लिटरेचर—पृ. 70-71
18. व्लादीमीर कोरोलेंको—रसियन राइटर्स आन लिटरेरी क्रैफ्ट पृ. 653-654
19. एम. खैपचेंको—द राइटर्स क्रियेटिव इनडिविडुयल्टी एंड द डेवलपमेंट आफ लिटरेचर—पृ. 72
20. वामन—अरोचकिनः सतृर्ष्णायवहारिणर्श्चंकवयः। पूर्वे शिष्याः विवेकित्वात्। नेतरेतद्विपर्य मात् न शास्त्रमद्रव्येष्वर्थवत्। न कतकं पंकप्रसाद नाय—काव्यमीमांसा—(1-2-1-5) पृ. 124
21. जे.एम. हाथर्न—आइडेन्टटी एंड रिलेशनशिप—पृ. 62
22. सी.एस. लीविस—द पर्सनल हेरसी इ.एम. डब्लू—तिल्ल्यार्ड एंड सी.ए. लीविस (लंदन-1965) पृ. 25
23. टी.एस. ईलियट—द आइडिया आफ लिटरेचर (मास्को 1979) के पृ. 214-15 से
24. मैमुअल जानसन—एटकिन्स—पृ. 274
25. ज्यॉं पाल सार्त्र—ह्वाट इज लिटरेचर—पृ. 184
26. लुसेएँ गोल्डमान—द हिडेन गाड (लंदन 1964) पृ. 48
27. लुसेएँ गोल्डमान—आइडेन्टटी एंड रिलेशनशिप (हाथार्न) के पृ. 69-70 से
28. गजानन माधव मुक्तिबोध-विपात्र—पृ. 88
29. एफ. कोंद्रोटेन्को का लेख—मार्क्सिष्ट—लेनिनिष्ट एस्थेटिक्स एंड लाइफ (संपादित—मास्को), पृ. 207
30. डब्ल्यू एड.डी. राउज—ग्रेड डाइलाग्ज आफ प्लेटो—पृ. 18-19 (न्यूयार्क 1956)
31. अरिस्टोटिल—द पोएटिक्स 4 पृ. 15-16 (एस.एस. बूचर लंदन 1923)
32. बेनेदेतो क्रौंचे—एस्थिटिक्स (नून डे पेपर संस्करण) पृ. 14-15
33. दंडी, पूर्वबासनागुणानुबंधि प्रतिभानमद्‌ भूतम्‌—काव्यादर्श 1-104
34. वामन—जन्म जन्मगत संस्कार विशेषः कश्चित्‌—काव्यालंकार—सूत्र वृत्ति 1-3-16
35. अभिनवगुप्त—अनादि प्राक्तन संस्कार प्रतिभातस्य—अभिनव भारती, नाट्यशास्त्र, भाग 1—पृ. 346

36. ए.पी. चेखव—ब्लादीमीर मियोर मिलोव—पृ. 160-61
37. हर्बर्ट रीड—द फिलासफी आफ माडर्न आर्ट—पृ. 21
38. अज्ञेय—सूरज का सातवाँ घोड़ा की भूमिका—पृ. 12
39. काडवेल—इलूयूजन एंड रियल्टी—पृ. 19
40. विश्वम्भर नाथ उपाध्याय—जलते-उबलते प्रश्न—पृ. 90
41. रमेश कुंतल मेघ—अथातो सौंदर्य जिज्ञासा—पृ. 171
42. स्टेन्ढल—द राइटर्स क्रिएटिव इनडिविडुयल्टी एंड द डेवलपमेंट आफ लिटरेचर—एम. ख्रेपचेंको, पृ. 10 से
43. रमेश कुंतल मेघ—अथातो सौंदर्य जिज्ञासा—पृ. 173
44. एलेक्स प्रीमिंगर (संपादक)—इन साइक्लोपीडिया आफ पोयट्री एंड पोयटिक्स—पृ. 396
45. जार्ज थामसन—मार्क्सिज्म एंड पोयट्री—पृ. 25
46. पी.एन. रिवानिकोव—जार्ज थामसन की मार्किसज्म एंड पोयट्री के पृ. 25 से
47. सर फिलिप सिडनी—ऐन अपोलॉजी फार पोयट्री—पृ. 43
48. बेन जानसन—पाश्चात्य समीक्षा दर्शन (जगदीश चंद्र जैन) पृ. 159 से
49. बोल्फ गांग गेटे—कनवरसेशन आफ गेटे—पृ. 381-382
50. विलियम वर्डस्वर्थ—पायट्री एंड पोयटिक डिक्शन—पृ. 22
51. ले. हंट—ऐन आन्सर टू द क्वश्चन—ह्वाट इज पोयट्री—पृ. 380-382
52. टी.एस. ईलियट—द सीक्रेडवुड—ट्रेडीशन एंड एंडिविडुयल टैलेण्ट—पृ. 49
53. आई.ए. रिचर्डस्—फाउण्डेशन्स आफ एस्थिटिक्स—पृ. 53
54. मार्क्स-एंगेल्स—रियलमेन एंड ह्यूमन आइडियाज लेख—मार्क्सिज्म एंड आर्ट (संपादित—वेरेलैंग) के पृ. 405 से
55. वी. क्रूटोअस—आर्टिस्टक मोटिवेशन एंड एस्थिटिक पर्सेपशन (लेख) मार्किसिष्ट—लेनिनिष्ट एस्थिटिक्स एंड लाइफ (1976) के पृ. 132 से
56. वही—पृ. 133
57. गोर्की—मैंने लिखना कैसे सीखा—लेख, लेखन कला और रचना कौशल—पृ. 14 (प्रगति प्रकाशन मास्को 1977)
58. रमेश कुंतल मेघ—अथातो सौंदर्य जिज्ञासा—पृ. 181
59. रेमण्ड विलियम्स मार्क्सिज्म एण्ड लिटरेचर—पृ. 98
60. स्टीफेन स्पेन्डर—द स्ट्रगल आफ द माडर्न—पृ. 113
61. रामचंद्र शुक्ल—रस मीमांसा, पृ. 259
62. नामवर सिंह—इतिहास और आलोचना—पृ. 72
63. अरिस्टाटिल—द पोयटिक्स 15, पृ. 97
64. सर फिलिप सिडनी—ऐन अपोलाजी फार पोयट्री पृ. 7
65. एडिसन—साहित्य का मूल्याँकन (रामचंद्र तिवारी का अनुवाद) पृ. 66-68
66. सैमुअल जानसन—एटकिन्स—पृ. 276
67. रैने बैलेक—द हिस्ट्री आफ मार्डर्न क्रिटिसिज्म—पृ. 58 से
68. ले. हण्ट—ऐन आन्सर टू द क्वश्चन—ह्वाट इज पोयट्री—पृ. 321
69. ब्रैडले—आक्सफोर्ड लैक्चर्स आन पोयट्री—(लंदन 1934) पृ. 5
70. क्रौंचे—एस्थेटिक्स—पृ. 1
71. आई.ए. रिचर्डस्—द फाउण्डेशन्स आफ एस्थेटिक्स—पृ. 61

72. बेलिंस्की—कला का उद्देश्य—लेख—दर्शन साहित्य और आलोचना (नरोत्तम नागर का अनुवाद) पृ. 16
73. लेनिन—कलेक्टेड वर्क्स, खंड 38 पृ. 206
74. काडवेल—इल्यूजन एंड रियल्टी—पृ. 212
75. लूकाच—मार्क्सिज्म एंड लिटरेचर—रेमण्डविलियम्स की संपादित पुस्तक के पृ. 102 से
76. लेनिन—कलैक्टेड वर्क्स, खंड 14, पृ. 69
77. काडवेल—इल्यूजन एंड रियल्टी—पृ. 175
78. वही—पृ. 181
79. वही—पृ. 207
80 वही—पृ. 222
81. माइकेल आव्स यान्निकोव के लेख—प्रावलम्स आफ मार्डन एस्थेटिक्स (सं. मास्को 1969) से पृ. 233
82. स्टीफेन स्पैन्डर—द स्ट्रगल आफ द मार्डर्न—पृ. 67
83. जार्ज व्हेली—पोयटिक प्रोसेस—पृ. 47-48
84. एच. कूम्बस—लिटरेचर एंड क्रिटिसिज्म—पृ. 43-44
85. रमेश कुंतल मेघ—अथातो सौंदर्य जिज्ञासा—पृ. 190

रचना अनुभव : रचना प्रक्रिया

रचना अनुभव

अनुभव, प्रत्यक्ष संसार से संपर्क की वृत्ति है। संपर्क की क्रिया अनिवार्यतः प्रत्यक्ष और मूर्त होती है। प्रत्यक्ष संसार से मनुष्य का संपर्क इंद्रियों के माध्यम से होता है। इस संसार में स्वयं ऐंद्रिय गुण होते हैं। जैसे—गंध, रस, रूप, स्पर्श। संसार चाहे जड़ हो या सजीव। फूल में सुगंधि, कोमलता, रंग आदि गुण किसी के मोहताज नहीं होते। गृहीता इनके संपर्क में आकर इन्हें पहचानता है। कई बार सूँघने के बाद—सुगंधि और स्पर्श करने के बाद कोमलता और कठोरता के प्रति उसके मन में कुछ स्मतियाँ बन जाती हैं। वे स्मृतियाँ उसकी थाती हैं, जिनके सहारे अनुभव की प्रक्रिया में गुणात्मक गति आने लगती है। अनुभव का चयन भावना के रूप में रूपांतरित होता जाता है। शब्दों में भावनाएँ घुल मिल जाती हैं। इसीलिए शब्दों से अनुभव का आन्योन्याश्रित रिश्ता कायम होता है। आँख, कान, नाक, जीभ, हाथ से देख, सुन, सूँघ, चख और स्पर्श करके जो संपर्क बाह्य जगत के प्रति होता है, शब्दानुभव उसमें संयोजन करते और विस्तार करते हैं। उनके ऊपर इतिहास धारा का गंभीर दायित्व है। शब्द तथा इंद्रियों के सीधे व्यवहार का द्वंद्वात्मक संघर्ष अनुभव को ताजा और ऐतिहासिक बनाता है। इसी द्वंद्व से अनुभव व्यक्तिगत और सामाजिक एक साथ बनता है। ''मनोमय जीवन में बाह्य की सामग्री है, बाह्य के तत्व हैं। तो क्या अंतर के तत्व हैं ही नहीं ? अवश्य हैं ! ! लेकिन वस्तुतः वे उसकी आभ्यंतर शक्तियाँ हैं—संवेदना, बोधशक्ति, कल्पना और इच्छाएँ—ये उसकी अंतर की चेतना के अंगभूत हैं। इन सभी शक्तियों या प्रवृत्तियों का बाह्य से जब सम्मिलन होता है, तब वह प्रक्रिया शुरू होती है, जिसे मैं बाह्य का आभ्यंतरीकरण कहता हूँ। वह शुरू से ही जीवन-जगत का आभ्यंतरीकरण करता आया है। इस आभ्यंतरीकरण के दौरान में ही, वह बाह्य से शिक्षा तथा संस्कार भी प्राप्त करता है, साथ ही वह अपनी प्रवृत्ति के अनुसार, जीवन-जगत् से प्राप्त मानवीय मूल्यों द्वारा उसी जीवन-जगत् की आलोचना

भी करता है। आत्मलोचन भी करता है। यदि उसके संस्कार बुरे हैं तो निश्चय है कि उसकी मूल्य-दृष्टि भी विकृत होगी।"[1] बाह्य-आभ्यंतर शक्तियों के संघर्षात्मक मिलन से मनुष्य में–शोक, क्रोध, भय, जुगुप्सा, आश्चर्य, ह्रास और रति"[2] नामक भाव बने–विकसित हुए, गर्व, उत्सुकता, हर्ष, आशा, मद, संतोष, चपलता, मृदुलता, धैर्य, लज्जा, असूया, अमर्ष, अवहित्था, त्रास, विषाद, शंका, चिंता, नैराश्य, उग्रता, मोह, अलसता, उन्माद, असंतोष, ग्लानि, अपस्मार, मरण, व्याधि, आवेग, स्मृति, विस्मृति, दैन्य, जड़ता, स्वप्न, चित्त की चंचलता, वितर्क, मति, श्रम, निद्रा, विबोध"[3] जैसी भाव-तरंगे जन्मीं। ये भाव और भाव तरंगे स्थिर नहीं हैं। मनुष्य के विकास के साथ इनमें जटिलता आती जा रही है। दूसरी भिन्न भाव शाखाएँ फूट रही हैं। बाह्य विकास के साथ इनमें परिवर्तन की अटूट सच्चाई है। बाह्य और आभ्यंतर सच्चाई को जोड़ने में मध्यस्थता का काम मनुष्य के अलावा और कोई नहीं कर सकता। वह यह कैसे करता है, इस प्रसंग में रामचंद्र शुक्ल कहते हैं, "तथ्य चाहे नर क्षेत्र के ही हों, चाहे अधिक व्यापक क्षेत्र के हों, कुछ प्रत्यक्ष होते हैं और कुछ गूढ़। जो तथ्य हमारे किसी भाव को उत्पन्न करें, उस भाव का आलंबन कहना चाहिए। ऐसे रसात्मक तथ्य आरंभ में ज्ञानेंद्रियाँ उपस्थित करती हैं। फिर ज्ञानेंद्रियों द्वारा प्राप्त सामग्री से भावना या कल्पना उनकी योजना करती है। अतः यह कहा जा सकता है कि ज्ञान ही भावों के संचार के लिए मार्ग खोलता है। ज्ञान-प्रसार के भीतर ही भाव-प्रसार होता है। आरंभ में मनुष्य की चेतना सत्ता अधिकतर इंद्रियज ज्ञान की समष्टि के रूप में ही रही। फिर ज्यों-ज्यों अंतःकरण का विकास होता गया और सभ्यता बढ़ती गई, त्यों-त्यों मनुष्य का ज्ञान बुद्धि व्यवसायात्मक होता गया। अब मनुष्य का ज्ञान क्षेत्र बुद्धि व्यवसायात्मक या विचारात्मक होकर बहुत ही विस्तृत हो गया है।"[4] शुक्लजी के कथन से स्पष्ट है कि अनुभव प्रक्रिया की पहचान आसान नहीं है। उसके साथ काफी लंबी जटिल यात्रा है। उपलब्ध मनोमय स्वरूप का वैज्ञानिक विश्लेषण भी गहन है। विश्लेषण के लिए प्रक्रिया का यदि विभाजन करना ही हो तो स्थूल-सूक्ष्म क्रम से होगा–(1) मानस-साक्षात्कार या बिंब ग्रहण; (2) भावन-अनुभावन; (3) ज्ञानबोध और विचारधारा; (4) क्रियात्मक व्यापार। मनुष्य की स्वाभाविक विकास क्रिया को बाधित न किया गया होता–भौतिक कारणों से उसे विच्छिन्न न किया गया होता, तो अनुभव का सहज स्वभाव खंडित न होता। बूर्ज्वा समाज में हम उदासीनता, तटस्थता, स्वार्थ, लोभ, ईर्ष्या, द्वेष जैसे जो गहरे धंसे मनोविकार पाते हैं, उनका कारण यही है कि आदमी की अनुभव करने की सहजता को रोक दिया गया है। अनुभव जो सहज रूप में गतिशील और रचनात्मक होता है–विच्छिन्न आदमी के साथ नहीं रह सका। उस आदमी की पूरी जिंदगी अनुभव का आमना-सामना किए वगैर समाप्त हो जाती है। विडंबना होती है और वह असहाय होता जाता है परंतु सहने के लिए मजबूर। उसमें यह हिम्मत नहीं बचती कि अपने आसपास की

सांस्कृतिक शक्तियों को अपने भीतर समेट सके। वासना और वेदना ने समाज को आत्म-बद्ध बना दिया है। "वासना और वेदना में एक विचित्रता है। वेदना की अधिकता, कष्टों तथा संकटों की बारंबारता मनुष्य को आत्म-बद्ध बना देती हैं, इस प्रकार आत्म-बद्ध कि सारी दुनिया उसे पराई मालूम होती है, अपरंपार दुनिया फैल जाती है,"[5] और "वासनाशील व्यक्ति अपने रंगीन सपनों की दुनिया में रहता है। वह निज-बद्ध और आत्म-ग्रस्त हो जाता है।"[6] वस्तुतः वासना और वेदना की ये आत्मबद्धताएँ वर्ग समाज की देन हैं। वेदना का शिकार पिछड़ा वर्ग है और वासना में लीन बड़ा वर्ग। दोनों अनुभव की निरंतरता के लिए मुक्त नहीं हैं। मुक्ति के बिना अनुभव संभव नहीं है। अनुभव की परिभाषा करते हुए रमेश कुंतल मेघ ने लिखा है, "अनुभव के त्रिभुज में एक ओर ऐंद्रिक प्रत्यक्षीकरण है, दूसरी ओर तर्कात्मक परियोजना तथा तीसरी ओर अनुभूत अनुभव। अनुभूत तर्क पूर्ण (प्रि-लॉजिकल) है। वह हमारे चिंतन, प्रत्यक्ष तथा व्यवहार तीनों में ही सक्रिय रहता है।"[7] अनुभव की दुनिया से यह त्रिभुज तभी टूटता है, जब समाज की उन्नत जातियाँ ज्ञान के क्षेत्र से सामान्य जन को दूर रखने के लिए अलौकिक प्रतिभा, ब्रह्मानंद सहोदरत्व और योग की अमूर्त बातें फैलाती हैं तब रचना संसार का दायरा इतना रहस्य मूलक हो जाता है कि सामान्य अनुभव उसके लिए निरर्थक हो जाते हैं। सिद्ध किया जाता है कि सब-कुछ प्रतिभा के स्वयं प्रकाश हैं—कलाकार का कर्म केवल अभिव्यक्ति है।

अनुभव और रचना अनुभव में बुनियादी अंतर नहीं है। अंतर यह है कि अनुभव जब पुनर्सृजन के लिए रूपांतरित हो पाता है—या इसके लिए कलात्मक परंपरा द्वारा आभ्यंतरित लोक परिष्कृत होकर प्रस्तुत होता है, तब उसका अनुभव सौंदर्यानुभव जैसा होता है। उसके नागरिक अनुभव, कलात्मक अनुभव और कलात्मक अनुभव पुनर्सृजन के लिए झट्टिप्रत्यय के साथ तिरोभूत होते बढ़ते हैं। कभी-कभी तीनों क्रियाओं में अन्योन्याश्रित संबंध मंथर गति से स्थापित होते हैं। इन क्रियाओं में एक का भी ह्रास अनुभव और रचना-दोनों को खंडित करता है। रचनाकार और आलोचक इस केंद्र में समान होते हैं। दोनों को नागरिक अनुभव से रचना अनुभव तक की मानसिक प्रक्रिया से गुजरना लाजिमी है। एल.ए. रेइड ने रचना अनुभव का विशेष अध्ययन प्रस्तुत किया है। उन्होंने बताया, "सौंदर्य बोधानुभव के अंतर्गत चित्रकला के रंग और संरचना, नृत्य की मुद्राएँ, काव्य के ताल, संगीत के स्तर, नाट्य के अभिनयादि प्रेक्षक में प्रतिबोध उत्पन्न करते हैं। प्रतिबोध उत्पन्न करने में ये संकेत (साइन) एवं सूचक (सिग्नल) की भूमिका अदा करते हैं। कुछ प्रतिबोध अंतर्मुखी होते हैं जिनका निरीक्षण नहीं किया जा सकता क्योंकि ये शरीर तंत्र तथा स्नायुमंडल में घटते हैं। कुछ प्रतिबोध बहिर्मुखी होते हैं और हमारे व्यवहार को प्रभावित करते हैं, जैसे साँस का ताल हमारी भंगिमाएँ निर्देशित करता है। यह पशुओं तक में होता है, साँप संगीत से झूमते हैं और भालू नाचते हैं।"[8]

मानस साक्षात्कार या बिंबग्रहण

अनुभव और रचना अनुभव के अंतस् संबंधों के ही प्रसंग में अभी कुछ वे स्थितियाँ विचारणीय हैं—जिनकी ओर रामचंद्र शुक्ल ने इशारा किया है। इनमें से स्थिति प्रत्यक्ष जगत से साक्षात्कार की है। लुकाच बाह्य संसार के साक्षात्कार की समस्या से बुनियादी, संज्ञान के समस्त रूपों का आरंभ मानते हैं"[9] बाहरी संसार (साक्षात्कार में भूगोल, इतिहास संस्कृति, विज्ञान और कला सभी शामिल हैं) या आत्मीकरण में सहायक हैं—संवेदनाएँ और कल्पना शक्ति। मस्तिष्क में संघटित अवधारणाएँ भी। ये चेतन से अवचेतन तक संबंध जोड़ती हैं—ज्ञात और अज्ञात तरीके से। बिंब, प्रतीक संकेत और सूचक इसी क्रिया में बनते हैं। तरह-तरह के संचार होते रहते हैं जिनकी खबर अनुभव कर्त्ता को नहीं होती। नए-नए साक्षात्कार से पूर्व साक्षात्कार संपादित होते रहते हैं। प्रतीति की दिशा बदलती रहती है। निजी बोध के विषय में दूसरों की राय और बोध से आदान-प्रदान में भी दोनों के बोधों का संपादन होता है। एक नई रचना रचनाकार के कल्पित पुनर्सृजन को बदल देती है। एक स्थिति भ्राँति लगने लगती है—दूसरी के सामने आते ही। साक्षात्कार के अधूरेपन का अहसास होने लगता है। साक्षात्कार की क्रिया अब केवल बाहरी रूपों के अनुकरण की नहीं है—उसकी अंतर्मुखता की अपनी स्वतंत्र क्रियाएँ भी काफी महत्त्व रखती हैं। वे ठोस से अमूर्त होकर अंतर जगत में अनेक अमूर्तनों से टकराती रहती हैं। उनका मूर्त जगत से रिश्ता उतना जटिल हो जाता है कि सतह के सामाजिक सभी वर्गों से पहचान नहीं हो सकती। अमूर्त आंतरिक द्वंद्वों से रची हुई आकृति कई बार मूल रूप से इतनी दूर चली जाती है, कि उसे पहचाना ही नहीं जा सकता। प्रसिद्ध विचारक लूसिए गोल्डमान ने साहित्य के समाजशास्त्र पर विचार करते हुए यहाँ तक लिखा है, "साहित्यिक समाजशास्त्र उतना ही अधिक प्रभावोत्पादक होता है अध्येय कृतियों के लेखक ने जितनी ही कम सृजनात्मक कल्पना का प्रमाण देते हुए अपने को केवल अनुभवों के वर्णन तक सीमित रखा है और उन अनुभवों को जितना संभव है, उतना कम परिवर्तित करता है। संक्षेप में अध्ययन की जाने वाली कृति जितनी ही साधारण होती है, यह समाजशास्त्र उतना ही फलवान सिद्ध होता है। इसके अलावा यह समाजशास्त्र इन कृतियों में साहित्यिक नहीं, वृत्तात्मक स्वभाव वाली बातों की खोज करता है।"[10] गोल्डमान इस बात से चिंतित नजर आते हैं कि साहित्य की रचनाशीलता अनुभवों के वर्णन में फँसकर अपनी संभावित गरिमा को नष्ट करती है। वे रचना में सामाजिक प्रत्यक्ष सरलीकरणों को तरजीह नहीं देते। रिचर्ड हागर्ट ने भी रचना अनुभव के साक्षात्कार को तथ्य आकलन से परे मानने की सलाह दी है। लिखते हैं, "किसी लेखक के पास भी उतने उपयोगी तथ्य हो सकते हैं जितने किसी समाज विज्ञानी के पास और वह महत्त्वपूर्ण पर्यवेक्षण के लिए सचेतन तथा नियंत्रित समुच्चय से ही नहीं, बल्कि कल्पनात्मक शक्ति से

उन्हें सुव्यवस्थित करता है। उसकी कल्पनात्मक शक्ति समाज विज्ञानी की परिकल्पनात्मक निर्माण की शक्ति के समान है या दूसरे शब्दों में समाज विज्ञानी की परिकल्पना की खोज की क्षमता उसकी कल्पनात्मक शक्ति से निर्धारित होती है।"[11] सच्चाई की विश्वसनीयता के लिए लेखक और समाज वैज्ञानिक को एक ही रास्ते से ले जाकर हागर्ट ने सृजन की पूर्ववेत्ता में दोनों को अलग भी किया है। एक लेखक का रचना अनुभव किस तरह दूसरे अनुशासन के रूप में चला जाता है, इस पर उन्होंने टिप्पणी की "आदर्श निदर्शन (समाज विज्ञानी) विश्लेषण के दौरान समाज के ब्योरे से उपयोगी सैद्धांतिक प्रारूप खोज निकालता है, लेकिन सर्जनात्मक लेखक महत्त्वपूर्ण तफसील की पहचान के साथ ही साथ अनभिलक्षक जीवन-प्रवाह की पहचान और पुनर्रचना का भी प्रयत्न करता है। क्रमबद्धता और क्रमहीनता का एक ही साथ संयुक्तबोध साहित्यानुभव का एक आवश्यक अंग है।"[12]

रचनाकार रचना बनाता है और रचना उसे बनाती है। दोनों में रचना अनुभव के प्रमाण मिलते हैं। रचनाकार के इंद्रियों से प्राप्त प्रत्यक्ष अनुभवों के अलावा सांस्कृतिक समूहों द्वारा रचित अनुभवों से घुल-मिलकर रचनाकार स्वयं संस्कृत होता है। यह कितना संस्कृत हुआ है, इसका प्रमाण वह है तथा उसकी रचना भी। कई बार वह रचना अनुभवों को आत्मसात कर लेता है, उन्हें आकृति नहीं देता। ऐसी स्थिति में उसका अनुभव समृद्ध हुए वगैर नहीं रह जाता। वह निरंतर आत्म-संघर्ष की प्रक्रिया से गुजरकर संपादन करता है। कभी-कभी वह पूर्व रचना में फिर-फिर वर्षों बाद संपादित-विकसित रचना-अनुभव के साथ काम करता है। उसमें रचना को अद्वितीय बनाने की ललक इसी कारण जिंदा रहती है। रचना-अनुभव तो रचनाकार की विशेष स्थिति और काल के बीच का समग्र बोध है। इस बोध को अर्जित करने में उसने पाठक, दर्शक-भोक्ता, अभिनेता, कर्त्ता आदि न जाने कितनी भूमिकाएँ निभानी होती हैं। भारतीय काव्य शास्त्र में रचनाकार के कर्त्ता अनुभवों पर कम चर्चा की गई है। वहाँ पाठक या सहृदय के आस्वादन अनुभवों पर विमर्श अधिक है। कहें कि रचना अनुभव के एक पक्ष पर उनका ध्यान केंद्रित रहा है। अलौकिकता का नशा चढ़ जाने के कारण कर्त्ता के रूप में अपनी भूमिका को छिपाने के कारण यह हुआ। रचना के भोक्ता के रूप में उसने जो प्रमाण दिए हैं उससे साक्षात्कार मूलक रचना अनुभव के विषय में तथ्य मिलते हैं। शंकुक ने रचना अनुभव को भ्रमात्मक कहा। उदाहरण दिया, "दो व्यक्ति क्रमशः मणि और प्रदीप को देखते हैं। प्रदीप के मणि जैसा ही दिखने के कारण एक व्यक्ति उसे मणि समझकर उठाता है और दूसरे को मणि ही मिल जाती है। प्रदीप पाने वाले व्यक्ति को मिथ्या ज्ञान में भी हर्ष का अनुभव हुआ था। फल में भेद भले हो पर ज्ञान में नहीं था।"[13] शंकुक का कहना है कि रचना-अनुभव विचित्र होता है। वह वास्तविक न होकर भी सुख-सुख का अनुभव सामाजिक को कराता है। अभिप्राय है कि रचना-अनुभव वास्तविकता का सीधा

अनुकरण नहीं हो सकता। रचनाएँ फैंटसी का जोड़ इसीलिए हुआ था कि रचना का सत्य वृत्तात्मक न होकर मनोभावात्मक आभास होता है। वह संभावना के वृहत्तर मानवीय अनुमानों में रचनाकार को तैरने की छूट देता है। भ्रांति की सृष्टि सामाजिक को सुख-दुख का फल इसलिए देती है, क्योंकि उसमें उसको स्वीकार कराए गए आदर्शों की मार्मिक अभिव्यक्ति होती है। मानवीय अनुमानों से संलग्नता उसे निरर्थकता से बचाती है। वहाँ वह तोष का अनुभव करता है। काडवेल ने इसका गहरा मनोवैज्ञानिक अनुशीलन प्रस्तुत किया है। उसने लिखा, ''रचनाकार वास्तविक सच्चाई को, जो फैंटसी में घुल-मिल गई है, की अभिव्यक्ति के लिए फैंटसी को स्वीकार करता है। किंतु जैसे ही फैंटसी की क्रिया समाप्त हो जाती है, उसकी माँग यह नहीं होती कि उसे वस्तु-जगत का अंग मान लिया जाए। वह वास्तविक जीवन के अनुभवों के साथ जैसे संवाद की अपेक्षा करता है, वैसे ही संवाद की सभी कहानियों और काव्यात्मक वक्तव्यों से अपेक्षा नहीं करता।''[14] यहाँ शंकुक और काडवेल के कला अनुभव में समानता के सूत्र खोजे जा सकते हैं। दोनों की मान्यता है कि भ्राँति रचने के बावजूद मनोमय व्यापार से समरसता के कारण रचनाकार का कार्य सार्थक है। संवेदनात्मक विकास के लिए यह अनिवार्य है। रचना अनुभवों के कारण सामाजिक की प्रतिभा, मति, अनुमान-शक्ति बढ़ती है। उसकी रुचियों और आवश्यकताओं का संस्कार होता है। वह व्यक्ति रूप में या एकांत में भी मानवता की स्थायी शक्ति से भरा रहता है। उसकी आँखें दुनिया को देखने-समझने के लिए खुली रहती हैं। और रचना अनुभवों के ही माध्यम से वह अपने को पहचानता रहता है। वह ध्यान में लीन होकर भी समष्टि का अंग बना रहता है। अपनी अनुभव प्रौढ़ता और कलात्मक वास्तविकता को संयोजित करने में उसके लिए, ''कला एक साधन है जिसके द्वारा मानव वास्तविकता से जूझता है और उसे आत्मसात करता है। अपनी भीतरी चेतना की निहाई पर लेखक वास्तविकता रूपी लालमझूका धातु को रखता, हथौड़ियों की चोट से ठोक-पीटकर अपने उद्देश्य के अनुकूल उसे नई शक्ल में ढालता और एकदम बेसुध होकर-नाओमी मिचीसन (अँग्रेजी लेखिका) के शब्दों में विचारों के हिंस्र हथौड़े उस पर बरसाता है। सृजन की समूची प्रक्रिया, कलाकार की संपूर्ण वेदना, वास्तविकता के साथ इसी हिंस्र द्वंद्व में, और दुनिया का एक संपूर्ण चित्र गढ़ने के इस प्रयास में निहित है।''[15] रचनाकार हर बार नया चित्र बनाता है। चित्र बनाते ही उसके मन में अन्य नए चित्रों की आकांक्षा और आकृति मँडराने लगती है। उसकी अनुभव करने और रचने की ललक कभी समाप्त नहीं होती क्योंकि सच्चाई अपने विविध रूपों में पेश होती रहती है। क्योंकि प्रतिच्छवि का कोई नियम सच्चाई से बड़ा नहीं होता। ''हर बड़ी रचना का लक्ष्य वास्तविकता का चित्र प्रस्तुत करता रहता है जिसमें प्रस्तुति और वास्तविकता, सामान्य और विशिष्ट तात्कालिक और अवधारणात्मक इत्यादि के अंतर्विरोध स्वतः स्फूर्त एकांत में रूपांतरित होकर काल के सीधे प्रभाव

में आ जाते हैं और वे अविभाज्य एकता का आभास देते हैं।"[16] इस महत्त्वपूर्ण कार्य के संपादन के कारण से रचनाकार का जीवन और जगत की वास्तविक सच्चाई के नाम पर उसके गहरे सामाजिक चरित्र को समझने की जरूरत होती है। रचने की क्रिया के अवसर पर ही वह अद्वितीयता की ओर बढ़ता है, इसके पूर्व वह सामाजिक होकर ज्ञान की क्षमताओं से जूझता है। यही रचनाकार का आत्म-संघर्ष भी है। रचनाकार के अनुभव सामाजिक सच्चाई के निरीक्षण परीक्षण के साथ कला के समस्त बारीक गुणों में विश्लेषण और संश्लेषण की क्रिया से गुजरने के होते हैं।

भावन-अनुभावन

रचना-अनुभव की दूसरी क्रिया भावन-अनुभावन की होती है। वस्तुजगत के साथ सीधा संबंध स्थापित होने पर साक्षात्कार की क्रिया संपन्न होती है। कालिंग-वुड कहते हैं, "यह कहना संभवतः सत्य होगा कि प्रत्येक इंद्रिय ज्ञान का अपना भावात्मक भार होता है। इसकी बड़ी सीमा तक प्रामाणिता सिद्ध करना कठिन है।"[17] भावात्मक भार का प्रमाण इसके बाद तब मिलता है, जब इंद्रियाँ सच्चाई को गृहीता में अंतर्प्रवेश दे देती हैं। तब सच्चाई अकेली नहीं रहती। गृहीता की रुचि-अरुचि उसके साथ व्यवहार करने लगती है। आशय कि सच्चाई और गृहीता की रुचि-अरुचि के बीच संघर्ष होता है। सच्चाई से प्राप्त विचार, प्रतीक, बिंब, संकेत आदि सभी को अनुकूल प्रतिकूल रूप से ढलना होता है। अथवा कहें कि ये नए संदर्भ वहाँ अपने लिए स्थान तय करते हैं। रचनाकार की भावना विजातीय तत्वों की तरह उन्हें अपने पास नहीं रख सकती। वह उन्हें अपने अधीन रखने का प्रयास करती हुई एक घोल बनाती है। भावना के वश में शारीरिक क्रियाएँ समय-समय पर प्रकट होती आई हैं। जब वह सक्रिय होती हैं—अपने आवेश में वस्तुगत सच्चाई को तल्लीन कर लेती हैं। मानस की इस क्रिया से दोनों बदलते हैं, एक ओर भावना का आवेश गाढ़ा होकर चिंतन की ओर आगे बढ़ता है तथा वस्तुगत सच्चाई आत्मीय और निजी होने लगती है। उसके आत्मीय होने का प्रयास शारीरिक क्रियाओं में भी दिखता है—जिसे कलाशास्त्र में अनुभाव का एक अंग कहा गया है। अनुभाव के दो और अंग हैं—वाचिक और कायिक। सात्विक क्रियाएँ मन के वेग से प्रकट होती हैं। जैसे प्रेम के वेग के कारण आँसुओं का झलकना। वाचिक अनुभावों में रचनाकार अपनी कल्पना शक्ति का उपयोग करता हुआ—पुर्नचित चरित्र के संवादों में स्वाभाविकता लाता है। वह संवादों को स्थिरता से बचाता हुआ सच्चाई की तरह गतिशील रखता है। यह गतिशीलता देश और काल की हैसियत के बीच संपन्न होती है। अतिशय कल्पना समर्थ रचनाकार भविष्य का संयोजन भी करता है। रामचंद्र शुक्ल ने लिखा है, "सारा रूप विधान कल्पना ही करती है, अतः अनुभाव कहे जाने वाले व्यापारों और चेष्टाओं द्वारा आश्रय को जो रूप दिया जाता है, वह भी कल्पना ही द्वारा।[18] आश्रय के व्यापार और चेष्टाओं

के रूपायन में कल्पना को इतना महत्त्व इसलिए दिया गया है क्योंकि यहाँ रचनाकार के सृजन और वास्तविक सच्चाई में रूपात्मक भेद माना गया है। कला के इतिहास में पत्थरों, लकड़ी की पटरियों आदि में आश्रम के कितने मनोभाव और चेष्टाएँ उकेरी हुई मिलती हैं। ये चेष्टाएँ मूलतः रचनाकाल की उन परिस्थितियों के अनुभावन ही हैं। अनुभव की प्रक्रिया में भावन कैसे अनुभावन में ढल जाता है, इसका अध्ययन मानविकी, जीव विज्ञान, रसायन, भौतिक विज्ञान में अलग-अलग तरह से किया गया है। ज्ञान की अलग-अलग शाखाओं में बिखरे इस विश्लेषण को मानवीय संज्ञान की समग्रता के लिए रचनाकार को आत्मसात करना और फिर आत्मसात किए गए संज्ञान के भावनात्मक व्यवहार को समझना अब इसलिए आसान नहीं है क्योंकि इंद्रिय ज्ञान का भावात्मक प्रभाव एक ही बार में बहुत जटिल हो गया है। पहचान को सुगम बनाने के लिए ही कलात्मक चरित्रों का व्यवहार सार्थक सिद्ध होता है। रचनाकार परंपराओं से टकराकर ऐंद्रिय ज्ञान के भावात्मक भार को अधिक स्पष्टता से समझता है। यदि नहीं समझता तो वह चरित्रों में मुद्राएँ और क्रियाएँ नहीं ढाल सकता। उसके लिए यह समग्र बोध जरूरी है, "विशिष्ट भावदशाओं के अनुरूप हमारी मांस-पेशियों के पैटर्न बनते हैं, जो सारांशीकृत तथा अमूर्तीकृत होकर मुद्रा में बदल जाते हैं। इनकी कलात्मक रूढ़ियाँ ही 'रूपायन' 'नाटयायन' तथा अनुभाव कहलाती हैं। अतः बिंब (संज्ञा) और मुद्रा (क्रिया) की कान्त मैत्री ही अर्थ है। मुद्राएँ वस्तुतः अवयवों की मांस-पेशियों में लिखी गईं एक अवाच भाषा की रचना हैं। मुद्रा की भाषा शब्दार्थों की भाषा न होकर अनिर्वचनीय है।"[19] वस्तुगत-आत्मगत भागीदारी और संस्कृति की यात्रा में दोनों की सापेक्षता का निर्वाह ही रचनाकार के अनुभव को समग्रता प्रदान करता है। यह वस्तुतः संज्ञा से मुद्रा तक की अथवा श्रम से चिंतन, चिंतन से भावन और भावन से अनुभावन की प्रक्रिया का संश्लेषण है। रचना के प्रसंग में कई बार भावन की निरपेक्ष वकालत की जाती है। यह इसलिए कि यह क्रिया जितनी प्रत्यक्ष और तात्कालिक होती है—उतनी और नहीं। वह निरंतर सक्रिय गति को ऊपरी सतह में आवरण फोड़कर लाती है। इसकी निरपेक्षता के पक्षधर पूर्व स्थिति के संज्ञान के अभाव में उसे समग्रता से नहीं जान पाते। विलाप करता आदमी जितना प्रकट है—विलाप पर सोचता हुआ उतना नहीं। प्रकट को अप्रकट से काटकर ही तो माया या जगत मिथ्या की कल्पनाएँ उभरती हैं। रचना के लिए अनुभूति की अनिवार्यता के नाम पर भी अनेक रचनाकारों ने मानसिक प्लावन या प्रेरणा के आवेश से आगे बढ़ने का साहस नहीं किया। रचना-अनुभव की प्रक्रिया में भावना से मिलती-जुलती एक और स्थिति होती है जिसे संवेगात्मक स्थिति कहते हैं। इंद्रियों का संवेननात्मक भावना भार जब पहचान लिया जाता है, इससे भावना में सामान्य तल्लीनता, या तन्मयता की त्वरा आ जाती है—तो संवेग की स्थिति पैदा हो जाती है। मनोविज्ञान ने संवेगों की जैविक परीक्षा कर बताया है कि रक्त प्रवाह और हृदय

की धड़कनों का संबंध संवेगों से है। यह उत्तेजना की स्थिति है। उत्तेजना का प्रभाव आवयविक मुद्राओं से भिन्न होता है। रामचरित मानस में जनक लक्ष्मण की चुनौतियों के प्रसंग में लक्ष्मण के चेहरे का लाल हो जाना—संवेगात्मक स्थिति है। स्वर भंग या गलारुधना भी इसी क्रिया में होता है। संवेगात्मक स्थितियाँ अनुभव की प्रक्रिया में सहायक होती हैं। वे चिंतन को अपनापन प्रदान करती हैं। संवेग और भावना के सहयोग से ज्ञान से दूरी समाप्त हो जाती है। अनुभूति पाक के लिए ये क्रियाएँ स्वतः स्फूर्त ढंग से संपन्न होती हैं। यह क्रिया प्रयत्नों से रहित है। सक्रियता का तूफान जब समाज में पैदा होता है, तब अनुभूति में प्लावन जरूरी होता है। लक्ष्य से मदमाते लोग उस व्यवस्था को आमूल परिवर्तन का साहस रखते हैं। लाखों-करोड़ों लोग एक भावना की तरह तरंगायित होते हैं। उस समय चिंतन की क्रिया भावना के अधीन काम करती है। संपूर्ण शारीरिक क्रियाओं, चेष्टाओं एवं भंगिमाओं में उसका राज्य होता है। भावना अनुभव अर्जन की प्रक्रिया में कच्ची होती है। उस समय वह बोध से प्रमाणित नहीं होती। अनुभव की परिपक्वावस्था उसको सिद्ध कर लेती है। यह बोधपाक की अव्यवस्था है। सृजन की स्थिति में भावना आचरण और अनुभावन को संचारित करती है। वहाँ यह गति का पर्याय हो जाती है। इस स्थिति में वह निष्क्रिय रोमानियत के बजाए सक्रिय रोमानियत का प्रकाशन करती है। इस तरह रचनाएँ प्रकट होती हैं। रचनाएँ प्रकट होते समय वह बोध के ज्यादा नजदीक हो जाती हैं क्योंकि शब्दों के प्रतीक चिंतन के करीब होते हैं। ऐसे लेखकों के विषय में कहा जाएगा, "उसकी सारी सदिच्छा सपना बनकर ही रह जाती है। अनुभूति वास्तविकता नहीं, बल्कि वास्तविकता संबंधी भावना है, इसीलिए वह वास्तविकता का एक अंश अथवा पहलू है। अनुभूति वास्तविकता की जगह नहीं ले सकती, उसकी सार्थकता इसी बात में है कि वह वास्तविकता को रचनात्मक रूप दे सके।"[20]

ज्ञानबोध और विचारधारा-रचना प्रसंग

रचनात्मक मनुष्य सामाजिक स्थितियों में बार-बार अपने को डालकर जिस तरह स्थितियों के रहस्य को समझता जाता है, उसी तरह बोध शक्ति विकसित होकर निरंतर पूर्व वर्तमान और अनुमान के संघर्ष से निर्णायक होती जाती है। स्थितियों को निर्णायक हो-होकर संशोधित-संपादित होने की क्रिया उसे संज्ञानात्मक बनाती है। संज्ञान या विचारों की इसी अवस्था की ओर कालिंग वुड का संकेत है, "जब विचार अस्तित्व में आता है, तो यह अपने साथ भावों के नए क्रम लाता है, भाव जो केवल विचारक में उठ सकते हैं और केवल इसलिए कि वह निश्चित तरीकों से विचारता है।"[21] यही गृहीता का अर्जित संज्ञान होता है। इस संज्ञान में विकास की अवस्था धीमी होती है। राष्ट्रीय अंतर्राष्ट्रीय परिवेश को समझने के लिए इसके भरोसे गृहीता सरलीकरण में फँसा रहता है। ऐसी स्थिति में यदि वह उसकी संज्ञा

की भूख तीव्र हुई तो वह संज्ञान के दूसरे सांस्कृतिक समूहों को आत्मसात करने लगता है। व्यक्तिगत अर्जित सजीव संज्ञान और सांस्कृतिक समूहों से आत्मीकृत संज्ञान में टकराव से चिंतन की प्रक्रिया तीव्र होती है। इस प्रक्रिया में संज्ञान प्रतिनिधि होता जाता है। अर्जित संज्ञान सांस्कृतिक समूहों से पाए ज्ञान को अपने आकर में ढालता है—इससे रचना-अनुभव में गुणात्मक विस्तार आ जाता है। यही वह केंद्र है जहाँ रचनाकार को तत्वबोध और रूपबोध का भी संघर्ष झेलना पड़ता है। तत्वबोध के जरिए उसका संज्ञान और रूपबोध के द्वारा रचना अनुभव प्रौढ़ होता है। तत्वबोध और रूपबोध की क्रिया में मानसिक विभाजन नहीं होता। इनका विकास भी रचना प्रक्रिया से विलग होकर नहीं होता। मसलन् यह कि तत्वबोध-रूपबोध और रचना प्रक्रिया के विकास में सापेक्षता रहती है। यही सापेक्षता उसे विश्वदृष्टि प्रदान करती है। साहित्य का विकास दो परस्पर संबद्ध स्तरों पर होता है। एक है विश्व प्रतीति का स्वर, सामाजिक जीवन के हमारे ज्ञान का स्तर और दूसरा है—भावजगत् इंद्रिय बोध और हमारे सौंदर्य बोध का स्तर, इनमें संतुलन कायम रखना आवश्यक होता है। इस संतुलन को भुलाकर न तो उच्च कोटि का साहित्य रचा जा सकता है न यथार्थवाद का सही विवेचन किया जा सकता है।'' दुनिया से उदास लोगों में विश्वदृष्टि नहीं हो सकती। इस तुलना में दुनिया में शामिल लोगों का अनुभव और रचना गलत विचारधारा के बावजूद स्वस्थ वातावरण का निर्माण करते हैं। लुकाच ने तोल्स्तोय का उदाहरण देते हुए बताया, ''तोल्स्तोय की विश्वदृष्टि प्रतिगामी दुराभावों से भरपूर है, किंतु वे स्वस्थ, आशापूर्ण और प्रगतिशील लोक-प्रिय आंदोलन से अति-सूक्ष्मता से बँधे हुए हैं। विश्व साहित्य में ऐसा उदाहरण केवल तोल्स्तोय का ही नहीं है—जबकि कोई महान रचनाकार गलत दर्शन से जुड़ा होने के बावजूद शाश्वत रचना का सृजन करता हो।''[23] यहाँ महत्त्वपूर्ण बात यह है कि रचनाकार की सामाजिक जीवन से संलग्नता और प्रगति के लिए आशापूर्ण दृष्टि प्रतिगामी विश्व दृष्टि के अंतर्विरोध को बहुत देर टिकने नहीं देती। अनुभव को गलत मोड़ की ओर ले जाती दृष्टि समझ में आ जाती है। वह उस ज्वलंलता को वहन करने की सामर्थ्य नहीं रखती। ऐसे रचनाकार का अनुभव खुद स्वस्थ दर्शन की माँग पैदा करता है। विचारधारात्मक परहेज भी इस प्रक्रिया से दूर हो जाता है। रचनाकार का अनुभव अपनी गतिशीलता में इस बोध तक पहुँचता है, ''सामाजिक चेतना के सभी रूप परस्पर संपन्न करते हैं, उनका विकास विच्छिन्नता में एक-दूसरे से विलग होकर नहीं, बल्कि एक-दूसरे के सुबोध अंतस्संबंधों द्वारा होता है। विचारधारा के विभिन्न रूपों के साथ कला का सजीव संबंध होता है।''[24] इसका अर्थ यह नहीं है कि कला की शक्ति आधार से भी ऊपर है। तात्विक दृष्टि से कला अधिरचना का ही अंग है और वह सामाजिक चेतना का एक रूप है। विज्ञान या समाज विज्ञान की वस्तुगत हैसियत की तुलना में इनसे संज्ञानात्मक अंतस्संबंध रखते हुए कला की स्वायत्तता इसलिए उल्लेखनीय

है क्योंकि वह समस्त बोध को चित्रात्मक और सजीव कर देती है। सामान्य अनुभव और रचना अनुभव में यही अंतर स्थापित हो जाता है। विचार या विचारधारा की चरित्रात्मक विश्वसनीयता के लिए कला वैकल्पिक नहीं, अनिवार्य संघटना का रूप ले लेती है। स्पेंडर ने इसी कारण जोर दिया, "यह कला ही है, जो अपने आद्यस्वरूप को कायम रखे हुए हैं। इसमें कला रूपों और लोक व्यवहारों द्वारा संधोति विचारों को शक्ति संपन्न बनाया है। इसीलिए कलाकार को परिवर्तित हर मोड़ पर भाषा, श्रुति और संदृष्टि को सीखना अनिवार्य होता है ताकि समकालीन अनुभवों को क्रांतिकारी या परिवर्तित रूपों के अनुरूप ढाला जा सके।"[25] विचारधारा और अनुभव के संबंधों को बूर्ज्वा समाज में काफी विवादास्पद बनाया गया है। कहा गया कि विचारधारा हमेशा अनुभव की तुलना में पिछड़ जाती है। ऐसे लोगों को यह समझना चाहिए कि यदि उनका यह विश्वास पक्का है कि अनुभव का काम जीवित सच्चाई की ताजगी से भरना विकास की प्रक्रिया में सक्रियता के साथ न केवल शामिल होना वरन् उसे भी तीव्रतर करना है तो अनुभव की अपनी जिम्मेदारी काफी बढ़ जाती है। परिवर्तन या विकास के साथ साझीदारी के लिए ही पिछड़ी रूढ़ियों, परंपराओं को यथावत् बनाए रखने में संलग्न विचारधारा को उखाड़ने का काम भी अनुभव होगा। उसे एक दृष्टिकोण के बदले दूसरे दृष्टिकोण को प्रस्तुत करना होगा। दृष्टिकोण के खिलाफ संघर्ष दृष्टिहीनता के साथ नहीं हो सकता। ऐसा सोचना केवल सपने में संभव है। वास्तविक सच्चाई से उसका कोई रिश्ता नहीं। ओम प्रकाश ग्रेवाल का कहना सही है, "बिना वैज्ञानिक और वस्तुपरक दृष्टिकोण अपनाए हम किसी भी अनुभव को पूरी तरह पकड़ नहीं सकते। साहित्य में विशेष रूप से अनुभव को ज्यों का त्यों अधकचरे रूप में नहीं रखा जाता, बल्कि उसे अच्छी तरह समझने-बूझने के पश्चात् शब्द-बद्ध किया जाता है और समझने-बूझने की इस क्रिया में लेखक का वर्गीय दृष्टिकोण हमेशा विद्यमान रहता है।"[26]

क्रियात्मक-व्यवहार

अनुभव जीवन संघर्ष के दौरान अंतर्मुखी क्रिया में संपन्न कर बहिर्मुखी हो जाता है। प्रकृति एवं सामाजिक शक्तियों के साथ द्वंद्व में "स्व-पर" में अन्योन्याश्रित परिवर्तन होता चलता है। जिस समय जो स्थिति, ज्ञान की जो अवस्था अनुभव के रूप में ढल चुकी होती है—उसकी विविध व्यवहारों में अभिव्यक्ति होने लगती है। अनुभव की पहचान अंर्तक्रियाओं से बाहर होती है। जीवन के अनुभव से प्राप्त ज्ञान, अध्ययन और अन्य तरीकों से उपलब्ध ज्ञान कोश को भावना, कल्पना, संवेग आदि आंतरिक निजी क्रियाएँ अपने में घोलकर अनुभव के रूप में रूपांतरिक कर लेती हैं। रूपांतरण के कारण अपना मूल स्वरूप समाप्त कर ज्ञान या विचारधाराएँ स्वायत्त बुद्धि या प्रज्ञा का विस्तार करती हैं। प्रज्ञा के निरंतर उन्मेष की बात का यही अभिप्राय है।

यह उन्मेष केवल संज्ञानात्मक न होकर व्यवहारात्मक होता है। उपेदश के बजाए इसकी संगति कर्म-सुख में होती है। जीवन की व्यावहारिकता का अनंत जाल इसी से फैलता है। रचना में विचारों तथा अनुभवों के व्यवहार से आशय उसके द्वारा प्रस्तुत चित्रों और चरित्रों की मानवीय संगति से होता है। नामवर सिंह ठीक कहते हैं, ''कविता में इन विचारों को सजीव चित्रों और प्रतिमाओं के रूप में व्यक्त होना चाहिए। लेकिन यह शक्ति कैसे आती है ? विचार जिस प्रकार प्राप्त होता है, उसी प्रकार अभिव्यक्त भी होता है। यदि वह पुस्तकों से प्राप्त होता है तो पुस्तकीय ढंग से प्रकट होता है। यदि वह जनारण्य से दूर एकांत कमरे में आराम कुर्सी के चिंतन से प्राप्त होता है तो रचना में भी एकांत और वैयक्तिक चिंतन का रूप लेता है, और यदि वह जीवन के संघर्षों में कुछ निछावर करने से प्राप्त होता है, तो उसी गर्मी, उसी ताजगी, उसी सजीवता, उसी सक्रियता तथा उसी, मूर्तिमत्ता के साथ रूपायित होता है। साहित्य में भी इसी रूपायन का महत्त्व है।''[27] आदत, स्वभाव या मनोवृत्तियों की ग्रंथियों को तोड़ने की शक्ति इसी में होती है। संकल्प और आस्था जैसे सजीव गुण इस अवस्था के बिना नहीं आ सकते। अनुभवों की गतिशीलता के कारण मनुष्य अपने इतिहास, वर्ग बोध और सांस्कृतिक समीकरणों की सजीव इकाई बन जाता है। वह निजता के पूरे उन्मेष के साथ सामाजिक संपूर्णता के साथ अंतर्भुक्त रहता है। रचना अनुभव सामान्य अनुभव का पूरक होते हुए उसे व्याप्ति में कुछ भिन्न नजर आता है। रचना अनुभव में कल्पना या सपनों की उड़ान का नियंत्रण तात्कालिकता से परे होता है। वह भविष्य के अनुमानों को भी अपने आगोश में आलिंगित करता है। रुचि की अशेष तरंगें उसे बहु-आयामी बना देती हैं, जबकि सामान्य अनुभव आवश्यकता की सीमाओं से अधिकांशतः नियंत्रित रहते हैं। उपयोगिता की यांत्रिकता से मुक्ति रचना अनुभव में ही संभव है। वर्षों की परंपरा में अभ्यास की सजीवता से जुड़ी रुचियाँ और आवश्यकताएँ संस्कार कहलाती हैं। भारतीय काव्य शास्त्र में 'संस्कार' 'वासना' और स्थायी भावों का जो स्वरूप विश्लेषित है—उसे सामाजिक मनोविज्ञान और सांस्कृतिक परंपराओं के अंतस्संबंधों से ही समझा जा सकता है। रस शास्त्र में भरत ने स्थायी भाव की कल्पना की थी—मानव के साक्षात् संबंधों के लिए उन्होंने ? प्रतीक शब्द 'ऐतिहासिक व्यक्ति' का प्रयोग किया है, जिसका विश्लेषण करने से अभिप्राय निकलता है कि वे स्थायीभाव को लौकिक जीवन का मनोमय रूपांतरण कहना चाहते हैं। बाद के आचार्यों ने दर्शन के निराकार रूप में लौकिक शक्ति को विलीन कर दिया। यह काम विशेष रूप से अभिनव गुप्त के द्वारा हुआ। उन्होंने लौकिक अनुभूति और काव्यानुभूति में अंतर किया। उन्होंने लौकिक जीवन में उपलब्ध रति आदि भावों की युग-युग से मनुष्य के प्रसाद के कारण वासना रूप में प्रसुप्त कहा जो मनुष्य के संस्कार बन चुके होते हैं। काव्यानुभव के साधारणीकरण के समय वे संस्कार लौकिक मूल से शून्य होजाते हैं। उन्होंने काव्यानुभव

के सहयोगी भावों को ही स्थायी भाव, विभाव, अनुभाव और संचारी कहा। व्यक्ति रूप में लौकिक सीमाओं के भीतर वे वासनात्मक संस्कार ही हैं। इस चिंतक की दृष्टि सामाजिक संबंधों की विश्व रूपता पर नहीं टिकी थी, वह आत्मप्रकाश को जीवन की अनुभूतियों का संश्लेष नहीं सोच सका।''(क)

इस तरह के सोच का न होना और रचना अनुभव की सार्वजनीनता को सामाजिक की स्थिर सहृदयता द्वारा भाववादी स्तर पर व्याख्यायित करना उसके परिवेश तथा स्वीकृत दर्शन की सीमा रही है। विश्वम्भर नाथ उपाध्याय इसका कारण खोजते हैं, ''तात्कालिक मूल्यों और मान्यताओं को, चुनौती न मिलने के कारण तथा वर्ग चेतना के अभाव के कारण, स्वभावतः सार्वजनिक भाव स्तरों की पहचान को ही सर्वाधिक महत्त्व मिला है। निश्चित रूप से सार्वजनीन भाव स्तर पर व्यापक रूप में साधारणीकरण हो जाता है।''[28] स्पष्ट है कि रचना-अनुभव की समकालीन अवधारणा सार्वजनिक स्थिर मूल्यों पर आधारित नहीं है। वह ज्ञान की लगातार बारीक उपलब्धियों और चुनौतियों के भीतर से अर्जन की प्रक्रिया है। उसकी ऊपरी और भीतरी बनावट के मूर्त-अमूर्त संदर्भ इसीलिए ज्यादा जटिल हैं। वस्तुसत्ता से अविच्छिन्न संबंधों के क़ारण रचना-अनुभव अब निराकार स्थापनाओं पर भी नहीं चल सकते। उनकी प्रायोगिक परीक्षा जरूरी हो गई है। इसी आधार पर अब वासना और संस्कार स्वभाव, अनुभव तथा रचना का सौंदर्य बनाते हैं। वासनाओं और ऐंद्रिय संवेदनाओं के संघर्ष से मानवीय वृत्तियाँ विकसित होती हैं। वे अनुभव को समग्रता प्रदान करती हैं। रचना-अनुभव के क्षेत्र में वे कला की सांस्कृतिक परंपराओं द्वारा प्ररिष्कृत होती रहती हैं। इस क्रिया में रचनाकार का एक भरा पूरा अनुभव समृद्ध व्यक्तित्व उपस्थित होता है। व्यक्तित्व का निर्माण जितना सरलीकृत अथवा वायवी होता है, रचनात्मक सौंदर्य उतना ही थोथा सिद्ध होता है। साहित्य में कलात्मक सौंदर्य की समस्या वस्तुगत सच्चाई के आकलन का ही एक अंग है। इसी का आधार सौंदर्य विज्ञान भी है। उसकी प्रक्रिया में एक प्रणाली निहित होती है। चर्नीशेब्स्की का मत है, 'जिस प्रकार वास्तविक जीवन के क्षेत्र में सुंदर प्रकृति के अन्य तत्वों के साथ द्वंद्व विकसित होता है, उसी प्रकार कला के क्षेत्र में भी सुंदर का विकास कलाकार के कतिपय संघर्षों और तकाजों के साथ द्वंद्व में होता है। जिस प्रकार यह द्वंद्व वास्तविक जीवन में सौंदर्य को बिगाड़ने या नष्ट करने का कारण बन सकता है, उसी प्रकार कला कृतियों के सौंदर्य के बिगड़ने

(क) सा चैक वृत्तिः स्वकीय-परकीयमिति स्वपरभावात् प्रचूयाविता अतएव साधारणी भूततया सामाजिकानपि स्वात्मसद्भावेन समावेशयंती, तादात्म्यादेव च अनुमानागमयोगिप्रत्यक्षादिकारणक-तटस्थप्रमातृप्रमेय परकीय लौकिक चित्त वृत्ति विलक्षणतया निर्भासमाना, परिमित स्वात्माश्रयत्तानिर्मासना विरहाच्च-लौकिकप्रमदादिजनितनिजरतिशोकादिवत् चित्तवृत्यन्तर जनना क्षमा अतएव निर्विघ्न स्वसंवेदनात्मक विश्रांतिलक्षणेन रसना पर पर्यायेण व्यापारेण गृत्यमानत्वाद रसशब्देनाविधीयते। अभिनव-भारती–विश्वे. संस्क. पेज.-428

या नष्ट होने की संभावना भी कुछ कम नहीं रहती है।"[29] आशय कि सुंदर की अवधारणा का विकास बाह्य के साथ द्वंद्व से होता है। बाह्य की सारवस्तु और ढाँचे का असर उसमें निरंतर पड़ता है। आंतरिक निरपेक्षता में कोई सौंदर्य का आधार नहीं बनता। कलाकार की इच्छाएँ, संवेदनाएँ, अनुभव तथा कृति रूप में उनकी आकृति का विकास सूत्र इन्हीं बाह्य प्रभावों में छिपा रहता है। अपनी इच्छा से वह चाहे जितनी सुंदर कृति रचने की सोचे पर यदि उसका बाह्य प्रभाव कमजोर है तो वह सुंदर कृति का कर्त्ता नहीं हो सकता। सुंदरता मात्र न तो आकांक्षा है और न स्वयं प्रकाश। वह वस्तुगत बोध से संबद्ध है। मानव जीवन के क्रिया व्यापार से उसका अनिवार्य संबंध है। निष्क्रिय अथवा एकांतजीवी रचनाकार की वृत्ति में सौंदर्य नहीं होगा। प्रकृति सौंदर्य का चित्रण कालिदास की कृतियों में अद्वितीय है, इसलिए कि प्रकृति उनके जीवन के क्रिया व्यापार का अंग थी। वह उनके रागात्मक रिश्तों से घुली मिली थी। अतएव तय है कि "सुंदर वह वस्तु होती है, जो उसे जीवन की याद दिलाती है।"[30]

रचना-प्रक्रिया

रचना-प्रक्रिया अर्थात् रचना की प्रक्रिया। रचना चाहे वह कविता हो या कथा अथवा चित्र, मूर्ति आदि, उसके वस्तु होने में कोई अंतर नहीं आएगा। वह कृतिकार की कृति होगी। कला से बाहर वह रचनाकार की उत्पादित वस्तु कही जाएगी। रचना की जमीन, सामग्री, साहचर्य, प्रेरणा, कल्पना-जैसी शारीरिक मानसिक वृत्तियों के आनुपातिक उपयोग से यह वस्तु तैयार होती है। रचनाकार की संज्ञा किसी ऐसे व्यक्ति को नहीं मिल सकती, जिसने किसी वस्तु को रचा न हो। रचना उसकी समग्रता का नाम है—उसके भीतर कितने ही चरित्र, स्थितियाँ, घटनाएँ, अनुमान, गतियाँ शामिल होती हैं। कितने अंतर्विरोध उसमें स्वभाव से ही आ जाते हैं। रचनाकार के पास देश और काल के भीतर जो सामग्री उपलब्ध है—उसके अनुसार वह उन अंतर्विरोधों से तब तक मुक्त नहीं हो सकता—जब तक कि वह यथार्थ से रंच मात्र जुड़ा रहता है। रेमण्डविलियम्स ने कहा, "रचना इसके अलावा कुछ नहीं कि अपने काल की सुविधाओं (वास्तविकता या प्रतीपमान) का सृजन है।"[31] सुविधाओं का सृजन अपनी पूरी व्याख्या में यथार्थ की संस्थिति है। देश-काल के भीतर उपलब्ध समाज का रूप, वर्ग, वर्गीय स्थितियाँ, अवसरों पर स्वामित्व, कला और नैतिक मूल्यों में अधिकार-आदि सभी कुछ सामाजिक संस्थिति अथवा मानवीय सुविधाओं के अंग हैं। इन्हीं में से रचना बनती है। उल्लेखनीय बात यह है कि रचनाकार मूर्तिकार की तरह सृष्टि की सीधी सामग्री का उपयोग नहीं करता। वह दृश्य को नहीं उसकी संवेदित अवधारणाओं की सामग्री का उपयोग करता है। मसलन्—मिट्टी, पानी, अग्नि, आकाश और हवा से उसकी वस्तु तैयार नहीं होती। उसकी वस्तु के प्राथमिक स्रोत हैं—रूप, रस, गंध,

स्पर्श और शब्द। ये स्रोत पंचभूतों की ऐंद्रिय अवधारणाएँ ही हैं। ये ज्ञानेंद्रियाँ हैं। इन्हीं के जरिए वह भूतों को अपने भीतर जगह देता है। रचना में भूख या पानी शब्द आकृतियों और पदार्थों के प्रतिबिंब हैं। रचना की कर्मशाला रचयिता के मानस में है, इसलिए वह प्रतिबिंबों, प्रतिच्छायाओं का ही उपयोग कर सकता है। यही एक मात्र सामग्री उसके काम की है। सृजन के लिए उपयोग में लाए जाने वाले उसके माध्यम भी कूची या छेनी नहीं हैं। वह प्रतीकों, बिंबों, संकेतों के सहारे रचना को गढ़ता है। कल्पना आकृति देने में सहायक होती है। यह सब क्रिया रचनाकार के व्यक्तित्व के भीतर घटित होती है, व्यक्तित्व के जरिए और उसी में से इस कारण यह प्रक्रिया उतनी प्रत्यक्ष और सरल नहीं है। यह मात्र चाक्षुष सत्य नहीं है। चाक्षुष प्रमाणों पर विश्वास करने वाले लोग इसकी प्रक्रिया को नहीं समझ सकते। वे मनुष्य के बारे में आंशिक ज्ञान से ही काम चलाएँगे। रचना की प्रक्रिया का आधार प्रतिबिंब या प्रतिच्छाया में है—इसलिए ही उसके बारे में रहस्य मूलक घोषणाओं को मौका मिल सका। लुकाच रहस्य मूलक अवधारणाओं के ऐतिहासिक कारणों को पहचानते हुए निष्कर्ष निकालते हैं, कि किसी कृति की स्वतःपूर्णता कलात्मक विवर्धना का गतिमान स्वभाव और यथार्थ के पुनः रूपायन को जब प्रतिबिंब के सिद्धांत से द्वंद्वात्मक रूप में प्रसूत करने की बजाए उसे उसके विरोध में रख दिया जाता है, तब रूप, सौंदर्य और कलात्मकता का सिद्धांत जीवन से उतना ही दूर चला जाता है, यह उतना ही अधिक अस्पष्ट, आत्मपरक और रहस्यवादी सिद्धांत बन जाता है।"[32]

पुरानी रचनाओं के आरंभ में सरस्वती, शंकर, विष्णु आदि देवताओं की वंदनाएँ इसीलिए मिलती हैं क्योंकि उनके रचयिताओं के विश्वासों का अंग हैं। वे रचना के आवेश अथवा कल्पनात्मक प्रतिबिंब को अपने सामाजिक विश्वासों के अनुरूप ही पाते हैं। वे आत्म चैतन्य में भौतिक कारणों का योग नहीं देखते। यही कारण है कि उन कालों में रचना-प्रक्रिया का प्रश्न गोपनीय था।

ज्ञान की मीमांसा में अब तक काफी वस्तुपरकता आई है। विज्ञान, मनोविज्ञान, समाजशास्त्र तथा सृजन शास्त्र (साइबरनेटिक्स) के विभिन्न प्रयोगों ने मनुष्य की आंतरिक व्यवस्था की संभव पहचान की है। सृजन शास्त्र ने तो रचना-प्रक्रिया का सर्वांग विश्लेषण ही किया है। इस शास्त्र ने मनुष्य के इन प्रश्नों का बखूबी उत्तर दिया है कि वह क्यों, कैसे, किस तरह रचता है। उसने समूचे सृजनात्मक कृत्य का ब्योरा उपलब्ध कराया है। रचना के प्रसंग में सृजन शास्त्र ने यह भ्रम तोड़ा है कि रचना का काम केवल मानसिक आवेश की अभिव्यक्ति है। खोज कार्य तथा अनुभवों की तार्किक प्रामाणिकता से उसका सरोकार नहीं है। इस अनुसंधान के द्वारा सृजन की क्रियाएँ विज्ञान और कला के रिश्ते समीपी हुए हैं। विशेष रूप से रचना अन्वेषण और तार्किकता के परहेज से न केवल मुक्त हुई है, वरन् ये अनिवार्य गुण प्रतीत हुए हैं। इसका अर्थ यह नहीं कि रचना की अद्वितीयता नष्ट हुई है।

वास्तविकता यह है कि अब रचना वस्तुपरक ढंग से सच्चे अर्थों में अद्वितीय कही जा सकती है।

रचना प्रक्रिया पर दो तरीकों से विचार किया गया है। प्रथम रचनाकार की दृष्टि से, दूसरा आस्वादक या समीक्षक की दृष्टि से। दोनों पद्धतियों का विश्लेषण पूरक रचना के सौंदर्यशास्त्र को व्यापक बनाता है। मुक्तिबोध इनके अंतर को स्पष्ट करते हैं। लिखते हैं, ''पाठक आलोचक के ध्यान का जो प्राथमिक है, वह अंतर्जगत है और रचयिता के ध्यान का जो प्राथमिक केंद्र है—वह है अंतर्जगत की प्रतिनिधिक शब्दाभिव्यक्ति और कलात्मक संगति और निर्वाह''[33] अंतर के कारण इसलिए हैं क्योंकि अंर्तजगत की तैयारी और व्यक्तित्व का अर्जन रचनाकार की नागरिक समस्या है। नागरिक के रूप में अर्जित व्यक्तित्व को वह रचना के रूप में तभी ढाल पाता है जब रचने की कलात्मक परंपरा और पद्धतियों को भी अपनी संवेदना में घोल सके और अभ्यास कौशल के द्वारा उन्हें रचने की दक्षता हासिल करे। कलात्मक दक्षता के कारण ही उसकी रचनात्मक प्रक्रिया पूरी संगति प्राप्त करती है। जहाँ तक आलोचक का संबंध है कलात्मक दक्षता की विभिन्न भंगिमाओं और उसके संवेदनात्मक इतिहास बोध के साथ ही वह रचना के आस्वादन के योग्य हो पाता है। उसके सामने रची हुई वस्तु होती है। उसकी सारवस्तु में धँसने की क्षमता उसमें तभी विकसित हो पाती है जब वह सृजन शास्त्र की बारीकियों को जानता है। ये बारीकियाँ उसे रचना में प्रवेश की अनुमति देती हैं। वह क्रमशः रचना के माध्यम से रचनाकार के अंतर्जगत में पहुँचकर उसमें डूब-उतराकर उसकी जाँच पड़ताल करता है। यहाँ तक पहुँचे वगैर उसका समीक्षण शुरू नहीं हो सकता और कलात्मक दक्षता हासिल किए वगैर रचनाकार रचना को संगति नहीं दे सकता। सृजन प्रक्रिया के दो स्थल विभाजनों के अलावा एक विशिष्ट बात है कि प्रत्येक रचनाकार की सृजन प्रक्रिया अपेक्षाकृत भिन्न होती है। इसलिए कि रचनाकार के स्वायत्त व्यक्तित्वालोक से आती है। व्यक्तित्व की भिन्नताओं के कारण वह दूसरों से भिन्न तथा सारवस्तु की सांस्कृतिक सामाजिक सामान्यता के कारण वह प्रेषणीय सार्वजनिक होता है। सामान्यता और विशिष्टता का द्वंद्व ही रचना को अद्वितीय बनाता है। अद्वितीयता के कारण रचना प्रक्रिया की भिन्नता स्वतः सिद्ध है। ऐसी स्थिति में जब हम तत्व के रूप में रचना प्रक्रिया का प्रश्न उठाते हैं तो कतिपय सृजनशास्त्रीय अथवा अनुभाविक आयामों का अमूर्त विश्लेषण ही होता है। विश्लेषण की अमूर्तता वह जो रचना प्रक्रिया और सौंदर्यशास्त्र के व्यापक तथा ठोस अनुशीलन पर आधारित है।

एक साहित्यिक की डायरी में मुक्तिबोध द्वारा रचित केशव और वाचक नाम का संवाद और कुछ नहीं रचना प्रक्रिया पर पाठक और रचनाकार की दृष्टियों का विमर्श है। एक है जो सौंदर्य शास्त्र की समस्याओं से उलझा है और दूसरा अपनी आंतरिक हलचल का साक्षात्कार करने में। एक का प्यार कला के चिंतन से है और

दूसरे का कला की रचना से। दोनों में एक-दूसरे को झेलने का साहस होना—वस्तुतः पूरक संबंधों को तोड़ना है। यह मानवीय कर्म का विभाजन कहा जाएगा। मुक्तिबोध रचनाकार के नाते आपसी दूरी, रंजिस और झेलने की अरुचि के मनोविज्ञान से लैश पाठक और कवि को सामने लाते हैं। वे दोनों बाध्य होते हैं—झेलने के लिए। क्रमशः उनमें निकटता विकसित होती है और पाते हैं कि उनकी दूरी अंततः नहीं है। आपसी द्वंद्व के दौरान पाठक-आलोचक गंभीर परंपरागत शब्दावली को बोझिल ढंग से पेश करता है, जिससे कवि को चिढ़ है। रचनानुभव में वस्तु पक्ष की जो गतिशील तरंगें होती हैं—वे उससे गायब रहती हैं। उसकी भाषा में रचनात्मकता का अभाव रहता है। स्पष्ट लग जाता है कि आलोचक की धारणाओं में रचना की आंतरिक यात्रा नहीं है। डायरी में कला के तीन क्षणों की बातचीत जहाँ समाप्त होती है—दोनों एक निष्कर्ष पर पहुँचकर तृप्त नजर आते हैं। रचना प्रक्रिया पर की गई बहस से कई तरह के निष्कर्ष पैदा होते हैं, जिन पर स्वतंत्र रूप से चर्चा जरूरी है। यह प्रसंग रचना प्रक्रिया की रचनात्मक और सौंदर्य शास्त्रीय व्याख्या का है।

रचना प्रक्रिया : सौंदर्य तात्विक

पहले सौंदर्यशास्त्रीय ढंग से आलोचकीय व्याख्या। भारतीय काव्यशास्त्र में अधिकांश व्याख्या आलोचक-पाठक की ओर से की गई है। इसके कारणों के बारे में तरह-तरह की धाराणाएँ हैं। एक धारणा यह भी है कि रचनाकार के लिए रचना का कोई वस्तुपरक मूल्य नहीं होता। वह स्वान्तः सुख के रूप में रचना के सुख को अपने अंतर में भोग लेता है। जब वह उसे लिपिबद्ध करता है—तब वह दूसरों के लिए "कृति" रचता है। जब वह स्वयं कृति की व्याख्या करता है, तो वस्तुतः सृजन-प्रक्रिया को दोहराता है। यह व्याख्या कृति में न कुछ जोड़ती और न उसका समीक्षण करती। वह केवल घटित प्रक्रिया को दोहराती है। ये दानों प्रक्रियाएँ स्वतंत्र नहीं पूरक हैं। अभिनव गुप्त कहते हैं, "प्रतिपत्ता की प्रतिमा के साथ सहकार होना हम लोगों ने द्योतन के प्राण के रूप में कहा है।"[34] आशय यह कि रचनाकार के भाव, विचार, पात्र—पाठक की चेतना से अर्थ प्राप्त करते हैं। "कथाओं काव्यों या नाटकों के पात्रों को हमारा राग द्वेष आदि न मिले, तो उन्हें जीवन ही न प्राप्त हो सके, वे निरर्थक होंगे। सृष्टा स्वयं अपने व्यक्तित्व के विविध संवेदनों, भावों एवं विचारों से अपनी कृति के पात्रों की रचना करता है और सर्वत्र उपस्थित रहकर भी किसी एक पात्र में व्यक्त नहीं होता।"[35] यह सही है कि पाठक या अभिनव के शब्दों में अनुशीलन सहृदय के रूप में सृष्टि के रागद्वेषों की पहचान से ही रचनाकार का व्यक्तित्व बनता है, जिसे वह अनेक चरित्रों में बिखरा देता है। लेकिन यह सही नहीं है कि रचना का वस्तुपरक अस्तित्व नहीं होता। हकीकत यह है कि सृष्टि के रागद्वेष सहृदय द्वारा आत्मीकृत-प्रतिबिंब, रचना में उनकी आकृति और पुनः सहृदय की चेतना से रचना

के पात्रों के राग-द्वेष के रूप में अपनी ही दुनिया की वापसी-सभी का वस्तुगत अस्तित्व है। इसीलिए इनमें सापेक्ष स्वतंत्रता रहती है कोई इकाई नकल नहीं होती। रचयिता और गृहीता के अंतर्संबंधों पर कायम ये इकाइयाँ—दोनों के व्यक्तित्व से निर्मित होती हैं, इसीलिए उनमें अतिरिक्त जोड़ भी संलग्न रहता है। काव्यशास्त्र में प्रयुक्त शब्द तादात्म अथवा साधारणीकरण की प्रक्रिया ऐसी नहीं है, जिसे किसी एक इकाई का पूर्ण विलय कहा जा सके। पूर्ण विलय की अवस्था में दोनों एक-दूसरे के द्वारा सामान्य अवस्थाओं में डूबकर अपनी विशिष्ट अवस्था के जरिए पड़ताल का अधिकार अपने पास रखते हैं। संस्कृत काव्य शास्त्र में रचयिता के व्यक्तित्व को काफी महत्त्व दिया गया है। ध्वनिकार के इस कथन में, "यदि कवि शृँगारी है तो उसकी काव्य रसमय हो जाता है और यदि वह वीतराग है तो सब-कुछ नीरस हो जाता है।"[36] यह तथ्य ही निहित है कवि का जैसा स्वभाव होता है, उसी के अनुसार उसका सृजन रहता है।[37] कवि स्वभाव में उसकी प्रयोजनीयता पराजित होती रहती है, उसका काव्य हेतु (प्रतिभा, निपुणता और अभ्यास) निर्धारित होता रहता है। इस तरह सृजन चेतना और सर्जना में निरंतर द्वंद्वात्मक संबंध होते हैं। ये संबंध जब भी स्थिर होते हैं—रचना अपना बुनियादी गुण छोड़ देती है। काव्य के जिन प्रयोजनों की चर्चा हुई है—वे हैं—यश, अर्थ, व्यवहार शिक्षा, अमंगलनाश, निवृत्ति, कांता के समान आकर्षक उपदेश आदि। ये उद्देश्य यदि रचना में रहते हैं तो दैवी प्रेरणा से रचनाकार को इनकी प्रतीति नहीं हो सकती। रचना में अज्ञात शक्ति के स्फुरण से इनका समावेश असंभव है। उसकी रचने की प्रेरणा या विवशता अहेतुक होकर निश्चित प्रयोजनों की पूर्ति कैसे कर सकेगी। स्पष्ट है कि यहाँ आस्वादन रचना के रहस्य से परिचित न होने से उसके उस वर्ग का श्रेय दैवी शक्ति को देता है। यह अंतर्विरोध है कि वह काव्य को दैवी प्रेरणा भी मानता है और रचनाकार से सामाजिक उद्देश्यों की पूर्ति की अपेक्षा भी करता है। हमारे लिए दैवी प्रेरणा का इतना ही अर्थ है कि प्रयोजनों से संबंधित कवि जब बाह्य सामग्री को अपनी बना लेता है, उसका वह आत्मीकरण कर लेता है, तब रचना के लिए तैयार होता है। यह उसकी रचना प्रक्रिया का अंग है। अलंकार आचार्य रुय्यक का कथन है कि कवि प्रतिभा का पहला काम बहिर्मुखी होना है; जिससे वह बाह्य जगत का साक्षात्कार कर सके। साक्षात्कार से अर्जित सामग्री कवि की दृष्टि के अनुरूप ढलकर आती है, "प्रत्यक्षत्व केवल वस्तु का धर्म नहीं होता, सृष्टा का अपेक्षा से ही वस्तु का वैसा भाव होता है।"[38] यह ठीक है कि अर्जित सामग्री में रचनाकार की दृष्टि के शामिल रहने से वह सामग्री वस्तु जगत की अनुकृति नहीं होती। लौकिक प्रत्यक्ष को सृष्टा संवेदना, भावना, समाधि आदि की क्रियाओं से ले जाकर उसे बिलकुल और तरह की बना देता है। काव्य शास्त्र के विभिन्न शिविर—रस, ध्वनि, औचित्य, रीति, वक्रोक्ति, अलंकार प्रायः आस्वादक की ओर से आस्वादन प्रक्रिया की प्राथमिकता के साथ रचना प्रक्रिया पर विचार करते रहे हैं। कवि को सृष्टा, प्रजापति

आदि कहते हुए भी उसके व्यक्तित्व को बहुत बारीकी से खोलने में संलग्न नहीं हुए। पश्चिम में आस्वादक के साथ-साथ कवि मुखी रचना प्रक्रिया पर लगातार बहस होती रही है। स्वयं कवि उसमें शरीक रहे हैं।

सृजन शास्त्र, मनोविज्ञान, समाजशास्त्र और मस्तक विज्ञान, शरीर विज्ञान के अनुसंधानों के कारण रचनाकार की अंतर्प्रक्रिया को अथवा सौंदर्यशास्त्री ठीक तरह से जानता है। जिसे लोगों ने दैवी प्रेरणा कहा था—उसे भी शोधकर्त्ताओं ने अवचेतन या अनचेतन का लोक कहा है। अवचेतन की सामग्री और उसकी गतिविधियाँ रहस्य मूलक नहीं रही हैं। रचनाकार की सृजन प्रक्रिया की आंतरिक प्रेषणीयता और कलावस्तु के रूप में बाह्य प्रेषणीयता में अंतसंबंध होते हैं। उनमें कारण कार्य का रिश्ता भी कई मामलों में रहता है। आंतरिक प्रेषणीयता में कवि उत्तेजनाओं, संवेगों के द्वारा अवचेतन की अव्यवस्थित सामग्री से जूझता रहता है। सामग्री का चेतन से अवचेतन में जाना और वहाँ से चेतन में आना जारी रहता है। उससे रचनाकार का बोध समृद्ध होता है। जब इस बोध को वह रचना में ढालने के लिए प्रवृत्त होता है, तो उसकी अमूर्त और अव्यवस्थित सामग्री व्यवस्था की खोज में निकल पड़ती है। रचना प्रक्रिया यहीं से शुरू होती है। अव्यवस्था से व्यवस्था की खोज और अंततः एक कलात्मक व्यवस्था में परिणति—यही इसका राज है। सौंदर्य शास्त्री कवि की जीवनी स्वभाव, रचना प्रसंग, शब्द प्रयोग प्रतीक रूपक का चुनाव कल्पना बिंबों की अंतर्वस्तु रचना की व्यंजना, चरित्रों का वर्ग आदि के कलात्मक उपयोग से ढली रचना से गुजरते हुए कदम-कदम पर ठहरता है। वह रचना के अणुओं को अपनी ज्ञान-मीमांसक शक्ति के द्वारा जाँचता है तथा परिणामों से अवगत कराता है। वह प्रवाही न होकर अन्वेषक की भूमिका अदा करता है। उसके द्वारा रचना प्रक्रिया की चर्चा मूलतः उसकी व्याख्या है। रचना प्रक्रिया की कमजोरियों का खुलासा पड़ताल और व्याख्या के बाद का है। व्याख्याकार सौंदर्य शास्त्री इसीलिए प्रक्रिया को टुकड़ों में बाँटकर कहीं मनोविज्ञान के प्रमाणों से कहीं सृजन शास्त्र अथवा अन्य प्रमाणों से तौलता और उनकी प्रकृति का विश्लेषण करता है। सृजन शास्त्र की ही तरह इस व्याख्या में पावलोववादी मनोविज्ञान सहायक सिद्ध होता है। इधर लोगों ने कहना शुरू किया है कि मैं एक लंबी कविता में काम कर रहा हूँ। वे कविता करने को काम करने की संज्ञा अनजाने में नहीं देते। वे सही अर्थों में श्रमिक की भूमिका में होते हैं। मस्तिष्क और शरीर दोनों सक्रिय होते हैं। श्रम के मूर्त-अमूर्त सभी औजार उसमें सक्रिय रहते हैं। वर्षों काम करने के बाद कई बार कोई कविता सामने आती है। यह संपादन और संशोधन का काम करते हुए ही होता है। पावलोवी मनोविज्ञान का कहना है कि श्रम का परिणाम अनिवार्यतः 'कृति' होती है। रचनाकार भी इसी कारण रचना के रूप में काम का परिणाम सामने लाता है। श्रम के दौरान शारीरिक क्रियाएँ होती हैं तनाव होते हैं, विशेष अवस्था में रक्त प्रवाह की मात्रा घटती-बढ़ती है, मांस-पेशियाँ

सिकुड़ती-फैलती हैं—रचना करते हुए भी ये क्रियाएँ अपने अनुपात में संपन्न होती हैं। रचना प्रक्रिया के विश्लेषण को मूलतः पाँच भागों में विभक्त किया जा सकता है। प्रथम—अवचेतन क्रिया, द्वितीय—अवचेतन से चेतन में छलाँगने की क्रिया, तृतीय—चेतन क्रिया, चतुर्थ—चेतन अचेतन की अन्योन्याश्रित सतत क्रिया और अंततः माध्यम में रूपांतरण की क्रिया। ये क्रियाएँ क्रमशः घटित होती हैं तो सृजन में विकास होता रहता है।

अवचेतन क्रिया

मनोविज्ञान ने अवचेतन मस्तिष्क के अध्ययन में बहुत मदद की है। यह ज्ञात रहस्य है कि अवचेतन की सामग्री वास्तविक जगत की ही है। चयन की प्रक्रिया असामयिक होने के कारण अवचेतन की सामग्री में कोई तारतम्य नहीं होता। इसीलिए उसका प्रकाशन भी अनियंत्रित ढंग से होता है। स्वप्न अथवा दिवास्वप्नों में अवेचतन की ही सामग्री होती है। व्यवस्थित सामग्री के अर्थ को समझने की आदत के कारण स्वप्न और दिवास्वप्नों का रहस्य नहीं जाना जाता था। इस रहस्य पर प्रसिद्ध मनोविश्लेषक फ्रायड, जुंग और एडलर ने शोध किया है। इस दिशा में फ्रायड का विश्लेषण आरंभिक है। वह अधिक प्रतिनिधिक नहीं हो सका। उसका कहना था कि मनुष्य में न सृष्टि को जानने की शक्ति है और न बदलने की। वह केवल अपनी प्रतीति की व्याख्या करता है। इनका योगदान अवचेतन की खोज में है। उन्होंने चेतन और अवचेतन के बीच एक पर्दे की कल्पना की है—जिसका काम चेतन की पहरेदारी है। यह पर्दाअवचेतन में दमित इच्छाओं-संवेगों आदि को चेतन की ओर जाने से रोकता है तथा उन्हें चेतन से छिपाता भी है। अवचेतन की मूल प्रकृति इनके अनुसार यौन मूलक होती है। जुंग ने परंपरागत-जातीय चेतना को अवचेतन की सारवस्तु माना है। आदिम युग से बनती हुई मानसिक रचना और आद्यबिंब, मिथकीय बिंब या धारणाएँ—मनुष्य को उत्तरोत्तर अनायास ही मिलती हैं। इन्हीं के कारण संवेगों में तीव्रता आती है। आदिम बिंबों के ही कारण मनुष्य परंपरा जाति या समूह का प्रतिनिधि बन जाता है। जुंग की मान्यता है सृजन प्रक्रिया के समय रचनाकार का मानस इसी परंपरागत उत्तराधिकार के कारण उत्तेजित होता है वह रचना करते हुए बार-बार विरासत के आद्य-बिंबों मिथों के अर्थ खोजता और रचता है। जुंग ने दाँते, मिल्टन और गोएदे जैसे रचनाकारों की अवचेतन क्रिया का विश्लेषण किया है। इस अध्ययन की कमजोरी यह है कि वह मनुष्य के अर्जित ज्ञानकोश की परीक्षा नहीं कर सका। अवचेतन क्रिया को भाववादी दार्शनिक अध्ययन के दायरे में लेकर रचना की स्वयं प्रकाश्य ज्ञान, सरस्वती या शंभु का प्रसाद कहा गया है। क्रौंचे ने कला की संपूर्ण रचना प्रक्रिया को मानसिक कहकर मानसिक क्रिया की प्रेरक शक्ति स्वयं प्रकाश्यज्ञान को बताया। पावलोव ने अवचेतन की क्रिया का अध्ययन शरीर वैज्ञानिक

आधार पर किया। उसने शरीर के ऊपर पड़ने वाले बाह्य दबावों के आलोक में स्वप्नों-दिवास्वप्नों और सृजनप्रक्रिया की व्याख्या की। शरीर की क्रिया के साथ वस्तुजगत का संबंध और काम के साथ रचना का संबंध जोड़कर पावलोक ने निष्कर्ष निकाला कि सोचते हुए मनुष्य का मस्तिष्क ही नहीं, संपूर्ण शरीर और व्यक्तित्व सक्रिय रहता है। मस्तिष्क की गतिविधियाँ निरपेक्ष नहीं हो सकतीं। प्रश्न है कि ऐसा हुआ क्यों ? मानसिक गतिविधियों को शरीर तथा भौतिक परिवेश से काट क्यों दिया गया ? इसका उत्तर साफ है। पूर्व और पश्चिम दोनों जगहों में इस विभाजन का दोष सामंती व्यवस्था को है। इस व्यवस्था ने अपने दर्शन और धर्म की स्थापना में यह प्रावधान किया। उन्होंने ज्ञान का केंद्र प्रतिभा या प्रज्ञा को कहा। ज्ञान को ही उन्होंने सृष्टि का कारक घोषित किया और उसको धर्म का प्रत्यय बना दिया। इसका परिणाम यह हुआ कि मानसिक गतिविधियाँ चेतन या अवचेतन—दोनों को अलौकिक, अनिर्वचनीय, निर्विकल्प, सात्विक और पवित्र करने के प्रयास में लौकिक संपर्क से काटने की चेष्टा हुई। धर्म और दर्शन के क्षेत्र में लगातार मतभेद बने रहे क्योंकि शून्य और अमूर्त्त ज्ञान में सहमति हो ही नहीं सकती। अनुमान पर आधारित ज्ञान प्रक्रिया का निर्णायक आधार क्या हो सकता है। अभिनव गुप्त का अभिव्यक्तिवाद, कांट का संघटनावाद, शोपनहाअर और लाक के विचारवाद आदि भाववादी प्रभा मंडल को मजबूत ही बनाते हैं। आत्मा पर अत्यधिक विचार करने के बावजूद यह ऐतिहासिक धारा आत्म निर्वासन को प्रेरित करती रही है। शायद इसीलिए मनोवैज्ञानिक को विश्लेषण के लिए वह मनुष्य मिला—जिसकी अंतवृत्तियाँ अवदमित और गुप्त हैं, जिसकी सामूहिक चेतना भौतिक रूप में सुप्त है और जो सपनों या कलाओं में अपनी क्षति पूर्ति करता है।

अवचेतन से चेतन में छलाँग की क्रिया

सृजन शास्त्र और रचना प्रक्रिया के सामने इन्हीं उलझी, विवादास्पद और अविश्वसनीय परंपराओं के कारण अनिवार्य चुनौती थी—रचनाकाल की क्रौंध, आवेश और स्फोटात्मक प्रेरणा के अनुशीलन की रचना में उपलब्ध भ्राँति का वास्तविक संसार से रिश्ता खोजना भी। कृतिकार की सामान्य उदासीनता, पागलपन, एकांत प्रियता, संवेदनशीलता को समझने के लिए अवचेतन की प्रक्रिया का प्रामाणिक विश्लेषण आवश्यक था। इसके बिना भ्रमों से मुक्ति संभव न थी। हीगेल ने विकास के केंद्र में चेतनागत अंतर्विरोध को देखा जिसे मार्क्स-एंगेल्स ने उलट दिया। उन्होंने सामाजिक जीवन तथा वस्तुजगत में विकास के अंतर्विरोध पहचाने। यह वह काल था—जब एक बार पुनः मनुष्य के चिंतन, सृजन और श्रम में अनिवार्य संगति की पहचान हो पाई मात्रात्मक विकास की अवस्था के छलाँग लगाकर गुणात्मक स्थिति में रूपांतरण के सिद्धांत ने अवचेतन की कौंध और स्वतः स्फूर्तता के अध्ययन में मदद पहुँचाई। समझ लिया गया कि

पहले पदार्थ से आंतरिक (चेतन+अवचेतन) जगत की बाह्य जगत से समरूपता है या नहीं—इसीलिए विचार, ज्ञान और धारणाओं के रूप में उपलब्ध आंतरिक जगत की बाह्य जगत परीक्षा करता है। परीक्षा की पहली जगह अवचेतन से चेतन में अवतरण की है। दोनों को विभाजित करते परदे को बार-बार लाँघने वाली कौंध अंततः प्रतीकों, बिंबों में तब्दील होती है। प्रतीक और बिंब ऐतिहासिक रूप से विचारों से जुड़े होते हैं। अवचेतन क्रिया वस्तुतः अमूर्तन के लोक की क्रिया है—जो व्यवस्था से जन्म ग्रहण करते भी अवस्थित रहती है। सृजन शास्त्र की स्थापना है कि चेतन और अवचेतन के बीच का पर्दा रचना प्रक्रिया के दौरान बहुत महत्त्वपूर्ण है। वही जगह है जहाँ सृजन का बुनियादी काम होता है। कालरिज ने उसे "गोधूलि क्षेत्र" कहा, फ्रायड ने मध्य का पर्दा, रमेश कुंतल मेघ ने देहरी जैसा नामकरण किया। वास्तव में यह ऐसी स्थिति है—जहाँ रचनात्मक सही आजादी का उपयोग होता है। वहाँ रचनाकार स्वयंभू, निरंकुश अनुभव करता है। इस जगह का स्फुरित आवेश ऐसा क्षण है जिसे यदि स्वतः स्फूर्त कहें, तो कोई हर्ज नहीं। आवेश जब तक क्रौंध या छलाँग की अवस्था में नहीं आता, तब तक दमित इच्छाएँ, जाति या वर्ग की आस्थाएँ उसे कचोटती रहती हैं। कचोट को न देख सकते हुए वह उनके द्वारा नियंत्रित रहा आता है। इस अवस्था में आकर वह कौंध इस तरह होती है जैसे जेल से छूटा हुआ कैदी। रचनाकार में इतने दबावों के बीच जाने के कारण मुक्ति के लोक में आ जाने की खुशी, चंचलता, आवेश-सब-कुछ उसके पास यहाँ होता है। अवचेतन की गड्डमड्ड स्थिति से मुक्ति का यह लोक निरपेक्ष न होकर वस्तुतः उसका ही प्रतिफल है। उससे गुण में भिन्न, स्वभाव से अलग-पर पूर्व से संबद्ध। संबद्ध अर्थात् उसको अर्थ प्रदान करने वाली स्थिति। निराधार कल्पना की उड़ान और आकृतियों को यहाँ से अर्थ मिलना शुरू हो पाता है। इस समय रचनाकार का आवेश कई बार उसे उन्मत्त कर देता है। वह अपनी स्थिति तक भूल जाता है। उन्माद और कुछ नहीं-उसकी आंतरिक ऊर्जा है। ऊर्जा की तेजी इस बात पर निर्भर है कि उसकी अवचेतन की क्रिया में कितना संचय, शक्ति, तनाव और हलचल है। ज्ञान की मीमांसा जितनी गहरी धँसी होती है, बाह्य उत्तेजना को वह जितनी समानुरूप सामग्री दे पाती है—ऊर्जा उतनी ही शक्तिशाली और टिकाऊ होती है। आवेश में सार्थकता-निरर्थकता का निर्धारण अवचेतन की अमूर्त सामग्री ही करती है। जाहिर है कि यह अमूर्त सामग्री वह है, जो अनुभव, लक्ष्य और चिंतन-मनन की पूर्व उपलब्धियों से ठोस समीकरण के विस्मरण को स्थान देती है। विस्मरण को स्मरण में लाने का काम बाह्य उत्तेजनाएँ और प्रतिक्रियाएँ करती हैं। बाह्य उत्तेजनाओं के कारण कभी कर्म के बीच और कभी सपनों में उपस्थित उत्तेजना के कारण अंतर का विस्फोट होता है। वह विस्फोट अपनी तात्कालिकता में नहीं पहचाना जा सकता। उस अवस्था के पूर्व मानस में जो कुछ निष्पक्ष होता है उसका बहुत सा हिस्सा विस्फोट के साथ बाहर आता है। उसको धरती के विस्फोट

से समझा जा सकता है। हजारों वर्षों से नीचे की अग्नि और भाप के कारण तत्वों खनिजों में जो रासायनिक क्रिया होती रहती है–जमीन की ऊपरी परत को फोड़ने की शक्ति अर्जित करते ही अचानक उस क्रिया की ऊर्जा विस्फोट करती है। वह विस्फोट काफी भयानक होता है। एकबारगी धरती के भीतर से लावा बाहर आकर छितर जाता है। उस ज्वाला में ऊपरी परत के जोर को ध्वस्त करने की क्षमता होती है। ज्वाला की शक्ति का अनुशासन आंतरिक क्रिया में निहित होता है। देखने में वह अराजक होती है, पर धरती की आंतरिक क्रिया का वैज्ञानिक अनुशीलन करने वाले के लिए नहीं। सृजन प्रक्रिया का विस्फोट इसी तरह का होते हुए कम परिभाषेय किंतु अधिक शक्तिशाली और सार्थक दिखता है क्योंकि वह सजीव मनुष्य की क्रिया है। मनुष्य की सचेष्ट अवस्थाओं का भी सहयोग इसमें कहीं न कहीं निहित होता है। सूक्ष्म दृष्टि से देखने पर इस विस्फोट में कलाकार की रुचियाँ, अभिलाषाएँ और जीवन की दिशा का भी एहसास मिलता है। कालांतर में विस्फोट की क्रिया से प्राप्त सामग्री कुतूहल और विस्मय का कारण नहीं रह जाती। वह अभ्यास के अधीन कर ली जाती है। यह जानी पहचानी लगने लगती है। वह अनुभव में जोड़ बन जाती है। वह स्वभाव और मानस के ज्ञात केंद्र में आ जाती है। उसकी मौलिकता का जोश समाप्त हो जाता है। कलाकार फिर सामग्री को यदि विस्फोट या मौलिकता के नाम पर सामने लाता है, तो वह वस्तुतः दोहराने लगता है। बाह्य उत्तेजनाएँ तथा आंतरिक विस्फोट की क्रिया उसके लिए महत्त्वहीन हो जाती हैं। उस समय उसको तनाव का अनुभव नहीं होता। तनाव का अनुभव न होना धीरे-धीरे उसकी ज्ञानेंद्रियों की असफलता घोषित करता है।

चेतन क्रिया-विवेक पूर्ण अनुशासन

अवचेतन की क्रिया के विस्फोट से प्राप्त मौलिक रहस्यों को रचनाकार रचनात्मक चेतन में पाकर प्रसन्न होता है। उसे प्रसव पीड़ा के बाद माता की पुत्र जनन जैसी खुशी होती है। पुत्र के पालन-पोषण, शिक्षण और परिष्करण के लिए जैसे माता-पिता अपने समूचे स्वत्व का उपयोग करते हैं, उसी तरह रचनाकार इस विस्फोटित मौलिक ऊर्जा को सम्हालने, उसे अनुकूल आकृति देने का काम करता है। वह सामग्री को सम्हालते हुए उसे व्यवस्थित करता है। सामग्री के साथ रचनाकार अपने संकल्प-विकल्प, साहचर्यों की तस्दीक से उसे समृद्ध करता है। चेतन की तार्किक, ठोस और यथार्थ सामग्री को पाकर अंतर की मौलिक सृजन शील सामग्री सुलझने लगती है। चेतन की सावधानी में रचनाकार की आलोचकीय व्यक्तित्व की भूमिका होती है। वह अंतर से आई हुई अव्यवस्थित और भ्राँति मूलक सामग्री को तौलता और उसके रेशों को जाँचता है। यहाँ आलोचक और रचनाकार की मुठभेड़ रचना प्रक्रिया का महत्त्वपूर्ण अंग है। लेखक यदि कवि है तो आलोचक को अपने अधीन

कर लेता है। उसकी राय को आत्मसात कर उसे लाँघ जाता है। वह अपनी मौलिकता पर उसे हावी नहीं होने देता। वह उसके निदेशों को सिद्ध करने में भी उसे पीछे छोड़ देता है। यथार्थ से कल्पना और प्रेरणा का टकराव होता है तो कल्पना यथार्थ को अपनी संभव चेतना में उसे बाँध लेती है। यथार्थ से टकराने के कारण कल्पना में संकल्प और निश्चयता का बोध रहता है। रचना का जितना गहरा यथार्थ से जीवंत संपर्क होता है—उसकी कल्पना और सपनों में उतनी ही निश्चयता और आत्मविश्वास मिलता है। कल्पना और यथार्थ के रिश्तों से स्मृतियों के सहाचर्य भी उतने ही विश्वसनीय बन पाते हैं। कवि में आलोचक का अनुशासन स्वचालित होता है। यदि नहीं हुआ तो उसकी रचना अधूरी होती है। उसकी साधना में कमी रहती है। चेतन क्रिया में मनुष्य की जीवंत इच्छाएँ और आवश्यकताएँ मँडराती रहती हैं। विस्फोट से प्राप्त सामग्री में इनकी शक्ल मिल जाती है। ''जीवंत आवश्यकता, माध्यम, विषययुक्त एवं कर्त्ता से अनुस्यूत होती है। अतः सृजन में सहज विकास के साथ-साथ चेतन एवं तार्किक विकास भी होता चलता है। संकल्प कृति के संशोधन, सुधार, प्रमाणीकरण में भी सृजन के बहिर्मुखी चरण में सहायक होता है।''[39] चेतन की क्रिया रचना प्रसंग में प्रकट होने के लिए किया जाने वाला सचेष्ट प्रयास है। सचेष्ट होने के कारण यहाँ अनियंत्रित कल्पना की काट-छाँट हो जाती है। काट-छाँट का काम आलोचनात्मक विवेक करता है। वह स्वप्नों या फंतासियों को अर्थ पूर्ण बनाती है। अवचेतन के सहयोग से चेतन को गहराई मिलती है, जबकि चेतन के सहयोग से अवचेतन अर्थवान हो उठता है। चेतन का संबंध जागरूक सार्थकता से है, इसलिए अर्थ की अभिव्यक्ति के माध्यम यहीं बनने लगते हैं। अंतर का विस्फोट माध्यमों से भर जाता है। वे माध्यम प्रतीक, बिंब आदि हैं। कह सकते हैं कि अवचेतन की अमूर्त ऊर्जा चेतन में आकर प्रतिबिंबित होती है। यहाँ का आवेश बिंबों और प्रतीकों में ढल जाता है। बिंब और प्रतीक दो प्रकार के होते हैं—दृश्य और परंपरागत। परंपरागत बिंब साहित्येतिहास की गंभीर छान-बीन से अर्जित होकर अवचेतन में पड़े रहते हैं। वे बाह्य उत्तेजनाओं के साहचर्य से चेतन में ढलकर आते हैं। ढलकर आने का अर्थ—उस नए कथ्य के घोल में शामिल होकर। दृश्य बिंब चेतन में मौजूद होते हैं और कुछ पूर्व अनुभव से प्रमाणित विस्मरण में डूबे रहते हैं। वे भी चेतन में आते हैं। साहचर्यों की उपस्थिति चित्त की एकाग्र करने की क्षमता पर निर्भर होता है। चेतन मस्तिष्क जितना विवेक पूर्ण, शोधी, तथ्यान्वेषी, रहस्यभेदक, पारदर्शी होता है—रचनाकार का अवचेतन उतना ही ठोस संगति में ढलता है। रोमानी कवि जब ''वही होगी कविता अन्जान''[40] अथवा ''भावों का उच्छलन[41] को कविता की पहचान बताते हैं तो वे अप्रत्यक्ष रूप से यह उजागर करते हैं कि उनका अवचेतन अन्वेषी नहीं है। उन्होंने आलोचनात्मक विवेक की चिंता व्यक्तित्व के अर्जन के लिए नहीं की। अपेक्षाकृत उनका व्यक्तित्व संदर्भों का धनी नहीं है। चेतन मस्तिष्क की क्रिया के द्वारा अवचेतन

का नियंत्रण न होने से रचना में निरर्थकता का अंश अधिक रहता है। अमूर्त प्रतिच्छवियों को अनुकूलता नहीं मिल पाती। रचना को सारवान, अभिलाषा पूर्ण बनाने के लिए आलोचनात्मक विवेक का द्वंद्व अनिवार्य है। इसका अर्थ हुआ कि देश-काल के बीच अनुकूलित प्रतिच्छवियाँ (कंडीशंसरिफलेक्सेस) रचना को निरुद्देश्य होने से रोकती है। ''कला के लिए कला'' के सिद्धांत अथवा विशुद्ध कविता के नारे इसीलिए रचनाप्रक्रिया के पूरे साक्षात्कार से नहीं बनाए जाते। रचनाकार की उन्मुक्तता, स्वतंत्रता, मस्ती का अर्थ गलत ढंग से नहीं उठाया जाना चाहिए। उदाहरण के लिए एक सितारवादक जितना कुशल, साधक, शास्त्र के सिद्धांतों को ऐंद्रिय राग दे सकने में निपुण होता है–उतना ही उन्मुक्त वादन करता है। वह आँख मूँदकर अपनी उँगलियों को आजादी से नृत्य करने देता है। अतः जितना ही वह शास्त्र कुशल, रागात्मक और साधक होता है, उतना ही उसकी उन्मुक्ता या स्वतंत्रता श्रोताओं को मुग्ध करती है। कला की ऐतिहासिक तथा समकालीन उपलब्धियों को निचोड़ने में ही रचनाकार का व्यक्तित्व पूरी तरह सक्रिय होता है। रचनाकारों ने इसे अपने को खोकर पाना कहा है। रचना के ऐतिहासिक का अनुचिंतन और साधन वस्तुतः अपने को खोने की प्रक्रिया है और अवचेतन की मौलिकता और प्रवाह को साधते हुए सौंदर्य बोध के द्वंद्व से नए रागात्मक प्रवाह में ढाल लेने को भावानुप्रवेश कहा गया है। बोध का गर्व भावानुप्रवेश में बाधक होता है। जब वह गर्व प्रवाह में शामिल हो जाए अथवा जब ऐंद्रिय रागात्मक बोध को अपने में मिला ले तब रचना से बिंब और चित्र बनने लगते हैं। चित्र के बिंब ऐंद्रिय आधार पर खड़े होते हैं, चिंतन के आधार पर नहीं। यही रचनाकार की शास्त्रकार पर विजय होती है। ''पुनर्नवा'' में हजारी प्रसाद द्विवेदी ने नृत्य साधिका मंजुला के नृत्य कौशल के हवाले से देवराज से कहलवाया ''बड़ा ही रमणीय साधन तुम्हें मिला है, देवि ! अपने को खोकर ही अपने को पाया जा सकता है। तुम्हारा नृत्य इसी महासाधना की ओर अग्रसर हो रहा है। इस महाविद्या के बल पर ही एक दिन तुम स्वयं को दलित द्राक्षा की तरह निचोड़कर महा अज्ञात के चरणों में दे सकोगी। अज्ञ जन दया का पात्र होता है, देवि ! अवश्य ही तुम्हें कुछ समझकर ही भावानुप्रवेश की अपेक्षा की होगी।'' देवरात के इस कथन से कई बातें स्पष्ट होती हैं–(1) रचना कर्म रमणीय साधन है। रमणीय का अर्थ ऐंद्रिय रागात्मक तादात्म्य से है। वस्तुजगत को निचोड़कर उसका रागमय प्रत्यावर्तन रचना में होता है। (2) रचनाकार रचना को अज्ञात के प्रति समर्पित करने का लक्ष्य ध्यान में रखता है। अज्ञात अर्थात् अनंत वस्तु जगत। इसका आशय यह कि रचना प्रक्रिया का एक अंग वस्तुजगत की चिंता भी है। चेतन क्षेत्र में वह इस बात की चौकसी बरतता है कि उसकी रचना का अभिलषित प्रभाव कैसे पड़ेगा ? रचनाकार की रचना में प्रकट इच्छा और पाठक की उससे ग्रहण की जाने वाली संवेदना में अंतराल रचना की कमजोरी होती है। इस संभव कमजोरी से रचना प्रक्रिया में रचनाकार टकराता है। (3) चेतन में अवचेतन

की द्वंद्वात्मक विजय से रचनाकार का भावानुप्रवेश होता है। यह स्थिति प्रवेश द्वार है जहाँ पहुँचकर वह विराट संभावना का सृजन करता है। रचना प्रक्रिया में चेतन का दायित्व बहुत गंभीर है। कथ्य और रूप दोनों में कहीं भी चूक की जिम्मेदारी उसी की है। रचना से पूरे अवयवों को साधने का काम उसी का है। जीवित जगत का विकल्प बनाने का कौशल यहीं हासिल होता है। दृष्टि की विविधता, भव्यता अनुभूति और चिंतन का संस्कार, जीवन परंपरा का अनुशीलन—यहीं सिद्ध होता है। सिद्धि के इस चरण में उसकी या पराई रचना का आलोचक—आस्वादक उपस्थित होता है। आलोचक-आस्वादक की उपस्थिति कई तरह से होती है। उदाहरण के लिए वह दैनंदिन जीवंत में रचनानुभव के बारे में, अपनी-पराई रचना के बारे में तमाम लोगों से बातें करता है। अपनी कविता सुनाता है, प्रतिक्रियाएँ पूँछता है, समीक्षा के लिए अपनी कविता सौंपता है, की गई समीक्षाएँ पढ़ता है, प्रभावित होता या उस समीक्षा से अपनी रचनात्मक संगति न बैठने के कारण अस्वीकार करता है, समीक्षा के विषय में धारणाएँ बनाता है—रचना का इतिहास और आस्वादकों की परंपरा से परिचित होकर सौंदर्यानुभव में वृद्धि करता है—यह सब वह क्यों करता है, कौन है जो उसके सौंदर्यानुभव में वृद्धि करते हैं ? वास्तव में अपने जीवित अनुभवों के अलावा बाह्य जगत के किसी स्रोत से प्राप्त रचना अनुभव आलोचकों की ओर से आए संशोधन और परिवर्धन हैं। रचना प्रक्रिया तो मूलतः रचयिता के सर्जनालीन अंतर्मन और उसकी कृति के रूपायन से संबद्ध हैं। प्रेषणीयता से स्वतः प्रक्रिया का संबंध तब जुड़ता है, जबकि रचयिता अपनी कृति के साथ ही अपनी कृति के आस्वादकों के विषय में सोचने लगता है।''[43] प्रभाव के बिना विचार और सौंदर्यानुभव नहीं बनते। ''मानसिक स्तर से चेतन स्तर तक पहुँचने की क्रिया में प्रभावों का, जो वे तत्व हैं, जिससे मानसिक अनुभव बनता है, विचारों में या (जो समान बात ही है) ऐंद्रिय अनुभव का कल्पनात्मक अनुभव में, परिवर्तन शामिल है। यह प्रभावों को विचार में, या संवेदन की कल्पना में बदलने वाली जानकारी की या चेतना की क्रिया है।''[44] स्पष्ट है कि चेतन क्षेत्र में अवचेतन और चेतन के द्वंद्व से अनुभव के चाक्षुष और तार्किक प्रभावों की कल्पना अपने आगोश में लेकर स्वयं ठोस होती है और चेतन को कल्पनात्मक अनुभव में ढाल देती है। कल्पनात्मक अनुभव की पहचान इसमें होती है कि वह चित्रित होने लगा है—उसमें बिंब और प्रतीक उभर आए हैं। ''कल्पनात्मक अनुभव होने के कारण यह एक संगत ऐंद्रिय अनुभव की पूर्व कल्पना करता है, जहाँ यह पूर्व कल्पना करता है—कहने का अर्थ यह नहीं है कि यह इसके बाद उत्पन्न होता है, अपितु यह एक कार्य द्वारा उत्पन्न होता है जो इसका इस में बदल देता है।''[45] कल्पनात्मक अनुभव की क्रिया वस्तुतः अवचेतन और चेतन के द्वंद्व से उत्पन्न रचनात्मक परिणति है—जो किसी भी उच्चाशय रचनाकार के साथ घटित होती है।

चेतन अवचेतन की अन्योन्याश्रित सतत क्रिया

चेतन और अवचेतन का संबंध इकतरफा नहीं होता। चेतन की सामग्री अवचेतन में और अवचेतन की सामग्री चेतन में आती जाती रहती है। दोनों में एक-दूसरे के साथ द्वंद्वात्मक रिश्ते होते हैं। मजबूत पत्थर में उत्तेजित कारीगर छेनी की चोट चलाता है। छेनी की चोट को पत्थर रोकता है। इससे उत्तेजना शिथिल होती है। क्रमशः दोनों क्रियाएँ साथ-साथ काम करती हैं, उत्तेजना और अवरोध की। दोनों स्नायुविक हैं। उत्तेजना और अवरोध के द्वंद्व से क्रिया-प्रतिक्रिया का अन्योन्याश्रित प्रभाव एक-दूसरे को बदलता है। दोनों क्रियाएँ इस तरह से निष्पादित और अनुशासित होती हैं। नियंत्रित प्रतिच्छवियाँ या प्रतिच्छाय में अवरोधकों को तैयार करती हैं। इसी कारण उत्तेजनाएँ मानवीय व्यवहार को अराजक नहीं बनने देतीं। बल्कि रचना प्रक्रिया में इससे लाभकारी स्थिति पैदा होती है। ''उत्तेजना और अवरोध की अंतर प्रक्रिया में ही द्वंद्व की स्थिति है, जो मनुष्य की द्वितीयक संकेत प्रणाली में निसृत होती है। इस द्वंद्व के कारण ही उच्चतर स्नायविक क्रियात्मक में नए गुणों का जन्म होता है, जिन्हें सृजन की यंत्रणा कह सकते हैं। अवरोध की क्रिया चेतन के समूचे जागरूक कर्म की क्रिया है—जिससे नियंत्रित प्रतिच्छवि''[46] कंडीशन्ड रिफलेक्सेस के रूप में माना जाता है। रचना प्रणाली में दोनों क्रियाओं का लगातार द्वंद्व मौलिकता को नए संदर्भ में ढालता रहता है। रचना करते हुए कवि सोचता है कि नई रचना उससे भिन्न है, जो उससे पहले की है। उसे हर बार नया सुख मिलता है। एक बार रचने का सुख प्राप्त कर उसे जो कौशल हासिल होता है, वह अवचेतन की सामग्री बन जाता है। चेतन में तब नए कौशल की खोज में वह दोबारा अवचेतन का विस्फोट बनकर आता है। एक बार का कौशल ज्ञानात्मक हो जाता है। वह अपने रूप में टूटकर संक्षिप्त और अमूर्त सूत्रों में जीवित रहता है। अवचेतन में वह नियमित और व्यवस्थित रूप से नहीं रह सकता। जैसे ही कोई सामग्री अवचेतन में चली जाती है, उसी व्यवस्था टूट जाती है। उसका काम अंतर्दृष्टि के दायरे में चला जाता है। रचनाकार की जीवंतता का प्रमाण इसी में मिलता है कि उसके चेतन-अचेतन में अन्योन्याश्रित संबंध कायम हैं।

माध्यम के रूप में रूपांतरण

रचना प्रक्रिया का साक्ष्य कृति होती है। अपने आवयविक आयोजन में रचना प्रक्रिया की सूक्ष्मता और अमूर्तता को समेटे हुए कृति ही अंततः रचनाकार के कृत्य की प्रामाणिकता प्रस्तुत करती है। वह वस्तुजगत का रचनात्मक रूपांतरण होती है। चाहे वह स्थापत्य या शिल्प कलाओं के रूप में स्थूल हो या संगीत या काव्य के रूप में अधिक सूक्ष्म, रचना प्रक्रिया का प्रामाणिक अस्तित्व होने में कोई अंतर नहीं आता।

स्थूल या सूक्ष्म मूर्तन-रचना की संरचना के स्तर हैं। कविता या संगीत में इस बात की इजाजत नहीं मिल सकती कि वह ऐंद्रिय चरित्र छोड़ दें। उसका चित्रण से कोई रिश्ता नहीं रहे। हीगेल ने कविता में चित्रण की जरूरत नहीं समझी। वह चिंतन प्रस्तुत करने में रचना की पूर्णता देखता था। उसकी वास्तविकता आध्यात्मिक थी। रचना के आध्यात्मीकरण का दुष्परिणाम यह होता है कि रचना वास्तविकता से कट जाती है, विकास के सूत्रों से उसकी प्रक्रिया हट जाती है, गति के अंतर्विरोधों से मुक्ति मिल जाती है, जिसे आध्यात्मिक मोक्ष की संज्ञा दे डालते हैं और इसका परिणाम यथास्थिति का पोषण होता है। रचना वस्तुतः समय के चिंतन की कमजोरियों को पकड़ने का माध्यम है। चिंतन की वास्तविकता को ऐंद्रिय आकार में लाए वगैर कैसे भी नहीं पहचाना जा सकता। "मूर्त रूप के बिना कला का अस्तित्व असंभव है इसलिए कला के मूर्त रूप और उसके सूक्ष्म विचार तत्व में सदैव एक अंतर्विरोध निहित रहता है। आध्यात्मिक वास्तविकता को ग्रहण करने की श्रेष्ठ पद्धति उसे कला के ऐंद्रिय रूपों में उतारना है।"[47] पश्चिम में कला विशेष कर कविता के अमूर्तन की वकालत की गई है। यह वकालत कोई नहीं बात नहीं। प्राचीन भाववादियों की ही भाँति कला को वस्तुजगत से काटने की यह नई कोशिश है। शाश्वतता को अदृश्य और अगोचर सिद्ध करने का यह प्रयास अभिजात्य संस्कृति का ही अभिप्रेत है। अज्ञेय और जैनेंद्र ने हिंदी में यही काम समकालीन संवेदना को पकड़कर किया है। इन रचनाकारों ने समय के तनाव और जटिलताओं को उबारने के बजाए उलझाया है। जैसे, "लेखक के नाते मैंने समाज में कोई विशिष्ट स्थान या सहूलियत नहीं चाही है। समाज के एक सदस्य के नाते मैंने स्वतंत्रता के लिए सामाजिक न्याय के लिए और मानव व्यक्तित्व की प्रतिष्ठा के लिए, विशालतर सामान्य उद्देश्यों की सिद्धि के प्रयत्नों के लिए आग्रह करना अपना कर्त्तव्य समझा है, कवि के नाते मैंने उस कर्त्तव्य से मुक्ति कभी नहीं चाही। बल्कि उसके प्रतिकूल कवि के नाते भी मैंने कुछ मूल्यों पर आग्रह करना आवश्यक समझा है और इन मूल्यों के लिए अपने प्रयत्नों पर किसी तरह की रोक या नियंत्रण लगाने का समाज का कोई अधिकार में नहीं मानता। ये मूल्य और ये प्रयत्न हैं, मेरे कला माध्यम और सभी कला माध्यमों की शुद्धि और सांस्कारिकता के लिए अनवरत प्रयत्न। व्यावहारिकता या प्रत्युत्पन्न लाभ से ऊपर स्थायी नैतिक मूल्यों की प्रतिष्ठा (यह मानते हुए कि ज्ञान क्षेत्र के विस्तार के साथ नैतिक मूल्य अपने-आप परिवर्तित हो सकते हैं) अनुभूति की प्रामाणिकता, सोचने, मानने, अभिव्यक्ति करने और होने अर्थात् अस्तित्व रखने की व्यक्ति की स्वतंत्रता, संपृक्तता (कमिटमेंट) का विवाद और देशों की भाँति मेरे देश में भी होता रहा है और अब भी जारी है।"[48] गौर करने की बात है कि लेखक अपने-आपको समाज का सदस्य मानता है, सदस्यता के दायित्व गिनाता है—सामाजिक न्याय, स्वतंत्रता और व्यक्तित्व की प्रतिष्ठा के लिए संघर्ष। लक्ष्य के रूप में विशालतर सामान्य उद्देश्यों की पूर्ति

की माँग करता है। प्रश्न है कि संघर्ष किससे करता है, सामान्य उद्देश्यों की माँग किससे है—समाज से ही न ! समाज ने ही न्याय और स्वतंत्रताएँ छीन ली हैं—सामान्य उद्देश्यों को गायब कर दिया है—अर्थात् अन्याय का कारण समाज है। समाज शब्द को अधिक स्पष्ट करने के लिए कह सकते हैं—काल और स्थान विशेष में उपलब्ध व्यवस्था। व्यवस्था के अन्याय का अर्थ हुआ—शक्तिशाली लोगों का कमजोरों के साथ अन्याय। कमजोरों के लिए ही कवि का संघर्ष होना चाहिए। जो अन्याय करते हैं, उनके लिए न्याय का संघर्ष कोई अर्थ नहीं रखता। उसी से एक बात निकली कि इस अवस्था को कवि पसंद नहीं करता। अब उससे पूछने की इच्छा है कि आप किस समाज का नियंत्रण अस्वीकार करते हैं ? वर्तमान समाज जिससे संघर्षरत हैं या आगत समाज—जिसकी कल्पना करते हैं ? क्या आपने किसी समाज की कल्पना की है ? लेखक के नाते आपकी कृति का चित्र क्या है ? उन चित्रों का आदमी कैसा ? जाहिर है कि कवि वर्तमान व्यवस्था का विरोध इसलिए करता है, कि वह समकालीन संवेदना का अपरिहार्य अंग है परंतु आगत व्यवस्था के रूप में या तो अराजक है या भाववादी चिन्मय लोक में तल्लीनता उसका लक्ष्य है। ज्ञान को अज्ञान में पटक देने की स्वतंत्रता। मूर्त को अमूर्त में गायब कर देने का सपना। अज्ञात में गायब होने वाले व्यक्तित्व की प्रतिष्ठा। गायब होने या अस्तित्व खोने का साधारणीकरण। जैसे अज्ञात में लीन होने में ही स्थायी मूल्यों की प्रतिष्ठा होती है। वह ज्ञात की मुक्ति के लिए ज्ञान के अंतर्गत संघर्ष और लेखक के नाते मूर्त चित्रण का पक्षधर नहीं है। इसी जगह वह यथास्थिति का पोषक बन जाता है। सामाजिक वास्तविकता को कृत्रिम तरीके से लाँघने की काव्य में यह यौगिक क्रियात्मक परिणति है। कहता है, "जो स्थिर है, वही तो सब गतियों का सनातन स्रोत है, और जो गतिमान है, वही अव्याहत अशेष का सनातम बिंब।...इस युगबद्ध की परस्पर भेदक गति ममता का प्रतीतिगत रूपायन की साहित्य सर्जक की चिरंतन समस्या है।"[49] रामविलास शर्मा रचना की चिरंतन समस्या को अमूर्तन में नहीं पाते। वे लिखते हैं, "कलाशास्त्र ऐसा शास्त्र है, जहाँ गोचर जगत् के बिना काम नहीं चलता। उसका माध्यम सदैव ऐंद्रिय होता है। काव्य में यह माध्यम अधिक सूक्ष्म होता है। किंतु अतींद्रिय नहीं होता। भाषा एक ऐंद्रिय माध्यम है। हेगेल का यह तर्क उचित नहीं है कि काव्य में शब्दों को संकेत रूप में ही लिया जाता है, उनका नाद सौंदर्य उपेक्षणीय होता है। नाद-सौंदर्य से कविता का घनिष्ठ संबंध है और यह सौंदर्य विभिन्न शब्दों तक सीमित न रहकर द्वंद्व में भी प्रकट होता है। कला के माध्यम की ऐंद्रियता देश-काल की सीमाओं से बँधा हुआ वह आकाश है, जिसमें मनुष्य के भाव-विहग उड़ान भरते हैं। यह ऐंद्रियता उस भौतिक जगत का प्रतीक है जिसके बाहर विचार तत्व अथवा विचारधारा किसी का भी अस्तित्व नहीं है।"[50] अज्ञेय और रामविलास शर्मा की रचना समस्याएँ क्रमशः कृति के अमूर्तन और मूर्तन की परंपराओं से संबद्ध हैं। कृति से

मानवीय अपेक्षाओं की प्रकृति का प्रकार बोध भी यहाँ निहित है। रचनाकार का लेखन अथवा चित्रण ही रचना प्रक्रिया का अंतिम चरण होता है। बाह्य वास्तविकता का नया ढला हुआ चित्र यहाँ प्रस्तुत हो जाता है। बाह्य वास्तविकता में रचनाकार ऐंद्रिय संबंध खोजता है। पहले उसे नहीं मालुम रहता कि उस वस्तु के साथ उसका संबंध क्या होगा ? आग गर्म होगी या ठंडी। लगातार स्पर्श के बाद आग से उसका ऐंद्रिय ऊष्म संबंध स्थापित हो जाता है। इन संबंधों की परंपरा चलने लगती है। रचनाकार अपनी रचनात्मक कल्पना के द्वारा रागात्मक संबंधों को पुनर्जीवित करता है—कृति के माध्यम से। परंपरागत संबंधों की स्मृति और नए संबंधों की खोज का द्वंद्वात्मक चरित्र कृति में लगातार नए ऐंद्रिय संबंध कायम करता है। रचना प्रक्रिया के पूरे होने पर ही द्वंद्वात्मक रागात्मक संबंधों को आकृति मिल पाती है। पुरुष, स्त्री, पर्वत, झरना, पुष्प, मौसम, ऋतु आदि के रचनात्मक चित्र रचनाकार की रचनात्मक कल्पना द्वारा ढाले गए होते हैं। ये वास्तविकता को रू-ब-रू नहीं करते। बाह्य सामग्री को सामाजिक चेतना या सामाजिक रोगों से घोलकर नए ढंग से रच देना रचनाकार का काम होता है। रचना में पिरोए गए राग जनमानस के राग होते हैं। जीवित संबंधों के राग यहाँ पुनर्जीवित होते हैं। "पदार्थों, पात्रों, आदि के विषय में जनमानस में जो रागात्मक संबंध बने रहते हैं, उनसे कलाकार लाभ उठता है, कभी वह पुराने रागात्मक संबंधों को जगाता है और कभी नए संबंध स्थापित करता है। पात्रों के विषय में भी यही मत ठीक है। भरत ने विभावादि के विवरण में इतिहास या पुराण से कथाएँ और पात्र चुनने पर बल दिया है। इतिहास या पुराण का अर्थ यह है कि कुछ पात्रों और परिस्थितियों से हमारा विशेष रागात्मक संबंध है। कलाकार अपने युग की धारणाओं के अनुकूल उस रागात्मक संबंध में परिवर्तन परिशोधन करता है।"[51]

रचना के नाम पर मूल्याँकन के जितने प्रतिमान बने हैं, चाहे वे रसानुभूति से संबद्ध हों या विवेचन से, वे सौंदर्यानुभव के रूप में जाने जाएँ या ब्रह्मानंद सहोदरत्व प्राप्त करें—उनकी सच्ची मानवीय प्रासंगिकता—मानवीय रुचि, प्रेम, घृणा, ईर्ष्या, द्वेष से संबद्ध होने में है और देश-काल की गतिशीलता से जुड़े रागात्मक संबंधों की पहचान बनने में हैं। कविता रचना की परमसीमा इसी में निहित है कि वह रागात्मक संबंधों को उनकी ध्येयता में रचे। कविता ध्येयात्मक रागात्मक संबंधों के अंतर्विरोधों के द्वंद्व की पहचान और रचाव रचना की कार्यस्थली है। बाह्य जीवन की वास्तविकता के बिंबों का यह पुर्नसृजन होता है। पुर्नसृजन की संपन्नता तब समझनी चाहिए, जब रचना में जीवन को ध्वनि और लय सुनायी दे। पात्रों का जीवित संगीत अनुरणित हो। यह खूबी कृति में तब आती है, जब रचनाकार जीवित सच्चाई में से निकला होता है। मायकोव्सकी ने 'कविताएँ कैसे बनाई जाएँ' लिखते हुए कहा, "गति को क्रमबद्ध करने, सुनाई देने वाली ध्वनियों को क्रमबद्ध करने का प्रयास तथा उनके

लक्षणों और विशिष्टताओं का पता लगाना—लय पूर्ण प्रारंभिक खंडों की तैयारी—कविता रचने का एक अत्यंत महत्त्वपूर्ण और स्थायी कार्य है। मैं नहीं जानता कि लय का अस्तित्व मेरे बाहर है या केवल भीतर है—संभवतः भीतर ही अधिक है। परंतु इसको जागृत करने के लिए किसी झटके की आवश्यकता होती है, ठीक उसी तरह जैसे किसी पिआनो के भीतर किसी ऊँची आवाज की प्रतिध्वनि गूँज उठती है, ठीक जैसे कोई पुल चींटियों की सेना की लयबद्ध पदचाप से हिलता हुआ और गिरने वाला प्रतीत होता है।"[52]

एक रचनाकार के नाते मायाकोव्स्की रचना प्रक्रिया के आंतरिक सवालों में सबसे महत्त्वपूर्ण लय और ध्वनि के पुनः जीवन को मानते हैं। ये लय और ध्वनि मूलतः रागात्मक संगति में ही प्रस्फुटित होते हैं। सृजनाप्रक्रिया की खासियत यह है कि वह एक बार ऐंद्रिय संवेदनों की बौद्धिक मीमांसा करती है और फिर कर्म मीमांसा की ओर उन्मुख होकर पुनः रागात्मक और ऐंद्रिय होने लगती है। कर्ममीमांसा के रूप में ही कृति रची जाती है। आशय है कि पहले चरण में बाह्य पदार्थों का संवेदनात्मक आकलन दूसरे चरण में माध्यमों के रूप में ढलता है। इस कृति में धरती, पानी, अग्नि, आकाश और वायु नहीं होते, बल्कि उनके लिए शब्द, प्रतीक, बिंब आदि होते हैं। उनमें आकृतियों का रागात्मक आभास होता है। वस्तु जगत का अंतर्मुखी स्वभाव रचना के संयोजन केंद्र में निवास करता है। इसमें कोमलता, तरलता, ज्योति, भयानकता, लय, ध्वनि आदि प्रवृत्तियाँ आकार का आभास देती हैं। वस्तु जगत पदार्थ से प्रकृति की ओर तथा रचना प्रकृति से पदार्थ की ओर उन्मुख रहती है। वस्तुजगत का दृश्य पदार्थ है तथा रचना का दृश्य माध्यम अर्थात् शब्दों, प्रतीकों और बिंबों की मालाएँ। माध्यमों का अंतर्ग्रथन रागात्मक संबंधों से ही होता है। रचनाकार को रचना के पूर्वाभास के रूप में जो प्रयत्क्ष होता है—वही माध्यमों के रूप में अवतरित होता है। माध्यमों का अवतरण कुछ इस तरह से होता है कि जैसे वे रचना के प्रक्रिया से ही निकले हों। रचनाकार में निहित ध्येय के अनुसार माध्यमों के चयन में स्वतः स्फूर्तता और खोज का द्वंद्व जारी होता है। बिंब रचना के पूरे आभास को आलोकित करता है, अथवा मन की स्मृतियों का परंपरागत रागात्मक संबंधों को मूर्त रूप देता है। नगेंद्र ने अनुभूति का निर्वैयक्तीकरण, साधारणीकरण और शब्दार्थ के माध्यम से अभिव्यक्ति को बिंब प्रक्रिया का क्रमशः सोपान कहा है। अनुभूति के निर्वैयक्तीकरण को स्पष्ट करते हुए लिखते हैं, "सर्वप्रथम कवि अनुभूति से संबद्ध मूल परिस्थितियों पदार्थों और व्यक्तियों को स्मृति के आधार पर, आत्म बाह्य उपकरणों के प्रयोग तथा अपर पदार्थों अथवा व्यक्तियों पर अनुभूति के आरोपण द्वारा, प्रसंग विधान या विभावानुभाव योजना करता है, और इस प्रकार, आत्मनिष्ठ अनुभूति को वस्तुनिष्ठ रूप प्रदान करता है।"[53] बिंब की स्थूल परिभाषा यही ठीक है कि वह आत्मनिष्ठता को वस्तुनिष्ठता में रूपांतरित करता है। माध्यम के रूप में रचना के लिए बिंब सर्वाधिक

समर्थ और अनिवार्य है। यही रागात्मक संबंधों को कल्पना के द्वारा आकृति में बाँध देता है। आकृतिबद्धता की प्रक्रिया में बिंब–शब्दों, स्वरों, ध्वनियों में ढलते रहते हैं। बिंबों के जरिए रचनाकार का सोच और स्वभाव जाना जाता है। कवि की नई धारणाएँ और उसकी सौंदर्य-दृष्टि का परिचय भी इससे मिलता है। बिंब के तीन गुण माने जाते हैं–अवधि, पूर्णता और स्पष्टता। काव्य रचना प्रक्रिया में इन्हीं गुणों के आधार पर उनके भेद किए जाते हैं। प्रतीक की निजी हैसियत गौण होती है, वह किसी अन्य वस्तु, विचार, स्थिति का प्रतिनिधित्व करता है। वे रचनाकार की व्यापकता, प्रतिनिधिकता और सृजनात्मक क्षमता के अनुसार गंभीरता निभाते हैं। रूपक की स्थिति किंचित् भिन्न होती है। वे दो तत्वों को जोड़ते, उनके आपसी संबंध खोलते हैं। कभी-कभी एक ही तत्व बिंब, प्रतीक और रूपक का काम करता है। चाँद को लेकर उसकी उज्जवलता, शीतलता और गोलकता का बिंब प्रत्यक्ष होता है। यह ऐंद्रिय बोध है। इसे ऐंद्रिय बिंब कहेंगे। कलाकार की स्मृति में उभरा कि सीता का मुख धवल, शीतल और आवयविक रूप से सुदर्शन है। उसने चाँद और मुख की तुलना करते हुए मुखचंद्र कहा–यह रूपक हो गया है। धीरे-धीरे चाँद मुख की तुलना के लिए रूढ़ होता गया। इस तरह की काव्य रूढ़ि ही बन गई। चाँद न केवल सीता बल्कि किसी भी रूपसी के सौंदर्य का प्रतीक बन गया। रचना प्रक्रिया में बिंब, प्रतीक और रूपक एक ही तरंग में लहराने लगते हैं। ये रचना के दौरान अनेक साहचर्यों के साथ आते हैं। रचना प्रक्रिया में से बिंबों, प्रतीकों और रूपकों का उभरना और रचना को पूर्णता प्रदान करना वैकल्पिक क्रिया नहीं है। यह क्रिया कवि के अंतर्मुखी व्यवहार को सार्थक और संगत बनाती है। कुल मिलाकर यह भाषा के रचनात्मक व्यवहार के भीतर आती है। प्रायः कहा जाता है कि सामान्य व्यवहार की भाषा रचना के काम नहीं आती। उसकी व्यवस्था अलग होती है।

पैट्रिक डिंकिंसन ने लिखा है, "मुझसे यह पूछा जाता है कि लोग कविता से घबराते क्यों हैं ?" जवाब में मैंने कहा है, यह इसलिए कि कविता शब्दों का उनकी महत्तम शक्ति के साथ उपयोग करती हैं। प्रकाशन-संस्थान, संभाषण, पत्र इत्यादि दैनंदिन व्यवहार में प्रयुक्त शब्द बहुत दुर्बल होते हैं। मैं इस बात को दूसरे प्रकार से कहना चाहूँगा। दो चषक लिए जाएँ। एक में 'जिन" शराब (जलवत् अरंग एवं पारदर्शी) अँगुलि भर डाली जाए और चषक के शेष भाग को पानी से पूरा भर दिया जाए, दैनंदिन व्यवहार के शब्द ये ही हैं। दूसरे चषक को केवल "नीट जिन" से भर दिया जाए (यही कविता के शब्द हैं) मेरा अभिप्राय यह नहीं कि कविता भयंकर मदहोशी पैदा करने वाली चीज है। मेरा तात्पर्य भिन्न है। दोनों चषकों की शराब देखने में समान लगती है। बहुत से लोग जब समान दीखने वाली इन दोनों चीजों का अनुभव अलग-अलग करते हैं, तब कविता उनके लिए कड़वी सिद्ध होती है। पहले सामान्य दीखने वाली और फिर मदहोशी, झंकृति और एक झटका पैदा करने

के कारण कविता को लोग पहले पसंद नहीं कहते।''[54] इस कथन का केवल इतना अर्थ लिया जाना चाहिए कि काव्य में शब्दों की व्यवस्था कवि और वस्तुजगत के समूचे संगत अस्तित्व के साथ पैदा होती है। इसमें विच्छिन्नता बर्दाश्त नहीं होती। शब्दों का निरर्थक बड़बोलापन यहाँ उभर जाता है। भारतीय काव्यशास्त्र में काव्य के लिए शब्दों के विशेष चुनाव पर सर्वाधिक जोर दिया गया है। उदाहरण के लिए ''शब्दार्थौ सहितौ काव्यम्'' (भामह), शब्दार्थयोर्यथावत्सहभावेन विद्या साहित्य विद्यां''–(राजशेखर), तददोषौ शब्दार्थौ (मम्मट) शब्दार्थी सहितौ (कुंतक) शब्दार्थौकाव्यम् (हेमचंद्र), शब्दार्थौकाव्यम् (रुद्रट) आदि प्रयोग मिलते हैं। ये प्रयोग कहते हैं कि कविता की रचना प्रक्रिया की परिणति में शब्दों का चुनाव अनिवार्य कर्म था। अनेक पर्यायवाची शब्दों में से विशेष स्थिति, भावाकुलता और रागात्मक, संबंधों से घुलित शब्दों का प्रकट होना रचनाकार के लिए निरंतर चुनौती रहा है। गिरा-अर्थ को पानी की लहर की तरह उपमा इस क्रिया को समझाने का सार्थक प्रमाण रहा है।

अंत में रचना प्रक्रिया के अंतिम पड़ाव में पहुँचकर शास्त्रीय आकलन जरूरी है। आकलन के समय कठिनाई यह है कि यहाँ आते-आते एक साथ तीन अवस्थाएँ उपस्थित हो जाती हैं। एक ओर रचनाकार की आंतरिक गतिविधियाँ एक परिणति प्राप्त करती हैं। वे मूर्त होती हैं, उनमें चेतन-अवचेतन की अनुभूतियाँ, अनुभव और संवेग ऐंद्रिय रूप धारण कर लेते हैं। रचनाकार अपनी शक्ति को निथारता है और शब्द, स्वर, लय, ध्वनि, प्रतीक, बिंब तथा रूपकों की शक्ति का भी दोहन कर लेता है। माध्यम और कवि की शक्ति की द्वंद्वात्मक एकता सार्थक रचना को जन्म देती है। इतना होने पर उसका अंतर्मुखी संयोजन बाह्य रूप प्राप्त कर लेता है। इसी प्रक्रिया की दूसरी उपलब्धि 'रचना के रूप में एक उत्पादित वस्तु' की होती है। रचना के साथ रचनाकार निरंतर ज्ञात तरीके से बंधा तो रहता नहीं, इसलिए वह रचना स्वयं ही अपने गुणों और प्रकृति के अनुसार मानव व्यवहार में शामिल होकर खिलने और खिलाने लगती है। इस व्यवहार में तीसरा संबंध पाठक, श्रोता या आलोचक का जुड़ जाता है। पाठक, श्रोता अथवा आलोचक रचना के सौंदर्य बोध का आकलन करता हुआ–संस्कृति का इतिहास लिखने लगता है। स्पष्ट है कि रचना प्रक्रिया की परिणति में रचनाकार, कृति और आलोचक के अंतर्संबंधों का समकालिक प्रभाव गूंजता है।

आलोचना के इतिहास में रचना की तीनों दृष्टियों से परीक्षा की गई है। यह अलग बात है कि युगों के अनुसार रचना के साथ रचनाकार और आस्वादक या आलोचक के रिश्तों का समीकरण एक जैसा नहीं रहा। इसके कारण उन सामाजिक सांस्कृतिक परिस्थितियों में निहित हैं। मनुष्य की अलगाव पूर्ण जिंदगी के कारण कभी तो रचनाकार ने अपनी अनुभूति को व्यक्त नहीं किया, जो कुछ लिखा–वह अपर वर्गों का आदेश था, उनका धर्म और आदर्श था। वहाँ रचना आत्माभिव्यक्ति नहीं थी। रचना को आत्माभिव्यक्ति के नजदीक लाने में संघर्ष का लंबा सिलसिला जुड़ा

है। संघर्ष की तेजी अथवा धीमेपन के अनुरूप रचना के माध्यमों में भी प्रकाश या धुँधलका दिखता है। रचना प्रक्रिया की सापेक्ष निजता के कारण भी रचना का स्वरूप एक तरह का नहीं रहा। रचनाकार जब जैसा व्यक्तित्व अर्जित कर सका उसके कलात्मक अनुभव जैसे हुए रचना प्रक्रिया उसी तरह घटित हुई। इस क्रम में कुछ रचनाकार पूर्व अनुभव को मात्र दोहराकर रचना कर लेते हैं। वे प्रक्रिया की पीड़ा को कम भोगते हैं। कुछ ऐसे हैं, जिनकी रचना प्रक्रिया एक झटके से शुरू होती है। बाद में वह क्रमशः पूर्वानुभवों से जुड़ती जाती है और रचना क्रिया के संपन्न होने तक संशोधन और संपादक की क्रियाओं से गुजरती हैं। इस प्रकार के रचनाकार रचनानुभव और माध्यमों की शक्ति से टकराते हुए आगे बढ़ते हैं। रचना प्रक्रिया के विभिन्न और विशद आयाम रहे हैं। ठीक इसी तरह आस्वादक ने भी कभी तो रचना की प्रकृति को पहचाना, रचनाकार के प्रबोध और रचनाप्रक्रिया को समझने की कोशिश की, रचना के ऐंद्रिय मूर्तन का साधारणीकरण क्रिया और कभी उससे दूर छिटकरता रहा। उसने यह नहीं देखा कि रचनाकार ने रचना में क्या उद्घाटित किया है। उसकी सारवस्तु किन मूल्यों, ध्येयों की प्रतिनिधि हैं, रचनाकार के प्रतिनिवेदन तथा अन्वयन को उसने नहीं जाना, उसके प्रतीक, बिंब और मिथों को ज्यों का त्यों लिया—सारवस्तु के रूप में नहीं। बाल्मीकि के राम को जमीन में खोजने लगा और विश्वास करने लगा कि ऋषि और भविष्य दृष्टा, स्वयंभू आदिकवि ने राम का जीवनवृत्त और राम-कथा पहले लिखी—बाद में राम ने उस तरह का जीवन जिया। इसका अभिप्राय यह हुआ कि रचनाकार के रचनानुभव और पुनर्सृजन क्षमता को कई बार आस्वादक ने हलके स्तर से लिया। वह अपनी चित्तवृत्ति, मनोदशा और विश्वासों के अनुरूप रचना के बारे में व्यामोह पैदा करता रहा। इन स्थितियों में रचनाकार रचना और आस्वादक का समीकरण कैसे सध पाता ? रचनाकार, रचना और आस्वादक के अंतर्संबंधों में मैत्रीपूर्ण द्वंद्वात्मक एकता का ही परिणाम यह होता है कि संस्कृति लगातार अपनी स्वतंत्रता कायम रख सके। स्वस्थ रचना में रचनाकार के अनुभवों के रचनात्मक रूपांतरण में आस्वादकों की भावनाएँ, मनोवेग और ज्ञान मीमांसा का संयोग रहता ही है। रचना का आस्वादन करते समय आस्वादक रचना में खुद को पाता है, समय तथा इतिहास के तनाव पाता है तथा रचनाकार के अनुभवों के जोड़ तथा रचना के ऐंद्रिय प्रभावों से नई सृष्टि का साक्षात्कार करता है। इस तरह का आस्वादक जब आलोचना करता है तो उसमें रचना प्रक्रिया की मीमांसा प्रस्तुत होती है। वह रचना के प्रतिमान खोजता है, इस तरह वह साहित्य शास्त्र तैयार करता है। शास्त्र पद्धति और रचना प्रक्रिया में लगातार द्वंद्वात्मक संबंध जरूरी होते हैं। किसी एक के पिछड़ जाने पर एक-दूसरे के प्रति दोषारोपण का सिलसिला चलता है। रचना के पिछड़ जाने पर साहित्यशास्त्र का काम साहित्य का नया समाजशास्त्र और सौंदर्य बोध खोजने का रहता है तथा साहित्यशास्त्र के पिछड़ जाने पर रचना की अनुभव

की नई चुनौतियों का अनुसंधान करने की जिम्मेदारी लेनी होती है। माध्यम के रूप में रचना भावी रूपों के अनुबंध खोजती है, भावी विचारों, संवेगों को व्यक्त करती है। वह नए मार्ग, रीतियों, रचनाओं, अलंकारों, गुणों की तलाश में निकलती है। वस्तु के साथ माध्यमों का अंतर्संबंध स्वतः ही नए रूपों को रच देता है। 'राम की शक्ति पूजा' और 'अँधेरे में' का नया रूप किसने रचा—माध्यम और वस्तु के द्वंद्व ने। यही द्वंद्व नए छंद देता है तथा जिंदगी के पूरक क्रम में रचना को नए ऐंद्रिय राग प्रदान करता है। 'माध्यम कारणधर्मी हैं, तथा अभिव्यंजक अनुभवों की सभी संभावनाओं का उद्घाटक-अभिव्यंजक अनुभवों तथा माध्यम के बीच भी द्वंद्वात्मक संबंध हैं। यदि अभिव्यंजक अनुभव विपुल तथा श्रेष्ठ हों और तद्नुसार माध्यम सीमित और साधारण तथा यदि अभिव्यंजक अनुभव साधारण तथा सीमित हों और माध्यम विपुल तथा श्रेष्ठ, तब दोनों की दशाओं में अभिव्यंजना खंडित तथा अधूरी होगी। मूल बात कलाकार द्वारा माध्यम के उचित, सर्वांगीण, पूर्ण तथा सृजनात्मक इस्तेमाल की है।''[55] जाहिर है कि कौशल को रचना के भीतर से पाया जाता है। उसका रचनानुभव से गहरा जोड़ होता है। रचनाकार के ध्येय के अनुसार ही उसका चयन और रूपायन दिखता है। रचयिता अपने ध्येय को छिपाए तो भी उसे पकड़ा जा सकता है। दुराव रचना प्रक्रिया का अधूरा उन्मोचन करता है। उसकी अनेक अंतर्क्रियाएँ घटित होने से वंचित रह जाती हैं। रचना प्रक्रिया की समग्रता कृति को इतनी सामर्थ्य देती हैं कि उसमें अलौकिकता और अनिर्वचनीयता के विशेषण लगने लगते हैं। हालाकि ये विशेषण रचना कौशल की आंशिक पहचान तक ही चलते हैं। रचना के बारे में एक बात बिलकुल साफ है कि वह अपने वर्ग, समाज और युग की उपज होती है। रचनाकार किसी न किसी वर्ग का प्रतिनिधि होता है। उसका प्रतिनिधित्व यांत्रिक नहीं रहता। वह अपने प्रबोध और संपृक्ति के मुताबिक वर्गापरोहण और वर्गापसरण करता रहता है। वह यथार्थ के नजदीक आने पर अपने वर्ग के खिलाफ आत्मसंघर्ष करता है। उस वर्ग से पूर्ण या आंशिक रूप से मुक्त भी होता है। रचना में उसके आत्मसंघर्ष के सारे पदचिह्न दिखाई पड़ते हैं।

रचना की प्रयोगशाला में हिंदी कविता

कविता की रचना कवि ही करता है, आलोचक या आचार्य नहीं। इसलिए रचना प्रक्रिया का वास्तविक साक्ष्य कवि के ही पास होता है। ''कारण यह है कि जब कवि अपनी रचना का अनुशीलन करता है, तब वह प्रत्येक शब्द, वाक्य, वाक्य विन्यास, आदि में स्वयं को ही पाता है, वह उन सभी प्रक्रियाओं के भीतर से गुजरता है, जिनका उसने सजग उपयोग किया था।''[56] सृजन प्रक्रिया के दौर से गुजरना कवि का ही काम है। उसे इस क्रिया की हर घटना मालूम होती है कई बार आत्मव्यवस्था में असमर्थ कवि ही इसका रहस्यमूलक आख्यान करते हैं। वे रचना करते हैं, पर

उसके कारकों को नहीं जानते। प्रेरणा के उन्माद में वे वेवश हो जाते हैं। उनको ऐसा लगता है कि जैसे उन्माद ही रचना को जन्म देता है। यही कारण है कि जब वे सृजन प्रक्रिया के प्रश्नों का उत्तर देते हैं तो उसे दैवी प्रसाद, सरस्वती कृपा गणेश की महिमा जैसे विशेषण मिलते हैं। वाक् देवी का पूरा आयोजन इसी रहस्यमयी कल्पना के कारण हुआ। वर्षों तक कवि की समझ में नहीं आया कि रचनात्मक अनुभव ही अंततः रचे जाते हैं। जब वह इस समझ से दूर था तो आस्वादक ने और भी उसका महिमा मंडन किया।

सृजन प्रक्रिया की समस्या अब उलझी नहीं है। मालूम है कि "सृजन प्रक्रिया में रत व्यक्ति के निजी अनुभव इन कथनों में बोलते हैं, जिनकी प्रामाणिकता संदेह से परे होती है। यह अवश्य है कि ऐसे कथन भिन्न-भिन्न बातें कहते प्रतीत होते हैं, तथा कभी-कभी परस्पर विरोधी भी सिद्ध हो जाते हैं, फिर भी वे काव्य के एक अथवा दूसरे पक्ष पर अछूता प्रकाश डालते हैं।"[57] कवि अपनी रचना प्रक्रिया का बयान कई तरह से करता है। मौखिक, लिखित या काव्य की पंक्तियों में यत्र-तत्र। पूरी क्रमबद्ध व्याख्या के बजाए कवि कभी-कभी शब्दों, प्रसंगों, बिंबों, लय या प्रवाह की जानकारी देता है। दैवी प्रसाद के रूप में कविता को उपलब्धि मानते हुए भी रचना के बीच में वह स्फुट संकेत दे देता है; जो रचना प्रक्रिया के साक्ष्य होते हैं। व्याख्याकार उनको समेटकर सूत्रों के अंतर्संबंधों को पा लेते हैं और रचना प्रक्रिया का समग्र चरित्र स्पष्ट हो लेता है। इन सूत्रों के संयोजन–विश्लेषण में आस्वादक की रुचियाँ-अरुचियाँ शामिल हो जाती हैं, इसलिए कवि उसमें प्रश्न उठा सकता है, पर पूरी स्थिति इतिहास प्रवाह की खोज में अंततः लाभदायक होती है। क्रमबद्ध व्याख्या की परंपरा पश्चिमी के कवियों ने शुरू की है। पहले से भी वे रचना प्रक्रिया की आत्म-व्याख्या रहते रहे हैं पर पिछले दो सौ वर्षों में उन लोगों ने इस दिशा में कमाल हासिल किया है। कवियों के द्वारा स्फुट रूप से काव्य पंक्तियों में दिए गए रचना-प्रक्रिया के संकेत पूर्वी-पश्चिमी आदि सभी देशों के विशाल ऐतिहासिक वाङ्गमय उपलब्ध हैं पर क्रमबद्ध आत्म-व्याख्याएँ इधर जारी की गई हैं। रचना के पूरे व्यंजक चरित्र को समझने में इससे काफी सहायता मिली है। कवियों की चित्रवृत्तियों, विचारों, बिंबों, स्मृतियों, कल्पना शक्तियों तथा नागरिक परिवेश के प्रभावों की स्वीकृति-अस्वीकृति, गोपन और विशेष रुचियों की प्रामाणिक जानकारी के लिए स्फुट संकेतों तथा आत्म-व्याख्यायों ने कला के प्रति विश्वसनीयता के नए आयाम उद्घाटित किए हैं। रचना प्रक्रिया की भिन्नताओं ने आचार्यों के वायवी विश्लेषण और टाइप विशेषताओं के तंत्र को तोड़ दिया है। सीधे सामाजिक रिश्तों, अंतर्प्रकियाओं, अन्योन्याश्रित कलात्मक संबंधों की जानकारी हासिल हुई और ज्ञात हुआ कि रचना कैसे समाज से अनिवार्यतः जुड़ी है और कैसे वह रचनाकार के मानस की पुत्री है। रचनाकार के मानस की तमाम बाधाओं का उपहास करके स्पष्ट गतिशील प्रस्थान के लिए संकल्प बद्ध करने

में रचना प्रक्रिया का कवि साक्ष्य उपयोगी सिद्ध हुआ है। भिन्नताओं और विरोधों का साक्ष्य व्यक्तित्व और सामाजिक गतिशीलता का प्रमाण है। जिस समाज में रचनात्मक विरोध और भिन्नताएँ जितनी अधिक एकता का इजहार करती हैं—वह उतना ही विकासशील होता है। अब मालूम हुआ कि हिंसक तथा वैमनस्य पूर्ण विरोध ने गतिशील विरोध की कमर तोड़ दी है। रचनात्मक भिन्नताएँ समाप्त हो गई हैं तथा ऐसा मानसिक नियंत्रण संस्कारों में भर गया है कि स्थिरता और गतिशीलता का भेद ही मिटा दिया गया। इसके बाद से कवियों की रचना प्रक्रिया की भिन्नताओं को गतिशील प्रवाह के साथ जोड़ने, स्वस्थ मानसिक संयोजन के लिए प्रेरित करने का अवसर बीसवीं शताब्दी में ही मिला है, जब इतिहास की कमजोरियों को पहचाना जा सकता।

इतिहास में ऐसे रचना के प्रमाण हैं—जब कवि असत्य बोलता दिखता है। जैसे तुलसी का कथन "मेरे पास कविता का कोई विवेक नहीं है—ऐसा मैं कोरे कागज में लिखकर कहता हूँ।"[58] कौन आचार्य स्वीकार करेगा कि यह कवि काव्य का विवेक नहीं रखता। हकीकत तो यह है कि तुलसी की कलात्मक दक्षता भारतीय कविता में बेजोड़ है। आचार्यों ने उस उक्ति के जरिए तुलसी की दीनता-हीनता आदि का आख्यान किया। तुलसी की रचना प्रक्रिया को पहली बार या तो निराला ने समझा या रामचंद्र शुक्ल ने। निराला के अनुसार, "काव्य में यदि कोई कवि अपने व्यक्तित्व पर खास तौर से जोर देता हो, तो उसे उसका अक्षम्य अहंकार न समझ मेरे विचार से उसकी विशाल व्याप्ति का साधन समझना निरुपद्रव होगा। कारण, अहंकार को घटाकर मिटा देना कि जिस तरह पूर्ण व्याप्ति है—जैसा भक्त कवियों ने किया, उसी तरह बढ़ाकर भूमा में परिणत कर देना भी पूर्ण व्याप्ति है—जैसा ज्ञानियों ने किया। शंकर, कबीर, रवीन्द्रनाथ, गेटे बढ़ाने वाले हैं और तुलसीदास, सूरदास तथा अपर भक्त अहंकार की भूमि से हटने वालों में, दोनों जैसे एक ही शक्ति की अणिमा और द्राधिमा विभूति हों।"[59] ज्ञानियों और भक्तों की रचना प्रक्रिया की विरोधी क्रियाओं में एकता के सूत्र तलाशना उतना आसान नहीं था—जितना आचार्यों को लगा। यही रचनात्मक द्वंद्व है जिसका लक्ष्य विशाल व्याप्ति बोध है। स्पष्ट है कि रचना प्रक्रिया में सामाजिक विश्वसनीयता का स्तर कवि की विशाल व्याप्ति तथा रचनात्मक अनुभव के द्वंद्व से तय होता है। बोध का इतना गहरा साक्षात्कार कभी-कभी वर्षों बाद उभरता है, इसीलिए उस समय तक रचना संस्कारवान पाठक का इंतजार करती है। वह पाठक चाहे कवि हो या मात्र आस्वादक। कवि और आस्वादक के रिस्ते में एक रूपता तभी स्थापित होती है जब दोनों समाष्टि के ज्ञान का ऐंद्रिय साक्षात्कार कर पाते हैं। कविता वास्तव में मनुष्यता की खोज होती है। "हृदय पर नित्य प्रभाव रखने वाले रूपों और व्यापारों को भावना के सामने लाकर कविता बाह्य प्रकृति के साथ मनुष्य की अंतःप्रकृति का सामंजस्य घटित करती हुई उसकी भावात्मक सत्ता के प्रसार

का प्रयास करती हैं। यदि अपने भावों को समेटकर मनुष्य अपने हृदय की शेष सृष्टि से किनारे करते या स्वार्थ की पशुवृत्ति में ही लिप्त रखे तो उसकी मनुष्यता कहाँ रहेगी।"[60] समकालीन चरित्र देखें तो स्पष्ट है कि पूँजीवादी समाज ने मनुष्य को शेष सृष्टि से काट दिया है। वह स्वार्थी होकर पशु की मानिन्द हो गया। इस बीच सृष्टि की व्याप्ति को आत्मसात करने वाले रचनाकार कम मिलते हैं और मिलते भी हैं, तो उसके व्याख्याकारों में व्याप्ति का अभाव है। इसीलिए, "आज ऐसे कवि-चरित्र की आवश्यकता है, जो मानवीय वास्तविकता का बौद्धिक और हार्दिक आकलन करते हुए सामान्यजनों के गुणों और उनके संघर्षों से प्रेरणा और प्रकाश ग्रहण करे, उनके संचित जीवन विवेक को स्वयं ग्रहण करे तथा उसे और अधिक निखारकर कलात्मक रूप में उन्हीं की चीज उन्हें लौट दें।"[61]

प्राचीन हिंदी कविता में रचना प्रक्रिया के स्फुट साक्ष्य

हिंदी कवियों ने रचना प्रक्रिया का स्पष्ट विश्लेषण आधुनिक काल में ही शुरू किया है। संस्कृत काल में भी वे उसको नहीं छूते थे। व्यवस्था ही ऐसी थी कि अधिकांश रचनाकारों की रचनात्मक प्रक्रिया आजाद नहीं रही। कवि न कविता में खुलते थे और न व्याख्या में। रचनाओं में व्यवस्था के वर्गीय अंकुशों के बीच कवियों की छटपटाती ऊर्जा नजर आती हैं। कहीं-कहीं द्वंद्व में कवि मुक्त भी होता है पर मुक्ति में सातत्य नहीं मिलता। मुक्ति के क्षण मिलते हैं। अंकुशों के खिलाफ संघर्ष की अक्षमता उन्हें वापस बाँध देती है। ऐसी स्थिति में रचनाओं से मुक्ति क्षणों में टुकड़े खोजना तथा अचर्चित जन कवियों की अपेक्षाकृत स्वतंत्र कल्पना छवियों और भावावेश में से रचना प्रक्रिया के स्वाभाविक प्रवाह को पकड़ना जटिल कर्म है। यह कर्म और भी दुरूह इसलिए है कि उन युगों के काव्य के व्याख्याकारों में से ज्यादातर दरबारी आचार्यत्व से मुक्त होकर रचना की प्रकृति के करीब नहीं पहुँचे। जनकवियों का विश्वास जीतने में वे सफल नहीं रहे। आठवीं शताब्दी का एक जन कवि कहता है, "ना मैंने पाँच महाकवियों को सुना है, न ही भरत का शास्त्र अथवा छंद शास्त्र को जाना है, पिंगल शास्त्र को भी नहीं जाना है, न ही भामह और दंडी के अलंकार शास्त्र को।"[62] महाकवियों, काव्यशास्त्र, व्याकरण आदि की अवहेलना का कारण वे कवि अपने भावा वेश में वर्गीय अंकुश के पक्ष में नहीं थे। वे इसके लिए तैयार थे कि आचार्य उन्हें कुकवि कह दें। "संदेशरासक" (अब्दुल रहमान) समेत अनेक काव्य ग्रंथों में आचार्यों की अवहेलना के प्रमाण मौजूद हैं। ये कवि नख-शिख या ऋतुओं और बारह मासा का वर्णन मुग्धता से करते थे। उनकी कविता संगीत में ढली रहती थी। मध्ययुग में संतों ने भी पंडितों और आचार्यों की कृत्रिम चुनौती स्वीकार नहीं की। कबीर ने कविता को कवि मन का आपा खोने वाली, रचयिता तथा पाठकों को शीतल करने वाली कहा है।"[63] वेद और पुरानों को पढ़ने, सुनने और गुनने से कोई लाभ नहीं

क्योंकि वे स्रोता की सहज वृत्ति से मेल नहीं खाते।"[64] "अपनी निर्गुण सहज कथा किससे कही जाए क्योंकि कविता का विवेकी पाठक उपलब्ध नहीं हैं।"[65] इन पंक्तियों में कवि का अभिप्राय साफ है। उसके लेखे कविता मनुष्य की सहज और स्वाभाविक कृति का साक्षात्कार होती है। कवि अपने स्वार्थ और कृत्रिमता तथा आडंबर से मुक्त होकर ही व्यापक सहजता में लीन होकर ऐसी रचना कर पाता है। पाठक में भी ऐसी लीनता न हुई, तो वह कविता के साथ न्याय नहीं कर सकता। कविता की रचना प्रक्रिया का सहज भावावेश से जुड़ा होना यहाँ भी बरकरार रहता है।

भक्ति युग के अन्य प्रमुख कवि जायसी, तुलसी और सूर हैं। जायसी और तुलसी काव्यशास्त्र से परिचित थे। उन्होंने आचार्यों के कलाशास्त्रीय प्रतिमानों को झेला था। लेकिन उन प्रतिमानों के आत्मीकरण के बिना रचना प्रस्थान को उचित नहीं समझा। वे अपने मानस में आलोचक बुद्धि की जीत नहीं स्वीकार करते। आत्म सजगता के लिए आलोचकों का सामना करते हुए वे रचनाकार की सहज वृत्ति को अंततः निरंबंध रखने के ही पक्षधर हैं। जायसी का विश्वास है कि कविता गुणग्राही और रसज्ञ पाठकों के लिए ही है, इसलिए उनका तिरस्कार उचित नहीं। उनकी अपेक्षा का पालन करने से कवि दृष्टि को व्यापक बनाने में सहायता मिलती है। यह साधना से संभव है।"[66] तुलसी दास कविता को राम या शंभु का प्रसाद मानते हैं। इनकी कृपा से सरस्वती कवि कंठ में आती हैं, तब कविता रची जाती है। सरस्वती क्या करती है—नानापुराण, निगम, आगमों के अनुशीलन, में काव्य का भाव, बुद्धि, विचार और कला दक्षता पैदा करती है। वह ज्ञान के इस सुख को अंतर में उपजा देती है। ज्ञान का आंतरिक उत्पादन (स्वान्तःसुखाय) ही रचना है। इसके अनुशीलन का काम आचार्य का है पर उत्पादन का काम कवि का। एक रूपक से कवि इस अवधारणा को खोलता है। "कवि के हृदय सिंधु में स्थित मर्ति-सीप (निजता) में सरस्वती की कृपा का स्वातिबूंद पैठता है तो ज्ञान अनुशीलन से प्राप्त श्रेष्ठ विचार सुंदर मणि की तरह पारदर्शी हो जाते हैं। विचारों के पारदर्शी होने पर रचना जन्म लेती है।"[67] तुलसीदास ने कविता के मानकों के रूप में सरलता, सहजता और औदात्य को माना। विमल मति कवि ही ऐसे गुणों को रचना में ढाल सकता है। कवि ने सरलता और सहजता को अल्पज्ञता, अबोधता और असंस्कृत कोमलता के अर्थ में नहीं चुना था। उनकी सहजता वह है जिसमें—वर्ण, अर्थ, अलंकार, छंद, वस्तुविधान, भावभेद रसभेद सिद्ध हैं। वाणी और अर्थ का जल तथा लहर जैसा अभेदत्व कवि की सहजता का बोधक है। कवि ने रचना प्रक्रिया के अंतिम पड़ाव को बहुत महत्त्व दिया है, अंतिम पड़ाव अर्थात् कृति को। कृति की सार्थकता लोकहित में प्रमाणित होती है। यहाँ से यदि रचना न सराही जाए तो रचना प्रक्रिया अधूरी है। कवि ने इसी प्रसंग में सवाल उठाए कि क्या रचने की क्रिया और सौंदर्यबोध की क्रियाएँ एक ही हैं ? क्या रचने मात्र से सौंदर्य का उपचय हो जाता है ? रचने का कर्म यदि कवि का है तो

उसके सौंदर्य पहचानने का क्रम क्या किसी और का है ? यदि कवि में सौंदर्य की पहचान नहीं होती तो उसकी रचना में सौंदर्य कैसे अवतरित होगा ? कवि का उत्तर है कि रचना में कवि सौंदर्य का उद्घाटन करता है, आस्वादक उसका आनंद लेता है। उद्घाटन की कला का विकास कवि आस्वादन की व्यंजकता को केंद्र में रखकर ही करता है। कवि में इसी कारण कारयित्री और भावयित्री प्रतिभाएँ एकसाथ जरूरी हैं। लोकहित की बात यह है कि जैसे सर्प मणि के प्रकाश पर्वत मणिक्य की शोभा तथा हाथी मोती की आभा की चिंता नहीं करता—ठीक उसी तरह रचनाकार सौंदर्य की चिंता नहीं करता। इन सबको विवेकी समाज में शोभा तथा आदर मिलता है।''[68] यहाँ कवि का अभिप्राय है कि सौंदर्यबोधात्मक सजगता तथा सहृदयों की आस्वादन क्षमता और अपेक्षा को ध्यान में रखते हुए भी कवि का रचनात्मक साक्ष्य इन सबका ऐंद्रिय रूपाकार ज्ञान के आत्मीकरण से ही संभव है। समकालीन भाषा में यह कवि और आलोचक के अंतर्मुखी द्वंद्व में कवि की जीत है।

भक्ति युग के ही कवि सूर की वास्तविक जानकारी की परिधि छोटी है। उन्होंने ज्ञान और सौंदर्य बोधात्मक परंपरा को मानव की विविधताओं के पूरे परिप्रेक्ष्य में नहीं देखा, इसीलिए भावावेश की मात्रा रचना प्रक्रिया में अधिक है। बाल गतिविधियों और शृँगार की चारागाही लीलाओं के अलावा उनका आनुभविक संदर्भ और कहीं कम जाता है, यही कारण है कि ''सूरदास का व्यक्तित्व तुलसी की तुलना में भावुक अधिक हो जाता है, किंतु सजग कम था। उसके अंतर का कवि ही प्रधान था आलोचक नहीं।''[69] रीतिकाल में कविता की प्रक्रिया का पूरा उन्मोचन नहीं मिलता। यह इसलिए कि ये कवि संस्कृत के अलंकार शास्त्र को सीखने की कोशिश में व्यक्तित्व और परिवेश की व्यापक पहचान खो बैठे। रसवादियों का प्रभाव उन्होंने कम ग्रहण किया। नायिका भेद और उनकी अदाएँ, अलंकारों की गणना और राज-स्तुति के मोह में सहज रचना प्रक्रिया से ये विछिन्न रहे। जहाँ कहीं इनकी मान्यताएँ कविता में मिलती हैं—वे ढली हुई नहीं, अनुवाद जैसी लगती हैं। इन कवियों में आचार्यत्व हावी था—कवि दबा हुआ। ''ये कवि जिन उद्देश्यों को सामने रखकर चले थे, उनमें सर्वप्रथम था सरल काव्यों की रचना करना और दूसरा शौकीन मिजाज राजा, रईस और रसिकनागरिकों को काव्यांगों का साधारण ज्ञान करा देना।''[70] इस युग के प्रमुख कवि केशव ने सुंदरी और कविता की शोभा के आधार के रूप में अलंकार की प्रतिष्ठा की।''[71] बिहारी कहते हैं कि ''वंशी की ध्वनि, कविता का रस, सरस गीत, रति रंग में जो नहीं डूबा उसका जीवन निरर्थक है और जो डूबा वह वस्तुतः बाधाओं से मुक्त हुआ है।''[72] केशव और बिहारी में अंतर यह है कि एक ने आत्मानुरूपन की परवाह नहीं की, जबकि दूसरे ने अलंकारों और रचना रुचि के संघर्ष में यथास्थल दोनों को तरजीह देता रहा। कुल मिलाकर समूचा रीतिकाल काव्य की दिशा में सहज नहीं रहा।

रीति से आधुनिकता में संक्रमण

भारतेंदु युग से हिंदी का आधुनिक काल शुरू होता है। इस युग में कवियों के सामने प्रमुख चुनौती थी—रीतिकाल के आचार्यत्व से मुक्ति विदेशी प्रभाव से उत्पन्न जागृति का स्वागत और उनके शोषक चरित्र से संघर्ष।[73] इन चुनौतियों का सामना किसी एक कवि ने नहीं किया और जिसने जितना किया उसकी अलग-अलग प्रतिक्रियाएँ हैं। जैसे कोई कवि रीतिकाल से मुक्ति के लिए संघर्ष के बदले मध्यकाल में पहुँच जाता है तो कोई देश प्रेम के गीत अलापता है।[74] कहीं-कहीं अँग्रेजों की प्रशस्ति पाई जाती है। इस काल में काव्य रचनाएँ अधिकांशतः ब्रज और अवधी में ही रहीं। खड़ी बोली में स्फुट प्रयोग हुए। भारतेंदु युग में भी कविता का ज्ञानात्मक दायरा बढ़ गया। रचना का माध्यम कविता के साथ गद्य की ओर भी बढ़ा, इसलिए विवेचनात्मक साहित्य की मात्रा बढ़ गई। रचना प्रक्रिया के प्रश्नों को भी काव्य के अलावा गद्य में भी लिखा गया। इस युग के कवियों की सैद्धांतिक दृष्टि से नई खोज इतनी ही थी कि वे पश्चिमी चिंतन के करीब आने लगे। इससे उनकी मानसिक सीमाओं में विस्तार आया। रचनात्मक व्यक्तित्व अधिक व्यापक हुआ। इस काल की कविता सरलता के ही अनुरूप प्रक्रिया तय करती है। ग्रियर्सन और कारपेंटर ने कबीर और तुलसी की समीक्षाएँ कीं—जिसका प्रभाव कवियों पर पड़ा। उन्हें कविता के बारे में समझने और सोचने की एक और दिशा मिली। पहली बार रस, अलंकार नायक-नायिका, छंद, गुण-दोषों से भिन्न जन-भाषा और जन-प्रभाव की दृष्टि से कविता की प्रक्रिया समझी गई। इस दौर में मूल्य और भाषा का संक्रमण खास महत्त्व रखता है, इसलिए बार-बार रचनाकारों का ध्यान इन पर केंद्रित होता रहा। भारतेंदु स्वयं कवि थे—उन्होंने निज भाषा की उन्नति को परम महत्त्व दिया।"[75] कविता में रसात्मकता को अनिवार्य कहते हैं किंतु रीति-कालीनों की अनुभवहीन परिपाटी बद्ध रस बोध की निंदा करते हैं। कहते हैं, वाह-वाह रसों का मानना भी मानो वेद के धर्म को मानना है। जो लिखा है, यही माना जाए और इसके अतिरिक्त करे तो पतित होय। रस ऐसी वस्तु है जो अनुभवसिद्ध है। इसके मानने में प्राचीनों की कोई आवश्यकता नहीं। यदि अनुभव में आवे, मानिए, न आवे न मानिए।"[76] यह महत्त्वपूर्ण बात थी कि इस युग में कविता के लिए अनुभव की अनिवार्यता स्वीकार की गई। युग के दूसरे कवियों में से प्रेमघन कविता की सृष्टि में आत्मतल्लीनता, संगीतात्मकता का गुण जरूरी मानते हुए लिखते हैं, "इस प्रकार की कविता के लिए कोमल एवं ललित पदावली और रसात्मक भावों की अलौकिकताएँ निहित वैलक्षण्य विशेष आवश्यक माना गया है।"[77] आशय यह कि जब कवि मस्त होकर लिखता है तभी आस्वादक मस्त होकर उसके आनंद में डूबता है। भट्ट जी भी ऐसा ही कहते हैं, "चित्त की एक सच्ची और वास्तविक भावना की तस्वीर खिंची हुई पाई जाती है

और क्लासिक उत्तम श्रेणी की भाषा की कविता का जहर उसमें कहीं नहीं पाया जाता, जो यहाँ तक कृत्रिम होती है। कि उसकी जोड़ की एक निराली दुनिया केवल कवि जी के मस्तिष्क मात्र में ही स्थान प्राप्त है।"[78] इस प्रकार यह तय है कि भारतेंदु युग की कविता की रचना प्रक्रिया में ज्ञान का भार अधिक नहीं है। वे सक्रिय भावावेश, रसात्मक कथ्य और लोकचित्त को कविता की अंतर्वस्तु मानते थे। उनका दायरा रीतियुग की तुलना में बढ़ा था—परंतु रचनात्मक दक्षता की चिंता अधिक नहीं की गई। रचना प्रक्रिया को समग्र रूप से आकलित करना भी यहाँ नहीं आरंभ हुआ।

आधुनिक कविता की दो वृत्तियाँ

भारतेंदु युग के बाद हिंदी कविता में दो प्रकार की प्रमुख वृत्तियाँ दिखाई देती हैं। प्रथम—सक्रिय-भावावेश अथवा रोमान की कविताएँ, द्वितीय—निष्क्रिय भावावेश की कविताएँ। महावीर प्रसाद द्विवेदी, श्रीधर पाठक, हरिऔध, मैथिलीशरण गुप्त, माखनलाल चतुर्वेदी, रामधारी सिंह दिनकर, बालकृष्ण शर्मा नवीन, त्रिलोचन, सुमन, नागार्जुन, केदारनाथ अग्रवाल, मुक्तिबोध तथा इधर की जनवादी कविताओं की शृँखला पहले प्रकार की है। निष्क्रिय भावावेश के कवियों में रहस्यवादी, प्रयोगवादी तथा नयी कविता के अधिकांश कवि आते हैं। यह विभाजन बहुत सूक्ष्म नहीं है। हर काव्यांदोलन में अंतर्विरोध मिलते हैं। उनमें से उबरकर निष्क्रिय काव्य चेष्टाएँ सक्रिय और गतिशील आंदोलन में शामिल होती हैं जबकि सक्रिय भावावेश के कवि आस्था की गहरी पकड़ न कर पाने के कारण अराजक हो जाते हैं। उदाहरण के लिए छायावाद के कवि निराला शीघ्र ही रहस्यालोक से मुक्त हुए, पन्त मुक्त हो-होकर डूबे और प्रसाद अंततः यथार्थ जगत में आ चुके थे। बच्चन, अंचल और नरेंद्र शर्मा अनिर्णय के शिकार रहे। राष्ट्रीय आंदोलन के सक्रिय कवियों को चिंतन की केंद्रीय धुरी प्राप्त नहीं हुई; इसीलिए उनकी परिणति गड्डमड्ड रही। आशय कि सक्रियता का आवेश यदि चिंतन की वैज्ञानिक गति में शामिल नहीं हुआ तो उसकी परिणति अध्यात्म या रहस्य में होती है जबकि निष्क्रिय भावावेश यदि अंतर्विरोधों से मुक्त हुआ तो उसके मानस में विश्वास के गहरे बीज जन्म से होते हैं। हिंदी कविता की रचना प्रक्रिया के साथ अव्यवस्था की मात्रा बहुत दिनों तक बनी रहती है, इसका कारण राष्ट्रीय जागृति के आंदोलन में निर्णायक शक्ति का अभाव है। सक्रिय रोमांस के कवियों में केदार, त्रिलोचन, नागार्जुन और मुक्तिबोध प्रमुख रूप से ज्ञान की गंभीरता में प्रविष्ट होते गए। ज्ञान और कर्म की द्वंद्वात्मकता उनमें मौजूद रही, इसीलिए वे विकसित हुए। छायावादियों में अकेले निराला थे जिन्होंने आस्था और विकास की वास्तविकताओं को पहचाना। इन सबकी रचना प्रक्रिया में प्रवृत्तिगत सबूत मिलते हैं। यह अच्छी बात है कि छायावादी काल से कवियों में रचना प्रक्रिया के प्रति सजगता दिखती है। वे अपनी इस सक्रिय रचनात्मकता को कविताओं के अलावा गद्य में अभिव्यक्ति

भी करते हैं।

हिंदी कविता में संस्कृत काव्यशास्त्र का प्रभाव बहुत दिन तक रहा। ऊपरी तौर पर कवि उससे मुक्ति की वकालत करते रहे पर आत्म-संघर्ष के अभाव में वे उसमें फँसे रहे। कविता को रचनाकार के पूरे व्यक्तित्व से जोड़ने के बजाए प्रेरणा के क्षणों में से उसके कारण खोजते रहे यही कारण है कि अबाधित भावावेश को बहुत महत्त्व मिला। महान रचना के पीछे कवि के श्रम, व्यक्तित्व अर्जन की विविध क्रियाएँ, रचनानुभव के लिए साधनों को विश्लेषण के लिए आधार नहीं बनाया गया वरन् महान रचना को महान प्रतिभा की स्वतः स्फूर्त होना कहा जाता रहा। स्वयं कवियों ने भी इस तरह की गलत फहमियाँ पैदा कीं। यह अंतर्विरोध है कि जैसे खेत में रात-दिन श्रम करता, फसल की बाधाओं से रक्षा करता हुआ किसान जब फल समेटता है तो उसे ईश्वर का प्रसाद कहता है। ठीक उसी तरह कवि ने क्षमतानुरूप कथ्य तथा शिल्प अर्जन की चेष्टाओं के बावजूद रचना का श्रेय खुद को नहीं दिया। यही कारण है कि रचना की पूरी आत्मकथा वे नहीं लिख सके। रचना के बारे में जो लिखा और जिस तरह से रचना की, दोनों मैं वैज्ञानिक संगति का अभाव मिलता है। विश्वास और सृजन का द्वैत हिंदी कविता में लगातार बना रहा है। यद्यपि इसके खिलाफ संघर्ष भी रहा जो इस युग में तेज हुआ और आज तक दोनों के द्वैत को पाटने में काफी मदद मिली है। आधुनिक कविता की रचना प्रक्रिया और विश्वासगत द्वैत के प्रमाण कवियों के विभिन्न वक्तव्यों में भरे पड़े हैं। महावीर प्रसाद द्विवेदी के अनुसार, ''कवित्व में सिद्धि प्राप्त करने के लिए बहुत पुण्य चाहिए, हृदय में ईश्वर प्रदत्त कवित्व-बीज चाहिए।''[78] कल्पना की आवश्यकता पर राय देते कहा, ''कवि का सबसे बड़ा गुण नई-नई बातों का सूझना है। इसके लिए इमैजिनेशन की बड़ी जरूरत है। जिसमें जितनी ही अधिक यह शक्ति होगी, वह उतनी ही अधिक अच्छी कविता लिख सकेगा।''[80] हरिऔध लिखते हैं, ''भावोद्रेक होने पर जो कविता स्रोत हृदय सरोवर से स्वभावतया फूट निकलता है, वास्तविक कविता के गुण उसी में होते हैं।''[81] कवि के लिए प्रतिभा के महत्त्व का विवेचन करने के बाद वे लिखते हैं, ''जिसमें मनुष्य जीवन की जीवन सत्ता नहीं, जो प्रकृति के पुण्य पाठ की पीठ नहीं, जिसमें चारु चरित्र-चित्रित नहीं, मानवता का मधुर राग नहीं, सजीवता का सुंदर स्वांग नहीं, वह कविता सलिल रहित सरित है। जिसमें सुंदरता विकसित नहीं, मधुरता मुखरित नहीं, सरसता विलसित नहीं, प्रतिभा प्रतिफलित नहीं, वह कवि रचना कुकवि वचनावली है।''[82] दोनों कवियों की काव्य मान्यताएँ प्रायः युग की प्रक्रिया का प्रतिनिधित्व करती हैं। इसी परंपरा में राष्ट्रीय स्वतंत्रता संग्राम के कवियों को लिया जा सकता है। माखनलाल चतुर्वेदी लिखते हैं, ''कवि जब अपनी सरल सांसों तक गीतों की मधुरिमा का अनुभव करने लगता है, तब उसे अपने अभिमत के प्रति किए गए वाणी के प्रत्येक आरोप में काव्य का स्वाद आने लगता है और कुछ झिझक से, कुछ आनंद

से और कुछ समर्पण से वह अनुभव कर उठता है कि यानी काव्य की बेचैनी के रूप में अपनी प्रतिभा के गरीब खाने में बैठकर वह आत्म-प्रकटीकरण का अपराध किए बिना न रह सकेगा।''[83] दिनकर ने इस परंपरा में पहली बार प्रतिभा के ईश्वरीय होने पर आशंका व्यक्त करते हुए कहा, ''अपने अनुभवों के आधार पर मैं कभी-कभी यह मानने को विवश हो जाता हूँ कि प्रेरणा यदा-कदा ईश्वरीय भी होती होगी। किंतु ईश्वरीय विशेषण कौन ग्रहण करेगा ?...इसलिए जो बात कही जा सकती है, वह यह कि प्रेरणा और बुद्धि के केंद्रीकरण से उत्पन्न कोई अनिर्वचनीय शक्ति है, जिसके मूल हमारे संस्कारों में रहते हैं, जिनकी शिराएँ हमारी स्मृतियों में गड़ी होती हैं तथा जो मनुष्य की संबुद्धि से समन्वित होती हैं।''[84] सक्रिय रोमांस के कवियों में आस्था को वैज्ञानिक रूप देने का काम त्रिलोचन, नागार्जुन, केदार और मुक्तिबोध ने किया। मुक्तिबोध ने तो रचना प्रक्रिया का समग्र साक्षात्कार भी किया। उन्होंने रचना में आस्था के द्वैत को पाटा। यह बात दावे के साथ कही जा सकती है कि मुक्तिबोध ने रचना प्रक्रिया का साक्ष्य जिस तरह पेश किया है, उनकी कविताएँ पूरी तरह से इसके अनुकूल ढली हैं। उन्होंने कवि के सौंदर्य बोध को व्यक्तित्व से अलग नहीं महसूस किया। सौंदर्य बोध तकनीकी और यांत्रिक न रहकर रचना प्रक्रिया के प्रवाह में गतिशील दिखता है। अनुभव से कृति तक आभ्यांतरीकरण से वाह्यीकरण तक की उनकी रचना सांस्कृतिक रूपांतरण का प्रमाण बन जाती है। रचना प्रक्रिया को कवि कर्म की कभी न समाप्त होने वाली, गतिशील, प्रौढ़ता के लिए संघर्षरत, चित्रांकन का मार्ग खोजती क्रिया मानने के कारण वे हमेशा आत्म-साक्षात्कार की चुनौती से जूझते थे। इसी कारण बार-बार नए-नए तरीके से रचना प्रक्रिया का प्रश्न उठाया और लिखा। हर स्थान पर वे इस क्रिया को नए तरीके से देखते हैं। एक साहित्यिक की डायरी में रचना प्रक्रिया को तीन क्षणों में बाँधते हुए वे लिखते हैं, ''कला का पहला क्षण है—जीवन का उत्कट तीव्र अनुभव क्षण। दूसरा क्षण है उस अनुभव का अपने कसकते-दुखते हुए मूलों से पृथक हो जाना और एक ऐसी फैंटसी का रूप धारण कर लेना, मानो वह फैंटसी अपनी आँखों के सामने खड़ी हो। तीसरा और अंतिम क्षण है, इस फैंटसी के शब्दबद्ध होने की प्रक्रिया का आरंभ और उस प्रक्रिया की परिपूर्णावस्था तक की गति मानता। शब्दबद्ध होने की प्रक्रिया के भीतर जो प्रवाह बहता रहता है, वह समस्त व्यक्तित्व और जीवन का प्रवाह होता है। प्रवाह में वह फैंटसी अनवरत रूप से विकसित-परिवर्तित होती हुई आगे बढ़ती जाती है। इस प्रकार वह फैंटसी अपने मूल रूप को बहुत कुछ त्यागती हुई नवीन रूप धारण करती है।''[85]

रचना प्रक्रिया का सामना करना, उसके तथाकथित गोपन को खोलना और कृति को मानवीय सिद्धि की तरह पेश करना समकालीन कविता के लिए चुनौती थी जिसे कवियों ने अंशतः झेला। पिछले कुछ दिनों से पश्चिमी प्रभाव के कारण

ही सही कवियों ने रचना प्रक्रिया के कुछ टुकड़े इधर-उधर टिप्पणियों अथवा विश्लेषण प्रसंगों में छितरा दिए हैं, पर वहाँ भी काफी कुछ रहस्यमूलक गुत्थियाँ विराजमान हैं। कहीं न कहीं कवि इस बात की संभावना छोड़ देता है कि कवि विशिष्ट समझा जाए क्योंकि उसने जिसे रचा है, वह सबके बस की बात नहीं। समझ की लोक संभावना को तोड़ने की कोशिश वहाँ मिल जाती है। परिणामतः रचना प्रक्रिया का अलौकिकत्व लहराने लगता है। अलौकिकत्व की हवाई लहर नए से नए कवि ने भी पैदा की है। मुक्तिबोध ने इसके खिलाफ रचनात्मक साक्ष्य पेक्ष किया है। कविता की इतनी सिद्धहस्तता के बावजूद उसने ऐसा कुछ नहीं रहने दिया जो विवेच्य न हो। रचना प्रक्रिया का इतना सर्वांगीण विश्लेषण इसके पूर्व कवि नहीं कर सके।

प्रगतिवादी कविता आंदोलन के समय जैसे मार्क्सवाद के गुण-गान की हवा चल पड़ी थी। अनेक कवि इस चिंतन की दार्शनिक और कलात्मक गंभीरता को समझे वगैर प्रशंसा गीत लिखते थे। पंत, अंचल, बच्चन, नरेंद्रशर्मा भगवतीचरण वर्मा, दिनकर, प्रभाकर, माचवे, भारतभूषण अग्रवाल, गिरिजा कुमार माथुर ने किसी जमाने में प्रगतिवाद अथवा मार्क्सवाद की खूब वकालत की। शायद उनका अनुमान था कि अँग्रेजों से सत्ता की निर्णायक लड़ाई कम्युनिष्ट ही लड़ सकेंगे। ऐसी स्थिति में आगत व्यवस्था में अपनी हैसियत तय करने के निमित्त ये कवि मार्क्सवाद को बौद्धिक सहानुभूति दे रहे थे। अंचल, नरेंद्र, दिनकर और पंत ने प्रगतिवाद के समर्थन में खूब लिखा था। ये कवि छायावादी प्रवृत्तियों से जुड़े रहे और छायावाद के पतन के कारण लिखे। प्रगतिवाद से जुड़े और फिर उसके पतन के कारण गिनाए। इन युगों की रचनात्मक असफलताएँ गिनाते हुए यह भूल गए कि वे भी उसी युग में सक्रिय थे ? यदि वे उन कमजोरियों से वाकिफ महान कलाकार थे तो उन्हें कमजोरियों से संघर्ष कर महान रचनाएँ लिखनी चाहिए थी। क्या मुक्तिबोध, नागार्जुन, केदार आदि शमशेर ने ऐसा नहीं किया ? इन कवियों ने तो अवसरवादी इन रचनाकारों के द्वारा फैलाए मलवे को भी साफ किया और प्रगतिवादी काल की समग्रता को रचकर प्रस्तुत किया। यही कारण है कि पिछले दो दशकों से लिखी जाने वाली प्रगतिवादी कविताएँ स्पष्ट, साफ-सुथरी और कलात्मक हैं। वे सिद्धि की कविताएँ हैं, बौद्धिक प्रचार की नहीं।

छायावादी काव्य वस्तुतः दो स्पष्ट अंतर्विरोधी प्रवृत्तियों के संघर्ष का है। एक ओर उसमें रहस्यवाद आत्मा-परमात्मा की परंपरागत क्रीड़ा का नया उत्थान है, (निष्क्रिय रोमांस) दूसरी ओर प्रकृति की स्वाभाविक पहचान, मनुष्य की अंतःप्रकृति का साक्षात्कार, रूढ़िग्रस्त कराहती विच्छिन्न मानवता की पीड़ा का इजहार है (सक्रिय रोमांस) रामचंद्र शुक्ल ने पहली प्रकृति को देखकर आंदोलन से निराशा व्यक्त की थी। हमारा कहना यही है कि हृदय का अव्यक्त और अगोचर से कोई संबंध नहीं

हो सकता। प्रेम, अभिलाषा, जो कुछ प्रकट किया जाएगा, वह व्यक्त और गोचर ही के प्रति होगा। प्रतिबिंबवाद कल्पनावाद आदि वादों का सहारा लेकर इन भावों को अव्यक्त और अगोचर के प्रति कहना और अपने काल्पनिक रूप विधान को ब्रह्म या पारमार्थिक सत्ता की अनुभूति बताना काव्य क्षेत्र में एक अनावश्यक आडंबर खड़ा करना है।''[86]

छायावादी कवियों में प्रमुख हैं प्रसाद, निराला और पंत। प्रसाद और निराला ने कविता के प्रसंग में जो कुछ लिखा है, वह उनकी रचना प्रक्रिया का अंग है। पंत के संबंध में ऐसा नहीं कहा जा सकता। उनकी काव्य संबंधी चर्चाओं में रचना प्रक्रिया का पूरा साक्षात्कार होने के बजाए अहेतुक आत्मश्लाघा की प्रवृत्ति भी पाई जाती है। प्रसाद लिखते हैं, ''काव्य आत्मा की संकल्पात्मक अनुभूति है, जिसका संबंध विश्लेषण विकल्प या विज्ञान से नहीं है।—आत्मा की मननशक्ति की वह असाधारण अवस्था जो श्रेय सत्य को उसके मूल चारुत्व में सहसा ग्रहण कर लेती है, काव्य में संकल्पनात्मक मूल अनुभूति कही जा सकती है।''[87] प्रश्न है कि यह संकल्पात्मक अनुभूति क्या है ? इसके उत्तर प्रसाद ने भी दिए हैं। प्रसाद ऐसे कवि थे जिन्होंने सृष्टि की विशाल व्याप्ति के विषय में अध्ययन, मनन और अनुभव द्वारा एक ज्ञानात्मक चेतना विकसित की थी। इस चेतना का विश्लेषण वे लगातार करते थे, पर इसे कविता रचने की कच्ची सामग्री ही मानते थे। यह चेतन सत्य है, यह होनी चाहिए पर जैसे ही वह ऐंद्रिय रूप धारण कर लेती है या रागात्मक हो जाती है, वैसे ही कविता की प्रक्रिया शुरू होती है। ज्ञान से राग का रूपांतरण अनुभूति है। इस अनुभूति के प्रति कवि का पूर्ण विश्वास और संकल्प कायम होता है। जब तक ऐंद्रिय अनुभूति के प्रति कवि संदेह में दोलता है—तब तक रचना का जन्म नहीं हो सकता। वह कच्ची अनुभूति होती है। ''हो सकता है जहाँ कवि अनुभूति का पूर्ण तादात्म्य नहीं कर पाया हो, वहाँ अभिव्यक्ति विशृँखल हो गई हो, शब्दों का चुनाव ठीक न हुआ हो, हृदय से उसका स्पर्श न होकर मस्तिष्क से ही मेल हो गया हो, परंतु सिद्धांत में ऐसा रूप छायावाद का ठीक नहीं कि जो कुछ अस्पष्ट छाया मात्र हो, वास्तविकता का स्पर्श न हो, वही छायावाद है।''[88] रहस्यवाद के विषय में प्रसाद ने जो विचार प्रकट किए वह संकल्पात्मक अनुभूति का ही अंग है। मसलन्, ''काव्य में आत्मा की संकल्पनात्मक मूल अनुभूति की मुख्यधारा रहस्यवाद है।''[89] आगे और स्पष्ट किया, ''इसमें अपरोक्ष अनुभूति, समरसता तथा प्राकृतिक सौंदर्य के द्वारा अहं का इदम् से समन्वय करने का सुंदर प्रयत्न है। हाँ, विरह भी युग की वेदना के अनुकूल मिलन का साधन बनकर इसमें सम्मिलित है।''[90] प्रसाद के अनुसार आत्मा में रागात्मक संकल्प की अवस्था उस समय पैदा होती है—जब अनुभूति किसी दृश्य, स्थिति, चरित्र का संवेदनात्मक आकार खड़ा कर लेती है। कवि उस आकृति में पूरी अस्मिता के साथ जुड़ा होता है। कविता में इसी आकृति की अभिव्यक्ति होती है। आंतरिक

वास्तविकता का संयोग कविता में होता है। उसी के अनुरूप शब्द, ध्वनि, लय की खोज करनी होती है। अभिव्यक्ति उसी आंतरिकता के प्रति जवाबदेह है। यहीं पर प्रसाद कविता को कलाओं से काटते हैं। कलाएँ जहाँ कौशल अर्थात् बाह्य विद्या को प्रश्रय देती हैं, वहीं कविता संकल्पनात्मक अनुभूति का स्वतः स्फूर्त परिणाम है। रहस्य के विषय में इस तरह से देखना चाहिए कि प्रसाद की ज्ञानात्मक चेतना भारतीय अद्वैत चिंतन के माध्यम से बनी थी।

रमेशचंद्र शाह ने एक बात लिखी है, "प्रसाद को रागात्मक ऐश्वर्य का कवि कहने के बजाए विराग के ऐश्वर्य का कवि कहना अधिक उपयुक्त जान पड़ता है। रागात्मक ऐश्वर्य की ही बात की जाए, तो वह उनके कथा साहित्य में अधिक है। कविता में वे अधिक निर्लिप्त अधिक सारमय हैं। उनमें अनुभूति अपना शरीर न रचकर सीधे-सीधे अपना मस्तिष्क अपनी आत्मा रचती जान पड़ती हैं।"[91] इस विश्लेषण को ज्यों का त्यों तो नहीं आंशिक रूप से स्वीकारा जा सकता है। इस रूप में कि प्रसाद की जीवन संपृक्ति अध्ययन संपृक्ति की तुलना में कम थी। उनका आत्म-संघर्ष या तो निजी पीड़ा तथा मनन के द्वंद्व के बीच था। संकल्प का निर्माण जीवन की अनुभूतियाँ नहीं कर रही थीं—भारतीय अद्वैत दर्शन ने उसे रचा था। अद्वैत दर्शन की सीमा यही है कि उसमें विच्छिन्न तत्व चिंतन अधिक है। वह मानवीय समस्याओं से नियमित नहीं हुआ। उसने एकांत की मानसिक तरंगों का विश्लेषण किया है। प्रसाद की जीवन की अनुभूतियों में इस दर्शन की तरंगें घुल गई थीं। इन्हीं ने संकल्प को राग दिया था। कविता के चरित्रों में जो ऐंद्रियता है, वह उनके सीमित आनुभाविक लोक की है। हाँ, उन पात्रों में जो चेतना या मस्तिष्क है, वह तत्व दर्शन या रहस्यलोक का है। मुक्तिबोध ने लिखा है, "प्रसाद जी की संवेदना प्रणाली ही भिन्न थी। अत्यधिक अंतर्मुखता तथा उस अंतर्मुख लोक में विलासितापूर्ण गहन श्रृंगारिकता और उसके एकदम विरुद्ध और विपरीत आर्ष, सांस्कृतिक अद्वैतवादी दर्शन और उसमें अनुप्राणित जीवन मूल्य थे। उनके हृदय में इन दोनों प्रवृत्तियों की द्वंद्व स्थिति वर्तमान थी। बाह्य से प्राप्त उनकी संवेदनाएँ भी इतनी अधिक तीव्र थीं कि संवेदना स्वयं उनके लिए वस्तुतः एक समस्या बन जाती थी। फलतः अपनी संवेदना और संवेदनात्मकता पर उन्हें सोचना पड़ता था। अपनी मूलभूत चिंतन प्रवृत्ति के द्वारा वे उन तीव्र संवेदना घातों को समस्यात्मक रूप देते थे। इसीलिए प्रसाद जी की काव्याभिव्यक्ति उलझी हुई सी लगती है।"[92] इस प्रसंग को सूत्र रूप में कहा जा सकता है कि प्रसाद का अंतर्मुखी बोझ और विश्लेषण बाह्य वास्तविकताओं को निर्धारित करने में प्रमुख था। वे सक्रियता के बजाए विश्राम के बीच अंतर्द्वंद्व से जूझते थे। इसके लिए उन्हें विराग के ऐश्वर्य का कवि नहीं कहा जा सकता। उनकी रचना प्रक्रिया की सीमाओं को संकल्पनात्मक अनुभूति की बुनावट के भीतर से ही समझना होगा।

निराला इस पीढ़ी के सबसे महत्त्वपूर्ण कवि हैं। उनका रचनात्मक व्यक्तित्व विराट था। इतना विराट कि नागरिक व्यक्तित्व को उसने आत्मसात कर लिया था। वे स्थिति रक्षा की लड़ाई कवि से अलग नहीं लड़ते थे। इसीलिए निजी जीवन में भी वे कवि के लिए रचना अनुभवों की प्रक्रिया से गुजरते रहे। उन्हें केवल रचना हासिल हुई। जीवन में कविता का वरण उन्होंने महत्त्वाकांक्षा या लोकप्रियता के लिए नहीं किया था। वे काव्य को मानव मन की श्रेष्ठ रचना कहते थे क्योंकि ब्राह्मी स्थिति का साक्षात्कार वही कराती है। ब्रह्मशब्द का अर्थ स्पष्ट करते हैं; ''ब्रह्म शब्द से नफरत की कोई बात नहीं हो सकती। ब्रह्म का मतलब सिर्फ बड़ा है, जिससे बड़ा और नहीं।''[93] निराला ने अपनी ज्ञान व्यवस्था को बहुत व्यापक बनाया था। उनकी व्यापकता में जीवन के प्रत्यक्ष अनुभव और संघर्ष की क्षमताएँ प्रसाद की तुलना में ज्यादा थीं। बाह्य वास्तविक का आभ्यांतरीकरण उनके बोध में इतना शामिल था कि उनके गीत भी भावोच्छोच्छ्वास नहीं रह पाए। रचना प्रक्रिया के लिए वे कथ्य चयन और चिंतन के द्वंद्व पर लिखते हैं, ''संसार में जितने विषय, जितनी वस्तुएँ, मन और बुद्धि द्वारा ग्राह्य जो कुछ भी हैं—वह भला हो या बुरा—रचयिता की दृष्टि में बराबर महत्त्व रखता है। वर्णन के मुख्य दो रूप हैं—बाहरी और भीतरी। वर्णन में कुशलता प्राप्त करने के लिए अधिकाधिक अध्ययन और चिंतन आवश्यक है। अध्ययन द्वारा विषयप्रवेश होता है और चिंतन द्वारा मौलिक उत्पत्ति और रचना शक्ति का विकास।''[94] स्पष्ट है कि वे संसार को उसके अंतर्विरोधों के साथ समग्रता में पकड़ना चाहते थे। अंतर्विरोधों को वे जीवन की वास्तविकता से पहचानते थे, इसीलिए उनकी अद्वैत वेदांती दृष्टि क्रमशः वस्तून्मुखी होती गई। चेतना के अमूर्तन और अनुभव के मूर्त बिंबों के संघर्ष में अनुभव मूलक चेतना विजयी रही। इसीलिए जुही की कली का रोमानी लोक कुकुरमुत्ते की ओर आ गया। व्यक्तित्व के अहं पर जोर देते-देते वे इतने निर्वैयक्तिक हो गए कि उन्हें अपने होने का आभास भी न रहा। इतना उतार चढ़ाव उनके अनुभव तथा रचना प्रक्रिया में लगातार मिलता है। कि उनका कलात्मक बोध स्थिर नहीं रहा। वे गतिशील रहे। इसीलिए अपने वाद के अनेक काव्यांदोलनों को प्रेरित करने की क्षमता अर्जित कर सके।

निराला ने मेरे गीत और कला में रचना प्रक्रिया की विराटता का संकेत दिया है। कहते हैं, ''कला केवल वर्ण, शब्द, छंद, अनुप्रास, रस, अलंकार या ध्वनि की सुंदरता नहीं, किंतु इन सभी से संबद्ध सौंदर्य की पूर्ण सीमा है, पूरे अंगों की सत्रह साल की सुंदरी की आँखों की पहचान की तरह-देह की क्षीणता-पीणता में तरंग सी उभरती-चढ़ती हुई, भिन्न वर्णों की बनी वाणी में खुलकर क्रमशः मंद मधुरतर होकर लीन होती हुई—जैसे केवल बीज से पुष्प की पूरी कला विकसित नहीं होती, न अंकुर से, न डाल से, न पौधे से, जड़ से लेकर तना, डाल, पल्लव, और फूल के रंग, गंध तक फूल की पूरी कला के लिए जरूरी हैं, वैसे ही काव्य की कला के लिए काव्य

के सभी लक्षण और जिस तरह फूलों की सुगंध पेड़ के दृश्य समस्त भाग को ढके हुए अपने सौंदर्य तत्व के भीतर रखती है—पेड़ की काष्ठ निष्ठुरता दिखती हुई भी छिपी रहती है, उसी तरह काव्य कला आवश्यक अशोभन वर्ण संप्रदाय को अपनी मनोज्ञता के भीतर डाले रहती है, तने, डाल, पत्ते और फूल के रंगों के भेद और उनके चढ़ाव-उतार की तरह काव्य की भी प्रकाशनधारा है। इसकी त्रुटिकला के एक अंग की त्रुटि होगी। इस प्रकार कला का मर्म स्थूल रूप से समझ में आ जाता है। एक केंद्र से खींची हुई असंख्य रेखाओं की तरह काव्य विषय की असंख्य कलाएँ हैं। सृष्टि स्वयं कला की अखंडता का प्रमाण है। विवेचन के समय कला का प्रकार देखा जाता है, यहीं मालूम होता है, कला किस रूप की है, कैसी गति लिए हुए, कहाँ पहुँची हुई। यदि वह अधूरी रह गई तो मानवांग निर्णय में काना, लंगड़ा, नकटा आदि जैसे पहले के परिचय के अनुसार समझ लिए जाते हैं, वैसे ही कला भी विषय के विवेचन में आ जाएगी। पर जिससे मालूम नहीं, कि भौंरे के इतने पैर होते हैं, उसके सामने दस पैर वाला भौंरे के आकार का एक कीड़ा बनाकर रख देने पर वह उसे भौंरा ही समझेगा और धोखे में आकर या धोखा देने के लिए उस चित्र के नीचे अगर भौंरा लिख भी दिया चित्रकार ने, तब तो वह दर्शक निःसंशय उसे भौंरा मानेगा, एक दफा, दूसरे के इनकार करने पर उससे लड़ भी जाएगा। हिंदी के विवेचन में प्रायः यही सत्य है।''[95] निराला का उद्धरण संक्षेप में उनकी रचना प्रक्रिया को खोल देता है। उन्होंने सृजन और विवेचन में पहले पार्थक्य यह किया कि सृजन की क्रिया अखंडता की है। वास्तविकताओं का आत्मीकृत रूप, जिसे अनुभूति कहते हैं—अखंडता की धुरी है। उसमें सौंदर्य का पूर्ण ऐंद्रिय आकार होता है। सौंदर्य को रचनाकार समग्रता में अनुभव करता और रचता है। रीतिकालीन वे कवि अपवाद हैं, जिनकी दृष्टि मात्र आँख, कान, जाँघ या नथनी नूपुर में सौंदर्य पा लेती थी। वे रचना की प्रकृति से अनभिज्ञ थे। निराला की ओर से रचनाकार की प्रक्रिया का प्रतीक पुष्प रहा है। उन्होंने कविता में या विवेचन में दोनों जगह इसका उपयोग किया है। फूल वह वस्तु है जो वाह्य तत्वों के सार को आत्मसात करता है। आत्मीकरण की प्रक्रिया में फूल यौन साधना करता है किन्तु जैसे ही उसका अंतस चतुर्दिक की सुगंधि से भर उठता है—उसकी अंतस ही एक झटके से कली को खोकर सुगंधि की असीम को सौंप देता है।''[96] रूप की यह अरूप साधना है। रचना का गौरव इसी में है कि वह अपनी सीमा में असीमता से अनुबिद्ध हो। निराला की दृष्टि में कविता में वास्तविकता का आदर्शीकरण ही नहीं होता—उसका अशोभन पक्ष भी उसमें अंतर्भुक्त होता है। शोभन और अशोभन के संघर्ष में शोभन की अनिवार्य गतिशीलता अशोभन को भी मनोहर कर देती है। यह संघर्ष सुखद होता है, जिसकी परिणति पराजय की न हो। निराला कविता को अंतर से फूटी प्रकाशधारा मानते हैं। धारा की निर्वाह साधना कवि का काम है। कवि तपस्वी या साधक है। वह क्लैसिक की

(आलोचनाशास्त्र) साधना से शब्दों की मार्मिक परंपरा को चेतना में घोलता है, ताकि वह घोल सक्रिय रोमानियत पैदा कर सके। क्लैसिक की पैसिव भूमिका कवि की चेतना में समाप्त न हो तो रचना प्रक्रिया कच्ची होती है। कला के रूपों के साधंत निर्वाह में रचनाकार की परीक्षा होती है। निराला ने अनेक-अनेक उदाहरणों से कविता की रचना प्रक्रिया को खोलते हुए अंततः काव्यमुक्ति का प्रश्न उठाया है। वह मनुष्य की मुक्ति और कविता की मुक्ति को अलग-अलग नहीं देखता। दोनों के सापेक्ष संबंधों में ही मुक्ति का रहस्य छिपा है। कवि कर्म को राष्ट्रीय दायित्व से बाँधते हुए लिखते हैं, "जिस समय से देश पराधीनता के पिंजड़े में वन-विहंगम की तरह बंद कर दिया गया है, उस समय से लेकर आज तक की उसकी अवस्था का दर्शन, उससे सहानुभूति, उसकी अवस्था का प्रकटीकरण आदि उसके संबंध के जितने काम हैं, इनकी सीमा कवि-कर्म की परिधि के भीतर ही समझी जाती है। क्योंकि प्रकृति का यथार्थ अध्ययन करने वाला कवि ही यदि देश की दशा का अध्ययन न करेगा तो फिर कौन करेगा ?"[97] निराला ने सृजन प्रक्रिया के अलावा विवेचन प्रक्रिया को भी अपने रूपक में स्पष्ट किया है। उनका कहना है कि यह विवेचक का काम है कि वह कला के रूप, भेद, गति, अंग का विश्लेषण का समग्रता की बारीक आवयविक सापेक्षता की पहचान कराए। यह दायित्व पूर्ण कर्म वही विवेचक कर सकता है, जो सृजन प्रक्रिया के समग्र सौंदर्य का साक्षात्कार कर सके। अपने युग के विवेचकों पर उन्होंने इसीलिए कटाक्ष किया है क्योंकि वे ऐसा नहीं कर पाते थे। उन्होंने पंत और पल्लव की समीक्षा लिखकर विवेचन का नमूना भी पेश किया है।

छायावाद के दो प्रमुख कवियों की रचना प्रक्रिया के अनुशीलन से स्पष्ट है कि इस काव्य में केवल रहस्यवाद का निष्क्रिय लोक ही नहीं है, इसकी प्रवृत्ति भी है जो परिवेश के साथ जुड़ी तथा गतिशील है। यह काव्य केवल पलायन का नहीं—उसमें सकारात्मक संभावनाओं का अद्वितीय कोश है। किसी समय में यह बात मानना कठिन था पर अब रामविलास शर्मा और नामवर सिंह जैसे समीक्षकों ने ऐतिहासिक ढंग से इस मसले को हल कर दिया है। नई कविता की रचना प्रक्रिया को छायावाद के साथ रखने में कुछ समीक्षकों को आपत्ति हो सकती है, पर वस्तुपरक निर्णय का दबाव है कि दोनों में देश-काल की किंचित् दूरी के बावजूद प्रवृतिगत साम्य है। नए कवियों ने छायावाद की सक्रिय गतिशीलता के बजाए निष्क्रिय रोमानियत को पाया। यह बिडंबना है कि ये कवि छायावाद का अद्‌भुत विरोध करते हैं, उस नाम से चिढ़ते हैं, पर मानसिक व्यवस्था के अभाव में अनजाने ही वहाँ लौट आते हैं। वे इस तथ्य को स्वीकार नहीं करते। किंतु जुड़ने के अलावा उनकी प्रकृति का कोई और मार्ग ही नहीं है। रामविलास शर्मा ने प्रामाणिक ढंग से नई कविता की प्रकृति को छायावाद की उस वृत्ति से जोड़ा है, "यदि नई कविता ने छायावाद के इस समर्थ पक्ष से नाता जोड़ा होता और उसकी कमजोरियाँ छोड़ दी होतीं तो प्रस्तुत चर्चा सचमुच अनावश्यकता

होती। किंतु बात ठीक इससे उलटी है। नई कविता ने छायावाद की कमजोरियों से नाता जोड़ा है। उसका समर्थ पक्ष छोड़ दिया है।"[98] नई कविता के ऊपरी तौर पर दो हिस्से हैं, प्रयोगवाद और नई कविता। इनमें कोई बुदिनादी अंतर नहीं है। प्रमुख स्थापक के रूप में अज्ञेय, जगदीश गुप्त, भारती, रघुवीर सहाय आदि हैं—जिन्होंने रचना प्रक्रिया के प्रश्नों पर प्रकाश डाला है। अज्ञेय ने इनमें से सबसे ज्यादा लिखा है। कई वर्षों से उन्होंने हर कविता की प्रक्रिया एवं कवि की मनःस्थिति को समझने का उपक्रम किया है।

अज्ञेय ने सर्जक मस्तिष्क के विषय में लिखा है, "कलाकार का मन एक भंडार है जिसमें अनेक प्रकार की अनुभूतियाँ, शब्द, विचार, चित्र इकट्ठे होते रहते हैं, उस क्षण की प्रतीक्षा में जबकि कवि-प्रतिभा के ताप से एक नया रसायन, एक चमत्कारिक योग नहीं उत्पन्न हो जाएगा।"[99] यहाँ कवि ने यह नहीं बताया कि कवि के मन में संचित होने वाली सामग्री और केंद्र का क्या रिश्ता होता है तथा कवि प्रतिभा का चमत्कारिक योग अथवा प्रेरणा की क्या भूमिका होती है ? प्रेरणा के विषय में अन्यत्र लिखा, "कला सामाजिक अनुपयोगिता की अनुभूति के विरुद्ध अपने को प्रमाणित करने का प्रयत्न—अपर्याप्तता के विरुद्ध विद्रोह है।"[100] इस कथन में एक उत्तर दूसरी समस्या पैदा करता है। सामाजिक अपर्याप्तता के विरुद्ध व्यक्ति के अहं का विस्फोट या विरोध कला की प्रेरणा के रूप में कैसे प्रमाणित होगा, क्योंकि व्यक्ति के ठीक होने की जिम्मेदारी कौन लेगा ? उसकी मानसिक कंडीशनिंग की प्रकृति का जवाब कौन देगा ? उसके विस्फोट की सार्थकता कौन प्रमाणित करेगा ? इस प्रसंग की एक और दलील "शायद कला मात्र में जो शक्ति सृजन की प्रेरणा बनती है—वह यही तनाव है—जाने हुए उत्तर और दिए जा सकने वाले उत्तर के बीच का तनाव"[101] अज्ञेय का रचना प्रक्रिया के प्रसंग में दिया जाने वाला कोई स्पष्टीकरण मनुष्य को अपने और समाज के बारे में सापेक्ष एवं वैज्ञानिक पड़ताल की इजाजत नहीं देता। उनका सोच कहीं यथास्थिति से टकराता नहीं। तनाव विस्फोट या विरोध समाज से स्वार्थ पूर्ण अतृप्ति को लेकर होता है। उनके निज की अतृप्ति ही विस्फोट का कारण है, "आज का हिंदी साहित्य अधिकांश में अतृप्ति का या यह कह लीजिए लालसा का इच्छित विश्वास का साहित्य है।"[102] अज्ञेय का निज बहुत महत्त्वाकांक्षी, व्यक्तिवादी और सामाजिक हिस्सेदारी के प्रति उदासीन है। वे अपनी लालसा के अनुपात को अनुशासित करने के पक्ष में नहीं है। वे अद्वितीय व स्वयंभू आदि हैं। उनका अनुसंधान है, "समाज के साधारण जीवन में अपना स्थान न पाकर वो प्रेरित होता है कि वह (कलाकार) स्थान बनाए, अतएव पुरानी लीको पर चलने में असामर्थ्य ही, नई लीकें बनाने के सामर्थ्य को प्रोत्साहन देती है।"[103] प्रेरणा का अर्थ यहाँ प्रतिक्रिया लगता है। प्रतिक्रिया समाज के खिलाफ इसलिए होती है क्योंकि समाज इसे साधारण आदमी की तरह जगह देता है। उसकी तथाकथित विशिष्टता का अनुपात वह स्वीकार

नहीं करता। कवि का अहं इसी अर्थ में नया है क्योंकि वह समाज से बरबस विशिष्टता का हक़ छीनने के लिए उतावला है। यही उतावलापन तनाव का कारण है और मानसिक सामग्री में रसायनिक घोल का भी। नए और पुराने का संघर्ष भी रचना प्रक्रिया का अंग होता है। रचनाकार परंपरा और रूढ़ियों से टकराए वगैर आगे नहीं बढ़ सकता। इस सदर्भ में अज्ञेय टी.एस. ईलियट के सहयोगी हैं। ईलियट के ही वजन पर उन्होंने 'रूढ़ि और मौलिकता' निबंध लिखा है। इस निबंध के विचारों का सार इन पंक्तियों में भी है, "रूढ़ि की साधना साहित्यकार के लिए वांछनीय ही नहीं, साहित्यिक प्रौढ़ता प्राप्त करने के लिए अनिवार्य है।"[104] इसका और स्पष्टीकरण यह कि, "परंपरा का कवि के लिए कोई अर्थ नहीं है, जब तक वह उसे ठोक बजाकर तोड़-मरोड़ कर देखकर आत्मसात नहीं कर लेता।"[105] जाहिर है कि परंपरा की साधना का अर्थ है–सारे इतिहास को अपनी निजता में ढाल लेना। समाज में अपना स्थान बनाने की नीयत वाले व्यक्तित्व के अनुकूल कर लेना। उसे तोड़ने-मरोड़ने की निजी इजाजत अज्ञेय को कबूल है। रचना लिखने के उद्देश्य के विषय में, "मैं स्वान्तः सुखाय नहीं लिखता। कोई भी कवि केवल मात्र स्वान्तः सुखाय लिखता है या लिख सकता है, यह स्वीकार करने में मैंने अपने को सदा असमर्थ पाया है।"[106] समाज में स्थान बनाने की ललक रखने वाले कवि के अभिप्राय को कोई इतना छोटा क्यों सिद्ध करेगा ? हर पाठक को यह मालूम होगा कि यह कवि समाज को प्रभावित करना चाहता है। समाज को वह अपनी धरोहर, संपत्ति तथा उपयोग की कच्ची सामग्री समझता है। उसकी ऐतिहासिक जीवंतता से रचयिता का सरोकार नहीं है। उसका यह विश्वास नीयत के अनुकूल है, "लेखक सिवा अपने के कुछ को नहीं बदलता, सिवा कला की समस्या के कोई समस्या हल नहीं करता।"[107] अपने को बदलना, कला की समस्या हल करना, समाज में स्थान बनाना, दूसरों तक रचना पहुँचाना–इन सब कथनों में कितना आपसी अंतर्विरोध है। अंतर्विरोध का एक ठोस नमूना, जो अज्ञेय को सर्वोदय के निकट ले जाता है, "कलाकार को अमीर और गरीब, सुखी और दुखी, पीड़ित और पीड़क, दोनों के बारे में लिखने का समान अधिकार है, यदि वह अपनी कला को अक्षुण्य बनाए रखता है–क्या कलाकार की अनुभूति इतनी व्यापक और साथ ही इतनी असंलग्न अनासक्त नहीं हो सकती कि दोनों पक्षों को उनका उचित स्थान दे सके।"[108] अज्ञेय जी वर्गीय समाज में आज दोनों वर्ग उचित स्थान में ही तो हैं ? और उचित स्थान क्या दिलाएँगे–आज ? जब आप चाहते हैं कि दोनों पक्ष रहें तो यह उनके लिए सर्वोत्तम स्थिति है ? रचना के प्रश्नों को आपने विद्रोह के नाम पर यथास्थिति के दायरे में सुलझाया है। आपने राहों के अन्वेषण की घोषणा की थी, उसकी परिणति वीणा के नए आध्यात्मिक समर्पण या 'शास्वती' आदि में हुई है। हाल में अज्ञेय की प्रकाशित पुस्तक 'संवत्सर' में चिंतन की प्राथमिकता पूरी तरह से भाववादी हो गई। यहाँ 'दिग्विहीन', 'वर्गवृत्त', 'शाश्वत काल : इतिहास का

क्रम', 'मानवीय काल : अनुभव का क्रम,' 'साहित्यिक कालयथार्थ का क्रम,' और 'संप्रेषण का काल : भाव का क्रम'–जैसे शीर्षकों में कवि ने रहस्यवादी केंद्र को पा लिया है। स्थापना की इस जमीन पर अज्ञेय मानते हैं कि काल का रिश्ता आदमी से होता भी है और नहीं भी। धनी आदमी रुचि के काम में तल्लीन रहकर काल का बोध नहीं करते ? उन्होंने काल की नदी को दिग्विहीन कहा है। दिग्विहीन काल अमर है, देवों के महावृक्ष से संबंध है। उसका दृष्टा सनातन है। उसी में जन्म मृत्यु शामिल है। वह शिव शक्ति, प्रकृति आदि हैं। पौराणिक ग्रंथों में ब्रह्मा के वर्षों और युगों की जो कल्पना की गई है–अज्ञेय ने उसे ही अपनी तरह से पेश किया है। इसी प्रस्तुति में सृजनशीलता की प्रक्रिया पर भी लिखते हैं, "मनुष्य की सृजनशीलता अनिवार्य तथा मानवीय काल प्रत्यय के साथ बंधी हुई है, उसी काल में क्रियाशील होती है, उसका अनुभव और पर्यवेक्षण करती है और उसी की प्रतीति समाज को कराती है। वही सर्जक प्रतिभा उसी काल बोध को पहले आँकने फिर संप्रेषित करने की नई-नई तकनीकी युक्तियों का आविष्कार लगातार करती रहती है। आधुनिक काल यदि ऐतिहासिक काल है तो आधुनिक साहित्य की कसौटी भी उसका काल प्रत्यय और उसकी काल निरूपण की पद्धति होगा। इस साहित्य का अध्ययन इस बात को ध्यान में रखते हुए करना अत्यंत रोचक भी है और फलप्रद भी। बल्कि इसे दोहरा फल देने वाला भी कह सकते हैं क्योंकि उसमें हमें वह आनंद तो मिलता ही है जिसकी हम उससे अपेक्षा रख सकते हैं, साथ ही वह हमें दर्शन के नए भवन की देहरी तक ले जाता है, ऐसे दर्शन की देहरी तक जिसके सहारे हम कदाचित् सत्य को और मूल्य मात्र को उस दासता से उबार सकें जिसमें इतिहास ने उन्हें डाल रखा है, उनको मुक्त करके उनकी नई प्रत्यभिज्ञा पा सकें, इतना ही नहीं, जो अनित्यता काल की मुख्य देन जान पड़ती है, उसी में से काल की नई सर्जना कर सकें।"[109] यहाँ अज्ञेय का विश्वास है कि मनुष्य के पास जो सृजनात्मक ऊर्जा है–वह मानवीय काल और इतिहास की देन है। उसने मनुष्य की कंडीशनिंग कर दी है जिससे मनुष्य काल की निरवधि-अखंडता से कटा हुआ है। सत्य और मूल्य की मात्र मानवीय संपृक्ति को यहाँ वे दासता का कारण मानते हैं। उनका विश्वास है कि आधुनिक काल में बढ़ता इतिहास बोध उनकी नजर में खतरनाक है। वह मनुष्य को गहराई से काटता है। उन्होंने मुहावरे "ओह मैं संलग्नता से घृणा करता हूँ।"[110] को उद्धृत करते हुए अंतर्वैयक्तिक संबंधों को झुठलाया। इसी आधार पर संबद्धता प्रतिबद्धता का निषेध भी किया है।"[111] पूँजीवादी समाज में विच्छिन्ता (ऐलियनेसन) के कारण उत्पन्न विकृत स्थितियों को उदातत्ता प्रदान करने के अलावा अज्ञेय की सृजनशीलता की इस पहचान का क्या ध्रुव है ? रचना प्रक्रिया में मानसिक बुनावट, प्रेरणा तथा आंतरिक प्रवाह-निर्वाह के बाद अंतिम चरण संप्रेषण की समस्या का होता है। अज्ञेय ने इसीलिए नए काव्य के साथ साधारणीकरण के प्रश्न पर लिखा है। उन्होंने माना

कि बाह्य वास्तविकता के बदलने से मानवीय संबंधों और रागों की प्रकृति में भी फर्क आया है। इस फर्क से भाषा में भरे हुए अर्थ की जगह नया अर्थ प्रतिष्ठित करने के लिए साधारणीकरण की समस्या ज्यादा जटिल और व्यापक हो गई है। कवि तब उस अर्थ की प्रतिप्रत्ति करता है जिससे पुनः राग का संचार हो; पुनः रागात्मक संबंध स्थापित हो। साधारणीकरण का अर्थ यही है। नहीं तो अगर भाव भी वही जाने पुराने हैं, रस भी और संचारी व्यभिचारी, सबकी तालिकाएँ बन चुकी हैं तो कवि के लिए नया करने का क्या रह गया है ? क्या है जो कविता को आवृत्ति नहीं, सृष्टि का गौरव दे सकता है ? कवि नए तथ्यों को उनके साथ नए रागात्मक संबंध जोड़कर नए सत्यों का रूप दे, उन नए सत्यों को प्रेष्य बनाकर उनका साधारणीकरण करे, यही नई रचना है। इसे नई कविता का कवि नहीं भूलता। साधारणीकरण का आग्रह भी उसका कम नहीं है, बल्कि यह देखकर कि आज साधारणीकरण अधिक कठिन है, वह अपने कर्त्तव्य के प्रति अधिक सजग है और उसकी पूर्ति के लिए अधिक बड़ा जोखम उठाने को तैयार हैं।''[112] कवि ने जिस तरह नए राग, नए सत्य, नए भाव का प्रयोग किया–उससे लगा कि जैसे राग, सत्य और भावों का यह नया उत्पादन है। हकीकत इससे भिन्न है। मानवीय वास्तविकता और श्रम की विच्छिन्नता के कारण रोग और वास्तविकता में खाई बढ़ गई है। दोनों दूर-दूर हैं। नए कवि की प्रायः समस्या अलग से नहीं सामाजिक आंदोलन की सापेक्षता में समस्या दोनों को निकट लाने की है। विकास या परिवर्तन सापेक्षता का स्वतः स्फूर्त और पूर्ण गुण है। अज्ञेय इसकी जान बूझकर अवहेलना करते हैं। लूकाच ने लिखा है, ''यथार्थ की समग्रता केवल विज्ञान की अनंत प्रक्रिया के द्वारा सदैव वर्द्धमान सन्निकटता के साथ बौद्धिक रूप में ही अनुदर्शित हो सकती है। कलाकृति की समग्रता कुछ सघन सी होती है–चित्रित जीवन के अंश के लिए वस्तु परक रूप में निर्णायक महत्त्व वाले, इसके अस्तित्व और इसकी गति, इसके विशिष्ट गुण और समग्र जीवन प्रक्रिया में इसके स्थान को निर्धारित करने वाले कारकों की परिसीमित और स्वतः पूर्ण व्यवस्था में है।''[113] सिद्ध है कि नवीनता के नाम पर साधारणीकरण की समस्या एक बारगी नहीं आती। रचनाकार और आस्वादक की वस्तुपरकताएँ सापेक्ष हैं। सृजन और आस्वादन की सापेक्षता में ही साधारणीकरण का रहस्य घुला है। वैसे अज्ञेय के इस कथन में नवीनता और अनुसंधान की जो ताजगी झलकती है, 'संवत्सर' में आकर वह भी निरवधि काल व्याख्या में लीन हो गई है। वहाँ भी उन्होंने सृजन की तरह संप्रेषण की समस्या का उसी सोच के जरिए उत्तर दिया है।

धर्मवीर भारती ने कविता की प्रेरणा के विषय में लिखा, ''जब तक कलाकार में अंतःप्रेरणा नहीं जागती, तब तक वह सजीव कला कृति नहीं प्रस्तुत कर पाता।''[114] अंतःप्रेरणा का बाह्य वास्तविकता से क्या रिश्ता है, दोनों में सच्चाई किसके निकट है, इस प्रसंग में, ''कला सृजन का जो वास्तविक अपने अंदर है, उस तक पहुँचने

के लिए अगर कलाकार कभी निरर्थक और अनुपयोगी बाह्य औपचारिक यथार्थ से पलायन कर आत्मलीन होता है, तो वह तो उच्च स्तर की कला सृजन की प्रथम और अनिवार्य शर्त है।"[115] धर्मवीर भारती की सबसे चर्चित कविता पुस्तक 'अंधा युग' है। इसकी रचना के विषय में वे भूमिका में लिखते हैं, 'एक नशा' होता है—अंधकार के गरजते महासागर की चुनौती स्वीकार करने का पर्वताकार लहरों से खाली हाथ जूझने का, अनमानी गहराइयों में उतरते जाने का और फिर अपने को सारे खतरों में डालकर आस्था के, प्रकाश के, मर्यादा के कुछ कणों को बटोरकर, बचाकर, धरातल तक ले जाने का—इस नशे में इतनी तीखा सुख घुला मिला रहता है कि उसके आस्वादन के लिए मन बेबस हो उठता है। उसी की उपलब्धि के लिए यह कृति लिखी गई।"[116] इन कथनों से उजागर है कि भारती की दृष्टि में अंतःप्रेरणा या आत्मलीनता का कोई समाज शास्त्रीय आधार नहीं है। बाह्य यथार्थ से पलायन कर वे आत्मलीनता की रक्षा करते हैं। सच्चाई यह है कि खतरे या संघर्ष बाह्य जगत के परिप्रेक्ष्य में ही होते हैं। आंतरिक तनावों और द्वंद्वों से जूझते आदमी के प्रति बाह्य जगत क्या परवाह करता है ? बाह्य जगत में सब-कुछ न तो भ्रष्ट है और न अंधकार। इतिहास गवाह है कि उसमें प्रकाश की ताकत हमेशा अंधकार से ज्यादा रही है। समस्या होती है उस प्रकाश को संगठित रूप से पहचानने की। अंधकार की कोशिश होती है—प्रकाश की पहचान को गायब करने की उल्लेखनीय है कि असंगठित सच्चाई में भी इतनी ताकत होती है कि वह आदमी को बचाए रखती है। भारती की खाली हाथ जूझने में बड़बोलापन के साथ कमजोरी यह है कि वे अपने दुखों से लड़ते हुए रचनात्मक उदात्तीकरण, मिथकीकरण और प्रतीकीकरण करते हैं। व्यापकता या गहराई उनके लिए यूटोपिया है—निजता हकीकत। 'अंधायुग' में आस्था की मौत का स्थायी संदेश कवि इसी असमर्थ संघर्ष में से प्राप्त करता है। यह तो जिजीविषा है जो धारक की असामर्थ्य के बावजूद उसे जीवित रखती है—जिसे उसने प्रकाश का कण कहा है। वैज्ञानिक सच्चाई यह है दि अकेले सुख-दुखों की आंतरिक महत्त्वाकांक्षी लडाइयाँ अंत में मनुष्य को भाववादी सागर में लाकर पटक देती हैं। भारती या अज्ञेय की चेतना का हश्र इसीलिए रोमानी आध्यात्मिकता में डूबने का रहा। नई कविता के दूसरे कवियों के साथ भी यही घटित हुआ। इनमें से जगदीश गुप्त की चर्चा और की जा सकती है। वे पहले तो कहते हैं, "नए कवि की दृष्टि स्वभावतः सार्वभौमिक है।"[117] फिर नई कविता की रचना प्रक्रिया को दो चरणों—अनुभूति और अभिव्यक्ति में बाँटते हुए उसकी प्रकृति के उल्लेख में कहा, "अनुभूति के क्षेत्र में उसका आग्रह सच्चाई और ईमानदारी पर विशेष है तथा अभिव्यक्ति के क्षेत्र में निर्जीव, रूढ़िगत शैली शिल्प का परित्याग करके वह अनुभूति काव्य-वस्तु तथा उसके अभिव्यक्त रूप के बीच आंतरिक्र संवेदना सूत्रों पर आधारित अधिकाधिक निकटता एवं सहजता लाने की चेष्टा करता है। वह दोनों वस्तुएँ उसके सौंदर्यबोध का अनिवार्य अंग हैं।

संवेदना की मानवीयता तथा मानव मूल्यों के प्रति सतत् जागरूकता उसके स्वभाव में निहित हो गई है।''[118] नई कविता विषयक विश्लेषण के बाद गुप्त जी कविता को परिभाषित करते हैं, ''कविता सहज आंतरिक अनुशासन से युक्त वह अनुभूति जन्य सघन लयात्मक शब्दार्थ है, जिसमें सह-अनुभूति उत्पन्न करने की यथेष्ट क्षमता निहित रहती है।''[119] कवि की हैसियत स्थिति की विशिष्टता का कारण बताते दलील देते हैं, ''सौंदर्य ज्ञात संवेदनशीलता अन्याय के प्रतिवाद की शक्ति जीवन में गहरी पैठ के साथ सूक्ष्म अंतर्दृष्टि, मनोजगत में पूर्णता की परिकल्पना तथा रचनात्मक क्षमता से युक्त असामान्य शब्दार्थ बोध ही कवि को औरों से पृथक करते हैं।''[120] एक और प्रश्न, रचना प्रक्रिया का दायरा है। इस प्रसंग में कि, ''मैं कविता के विषय में कवि के निर्णय को ही अंतिम निर्णय न मानकर श्रोता या पाठक द्वारा उसकी मान्यता को अनिवार्य समझता हूँ। किसी सफल कलाकृति के लिए विधायक कल्पना को ग्राहक कल्पना के इतने निकट संपर्क में ला देना आवश्यक होता है, कि बाहर से भी तट की ओर देखने वाला व्यक्ति भीतर से बाहर की ओर व्यक्त हुई भाव वस्तु को उसके यथार्थ रूप में पूरी तरह प्रत्यक्ष कर सके।''[121] जगदीश जी ने ही नहीं तमाम नए कवियों ने आंतरिकता, संवेदना, सहजता, संस्कार, मानव मूल्य, सौंदर्य बोध, अनुभूति, सूक्ष्म दृष्टि, गहरी पैठ, रचनात्मक क्षमता जैसे शब्दों का अयाचित प्रयोग किया है—अनेक-अनेक बार। इन शब्दों के बहुत प्रयोग से भाषा कोमल, लुभावनी और आकर्षक लगती है, पर यदि अर्थ निकालने की कोशिश की जाए, तो कुछ हासिल नहीं आता। एक ही चीज बचती है—अपनी समझ के अनुसार इनका अर्थ निकालना और प्रसन्न होना। ये कवि आंतरिक सच्चाई और ईमानदारी की बात करते हैं पहली बात तो यह है कि आंतरिक सच्चाई केवल कवि की बपौती नहीं, वह नागरिक गुण हैं, दूसरी बात यह कि कौन-सी आंतरिक सच्चाई से आंतरिकता की पहचान होती है या आंतरिकता को निर्विवाद रूप से सच्ची से मान लेना चाहिए ? यदि ऐसा है तो तमाम साधु-संतों तथा जगत को मिथ्या कहकर आत्मा को अमर कहने वालों पर कोई विवाद नहीं करना चाहिए। वे लोग ऐसी ही आत्मा को सार्वभौमिक कहते हैं। उनकी आत्मा स्वयंभू है—इसी तरह जगदीश जी का कवि स्वभाव से सार्वभौमिक है। वह पूर्णता की कल्पना मनोजगत में करता है, जीवन में गहरे पैठता है आदि। कहीं एक बार भी यह कथन नहीं दिखता कि उसे अपनी आंतरिकता की सच्चाई की जाँच करानी चाहिए। संभव है कि वह रुग्ण हो, असंतुलित या अनियोजित हो। कवि होने का यह अर्थ तो नहीं कि वह निर्मल चित्त हो ही जाता है। उन्होंने पाठक और कवि में भेद ही कर दिया—बाहर से भीतर देखने वाला (पाठक) और भीतर से बाहर जाने वाला (कवि)। कवि का दायित्व है कि वह रचना में सह-अनुभूति की क्षमता पैदा करे, ऐसी रचना लिए या ऐसी सच्चाई व्यक्त करे जिसे पाठक अनुभव करे। जगदीश जी मानें या न मानें कविता में कुछ ऐसा तो होगा ही जिसे पाठक

भी समग्रतः या अंशतः महसूस करेगा चाहे वह नितांत व्यक्तिगत हो। उसका कारण यह नहीं कि कवि की स्वतः स्फूर्तता में सामाजिक सच्चाई का निचोड़ उतरा होता है। सामान्य का आंतरीकरण आंतरिकता को सामान्य बनाए रखता है। यह सच्चाई है और सच्चाई वह होती है, जो बेखबरों के पास होती है, रोकने वालों के पास भी। प्रकट या अप्रकट। सह-अनुभूति के इसी गुण के कारण रचनाकार और आलोचक जुड़ते हैं–दोनों में परस्पर क्रियाएँ टकराती हैं। जगदीश जी उस पाठक को संस्कार हीन कहते हैं जो कवि की अनुभूति का साक्षात्कार नहीं कर पाता। इस तरह पाठकों को संस्कार के नाम पर तथा रचनाकार को आंतरिकता के नाम पर विशिष्ट दर्जा देते हैं। उन्हें मालूम होगा कि नई कविता के प्रवर्त्तकों की विशिष्टता की माँग अंततः उन्हें विशिष्ट संपन्न वर्ग के साथ ही जोड़ती रही है। इसी माँग ने ही आंदोलन को अंततः रहस्यवादी आत्म प्रस्थापना के निकट पहुँचा दिया है। यही है सच्चाई का कमाल कि इन कवियों ने छायावाद से जितनी लड़ाई की घोषणा की उतने ही ये उसके समीप चले गए। लड़ाई जब तक प्रवृत्ति मुक्ति की नहीं होती, आत्म-संघर्ष के मूल्यद्वंद्व से नहीं गुजरती, वह व्यक्तित्वों या महत्त्वाकांक्षाओं या शिल्प पद्धतियों की लड़ाई बनकर रह जाती है। जैसे दो पूँजीपतियों की आपसी रंजिश। प्रमोद वर्मा इसी कारण पूछते हैं, "मुझे इसमें भी शक है कि अज्ञेय की छायावाद से वाकई लड़ाई थी–अज्ञेय के अतिरिक्त भारती, श्रीकांत वर्मा और जगदीश गुप्त जैसे नई कविता के दूसरे कवि भी छायावादी काव्यांदोलन से जरूर लड़े–लेकिन यह लड़ाई अधिकतर काव्यशास्त्र की जमीन पर ही लड़ी गई। वैचारिक लड़ाई यह नहीं थी।"[122] और जब यह वैचारिक लड़ाई नहीं थी, तो शिल्प, भाषा, मुहावरा, शैली की नवीनता इन्हें जरूर मिली–पर विचारों के क्षेत्र में या रागात्मक ऐश्वर्य की दुनिया में इन्हें वहाँ पहुँचना ही था।

इस तरह आलोचक या चिंतक ने रचना प्रक्रिया को जिस तरह समझने की चेष्टा की है और कवि ने अपने कर्म का जिस तरह साक्षात्कार किया है–दोनों में नजदीकी रचनात्मक रिश्ते मिलते हैं। ये रिश्ते स्पष्ट बताते हैं कि आलोचना और रचना का कर्म एक-दूसरे का पूरक है। सृजन के सिद्धांतों को समझने के लिए प्रमुख तात्विक उपलब्धियों और सौंदर्य मूल्यात्मक प्रसंगों को हमने दुनिया के दायरे में से पाने का प्रयत्न किया है किंतु कवि मुखी रचना प्रक्रिया को हिंदी कविता तक सीमित किया है। यह इसलिए कि हिंदी कविता की विकास प्रक्रिया का अनुशीलन ही शोध की सीमा है। इसके अलावा सिद्धांतों की तरह व्यावहारिक प्रक्रिया को समेटना आसान नहीं होता, इसीलिए सृजन के व्यावहारिक सूत्रों को हिंदी तक सीमित करना उचित था।

संदर्भ

1. गजानन माधव मुक्तिबोध 'नए साहित्य का सौंदर्य शास्त्र'—पृ. 150
2. स्थायीभाव
3. संचारी भाव
4. रामचंद्र शुक्ल—रसमीमांसा—पृ. 16
5. गजानन माधव मुक्तिबोध—विपात्र—पृ. 67
6. वही—पृ. 68
7. रमेश कुंतल मेघ—अथातो सौंदर्यजिज्ञासा—पृ. 411-412
8. एल.ए. रेइड—वेज आफ नालेज एंड एक्सपीरियन्स, जार्ज एलन ऐंड अनविन (लंदन 1961) (अनुवाद) रमेश कुंतल मेघ)
9. जार्जलुकाच—द राइटर एंड द क्रिटिक—पृ. 26
10. लूसिएँगोल्डमान—साहित्य का समाज शास्त्र, इतिहास, वर्तमान स्थिति और पद्धति मूलक समस्याएँ (अनुवाद कमलेश)—आलोचना जनवरी-मार्च 1972—पृ. 5
11. रिचर्ड हागर्ट—साहित्यिक कल्पना और समाजवादी कल्पना (अनुवाद मैनेजर पांडेय) आलोचना अप्रैल-जून 1973, पृ. 19
12. वही
13. मणिप्रदीपप्रमयोर्मणिबुद्धयामिधावतोः। मिथ्याज्ञानविशेशेऽपि विशेषोऽर्थक्रियाँ प्रति—हिंदी अभिनव भारती—पृ. 449
14. क्रिष्टोफर काडवेल—इल्यूजन एंड रियल्टी—पृ. 25
15. रैल्फ फाक्स—उपन्यास और लोक जीवन—पृ. 27
16. जार्ज लुकाच—द राइटर एंड द क्रिटिक—पृ. 34
17. आर.जी. कार्लिगवुड—कला के सिद्धांत—पृ. 34
18. रामचंद्र शुक्ल—रस मीमांसा—पृ. 237
19. रमेश कुंतल मेघ—अथातो सौंदर्य जिज्ञासा—पृ. 342
20. नामवर सिंह—इतिहास और आलोचना—पृ. 66
21. आर.जी. कालिंगवुड—कला के सिद्धांत—पृ. 153
22. रामविलास शर्मा—आस्था और सौंदर्य—पृ. 16
23. जार्ज लुकाच—आन द हिस्ट्री आफ रियलिज्म (मास्को) 1939, पृ. 260
24. ए. जिज—फाउंडेशंस आफ मार्क्सिस्टएस्थिटिक्स—पृ. 62
25. स्टीफेन स्पेंडर—द स्ट्रगल आफ द माडर्न—पृ. 83
26. ओम प्रकाश ग्रेवाल—मार्क्सवादी सौंदर्यशास्त्र (पहला विशेषांक) लेख—पृ. 36
27. नामवर सिंह—साहित्य में कलात्मक सौंदर्य की समस्या (लेख) कल्पना-अक्टूबर 1952—पृ. 664
28. विश्वंभर नाथ उपाध्याय—भारतीय काव्य शास्त्र का अध्ययन—पृ. 460
29. निकोलाई गाव्रिलोविच—दर्शन साहित्य और आलोचना—पृ. 159
30. वही—पृ. 177
31. रेमंड विलियम्स—मार्क्सिज्म एंड लिटरेचर—पृ. 207
32. जार्ज लुकाच—मार्क्सवादी—लेनिनवादी ज्ञान मीमांसा में सत्य की वस्तु परकता—आलोचना जुलाई-सितंबर 1971—पृ. 38

33. गजानन माधव मुक्तिबोध–नए साहित्य का सौंदर्यशास्त्र–पृ. 86
34. अभिनव गुप्त–प्रतिपतृ प्रतिभासहकारित्वं ह्यस्माभि द्योतनस्य प्राणत्वनोवतम्।
35. भगीरथ दीक्षित–अभिनव साहित्य चिंतन–पृ. 110
36. आनंद बर्द्धन–ध्वन्यालोक–पृ. 43
37. सयत् स्वभावः कवि तद्नुरूपं काव्यं।
38. न हि प्रत्यक्षत्वम् केवलवस्तुधर्म, प्रतिपत्यापेक्षयैव वस्तुनि तथा भावात्।
39. रमेश कुंतल मेघ–अथातो सौंदर्य जिज्ञासा–पृ. 206
40. पंत
41. वर्ड्सवर्थ
42. हजारी प्रसाद द्विवेदी–पुनर्नवा–पृ. 13
43. कुमार विमल–रचना प्रक्रिया का सामान्य स्वरूप लेख–पृ. 8 (काव्य की रचना प्रक्रिया–कुमार विमल द्वारा संपादित)।
44. आर.जी. कालिंगवुड–कला के सिद्धांत–पृ. 294
45. वही–पृ. 295
46. रमेश कुंतल मेघ–अथातो सौंदर्य जिज्ञासा–पृ. 218
47. रामविलास शर्मा–आस्था और सौंदर्य–पृ. 46
48. सच्चिदानंद वात्स्यायन–आलबाल–पृ. 121
49. सच्चिदानंद वात्स्यायन–संवत्सर–पृ. 33
50. रामविलास शर्मा–आस्था और सौंदर्य–पृ. 53
51. विश्वंभर नाथ उपाध्याय–जलते-उबलते प्रश्न–पृ. 40
52. व्ला. मायाकोव्स्की–लेखक कला और रचना कौशल (हिंदी) पृ. 184
53. नगेंद्र–बिंब की रचना प्रक्रिया (तेजन)–पृ. 19 (काव्य रचना प्रक्रिया सं. कुमार विमल से)
54. पैट्रिक डिकिसन–ब्राडकास्ट टाक–'द लिशनर', 23 जुलाई 1953
55. रमेश कुंतल मेघ–अथातो सौंदर्य जिज्ञासा–पृ. 253
56. भगीरथ दीक्षित–अभिनव साहित्य चिंतन–पृ. 109
57. पुष्पा वंसल–हिंदी काव्य शास्त्र में कविता का स्वरूप विकास–पृ. 8
58. तुलसीदास–रामचरित मानस (काशीराम संस्करण) पृ. 6 (कविता विवेक एक नहिं मोरै सत्य कहौं लिखि कागज कोरे।)
59. सूर्यकांत त्रिपाठी निराला–चयन–पृ. 50
60. रामचंद्र शुक्ल–रसमीमांसा–पृ. 7
61. गजानन माधव मुक्तिबोध–नई कविता का आत्म संघर्ष तथा अन्य–निबंध–पृ. 21
62. स्वयंभू–णा णिसुणिड पंच बहाकव्वु।
    णउ भरहुण लक्खणु छंदसुव्वु णउ बुज्झिउ पिंगल पच्छारु।
    ठाउ भामह दण्डिक लकारु। पउम चरिउ 1/361
63. कबीर–कबीर ग्रंथावली (पारसनाथ तिवारी) पृ. 195
64. वही–पृ. 43
65. वही–पृ. 80
66. जायसी–जोरी लाइ रक्त के लेई। गाढ़ि प्रीति नयन जास मेई।
    औ मै जानि गीत अस कीन्हा। मकु रहु रहै जगत यंह चीन्हा।।
    जायसी ग्रंथावली (रामचंद्र शुक्ल सं.)–पृ. 30

67. तुलसीदास– हृदय सिंधु मति सीप समाना।
स्वाति शारदा–कहहिं सुजाना।।
जो बरिसई बर बारि बिचारू।
होई कवित्त मुकता मणिचारू।।
–रामचरित मानस (बालकाण्ड) दोहा–11

68. तुलसीदास– मणि माणिक मुक्ता छबि जैसी।
अहिगिरि रज सिर सोहन तैसी।
नृप किरीट तरुणी तन पाई। लहहिं सकत शोभा अधिकाई।
तैसेहिं सुकविकवित्तबुध कहहीं। उपजत अनत अनत छबि लहहीं।
–रामचरित मानस (बालकाण्ड) दोहा–10

69. पुष्पा वंसल–हिंदी काव्य शास्त्र में कविता का स्वरूप विकास–पृ. 124

70. नगेंद्र–रीति काव्य की भूमिका–पृ. 142

71. केशवदास– जदपि सुजाति सुखच्छनी, सुबरत, सरस, सुवृत्त।
भूषण बिना न राजई, कविता बनिता चित्त।
–कवि प्रिया–पृ. 5

72. बिहारी– तंत्रीनाद कवित्तरस, सरस राग रति रंग।
बूड़े अन बूड़े तिरे, जे बुड़े सब अंग।
–बिहारी सतसई–दोहा 61

73. भारतेंदु हरिश्चंद्र– भीतर-भीतर सब रस चूसैं,
हंसि, हंसि के तन मन धन चूसे,
जाहिर बात में अतितेज, क्यों सखि साजन ? नहिं अंग्रेज।
–भारतेंदु ग्रंथावली–दूसरा भाग–पृ. 811

74. प्रताप नारायण मिश्र–सब तजि गहौ स्वतंत्रता, नहिं चुप लातै खाब।
राज करै सौ न्याय है, पास परै सों दाव।
–लोकोक्ति संग्रह–पृ. 3

75. भारतेंदु हरिश्चंद्र–निज भाषा उन्नति अहै, सब उन्नति को मूल।
बिन निज भाषा ज्ञान के, मिटत न हिय की सूल।।

76. भारतेंदु हरिश्चंद्र–कवि वचन सुधा जिल्द 3 सं. 22/5-7-1872।

77. बद्री नारायण चौधरी 'प्रेमधन' आनंद कादंबिनी-माला दो, मेघ-दो–पृ. 2

78. राजेंद्र शर्मा की कृति–'पृ. बालकृष्ण भट्ट' के पृ. 352 से,

79. महावीर प्रसाद द्विवेदी–कालिदास की निरंकुशता–पृ. 1

80. सरस्वती जुलाई 1907–पृ. 281

81. अयोध्या सिंह उपाध्याय हरिऔध–रस कलस भूमिका–पृ. 123

82. हरिऔध–संदर्भ सर्वस्व–पृ. 145

83. माखनलाल चतुर्वेदी–प्रथम किरण–आशीर्वाद–पृ. 'क'

84. रामधारी सिंह दिनकर–काव्य की भूमिका–पृ. 129

85. गजानन माधव मुक्तिबोध–एक साहित्यिक की डायरी–पृ. 19

86. रामचंद्र शुक्ल–चिंतामणि भाग 2–पृ. 83

87. जयशंकर प्रसाद–काव्य-कला तथा अन्य निबंध–पृ. 37

88. वही–पृ. 127-128

89. वही–पृ. 46
90. वही–पृ. 69
91. रमेश चंद्र शाह–छायावाद की प्रासंगिकता–पृ. 28
92. गजानन माधव मुक्तिबोध–नई कविता का आत्मसंघर्ष तथा अन्य निबंध–पृ. 75-76
93. सूर्यकांत त्रिपाठी निराला–प्रबंध प्रतिभा–पृ. 31
94. सूर्यकांत त्रिपाठी निराला–प्रबंध पदम–पृ. 83
95. सूर्यकांत त्रिपाठी निराला–प्रबंध प्रतिभा–पृ. 201-202
96. निराला–ये मुंदे नयन, ज्ञानोन्मीलित, कलि में सौरभ ज्यों चित्त में स्थित, अपनी असीमता में अवसित प्राणाशय। जिस कालिका में कवि रहा बंद, वह आज उसी में खुलीमंद। भारती रूप में सुरभि छंद निष्प्रश्रय।–तुलसीदास–पृ. 90
97. निराला–रवींद्र कविता कानन–पृ. 52
98. रामविलास शर्मा–नई कविता और अस्तित्ववाद–पृ. 37
99. अज्ञेय–त्रिशंकु–पृ. 38
100. वही–पृ. 26
101. अज्ञेय–आल बाल–पृ. 10
102. अज्ञेय–त्रिशंकु–पृ. 47
103. वही–पृ. 27
104. वही–पृ. 31
105. अज्ञेय–दूसरा सप्तक (भूमिका) पृ. 7
106. अज्ञेय–तार सप्तक–पृ. 75
107. अज्ञेय–साहित्य परिचय–अक्टूबर 1957–पृ. 5
108. अज्ञेय–संवत्सर–पृ. 68
109. OH I hate to get involved.
110. अज्ञेय–संवत्सर–पृ. 96
111. वही
112. अज्ञेय-हिंदी आलोचनाः पहचान और परख–(इंद्रनाथ मदान–सं.) के पृ. 89 से
113. लुकाच–आलोचना, जुलाई-सितंबर–1971, पृ. 35
114. धर्मवीर भारती–आधार मार्च, 1956 पृ. 69
115. वही–पृ. 74
116. धर्मवीर भारती–अंधा युग (भूमिका) पृ. 1
117. जगदीश गुप्त–नई कविता (5+6) पृ. 1
118. वही–
119. वही–पृ.22
120. जगदीश गुप्त–पृ. 3। (त्रयी)
121 जगदीश गुप्त–नई कविता (5+6) पृ. 22
122. प्रमोद वर्मा–रोमानी वापसी–पृ. 95

आलोचना की प्रक्रिया

आलोचना शब्द का संयोजन आ+लोचनम् से हुआ। लोचनम् लुच् धातु से बना है, जिसका अर्थ है देखना। आ प्रत्यय से शब्द संयोजित हुआ—आलोचनम्। 'आ' का अभिप्राय समन्नात्त, अतएव आलोचनम् का मतलब—वस्तु या पदार्थ को चारों ओर से समग्रतः देखना। चारों ओर से देखना यानी उसकी परीक्षा करना। परीक्षा से तैयार सामग्री का नाम हुआ—आलोचना। इसके लिए समीक्षा और समालोचना शब्द भी प्रचलित हैं। सम+ईक्षा=समीक्षा और सम्+लोचना=समालोचना। ईक्षा का शब्दकोशीय अर्थ है—दर्शन या दृष्टि। ईक्षणक्रिया है देखने या विचार करने की। किसी समय देखना या दृष्टि रखना का सामान्य अर्थ लिया जाता था। ऋषि या मनीषी किसी वस्तु या सृष्टि के रहस्य को देखने की उसे पहचानने की तपःपूत अंतर्दृष्टि विकसित करते थे। अंतर्दृष्टि या विवेकपूर्ण पहचान की क्रिया को वे देखना कहते थे। तब दृष्टि का अर्थ दार्शनिक हो गया। इसीलिए ईक्षा को दर्शन का पर्याय माना जाने लगा। ईक्षणिक भविष्य वक्ता या ज्योतिषी होता। इसी ईक्षा में सम् प्रत्यय जोड़ने से समीक्षा बना और लोचनम् में सम मिलकर समालोचना। दोनों का अभिप्राय सभी प्रकार से देखना अर्थात् परीक्षा, विचार, विवेचन, मीमांसा, निरूपण करना आदि है। विचार या निरूपण की क्रिया को वे वस्तु के गुण-अवगुण तक सीमित नहीं रखते थे—उसकी संभावनाएँ भी देखते थे। अंतर्दृष्टि संपन्न विवेचक देश-काल की सीमा में उपलब्ध ज्ञान और कर्म मीमांसा के अनुरूप उसका भविष्यानुमान भी करता था। इसी पूरी दार्शनिक क्रिया के लिए ये शब्द ढले। जब वस्तु का स्थान साहित्य कला या कविता ने लिया तो आलोचना या समीक्षा का भी रिश्ता इन्हीं से जुड़कर रूढ़ हो गया। कवि और जनता संस्कारवान सहृदय, प्रेक्षक, आस्वादक, पाठक, श्रोता, विवेचक, निर्णायक की विभिन्न क्रीड़ाओं के बीच आलोचना का कर्म घूमने लगा। आलोचना का लिखित अथवा शास्त्रबद्ध रूप बाद में सामने आया—पर जनता की रचना या कविता के साथ क्रीड़ा आस्वादन और रस मग्नता निर्मिति के साथ शुरू हो गई। दोनों क्रियाएँ अपने स्वभाव में सापेक्ष हैं। उन्हें एक-दूसरे से विलग किया

ही नहीं जा सकता। उनमें परस्पर जोड़ की आवश्यकताएँ हैं। रचनाकार की भौतिक और आत्मिक शक्ति जनता से मिलती है। यह जितनी गहरी होती है, रचना के लिए उतनी ही उसे बेचैन करती है। जनता से प्राप्त सामग्री से उसका व्यक्तित्व विकसित होता है और उसी के अनुसार वह रचना के लिए प्रवृत्त होता है। प्रश्न है कि सामाजिक शक्ति का अनुभव करने के बाद वह उसका आत्मभोग करके क्यों तृप्त नहीं रह जाता ? वह उसे व्यक्त क्यों करता है ? यदि व्यक्त करता है तो दूसरों के उपयोग से कृति का क्या सरोकार ? इन प्रश्नों का उत्तर साफ है। रचयिता की भौतिक-आत्मिक अर्जित शक्ति निर्विकल्पक नहीं होती। केवल वही यह शक्ति अर्जित नहीं करता? सृष्टि का पूरा ढाँचा एक अवयव के रूप में होता है। उसमें रहते लोगों का एक सहयोगी, सहकारी और सहचारी परिवेश होता है। वही शक्ति का स्रोत है। "जनता का जीवन साहित्य और कला के लिए कच्चे माल की एक खान है, एक ऐसा कच्चा माल जो अपने स्वाभाविक रूप में होता है कि एक ऐसा कच्चा माल जो अनगढ़ होते हुए भी अत्यंत सप्राण, समृद्ध और मौलिक होता है, इसके साथ तुलना करने पर समस्त कला साहित्य बिलकुल फीका जान पड़ता है। यह साहित्य और कला का अनंत स्रोत है।"[1] ठीक है कि रचना की सामग्री जनता से है, पर जनता अपनी ही शक्ति का रचना के माध्यम से पुनर्साक्षात्कार क्यों करती है ? क्या वह समय का दुरुपयोग करती है ? नहीं, वह अपनी अनिवार्य आवश्यकता के कारण ऐसा करती है। वह श्रम से अन्न उपजाती है और उपभोग करती है, चारपाई बनाती है और सोती है, गीत रचती है और सुनती है। एक उसकी रचनात्मक क्रिया है और दूसरी उपभोगात्मक या आस्वादनात्मक। वह रचती ही इसलिए है कि उपभोग करे। उत्पादन और उपभोग—मानवीय क्रिया को समग्रता प्रदान करते हैं। किसी एक अंग की अवहेलना मानवीय अवहेलना होती है। रचनात्मक श्रम और कलात्मक उत्पादन इसी आधार पर दोहरी आवश्यकताओं को पूरा करते हैं—"सर्जक की अभिव्यक्ति को आवश्यकता और उपभोक्ता की आत्मिक आह्लाद की अनिवार्यता। सर्जक और आस्वादन में मनुष्य की अनिवार्य रागात्मक अनिवार्यताएँ निहित हैं। इसी कारण दोनों की प्रक्रियाएँ एक-दूसरे से जुड़ी हैं और एक-दूसरे से होकर गुजरती हैं।"[2] मार्क्स ने रचना के दोहरे अनिवार्य संबंध को रेखांकित करते हुए कहा, "बिना उत्पादन के उपभोग साथ ही बिना उपभोग के उत्पादन संभव नहीं है।"[3] इसी अभिप्राय से रचयिता अपनी आत्मिक शक्ति को वस्तुपरकता प्रदान करता है। वह कृति के रूप में आत्मीकृत रचनात्मक ऊर्जा को प्रस्तुत करता है। कृति के रूप में उसकी प्रस्तुति उस क्रिया का अंत नहीं है। उसका एक और छोर है—जनता के बीच पहुँचने का। कृति को पाकर जनता उसे आत्मिक-शक्ति के रूप में गले लगाती है। वह उसमें डूबती-उतराती है। कृति के साथ उसकी क्रीड़ा में गहरी आत्मीयता होती है। यह उन दो दिलों का आत्मसंवाद हो जाती है जो विशाल ऐतिहासिक परिवेश से जुड़े

होते हैं। रचनाकार जनता को कृति देता है, जिसमें जनता की निश्चित आत्मिक निथरी आकांक्षाएँ भरी होती हैं। उस कृति में जनता की आकांक्षाओं को और विस्तृत तथा व्यवस्थित करने की क्षमता होती है। "किसी अन्य उत्पादन की ही भाँति रचना का उद्देश्य जनता की कलात्मक क्षमता में वृद्धि और सौंदर्य की आशंसा होता है। इस तरह रचनात्मक उत्पादन की मंशा व्यक्तियों के लिए कृति की ही नहीं बल्कि कृति को उसकी आत्मा देना है।"[4]

सृजन का समाजशास्त्र

रचना महज शारीरिक भोग और तृप्ति के लिए तैयार की गई वस्तु नहीं है। वह अपने में मनुष्य की सांस्कृतिक विरासत को संजोकर रखती है। यह विरासत अपने अंतरंग सूत्रों से जन-जन को एक में गूँथ लेती है। रचना को देखने का अभिप्राय उसी अंतरंगता में शामिल होना होता है। पूछा जा सकता है कि क्या रचना में खुद ही यह शक्ति होती है कि वह जनसमूह को अपनी ओर खींच ले। कविता को पढ़ या सुनकर तन्मय होने में श्रेय किसको जाएगा—रचना को या जनता को। वैसे तो इसका उत्तर रचना की प्रक्रिया में ही निहित है। फिर भी संक्षेप में कहा जाएगा कि दोनों के संबंधों की द्वंद्वात्मक एकता का परिणाम रसमग्नता है। जनता में रुचि या अभिरुचि के अभाव में रचना कुछ नहीं कर सकती। इसीलिए भारतीय काव्यशास्त्र में काव्य अधिकारी का प्रश्न उठा। रचना के रसग्राही पाठक को सहृदय कहा गया। कला का संस्कार होना या उसकी ओर झुकाव रखना—संस्कारों पर निर्भर करता है। संस्कार का होना इसकी अनिवार्य शर्त है। हालाँकि संस्कार केवल जन्मजात ही नहीं होते। वे जन्मते, विकसित होते और विस्तार पाते हैं। संस्कारवान व्यक्ति आलोचक नहीं होता। वह तो महज कला का प्रेमी होता है। नाटक देखता है, प्रसन्न होता है। कवि सम्मेलन हों या संगीत सभाएँ—वह हाजिर होता है। वह मानस में रचना का आस्वादन या चर्वण करता है। कई बार किसी व्यक्ति में जन्मजात कला में रमने के संस्कार नहीं होते, पर सत्संग से उसमें रुचि विकसित हो जाती है। वह जिज्ञासु की भाँति कला की देहरी में उपस्थित होने लगता है। जीवन में अनेक तरह के व्यवसायों में सक्रिय रहकर भी लोग वहाँ विच्छिन्न महसूस करते हैं। जब तक वे किसी संगीत सभा में स्वर लहरी का आनंद नहीं लेते या काव्य चर्चा में विनोद या रस नहीं पाते हैं—उदास से रहते हैं। जन्म के रुचिगत संस्कार भी अब रहस्य मूलक नहीं रहे। दो एक पीढ़ियों पीछे से रुचियों का वातावरण अगली पीढ़ियों में ऐसे संस्कारों को स्थानांतरित करता है। अभिनवगुप्त इन संस्कारों को भावात्मक संदर्भ में देखते थे। उनके अनुसार—"जन्म मरण के प्रवाह में जीव नानाविध संस्कारों को ग्रहण करता चलता है, वे संस्कार स्मृति रूप ही होते हैं, पर यह स्मृति साधारण रूप से कही जाने वाली स्मृति नहीं होती, मात्र संस्कार रूप में होती है, उपयुक्त निमित्त पाकर

या बाह्य पदार्थों से संपृक्त होकर यह उद्‌बुद्ध हो जाती है और पूर्वानुभव के संस्कार के कारण उसके प्रति उचित प्रतिक्रिया व्यक्त करती है। सांसारिक जीवन नाना योनियों में भ्रमण करते हैं किंतु किसी योनि में अनुभव करने के बाद पुनः उसी योनि में आने तक बीच में न जाने कितनी योनियों के संस्कार से जो वासनाएँ पहले उत्पन्न हुई थीं—उसी प्रकार के शरीर इत्यादि के व्यंजकों के पुनः उत्पन्न होने पर उसी प्रकार की वासनाएँ उद्‌भूत हो जाती हैं। यद्यपि इन दोनों शरीरों में जाति, देश, काल इत्यादि का व्यवधान हो जाता है, किंतु स्मृति और संस्कारों की एकरूपता के कारण निरंतरता बनी रहती है। तात्पर्य यह कि जन्म-जन्मांतर के संस्कार के कारण बाह्य पदार्थ के संपर्क में आने पर हमारे भीतर की वासना उद्‌भुत हो उठती है।''[क] अद्वैत चिंतक अभिनव गुप्त वासनाओं या संस्कारों की स्मृतिमूलक निरंतरता को आध्यात्मिक दृष्टि से समझते हैं परंतु इधर जीव वैज्ञानिकों ने इस निरंतरता की खोज अणुओं की व्याप्त और स्थानांतरणशील शक्ति के रूप में किया है। विज्ञान और तकनालाजी की क्रांति के परिणामों में से यह भी एक है। जनन की पूर्वापर समस्याओं के अध्ययन के प्रतिभा के रहस्य को भी खोजने में एक हद तक मदद की है। व्यवहार और सृजन की निजी विशेषताओं को भी इसी कारण समझा जा सकता है। अँग्रेजी के उपन्यासकार विल्के कोलिन्स 19वीं शती के उत्तरार्ध में सनसनी पूर्ण अनुमानों और इतिवृत्तों के कारण काफी जाने जाते थे। उनके उपन्यासों ''दवोमेन इन ह्वाइट'' और ''द मून स्टोन'' में वंशानुक्रम की प्रक्रिया और निरंतरता के प्रति विश्वसनीयता उछाली गई थी। उस सूचना ने तब बुद्धिजीवियों-वैज्ञानिकों को काफी झकझोरा था। आगे इस क्षेत्र में अनेक उपन्यास प्रकाशित हुए। एक ओर वैज्ञानिक अनुसंधान अधिक तीव्र होता गया, दूसरी ओर रचनाकारों का अनुमान अधिक व्यवहारिक होता रहा। विज्ञान और रचना के ज्ञानात्मक द्वंद्व यथार्थ के करीब आते गए। डार्विन की खोज ''द औरिजिन आफ स्पेसीज'', टी.एच. हक्सले की—''मैनूस प्लेस इन नेचर'', एफ. गैल्टन की—''दी हेरिडिटी आफ जीनियस'' आदि प्रकाशित हुईं। इन अनुसंधानों से परंपरा और प्रतिभा के प्रसंगों में नया विश्वास जन्मा। जोला, जार्ज ईलियट, स्टीफेन क्रेने, फ्रेंक नारिस आदि लेखकों का ध्यान इस ओर गया। लेखकों ने परंपरा का वैज्ञानिक अर्थ समझा, जिसे पहले से मानते थे और यह भी कि एक स्थान में रहकर एक ही परंपरा के भीतर भिन्न-भिन्न रुचियाँ कैसे विकसित होती हैं ? उनकी प्रकृतिगत भिन्नता का क्या रहस्य है ? रूस में तो लेखकों का ज्ञानात्मक दायरा जीव विज्ञान के बिलकुल नवीन अनुसंधानों तक आ गया है। वहाँ तो न केवल परंपरा के अनुशीलन में दोनों का समीपी संबंध है बल्कि दोनों परंपरागत स्मृतियों, पीढ़ियों की जन्मजात स्मृतियों

क ''चित्रवासनाविशिष्टत्वाच्चेतसः। यदाह तासामनादित्वम् आशिबो नित्यत्वात्। जातिकालव्यवहितानामप्यानन्तर्य स्मृतिसंस्कारयोरेक रूपत्वात''—ध्वन्यालोकलोचन (हिंदी तारावती व्याख्या) पृ. 395

के अध्ययन में भी सहयोगी हैं। विवेचन में कला, विज्ञान, मनोविज्ञान, जीव विज्ञान, रसायन और शरीर विज्ञानों की द्वंद्वात्मक प्रक्रिया साथ-साथ चल रही है। ज्ञान के विवेचन और उसके ऐंद्रिय रूपायन—लगातार विस्तृत हो रहे हैं। अनुसंधान का विवेचनात्मक जगत इस स्थिति में है कि वह कभी भी यह घोषणा करे कि परमाणु के अंतवर्ती क्षेत्र में स्मृतियाँ संचित होती हैं। मस्तिष्क की विद्युत गति के कमाल को पहचानते हुए ज्ञान की इस सरणि तक पहुँचने की संभावना है। वैलीन्टीना इवाशेव ने "जीव विज्ञान का युग और साहित्य" आलेख में दोनों के संबंधों पर टिप्पणी करते हुए लिखा है, "लोगों का यह पूँछना कि जीव विज्ञान के क्षेत्र की इस क्रांति से क्या तर्क की दुनिया में उसकी विजय स्थापित होगी ? क्या यह अपरिवर्तनीय उत्क्रांति कहलाएगी ? इस संबंध में हमने देखा है कि साहित्य कभी तटस्थ नहीं रहता। वह तर्क के क्षेत्र में से जुदा नहीं होता। जीव विज्ञान द्वारा हल की जाने वाली समस्याओं से वह अलग नहीं हो सकता। क्योंकि वे समस्याएँ सीधे सामाजिक जीवन और व्यक्तित्व से संबद्ध हैं। साहित्य अकेले इनका हल नहीं निकाल सकता जो बहुत सघन और जटिल हैं। इनमें विज्ञान एवं मनुष्य के अनुभवों के अनेक अंतर्विरोधों का घोल शामिल है। हम लोग किसी व्यक्ति की समस्या से नहीं उलझे हैं, जो प्रासंगिकता खो दें—ये प्रश्न मस्तिष्क की जिंदगी और कला के विकास के हैं।"[5] जन्मपूर्व की स्मृतियों के जैविक स्थानांतरण की समस्या के हल होने पर वास्तव में ज्ञान के क्षेत्र में अद्भुत क्रांति होती है। तब यह भी संभव होगा कि रुचियों को कैसे स्वस्थ रखा जाए, स्मृतियों की कैसे संचित किया जाए, अलिखित मानवीय बोध की विरासत कैसे ग्रहण की जाए आदि ? ऐसी स्थिति में रचना और सामाजिक के संबंध भी अधिक सघन और विश्वसनीय होंगे क्योंकि मानवीय विरासत के सांस्कृतिक भंडार की सुरक्षा वहीं संभव होगी।

रुचि और संस्कार समाज की अमिट धरोहर हैं। इन्हीं के जरिए वे अपने से बाहर की दुनिया से संपर्क करते हैं। रचनाकार जितनी चिंता सामाजिक रुचि की करता है, उतनी आलोचक की नहीं। आलोचक तो ईर्षाद्विष से ग्रस्त भी होते हैं, पर रुचि जनता की अकृत्रिम शक्ति है। वह मौन और अंतर्मुखी आस्वादन अथवा स्वान्तः सुखाय है। पूँजीवादी समाज में कोशिश की जाती है कि सामाजिक रुचियाँ बाजारू बना दी जाए। उनकी सहजता व्यवसाय के अनुरूप ढल जाए। प्रचार विज्ञापन और कला की कृत्रिम विच्छिन्नता मूलक प्रस्तुतियाँ यही कार्य करती हैं। वे रचनाकार की स्वायत्तता का प्रश्न उठाकर सामाजिक रुचियों के साथ अन्याय करती हैं। एक सामाजशास्त्री ने कहा, "रचनाकार की रुचि को श्रोता या पाठक को अनिवार्यतः स्वीकार करना चाहिए। उसे मूक रहकर सुनना चाहिए, यदि वह न सुनाए तो चुपचाप बाहर चले जाना चाहिए।"[6] ये वे लेखक हैं जो रचनाकार की मुक्ति विच्छिन्नता और असंपृक्ति में पाते हैं, यद्यपि यह उनकी खुशफहमी ही है। अलबत्ता वे अव्यवस्थित

मानसिकता के हो जाते हैं। ये जनता से दूर रहकर उसे भीड़ संबोधित करते हैं। इनका हश्र दुनिया के सामने है।

रचना अपने परिवेश और ऐतिहासिक प्रवाह के द्वंद्व में शामिल कलात्मक दृष्टि से दक्ष व्यक्ति के द्वारा रची जाती है। कभी-कभी कलाकार परिवेश को छोड़कर केवल दक्षता पर निर्भर होते हैं, तब उनकी ओर से विशेष संस्कारवान पाठकों की माँग नाजायज नीयत का इजहार करती है। परिवेश की रुचियाँ यदि रचना में गुँथी नहीं तो रचना व्यर्थ है और यदि रुचियों से अंतर्ग्रथित रचना प्रभावी नहीं है तो उसकी कला कमजोर है और यदि दोनों विशेषताओं के बावजूद एक विशेष जनसमूह उसे पसंद नहीं करता तो उसकी वर्ग रुचि भिन्न है। वर्ग रुचि के साथ चलती रचना अपने वर्ग में प्रभावशील होती है। यहाँ एक बात ध्यान रखनी चाहिए कि जब कभी समाज का विकास असंगत या गड्डमड्ड होता है—तब समाज के एक ही वर्ग में रुचियों के स्तर भिन्न हो जाते हैं। यह संस्कार भेद नहीं, स्तर भेद होता है। अपार जनसमूह के ही भीतर कलात्मक दृष्टि से एक हिस्सा क्रीड़ा में डूबता है और एक सामान्य कलात्मक प्रस्तुतियों के रस से पला है। ऐसी स्थिति में कलाकार जनता की रुचियों के लेखक होने के बावजूद दो तरह के हो जाते हैं। एक वे जो उच्च कलात्मक कृतियों का सृजन करते हैं और दूसरे प्राथमिक शिक्षात्मक। कई जगह लोग उच्च कलात्मक साहित्य को जनसाहित्य कहने में हिचकिचाते हैं। वस्तुतः "ऐसा साहित्य जो जनता के जीवन मूल्यों को, जनता से जीवनादर्शों को प्रतिष्ठापित करता हो, उसे अपने मुक्तिपथ पर अग्रसर करता हो,"[7] जनता का साहित्य है। जनता की स्तरगत भिन्नता को समझना जरूरी है। "जनता का साहित्य का अर्थ जनता को तुरंत ही समझ में आने वाले साहित्य से हरगिज नहीं। अगर ऐसा होता तो किस्सा तोता-मैना और नौटंकी से साहित्य के प्रधान रूप होते। साहित्य के अंदर सांस्कृतिक भाव होते हैं। सांस्कृतिक भावों को ग्रहण करने के लिए, बुलंदी, बारीकी और खूबसूरती को पहचानने के लिए, उस असलियत को पाने के लिए, जिसका नक्शा साहित्य में रहता है, सुनने या पढ़ने वाले की कुछ स्थिति अपेक्षित होती है। वह स्थिति है उनकी शिक्षा उनके मत का सांस्कृतिक परिष्कार। साहित्य का उद्देश्य सांस्कृतिक परिष्कार है।—कुछ साहित्य तो निश्चित ही प्रारंभिक शिक्षा के अनुकूल होगा तो कुछ सर्वोच्च शिक्षा के लिए।"[8] मुक्तिबोध के कथन को व्यावहारिक जगत में उतारें तो स्वयं उनकी ही कविताएँ जनता के लिए हैं—पर उच्च शिक्षा के निमित्त। रमेश कुंतल मेघ, रामविलास शर्मा, विश्वम्भर उपाध्याय या नामवर सिंह की समीक्षाएँ प्राथमिक शिक्षा के काम नहीं आ सकतीं। परंतु परसाई के तेज धारदार व्यंग्य, प्रेमचंद का अधिकांश कथा साहित्य, नागार्जुन की कविताएँ देश की करोड़ों जनता के अंदर धँस जाती हैं और वहाँ बेमेल संस्कारों को झकझोरकर मानसिक परिष्कार करती हैं। दोनों तरह का लेखन जनता के लिए है, उसके संस्कारों से आता है; उसे बदलने के निमित्त है।

रचनात्मक लेखन यदि जन रुचियों में शामिल होकर बनता रहा तो वह किसी युग की रचनात्मक क्षमता और जन रुचियों का समवेत पुंज होता है। आलोचना में भी यह अभिव्यक्त होता है। रुचियों का परिष्कृत निवास उसमें दिखता है। यही परोक्ष माध्यम है जनरुचि के पहचाने जाने के। इन्हीं के द्वारा अंततः की रुचि समझी जाती है और रचनाकार भावी संस्कारों की संभावनाएँ भी रचता है। प्लेटो या रूसो जैसे दार्शनिक रुचि, इच्छा या संकल्प के आदर्श बनाते हैं। ये आदर्श युग में उतने गुँथे नहीं जितने संभावना के लिए निर्देश हैं। भट्टनायक, अभिनवगुप्त ने सहृदय की सीमाएँ बताईं। आचार्य भरत ने नाटय में अनेक प्रकार के चरित्र प्रदर्शन पर जोर दिया था। उन्होंने अर्थ, धर्म, काम और मोक्ष-चतुर्फलों को उसमें समाहित किया। यह इसलिए कि नाटक देखते समय प्रेक्षक अपनी-अपनी रुचि के अनुरूप तृप्ति पा सकें। उन्होंने यह भी कहा कि, ''अधम प्रेक्षक उत्तम चेष्टाओं में आनंद नहीं ले पाते, जबकि बुद्धिमान सभी प्रसंगों में डूबते हैं।'' भरत ने प्रेक्षक की रंगशाला में जाने के पूर्व प्रसन्नचित्त होना, निजी स्वार्थों से ऊपर उठना जरूरी समझा था, क्योंकि संस्कारों के होते हुए निजी पीड़ाओं–सुखों में डूबे रहने से रस की लोक वृत्ति के साथ साक्षात्कार नहीं हो सकता। सभी प्रेक्षक चरित्रवान, शांतवृत्त, यशोधर्मपरायण, तटस्थ मध्य अवस्थावान्, नाट्य कुशल, प्रबुद्ध, पवित्र तत्वदर्शी, नाट्य विविधों में प्रवीण, देश भाषाविद्, कला शिल्प प्रयोजक, रस भाव विकल्पक, शब्द छंद विधानज्ञ तथा नानाशास्त्र विलक्षण नहीं हो सकते।[ख] प्रेक्षक के संस्कार और रुचि भेद को रचना के आस्वादन से नकारा नहीं जा सकता। भरत इस तथ्य को समझते थे बाद के आचार्यों ने भले इसे भुला दिया हो। आज के समाज में शिक्षा का विशेषीकरण हुआ है। उसके कारण इंजीनियर, डॉक्टर समाजशास्त्री, मनोवैज्ञानिक–अलग-अलग क्षेत्रों में ज्ञानात्मक संपन्नता विकसित करते हैं। इन्हीं के अनुरूप उनकी रुचियाँ भी बनती रहती हैं। ऐसे विशेषज्ञों की विशेष दिशा की ओर ढली रुचियाँ कला से भिन्न-भिन्न अपेक्षाएँ रखती हैं। कभी-कभी इनके बीच कवि भी होते हैं। उनके अनुभवों का कोश विशेष परिवेश से तैयार होता है। वे अपनी रचनाओं से विशेष रुचियों के पाठकों को तोष देते हैं। कभी-कभी पाठक में काम की जगह और रुचि में भेद मिलता है। वह कला से अपनी जिंदगी के अनुभवों के दूसरे हिस्से में रमता है। यह सब पाठक के संस्कारों के कारण रहता है। संस्कारों में देश-काल के तत्व निर्धारक होते ही हैं। सामंती युग के पाठकों की रुचि विच्छिन्न होती थी। राजा (धीरोदात्त नायक) रानी की रुचि, उनकी कलाएँ महाकाव्यों में होती थीं। सहृदय उनमें रमने का अभ्यास करते-करते

क. आचार्य भरत–''न शक्यमधमैर्ज्ञातुमुत्तमानां विचेष्टितम् तत्वभावेषु सर्वेषु तुष्यंति सततं बुधाः–नाट्यशास्त्र–बड़ौदा संस्करण 27-60।

ख. आचार्य भरत–चैवेतेगुणाः सम्यक् सर्वस्मिन् प्रेक्षके स्मृताः नाट्य शास्त्र–बड़ौदा संस्करण–27-55

अपनी रुचि को भूल जाता था। ये रुचियाँ जड़ हो जाती थीं। कला में वह श्रद्धालु होता था। कविता की विदग्ध गोष्ठियों में सामान्य नागरिक को स्थान नहीं मिलता था। वह गँवार कहा जाता और दरबार से बाहर रहने के लिए मजबूर। राजा कवियों को आश्रय देता, नवरत्नों में उनको स्थान देता, वृत्तियाँ देकर आर्थिक रूप से मुक्त कर देता—ताकि वह ऐसी रुचियाँ रचें—जो उनके परिवेश के प्रति उत्तरदायी हों। पूँजीवादी व्यवस्था में रुचियों का निर्धारण प्रकाशक करता है। वह व्यापार की नीयत से रुचियाँ तय करता है। व्यापारी होने के कारण व्यापक जनता को वह अपने वर्ग की ओर लाने की नीयत रखता है। इसी कारण वह रचनाकारों तथा पाठकों को विशेष बूर्ज्वा मनोविज्ञान के भीतर घुमाता है। व्यापक जनता की रुचियों का चयन सृजन और प्रकाशन कठिन रहता है। समाजवादी देशों ने इसे बदल दिया है। उनके यहाँ रचनाकार और व्यापक पाठक के समीपी संबंध बने हैं। वहाँ "कला अनिवार्य रूप से एक संवाद और संप्रेषण है। यह देशकाल के भीतर खुला असीम समुद्र है। कलात्मक उत्पादन अपने स्वभाव से ही उन सारी दीवालों को तोड़ने की माँग करता है जो संप्रेषण, यथेष्ट आस्वादन अथवा आनंद की सामाजिक और उन्मुक्त प्रक्रिया में बाधक हैं। इस प्रकार का आस्वादन कला के कर्म की जीवंतता के निरंतर स्रोत से जोड़कर समीक्षा, समता अथवा मूल्याँकन को विश्वसनीय बनाता है। यह प्रत्येक व्यक्ति से संवाद की रक्षा करता है।"[9] पूँजीवादी समाज में रचना को न केवल सामाजिक संगति से काट दिया गया है—वरन् अन्य विधाओं के अंतर्संबंधों को भी जोड़ा गया है। सामंती युग में भी आपसी अन्योन्याश्रित संबंध इतने नहीं टूटे थे। समाजवादी व्यवस्था में इन्हें फिर मूल प्रकृति के साथ पहचाना जा रहा है। इसके परिणाम से रुचियों में भी अंतरावलंबन बढ़ा है। कवि की रुचि चित्रों में है तथा चित्रकार की वस्तुकला या कविता में। कविता को पढ़कर वह पोस्टर बनाता है या कविता में चित्रकला की विशेषताओं को घोले रहता है। किसी युग में जब इस तरह के सामूहिक अभ्यास चलते हैं—तो सामान्य जीवन की रुचियों की संकीर्णताएँ टूटती हैं। ऐसी स्थिति में साधारणीकरण का क्षेत्र बढ़ता है। समीक्षा में कला की अंतरंगता के लिए यह प्रक्रिया विश्वसनीय सिद्ध होती है।

रुचि का आयतन

मानव विकास में रुचि की महत्त्वपूर्ण भूमिका है। उसका एक छोर संस्कारों में निहित है—जिसके द्वारा वह परंपरा की स्मृति है, दूसरे छोर में वह आने वाले युगों में विकास की विभिन्न स्थितियों को संबल और शक्ति देती है—इसलिए संभावना की अनंतता से संगति है। परंपरा और संभावना के बहिर्मुखी सदर्भ न होने के कारण रुचि इतनी तरल, आत्मीकृत और स्वेच्छाचारी होती है कि अनुमान लग सकता है कि वस्तु जगत से वह निरपेक्ष है। दरअसल वह निरपेक्ष नहीं होती। वस्तु जगत के आत्मीकरण की

प्रक्रिया में वह धीरे-धीरे बनती है। वह बिलकुल रूपांतरित हो जाती है। उसका चरित्र निजी हो जाता है।

वह विभिन्न गतिविधियों में अव्यक्त रूप से प्रकट होती है। कक्षा में अध्यापक महसूस करता है कि अनेक छात्र उसके व्याख्यान के प्रति उदास हैं। खेल के मैदान में प्रशिक्षक देखता है कि कोई खिलाड़ी पूरी कोशिश के बावजूद अनाड़ी रहा आता है। नाटक देखने या कविता सुनने के समय कोई आदमी बीच-बीच में ऊँघता या चिल्ला उठता है। ये स्थितियाँ कहती हैं कि किसी कार्य में संलग्न न होने के और कारणों में से एक यह भी है कि अमुक की रुचि नहीं है। रुचि के कारण सक्रियता में गुणात्मक विस्तार होता है। भावानुप्रवेश की अवस्था रुचि के बिना प्राप्त नहीं होती। दो स्थितियाँ अलग-अलग बनी रहें तो उनकी अन्योन्याश्रित पहचान नहीं रहती। कला के आस्वादन में यह बात विशेष है। रुचि मनुष्य की मूल प्रवृत्ति है। इसका संबंध इंद्रियों से है। इसी कारण वह रागात्मक होती है। वह संशोधित और परिष्कृत होती है किंतु अपने मूल अंश को सर्वथा नष्ट नहीं करती। इसी मूल अंश में वह अपने अनुभवों और ज्ञान की विभिन्न ऊँचाईयों को ढाल लेता है। ज्ञान का अर्जित अंश चाहे जितना विशाल हो, रचना उसे रागात्मक रूप में ढालकर ही सामने लाती है। रचयिता के राग उसे अपने में शामिल करते हैं। श्रोता के साथ भी यही स्थिति है। जब वह रचना को सुनता है तो उसके राग तत्व उद्बुद्ध होकर रचना का साक्षात्कार करते हैं। रामचंद्र शुक्ल ने लिखा है, "हमारी आँखों के सामने जो विषय उपस्थित हों, वे मनुष्य मात्र के भावात्मक सत्य पर प्रभाव डालने वाले हों। इसमें पूर्णतया मग्न करने के लिए काव्य में भी यह आवश्यक होता है। जब तक किसी भाव का कोई विषय इस रूप में नहीं लाया जाता कि वह सामान्यतः सबके उसी भाव का आलंबन हो सके, तब तक रस में पूर्णतया लीन करने की शक्ति उसमें नहीं होती। किसी काव्य में वर्णित किसी पात्र का किसी अत्यंत कुरूप और दुःशील स्त्री पर प्रेम हो सकता है पर उस स्त्री का वर्णन द्वारा श्रृंगार रस का आलंबन नहीं खड़ा हो सकता।"[10] शुक्ल जी के अनुसार रचनाकार का यह दायित्व है कि वह जन-सामान्य रुचियों को पहचानने और उन्हीं के अनुरूप आकृतियाँ रचे। देश-काल के अनुसार यदि समाज के पिछड़ेपन को वह दूर करना चाहता है और नए पात्रों की सृष्टि चाहता है तो उसे रचना में पुराने और नए पात्रों का ऐसा रागात्मक द्वंद्व उपस्थित करना होगा। जिससे श्रोता का परंपरागत ज्ञात स्वभाव मर्म के साथ रूपांतरित हो। यह वेमालूम तरीके से बदलता चला जाए। यह परिवर्तन उसके विचारों और स्वभाव में से परंपरा की रूढ़ियों को हटा देता है। रुचियों में परिवर्तन होता है, पर तब भी यह सही है कि वे निजी, आत्मगत, तात्कालिक ही होती हैं। वे ऐंद्रिय रंग में आकर ही फूटती हैं। ऐंद्रिय रंग के बिना उनमें आवेग नहीं हो सकता। रुचियों में कोई विवेक, चिंतन या तर्क नहीं दिखता। रुचि का एक रूप अभिरुचि भी माना जाता है। यह कि,

"रुचियों की आवृत्ति अभिरुचि हो जाती है। जितनी गहरी अभिरुचि, उतने गहरे मूल प्रवृत्तिमूलक संस्कार। जब रुचियों का परिवर्तन होता है—अर्थात् धार्मिक, राजनीतिक, आर्थिक, सामाजिक, ज़लबायुवीय कारणों से रुचि भेद हो जाता है, तब मूल प्रवृत्तियों में संशोधन होता है। फलस्वरूप अभिरुचियाँ भी बदलती हैं। इसलिए किसी भी युग की या किसी भी व्यक्ति की आद्योपांत एक ही अभिरुचि नहीं रह जातीं, यद्यपि रुचि भेद में मूल प्रवृत्ति की बुनियादी एकता बरकरार रहती है।"[11]

रुचि की अभिव्यक्ति आचरण और स्वभाव में होती है—इसलिए वह अमूर्त नहीं है। वह गतिशील होती है। इसीलिए उसका संबंध मूल्यों से है। किसी विचारधारा का सामाजिक चिंतन जब मानव व्यवहार में ढल जाता है—उसके व्यावहारिक आदर्श और शैलियाँ चलन में आ जाती हैं तभी वह विचारधारा रुचि के रूप में अभिव्यक्ति होती है। रुचि में विचारधारा को ढालना ही—वैज्ञानिक, राजनीतिज्ञ, अर्थशास्त्री और कलाकार का काम है। यह विश्वास और आस्था की निजी स्वीकृति है। गोर्की, लोर्का या प्रेमचंद की रचनाएँ इसीलिए लोकप्रिय हैं क्योंकि वे इसका अवसर देती हैं। इनका पाठक रचनाओं से भागता नहीं संलग्न होता है। अभिरुचि में परिवर्तन निरपेक्ष ढंग से नहीं होता। पहले सामाजिक-आर्थिक-राजनीतिक क्षेत्र में परिवर्तन आता है। इस परिवर्तन के लिए जनसमूह में अव्यक्त इच्छाएँ होती हैं। इच्छाओं की समूहबद्धता में आंदोलन होते हैं, और इच्छाएँ सक्रियता प्राप्त करती हैं। सक्रिय इच्छाएँ ढाँचे में मूल परिवर्तन करती हैं और तब धीरे-धीरे रुचियाँ बदलती हैं। सांस्कृतिक परिवर्तन की प्रक्रिया अपेक्षाकृत धीमी, द्वितीयक और स्थायी होती है। सामाजिक परिवर्तन के ठहर जाने पर कभी-कभी रुचियाँ स्थिर हो जाती हैं। रीतिकालीन कला में यही स्थिरता है। इस युग के कवियों में निजता का संदेश बहुत कम है। व्यक्तित्व की भिन्नताएँ प्रायः शिथिल हैं। परिणामतः कला विलासपूर्ण किलोल बन गई है। सामंत काल में क्षेत्रों के अंतरावलंबन टूट जाने से आंचलिक रुचियाँ स्थिर हो गई थीं। ओज और माधुर्य गुणों को एक क्षेत्र में ही पाना कठिन था। कहीं शृंगार की प्रधानता और कहीं वीरता की, वामन ने प्रादेशिक आधार पर वैदर्भी गौड़ी, पाँचाली रीतियों का विभाजन इसीलिए किया था।"[12] वृत्तियाँ-शैलियाँ लगभग इन्हीं आधारों पर रूढ़ हुई थीं। काव्य की ये शैलियाँ या मार्ग प्रमाण हैं कि इन गुणों में सामाजिक परिवर्तन नहीं हो रहा था।

रुचियों का सीधा संबंध परंपरा, परिवेश और शिक्षा के स्तर से है। प्रतिभाएँ परंपरा की जीवंतता को सजीव करती हैं। वे भावना के क्षेत्र में क्रांति करती हैं। वे सहृदय में परिवर्तन की चुनौती पेश करती हैं। सहृदय को यह चुनौती तब झेलनी पड़ती है—जब वे परिवेश और रचना से जुड़ने की ललक रखते हैं। कभी-कभी ऐसा होता है कि कुछ विशेष व्यक्तियों पर समूहों के द्वारा विशेष कलाकृतियाँ, लोक कलाएँ इतनी अधिक प्रचलित कर दी जाती हैं कि शेष समूह उन्हें दोहराने लगता है। उन्हें

दोहराने का कारण नहीं मालूम होता। आदिवासी क्षेत्रों में विशेष उत्सवों, समारोहों में इसी तरह आवृत्तियाँ होती हैं। परंपरा के नाम पर अर्थहीन अनुकृतियाँ चलती रहती हैं। बुजुर्गों की जिम्मेदारी होती है कि वे इन अनुकृतियों की मौखिक परंपरा जारी रखें। वहाँ रुचि का विकास रुका होता है। पूँजीवादी समाज में औपचारिकताएँ इसी तरह अनुकरण मूलक हो गई हैं। समारोहों की सांस्कृतिक शैलियाँ भी इसी तरह हैं, वेश-भूषा में अनुकरण हावी होता है। डिजाइनें कहीं से निकलती हैं समाज उनका अनुकरण करता है। यहाँ चुनाव की आजादी रूप-रंग की होती है, स्वभाव और प्रकृति की नहीं। स्वभाव और प्रकृति की दृष्टि से सामाजिक विच्छिन्न होता है। कला के क्षेत्र में रुचि के अनुशासन (कंडीशनिंग) के लिए अनेक-अनेक तत्व उत्तरदायी हो जाते हैं। प्रचार-प्रसार के साधनों, आर्थिक अवस्था में क्रय क्षमताएँ, परंपरा के प्रति लगाव आदि रुचियों को किसी विशेष दिशा की ओर ले जाते हैं। रीति युग में विदग्ध गोष्ठियों में आस्वादकों की विशेष शैली बँध जाती थी। उस समय आस्वादक प्रशिक्षित किए जाते थे। आज भी रचना कर्मशालाएँ ("राइटर वर्कशाप") यह काम करती हैं। ये शालाएँ अपनी नीयत के अनुरूप प्रभाव छोड़ती हैं। अंध राष्ट्रीयता अथवा उन्मुक्त राष्ट्रीयता की भावनाओं का विकास भी विशेष सामाजिक अवस्थाओं में होता है। विशेष सामाजिक अवस्थाएँ प्रायः वर्गों पर आधारित है। सामंती ढाँचे में अंध राष्ट्रीयता प्रचारित होती है। पूँजीवाद में राष्ट्रीयता को खोलने की कोशिश साम्राज्यवादी हितों को पूरा करने के लिए की जाती है। इतिहास ने सिद्ध किया है कि विश्वबंधुत्व की रुचियों की भाँति प्रभुसत्ता भी कायम करते हैं। वर्ग समाज में ऐसे लेखक भी पैदा होते हैं—जो अपने वर्ग को छोड़कर व्यापक जनसमाज के प्रति अपनी आस्था व्यक्त करते हैं। उनके पास व्यापक जन समाज की विचारधारा न भी हो, तो भी यथार्थ के प्रति इनकी रुचि रचना में आमूल परिवर्तन कर देती है।

रचना और आस्वादक

आस्वादक जन-समूह की वह इकाई है, जिसकी रुचि सांस्कृतिक होती है। सांस्कृतिक रुचि की तृप्ति के लिए वह कविता, संगीत, वास्तुकला, चित्रकला, नाटक आदि में से किसी एक या सभी के साथ अपनी संपृक्ति जाहिर करता है। साक्षर हुआ तो वह कविता का पाठक हो जाता है, अन्यथा श्रोता के रूप में वह कविताएँ सुनता है। श्रोता और पाठक की रुचि में स्तर भिन्नता हो सकती है क्योंकि सामाजिक जीवन में सक्रियता एवं कलात्मक शिक्षा के अनुरूप रुचि की स्तरगत भिन्नताएँ दिखती हैं। संसार में किसी भी देश की कला की रक्षा और विकास उसके आस्वादकों पर ही निर्भर रही है। यह आस्वादक अनेक नामों से संबोधित है—सहृदय, भावुक, पाठक, प्रेक्षक, प्रशिक्षक आदि। वह आलोचक पूर्व व्यक्तित्व है। आलोचक होने के लिए

अनिवार्य शर्त है कि सामाजिक आस्वादक कलात्मक-सांस्कृतिक रुचियों का हो। वह नागरिक की हैसियत से सहृदय, पाठक, प्रेक्षक, अथवा आशंसक होने की प्राथमिकताएँ पूरी करता हो। भरत ने रस चर्चा में सहृदय का प्रश्न उठाया था। वह सहृदय नाटक के प्रसंग में ही न होकर कविता के लिए भी था। अभिनवगुप्त ने इसकी तस्दीक की है।[क] भरत ने कहा है कि, "सहृदय वे होते हैं जो अभिनेताओं की मानसिक अवस्थाओं, भूमिकाओं के साथ तादात्म्य स्थापित करते हैं। वे द्रवणशील होने के कारण शोक ग्रस्त या संतुष्ट होते हैं। वे ही प्रेक्षक हैं।"[ख] भरत ने आस्वादन और रचना—दोनों की सापेक्षता को स्वीकार की है। उनकी दृष्टि में आस्वादक की रुचियाँ ही रचना के भावों से मिलकर तृप्त होती हैं। बाद के आनंदवादी आचार्यों ने जब यह स्थापना की कि पाठकीय रुचियाँ या मानसिक अवस्थाएँ चाहे जो हों—रसानुभूति आनंदमय होती हैं—आस्वादक नामी सहृदय की अवधारणा में परिवर्तन आ गया। आनंदवर्द्धन अपने युग की प्राकृत काव्य गोष्ठियों को "हिअ अललिया (हृदयलतिका) कहा करते थे। उनके सूत्र—"हृदयवतीषु च सप्रज्ञक गाथासु" की व्याख्या करते हुए अभिनव गुप्त ने सहृदय के विषय में लिखा, "हिअ अललिया" प्राकृत काव्य गोष्ठी में त्रिवर्गों (धर्म-अर्थ-काम) के उपायों में कुशल प्रज्ञा से युक्त सहृदय कहे जाते हैं।[ग] आनंद वर्द्धन ने अनेक बार रसज्ञता और सहृदयत्व की चर्चा की है। वे ऐसे प्रयोगों में प्रज्ञा और हृदय तत्व के सामंजस्य का संकेत करते थे। अभिनव गुप्त ने इसे और स्पष्ट किया। कहा, "अनेक प्रकार के काव्यों का लगातार अनुशीलन करते रहने से जिनका मनरूपी दर्पण विशद् हो जाता है और जो वर्ण्यवस्तु में तन्मय होने में क्षम्य हो जाते हैं—वे सहृदय हैं।[घ] अभिनव गुप्त सहृदयता को स्वयं से संबद्ध मानते थे। 'मनमुकुर' में वे प्रतिभा और मानवीय संवेदना का स्वतः निवास देखते थे। उनका सहृदय विमल प्रतिभाशाली था। भरत से अभिनव गुप्त तक सहृदय की अवधारणाओं में आमूल परिवर्तन आ जाता है। इतना परिवर्तन कि आस्वाद्य का महत्त्व ही धूमिल हो जाता है। क्रम यह बनता है, "भरत ने सौंदर्य बोध शास्त्र के क्षेत्र में पहली सांस्कृतिक

(क) अभिनव गुप्त—कविनटशिक्षार्थमेव सर्वमिदं प्रकरणम्—हिंदी अभिनव भारती, पृ. 600

(ख) आचार्य भरत—ये तुष्टे तुष्टि मायांति शोके, शोक बसंति च।
दैन्ये दीनत्वमायांति ते नाट्ये प्रेक्षकाः स्मृताः।।
नाट्य शास्त्र—प्र. क्र. 27 (बड़ौदा संस्करण)

(ग) अभिनव गुप्त—हृदयवतीष्विति 'हिअ अललिया' इति प्राकृतकविगोष्ठ्याँ प्रसिद्धासु त्रिवर्गोपायोपेयकुशलास सप्रज्ञाका उच्यन्ते सहृदया;।
(अभिनव साहित्य चिंतन—भगीरथ दीक्षित पृ. 17 से उद्धृत)

(घ) अभिनव गुप्त—नाना काव्यानुशीलनाभ्यासवशात् विशदीभूतेमनोमुकरे येषां वर्णानीयवस्तुतन्मयी-भवनयोग्यता ते सहृदयः
(अभिनव साहित्य चिंतन—भगीरथ दीक्षित, पृ. 97 से उद्धृत)

कर्मकांडी क्रांति की, भट्ट लोल्लट ने दूसरी बौद्धिक क्रांति की, तथा अभिनव गुप्त ने तीसरी उन्मेषात्मक क्रांति की। सहृदय इस क्रांति का डायनेमो बना। मानवता, मनुष्य, व्यक्ति और वैश्वक आर्केटाइप का सूक्ष्म अमूर्तीकरण रूप यह 'सहृदय' तर्क के बजाए श्रद्धा का मार्ग अपनाता है, ज्ञान के बजाए समाधिपरक उन्मेष से सत्य ढूँढ़ता है, प्रकृति के बजाए परम शिव तत्व का लघु कल्प-बिंब बनाता है, और जीवन रूप होने के कारण पूर्ण प्रेषणीयता का दावेदार होता है। सुतरां सहृदय स्वयं मध्यकाल का ही एक सूक्ष्म सांस्कृतिक प्रतीक है।"[13] अभिनव गुप्त ने यह तो कहा कि लोक-जीवन में शामिल पाठक उन्हीं अनुमानों के आधार पर काव्यगत प्रमदा, उद्यान, कटाक्ष आदि के अर्थ समझता है पर आगे लोक-जीवन से सहृदय को विरत कर दिया। उसकी आपेक्षता ही छीन ली। वे कहने लगे कि तब सहृदय की भूमिका लौकिक नहीं होती। पाठक तटस्थ नहीं रहता। वही सहृदय की भूमिका में आ जाता है। तन्मयीभाव के कारण वह ब्रह्मानंद सहोदर की स्थिति में पहुँचता है। प्रकृति का क्षेत्र छोड़ देने से उसकी अवस्था समाधिमूलक हो जाती है। समाधि की अमूर्तताएँ शिवत्व की कल्पना अभिनव की काव्य की दुनिया को मध्यकालीन मूल्यों में छोड़ आती हैं। काव्य क्रिया यहाँ यौगिक क्रिया का दार्शनिक रूप ले लेती हैं। यहाँ विभावानुभाव की संज्ञा महत्त्वहीन हो जाती है। वस्तुओं की निजी विभावन सत्ता के अवमूल्यन का इसीलिए विरोध करते हुए रामचंद्र शुक्ल ने पूछा, "क्या क्रोध, शोक, जुगुप्सा आदि आनंद का रूप धारण करके ही श्रोता के हृदय में प्रकट होते हैं। अपने प्रकृत रूप को सर्वथा विसर्जन कर देते हैं। उसे कुछ भी नहीं लगा रहने देते।"[14] शुक्ल जी को यह इसलिए कहना पड़ा क्योंकि आनंदवादी आचार्यों का ध्यान देश-काल और परिवर्तन की भौतिक अवस्थाओं की ओर से बिलकुल हटा हुआ था। भौतिक वस्तुओं की अभौतिक चर्चा में उनका जबरदस्त अंतर्विरोध था। यही कारण है कि उनका आस्वादक भी सहृदय निरपेक्ष काव्य योगी के रूप में स्वीकृत था। सहृदय के लिए उनकी योग्यताएँ सापेक्षता में ही महत्त्वपूर्ण हो सकती थीं। यह ठीक है कि कविता का रसपान तन्मयता के बिना संभव नहीं—पर तन्मयता किससे, काव्यवस्तु से ही न उसी से आत्मीयता और समानता का साक्षात्कार। यह शून्यता की स्थिति नहीं होती। "इनकी कमजोरी यह कि यहाँ साहित्य और सहृदय की युगबोध के परिवर्तन, उसमें साहित्य की सक्रिय भूमिका अथवा गत्यात्मकता के प्रति, जागरूकता का उल्लेख नहीं मिलता है। अन्य आचार्यों की तरह अभिनव गुप्त के मन में भी ऐसे साहित्य का प्रारूप है, जिसमें मानव मूल्यों की सक्रांति नहीं, सामंजस्य और व्यापक स्वीकृति है। अतः सार्वभौमिक और सार्वजनिक स्थायी भावों द्वारा रस निष्पत्ति पर ही अधिक ध्यान दिया गया है।"[15] यह मोटी सच्चाई है कि पाठक या सहृदय रचनाकार की तरह नहीं होता। कृति का सृजन एकांत में हो सकता है पर आस्वादन नहीं। आस्वादक बहुतों में से एक होता है। एक ही रचना का आस्वादन भिन्न-भिन्न युगों

तथा स्थानों में होता है। अतएव आस्वादकों की प्रक्रिया में ऐसी बातें मिलती हैं जो परस्पर भिन्न हैं और ऐसी भी जो समान हैं। सामान्यता और भिन्नता का यह द्वंद्व रचना के पुनर्मूल्याँकन की माँग करता रहता है। समीक्षक पुनर्मूल्याँकन की प्रक्रिया में इन प्रक्रियाओं को समेटने की कोशिश कर सकता है। कृति और रचनाकार के संबंधों को रहस्यमय बनाने के ही कारण आस्वादक और कृति के संबंध वस्तुपरक नहीं रहे हाथर्न ने लिखा है, "साहित्य की प्रतिक्रिया (सहृदय या पाठक को) व्यक्तिगत और सामाजिक दोनों होती हैं। यह केवल इसलिए नहीं कि आस्वादक व्यक्ति की प्रतिक्रिया में समग्र, सामाजिक जटिल रुचियाँ, धारणाएँ और ज्ञान शामिल रहते हैं बल्कि इसलिए भी कि उसका लक्ष्य ही कला के आस्वादन के माध्यम से सामाजिक समग्रता से सर्वाधिक संभव एक इकाई प्रतिबिंबित करना होता है।"[16] यहाँ एक बात उठाई गई है कि रचना एकांत में हो सकती है, पर रचना प्रक्रिया के समाजशास्त्र में यह सिद्धि देखी जा चुकी है कि सृजन का एकांत-वस्तु से निरपेक्षता नहीं है। यह एकांत बल्कि आभ्यंतरीकृत वस्तु को उदात्तता प्रदान करता है। सृजन की क्रिया निजी संवेदनों को व्यापक जीवन दृष्टि से जोड़ने का ही रचनात्मक कर्म है। माइकेल सोलीमैन ने इस सच्चाई को प्रमाणित करते हुए कहा, "सृजन जितना ही उत्कृष्ट होता है, वह उतना ही ऐतिहासिक स्थितियों और अनुभवगम्य सामाजिकताओं के अनुरूप मानवीय आत्मा के निकट होता है। इसीलिए कवि की निरंतर चेष्टा होती है कि किसी सृजन और कृति की क्षमता के अनुरूप मानवीय गुणों का विकास करे। विकास के गुणों का आकलन सामाजिक सच्चाइयों और सृजन कर्म की सापेक्ष क्षमता के अनुरूप ही होता है।"[17] आस्वादक के प्रसंग में कवि की ओर लौटने का अभिप्राय यह कि सृजन की ऐकांतिक क्रिया और आस्वादन की सार्वजनिक क्रिया के अंतर्सूत्र पहचाने जा सकें। जाना जा सके कि एकांत कैसे सार्वजनिक और सार्वजनिक कैसे एकांत या निजी बन जाता है। सर्जक और पाठक का रिश्ता एक स्थिति में समानता के धरातल पर पहुँच जाता है। बीसवीं शताब्दी में तो इस रिश्ते को कवि और पाठकों ने काफी मूर्त किया है। काव्य कृतियों के प्रिय सच्चे पाठक अपनी राय भेजते हैं। कवि भी अपेक्षा करता है कि पाठक उसके ही समान प्रतिभाशाली हो ताकि रचना का साक्षात्कार करते हुए वस्तुगत राय दे सके। रूस के एक कवि सैमुअल मार्शाक को उनकी कविताओं पर जो हजारों प्रतिक्रियाएँ मिलीं, उनमें से एक गैलीना जिन चेंको को उन्होंने प्रत्युत्तर देते हुए लिखा, "एक रचनाकार के लिए सतत, संवेदनशील अभिरुचि के प्रतिभाशाली पाठक से अधिक प्यारा कुछ नहीं होता। संक्षिप्त पत्र में इस तरह की अभिरुचि मैंने तो महसूस की है।"[18] प्रतिभाशाली पाठक की माँग कवि की नजरों में इसलिए जायज है क्योंकि रचना का समग्र साक्षात्कार तभी संभव है अन्यथा बेहतर रचना के प्रति अनाड़ी व्यवहार कला के कर्म के लिए घातक सिद्ध ही सकता है।

अतीत में साक्षरता के अभाव के कारण श्रवण और प्रेक्षण कलास्वाद की

प्रधान क्रियाएँ थीं। किंतु वैज्ञानिक विकास, अंतर्राष्ट्रीय संबंध, संचार साधनों और शिक्षा में गुणात्मक वृद्धि के परिणामस्वरूप पठन-पाठन की क्रिया प्रधान हो गई है। तब कलाकार अपनी रचना प्रक्रिया को गोपनीय रखते हुए रहस्यमयता का विस्फोट करता था, जिससे उसकी कृत्रिम स्वायत्तता कायम थी परंतु अब कलाकार की ही तरह प्रतिभाशाली पाठक और आलोचकों के कारण रचना का सूक्ष्म आवयविक अनुशीलन संभव हो सका है। रहस्यमूलक किसी कृति या तत्व की विश्वसनीयता समाप्त हो गई है। ऐसी स्थिति में ज्वलंत प्रश्न है, पाठक की आस्वाद प्रक्रिया की परीक्षा की। पाठक की रचना के प्रति प्रतिक्रिया और पहचान उसकी निजी तथा सहकारी क्रिया है। एक ही रचना के विषय में अनेक प्रतिक्रियाओं से जाहिर होता है कि वे विशिष्ट होती हैं। प्रतिक्रियाओं में आपसी आदान-प्रदान होता है—कवि और पाठक के बीच तथा पाठक एवं पाठक के बीच। इसलिए सामाजिक प्रेषणीयता की क्रिया भी है। ये प्रतिक्रियाएँ आदान-प्रदान के जरिए निजता में संधोधन-संपादन करती हैं। इसलिए निरंतर उनमें गत्यात्मकता बनी रहती है। शिशु प्रेम की कविताएँ पढ़कर जहाँ एक ओर सभी का वात्सल्य जागृत होता है, क्योंकि यह सार्वजनिक जीवंत अनुभव है, वहीं निजी भी, क्योंकि प्रत्येक अनुभव और सृजन व्यक्तिगत भी होता है। अनुभव, सृजन तथा आस्वादक क्रियाओं में द्वंद्वात्मकता के कारण समग्र सामाजिक अवधारणाओं में भी बढ़ोत्तरी होती है। यह द्वंद्वात्मकता दो व्यक्तियों के निजी लोक से आती हुई वस्तुजगत के प्रति है। विशिष्टता यह कि दो व्यक्ति तीसरी इकाई के विषय में भिन्न-भिन्न तरह से प्रतिक्रिया करते हैं। गोल्डमान इसका सैद्धांतिक आधार प्रदान करते हुए लिखते हैं, "हमें ज्ञात है कि इस समाज का आधार केवल मानवीय गतिविधियाँ हैं—जिनमें लोक समान कर्म करते हैं। ये सभी कर्म वस्तु जगत के रूपांतरण हैं। इनका एक समान उद्देश्य होता है। ज्ञान के सिद्धांत का मूल्यवान दायित्व है कि इन अव्यवस्थित आसन्न क्रियाओं की रूपाकृति बनाए—जो एक समान उद्देश्य के बावजूद व्यक्तिगत भिन्नता रखे।"[19] रचना और पाठक के संबंधों पर इसे लागू करते हुए हम जानते हैं कि पाठक की रचना के प्रति की गई प्रतिक्रिया मात्र तात्कालिक नहीं होती। उसकी अवधारणाएँ अतीत के अनुभवों पर आधारित होती हैं जिन्हें उसने सामाजिक दृष्टि से विकसित साधनों से पाया है। जैसे चाँद के विषय में उसका अनुभव वैज्ञानिक अंतरिक्ष यात्राओं की उपलब्धि को छोड़ नहीं सकता। इन यात्राओं से प्राप्त चाँद की जानकारी के कारण अब कवि चाँद-मुख कहने में उत्साही नहीं हो सकता और न पाठक उस तरह का बिंब बनाने में। सामाजिक विकास के द्वारा निर्धारित अवधारणाएँ निश्चित स्थितियों में वैयक्तिक भिन्नताएँ रखती हैं। वैयक्तिक भिन्नताओं के ऊपर कृत्रिम विश्व दृष्टि का कोई अर्थ नहीं। मानवीय क्रियाओं के द्वारा अप्रमाणित कोई ज्ञान सत्य नहीं होता। सत्य की प्रामाणिकता की कसौटी क्रियाएँ हैं, जिन्हें सामाजिक व्यक्ति संपादित

करता है। अपवाद यह कि कभी-कभी छोटे-छोटे समूह भी एक व्यक्ति की तरह क्रिया करते हैं। कला को रचना और आस्वादन की उसी अनिवार्य क्रिया के साथ देखना उचित है।

ठीक है कि पाठकीय प्रतिक्रियाएँ समीक्षा नहीं होतीं परंतु यह भी तय है कि जब तक ये प्रतिक्रियाएँ भली-भाँति आस्वादक में संपन्न नहीं हो जातीं, तब तक आलोचक का आरंभिक बिंदु भी हाजिर नहीं होता। दोनों में मूलभूत फर्क नहीं रहता। प्रतिक्रिया पाठक की आरंभिक निजी क्रिया है, जबकि आलोचना उसकी प्रतिक्रियाओं का समग्र आकलन। कुछ आलोचकों ने पाठकों की प्रतिक्रिया को "प्रभावपूर्ण असत्य" कहा है। समीक्षकों को राय होती है कि वे इन प्रतिक्रियाओं से दूर रहें। ऐसे समीक्षकों में विमसार और वर्डसले का नाम प्रमुख है। विमसार कहते हैं, "कुछ पाठकों का प्रतिवेदन कि अमुक कविता या कहानी ने उनमें विविध कल्पनाएँ, सघन संवेदनाएँ या उत्कृष्ट चेतना उद्बुद्ध की है, प्रत्याख्यान के योग्य तथ्य नहीं हैं और न इन पर विचार करना वस्तुपरक समीक्षक के लिए जरूरी है।"[20] ये समीक्षक मानते हैं कि पाठकों की इस तरह की अनंत प्रतिक्रियाएँ सामाजिक दृष्टि से उपलब्ध नहीं हैं, इसलिए उन पर विचार का प्रश्न ही नहीं उठता। नाटक का हवाला देते हुए लोइस अलथूसर ने इसका उत्तर दिया, "नाटक स्वयं प्रेक्षकों की चेतना है। वह अग्रिम रूप से उनकी ही चेतना को अपने में संग्रथित और विकसित करता है। नाटक में अर्जित, नए परिणामों, जिन्हें लेखक ने आत्मपरिचय से पाया होता है—किसकी कल्पना और उपस्थिति होती है।"[21] विमसार जैसे आलोचकों को शायद यह भ्रम है कि आलोचना कोई स्थिर प्रतिमानों के आधार पर आगे बढ़ती है। वे आलोचक की ऐतिहासिक चेतना की शक्ति को ध्यान में रखकर अपने निष्कर्षों तक नहीं पहुँचे, इसी कारण वे भ्रम के शिकार हुए। उन्होंने मानवीय गतिविधियों पर पूरी नजर नहीं रखी। उन्हें जानना था कि लिखित या मौखिक सभी प्रकार की प्रतिक्रियाएँ—(सामाजिक या कलात्मक) वस्तुजगत के रूपांतरण में योग देती हैं। इन्हीं से हम सीखते तथा विश्व दृष्टि का समान मार्ग तय करते हैं। काम करते हम व्यक्तित्व बनाते हैं और काम करते ही हम निजता को तोड़कर सामान्यता की ओर पहुँचते हैं। "समीक्षा स्वयं रचना के प्रति प्रतिक्रिया के प्रसंग में निजी तत्वों को तोड़ने की एक विधि है। वह हमें रचना का तदैव साक्षात्कार कराने, नए रास्ते से जीवन में बहस करके पाई गई सामाजिक गतिविधियों का उपयोग जानने और इन सबकी रचना में प्रस्तुति समझने का साधन है।—समीक्षक पाठकों को रचना के विशेष तरह से आस्वादन का प्रशिक्षण दे सकता है, ज्ञान एवं उसकी अपेक्षाओं को संशोधित कर सकता है ताकि वह पठन आरंभ करते हुए और सामाजिक संगत तरीके से प्रतिक्रिया कर सके। वास्तव में प्रत्येक पाठक अपने-आपको आस्वादन योग्य कई तरह से बनाता है। वह अचानक की कला का

साक्षात्कार नहीं कर सकता।"[22] निश्चय ही कला का बेहतर आस्वादन निरपेक्ष क्रिया नहीं है और न ही निरपेक्ष रूप से वह सही भी हो सकती है। आस्वादक का दायित्व मूलतः सहकारी है। वह रचना के अर्थ को समझने की प्रक्रिया में बार-बार पढ़ता है, दूसरे पढ़ते हैं, और रचना की विभिन्न स्थितियों का पता लगाते हैं। यही सब अर्थ जानने की ही प्रक्रिया है। रचना के अर्थ की कोई प्रशस्त स्थिति नहीं होती—जिसे पाने का वह लक्ष्य बनाता। अर्थ पाने की प्रक्रिया में वह मुक्त और प्रतिबद्ध दोनों होता है। वह रचना में प्रवेश की दिशा तय करने के लिए आजाद है, साथ ही रचना की निर्धारित दिशा को प्रभावित करने की छूट भी लेता है। इस तरह अपनी आजादी से रचना में प्रवेश करता है तथा रचना की आजादी को अपने में प्रविष्ट होने देता है। मैथ्यू आर्नाल्ड का विचार है, "कविता के सही अनुमान तक पहुँचने के लिए ऐतिहासिक और व्यक्तिगत अनुमानों के दोहरे असत्य से मुक्त होना चाहिए।"[23] आर्नाल्ड की दृष्टि केवल रचना के साथ है। वे नहीं चाहते कि उनके साथ इतिहास और निजी रुचि का सहारा लेकर उसकी सारवस्तु को मचमचाया जाए। परंतु उन्हें नहीं मालूम कि न तो कविता और न समीक्षा में व्यक्तिगत–सामाजिक–ऐतिहासिक चेतना को अलग करने के कोई रास्ते हैं। हमारे सभी व्यक्तिगत अनुभव सामाजिक रूप से भाषायी तथा रागात्मक औजारों से मिलते हैं। ये केवल निजी और जैविक नहीं होते। जैविक भी होते तो निजी नहीं होते। ट्राटस्की ने तो यहाँ तक कहा, "माना कि निजता विशिष्ट होती है पर इसका अर्थ यह नहीं कि उसका विश्लेषण नहीं हो सकता। निजता एक प्रकार से आदिम, राष्ट्रीय वर्गीय, तात्कालिक, जातीय तत्वों का संयोजन है। वास्तव में यह मनोरासायनिक तत्वों के आनुपातिक संयोजन की विशिष्टता है—जो निजता के रूप में अभिव्यक्त है।"[24] उन क्रियाओं के अंतर्संबधों का उचित विश्लेषण द्वंद्वात्मक पद्धति से संभव है। मानवीय व्यवहार तथा आस्वादन की प्रक्रिया में निजता और निर्वैयक्तिकता का ऐच्छिक विभाजन नहीं होता। आस्वादन मूलतः सामाजिक क्रिया है। समीक्षा के द्वारा वह पाठकों को सुगम होती है। पाठक समीक्षा से रचना के सामाजिक व्यवहार को हृदयंगम करता है। बार-बार रचना का सीधे आस्वादन तथा समीक्षा के द्वारा उसके सामाजिक व्यवहार से गुजरने पर पाठक में आलोचनात्मक संवेदनाएँ उभरती हैं। इसके जरिए वह अपनी निजी प्रतिक्रियाओं को व्यापक सामाजिक दायित्वों के बीच देखने लगता है। उसे भान होने लगता है कि वह समाज की एक अनिवार्य और यथार्थ इकाई है। गोल्डमान का कहना सही है "निजी संदर्शन, जिसमें कुछ सामूहिक चेतना या उत्कृष्ट आकांक्षाओं की ही अभिव्यक्ति होती है और असंबद्ध सनक में फर्क होता है। यथार्थ सनक भी सामाजिक घटकों से ही पैदा होती है। आस्वादक के वश में यह नहीं होता कि रचना पर अपनी प्रतिक्रिया व्यक्त करते हुए निजी और आत्मगत तत्वों से मुक्त हो सके।"[25] आस्वादक जिस समय रचना में मुग्ध

होता है उस पर आपसी प्रतिक्रिया व्यक्त करता है, उसके सामने मूल्य निर्णय की उसकी रुचि और क्षमता का पूरा उपयोग हो जाता है। वह इसी क्षमता के अनुरूप रचना के अनेक प्रसंगों को स्थगित करता है और उनमें से कुछ को प्रकट करता है। जैसे-जैसे वह रचना को उसकी आवयविक संगति में पढ़ता है, उसके शब्दों की व्यंजना में धँसता है—वह अपने अनुभव और ज्ञान को रचना की आस्वादनात्मक प्रतिक्रिया में शामिल करता जाता है। जितनी बार पढ़ता है, रचना उतनी बार भिन्न अर्थ प्रदान करती है। इसका अर्थ हुआ कि आस्वादक की क्रिया स्थिर नहीं होती। इससे रचना और आस्वादक के रोज लगातार नए संबंध विकसित होते हैं। रचना प्रक्रिया की ही भाँति यह विकासमान प्रक्रिया है। दोनों का अचानक विस्फोट नहीं होता। उन्हें आत्मा की कोठरी में बाँधकर अपनी इच्छा से नचाया नहीं जा सकता।

एक सामान्य व्यक्ति, जो जीवन के अनुभवों में विविध तथा उदात्त है—रचना के भीतर उन अनुभवों को पाने के लिए या अपने अनुभवों की जाँच के लिए प्रवृत्त हो ही—यह जरूरी नहीं है। रचना के पढ़ने में उसकी रुचि अनिवार्य नहीं है। कई बार अनुभवी लोग भी लंबे समय तक न उपन्यास पढ़ पाते और न कविता। वे ऊबने लगते हैं। इसका अर्थ यह है कि पढ़ते समय उनके मानस में साहित्येतर प्रसंग उछलते हैं। रचना के भीतर उसका मन नहीं रमता। इसका यह भी मतलब है कि रचना अनुभव उसके पास कम है। रचना अनुभव और इतर अनुभवों में जटिल अंतर्संबंध होते हैं। वे ज्यों का त्यों नहीं होते। इसी कारण कभी-कभी काव्य सिद्धांतों का अच्छा ज्ञान होने के बावजूद रचना स्वाद के प्रति तल्लीनता नहीं रहती। स्पष्ट है कि रचनात्मक अनुभव रचना का लगातार पाठ करने, उसमें रस लेने से विकसित होते हैं। रचना को बार-बार पढ़ने से वे संस्कार विकसित होते हैं। जितनी तरह की रचनाएँ आस्वादक पढ़ने का जितनी बार अभ्यास करता है, रचना अनुभव उतना ही बहुआयामी और गहन होता है। वेनेबूथ ने तो एक रचना के कई वाचकों के प्रभावों का अध्ययन किया है। उन्होंने कहा, "हम कह सकते हैं कि जिन पुस्तकों को हम महान कह सकते हैं, उनमें वाचन की अनेक आवृत्तियों को झेलने की क्षमता होती है। लेकिन यह कहने की जरूरत नहीं है कि प्रत्येक वाचन से तादात्मक आनंद मिलता है।"[27] रचना के व्यावहारिक आस्वादन में हम पाते हैं कि लोग एक कविता को अनेक बार पढ़ते और उससे हर बार कोई भिन्न चीज निकालते हैं। हर बार वे मुग्ध नहीं होते। इस तरह वाचन-आस्वादन की क्रिया लगातार रचना अनुभव को माँजने, मानसिक गतिविधियों को तरह-तरह से सक्रिय करने और सामाजिक जीवन के अनुभव से जुड़ने की क्रिया है। सार्त्र का कहना सही है, "वाचन के समय आस्वादक पूर्वानुमान करता है, प्रतीक्षा करता है, वह वाक्य के अंत, अगले वाक्यों, अगले पृष्ठ का पूर्वानुमान करता है। अपने पूर्वानुमान या दूरदर्शिता की प्रामाणिकता अथवा निराशा के लिए वह प्रतीक्षा करता है। वाचन की क्रिया पूर्व

कल्पना समूहों, सचेतन सपनों, आशाओं-प्रवंचनाओं का मिश्रण है। वाचन क्रिया अवधारणाओं और सृजन का संश्लेषण प्रतीत होता है। यह आत्मगत और वस्तुगत अनिवार्यताओं का अनुमान है।"[28] आस्वादन की क्रिया श्रवण, प्रेक्षण और वाचन के द्वारा शुरू होती है। वह रचना और आस्वाद का संस्कारी व्यापार बन जाती है। इस सहकर्म में सहृदय की ग्रहण क्षमता बढ़ती है। रचना के माध्यम से वस्तु जगत और वस्तुजगत के माध्यम से रचना जगत के अंतसंबंधों की पहचान गहराती है। वह साधारणीकरण अथवा तादात्म्यीकरण की अवस्था से गुजरता है। संस्कृति के आचार्यों ने रस निष्पत्ति की प्रक्रिया में कई तरह से आस्वादन के प्रश्न पर विचार किया है। भट्ट नायक ने साधारणीकरण के बाद की क्रिया को आस्वादन कहा था—जबकि अभिनव गुप्त ने दोनों की आत्मगत व्याख्या में एकान्विति की स्थापना की। हम मानते हैं कि ये सभी क्रियाएँ पूरक हैं। अंततः आस्वादन की क्रिया इन सबके योग से बनते हुए भी निरंतर सक्रिय और गतिशील होती है। वह इतिहास और भविष्य के साथ यात्रा करती हृदय संवाद की क्रिया है। हृदय संवाद के माध्यम हैं कवि और आस्वादक।

आस्वादक का प्रयोजन

प्रश्न है कि अब आस्वादक रचना की व्याख्या नहीं करता, उसकी आलोचना करना भी उसका ध्येय नहीं तो अंततः वह रचना को पढ़ता क्यों है ? वह अपना समय इसमें क्यों नष्ट करता है ? ये मूलतः प्रश्न हैं—संस्कृति के क्षेत्र के। इस तरह कि यदि काव्य का पठन उसकी नैसर्गिक इच्छा नहीं होती, तो वह इसका विकास न करता। वह इसमें रुचि ही न लेता। वह संस्कृति का इतना व्यापक विस्तार भी न करता। वह सीधे वस्तुओं के उत्पादन और उपयोग से सबंध रखता। परंतु स्वाभाविक स्थिति यह है कि उत्पादन और उपयोग की स्थूल वस्तुगत क्रिया के साथ आत्मिक क्रिया भी मिलती है। उत्पादन की क्रिया में शरीर के अंग और औजार काम करते हैं पर उपभोग की क्रिया का स्वतः स्फूर्त सुख में तथा विफलता दुख में परिणत होती है। सुख-दुख का यह आत्मीकृत रूप कला की संस्कृति में न केवल सुरक्षित है वरन् विकसित ही होता है। उत्पादन के संबंध जैसे होंगे—वैसी संस्कृनि। अतएव संस्कृति के विषयांतरण के लिए उत्पादन के साधन और उपयोग संबंधों को अस्वाभाविक बनाया जाता है। सामंतवाद एवं पूँजीवाद में यही तो हुआ। उत्पादन की स्वाभाविक क्रिया के न रह पाने से संस्कृति अपने-आप उच्छिन्नता की शिकार हुई। वैज्ञानिक समाजवादी उत्पादन पद्धति ने फिर उन संबंधों को रास्ते में लाने का काम किया तो संस्कृति भी नैसर्गिक सी प्रतीत होने लगी। इस तरह उत्पादन संबंध प्राथमिक तथा सांस्कृतिक संबंध द्वितीयक क्रियाएँ हैं। अब यहाँ से मूल प्रश्न पर लौटते हुए कि आस्वादक रचना का आस्वादन क्यों करता है ? इस संबंध में भारतीय

और पश्चिमी दोनों परंपराएँ विचार करती रही हैं। भारतीय काव्यशास्त्र तो मूलतः इसी समस्या को केंद्र में रखकर समूचे काव्यशास्त्र का आलोड़न-विलोड़न करता रहा। उसका ध्यान उत्पादन क्रिया या रचना प्रक्रिया की ओर उतना नहीं था। पश्चिमी स्थिति इस दिशा में किंचित् भिन्न है। समाजिक जीवन के प्रयोजनों की ही भाँति संस्कृत में कवि के अनेक प्रयोजन जैसे—यज्ञ, धन, व्यवहार ज्ञान, सीखना-सिखाना, अमंगल नाश, लोक बंधन से तात्कालिक मुक्ति और कांता के समान मधुर उपदेश निरूपित थे। इन्हें धर्म, अर्थ, काम और मोक्ष की प्राप्ति भी कहा गया था। कवि के प्रयोजन में ही आस्वादक का प्रयोजन निहित है। उदाहरण के लिए कवि—यज्ञ और धन कहाँ प्राप्त करेगा ? जाहिर है वह आस्वादकों के ही बीच यश पाएगा और वहीं से धन भी। सिनेमा, नाटक, पत्रिकाएँ—आस्वादकों से ही चलती हैं। अमंगल का नाश अथवा तात्कालिक बंधन मुक्ति तथा कांता सम्मत उपदेश भी आस्वादकों के बीच के ही प्रयोजन हैं। कवि आस्वादकों के बीच रहकर जो व्यवहार ज्ञान अर्जित करता है—उससे वह स्वयं बनता है और बने हुए काव्यात्मक ज्ञान से आस्वादकों को व्यवहार ज्ञान सीखने का अवसर देता है। इस तरह कवि और आस्वादक के प्रयोजन सापेक्ष हैं। ये रिश्ते ''लोक मंगल'' के ही दो छोर हैं।

दूसरी स्थिति यह कि आस्वादक की उस लोक वृत्ति को क्या कहेंगे जो आस्वादन के समय निर्मित होती है ? इस लोक वृत्ति का स्वरूप क्या होता है ? भारतीय काव्यशास्त्र में वह वृत्ति—रस है—अतः यह प्रसंग रसानुभूति के स्वरूप का है ? रसानुभूति के स्वरूप पर काव्यशास्त्र में भरत पूर्व भी विचार हो रहा था। किंतु नाट्यशास्त्र में वह व्यवस्थित रूप में सामने आ सका। नाट्य शास्त्र को आधार बनाकर ही आगे के आचार्यों का विमर्श चला। शंकुक तक पूरी तरह तथा आंशिक रूप से भट्ट नायक तक ''रसानुभूति'' आस्वाद का विषय थी और अभिनव गुप्त के आते ही आस्वाद हो गई। रस आस्वाद्य होने से अभिप्राय है कि जगत की नाना प्रकार की मानसिक क्रिया प्रतिक्रियाओं का कलात्मक अभिव्यंजन रस है—जैसे संसार की प्रत्येक वस्तु पारस्परिक रूप से आस्वाद्य है उसी तरह रस भी। अभिनव गुप्त ने इस मान्यता में आधारभूत परिवर्तन कर दिया। उनकी स्थापना बनी कि रस कलात्मक अभिव्यंजन रूपी वस्तु में न होकर सहृदय की मनसा चर्वणा में है। पाठक या श्रोता काव्य का अध्ययन कर नाटक का दर्शन करते हुए उनसे गृहीत संपूर्ण सामग्री को अपने मानस के पूर्व संचित संस्कारों सें संगति स्थापित करने देता है। इसी संगति की स्थापना के समय वह प्रतिबिंब अपना मूल स्वरूप नष्ट कर देता है और दोनों के संयोग से जो नई वृत्ति (अमूर्त) जनम लेती है (आस्वाद) वह है आनंद। अभिनव गुप्त के लिए यही आनंद ''रस'' है। रस को आस्वाद कहने वाले आचार्यों में विश्वनाथ ने इसका और खुलासा किया है। उनके अनुसार, ''चित्त में सतोगुण के उद्रेक की स्थिति में विशिष्ट संस्कारवान सहृदय जन एवं प्रकाशनंद, चिन्मय अन्य सभी प्रकार के ज्ञान

से विनिर्मुक्त ब्रह्मानंद—सहोदर, लोकोत्तर चमत्कार प्राणरस, का निज स्वरूप से आस्वादन करते हैं"[क]

रस क्या है तथा उसका स्वरूप कैसा है—इस पर आचार्यों में मतभेद रहा आया। उल्लेखनीय यह है कि सारे मतभेद आचार्य भरत के कथन की व्याख्या को लेकर हैं। आचार्य भरत ने इस जटिल समस्या को सुलझाने के लिए भोजन का उदाहरण दिया था। रस निष्पति की क्रिया को सुलझाने के लिए उन्होंने यह इस तरह कहा।[ख] उनका अभिप्राय है कि जिस प्रकार नाना व्यंजन औषधि आदि, द्रव्यों के संयोग से भोजन में स्वाद या रस की सृष्टि होती है—उसी प्रकार नाना भावों के संयोग से नाट्यादि में रस की सृष्टि होती है। आचार्य रस के स्वरूप के बारे में लिखा कि—

जैसे व्यंजनों से—संस्कृत अन्न का प्रसन्न चित्त उपभोक्ता हर्षादि का अनुभव करता है, उसी तरह प्रसन्न प्रेक्षक विविध-भावों से व्यंजित वाचिक, आंगिक तथा सात्विक अभिनयों से युक्त स्थायी भावों का आस्वादन करने में हर्षादि का अनुभव करते हैं। इस कथन के हर्षादि को लेकर विवाद शुरू हुआ। वस्तुपरक व्याख्याता मानते हैं कि लौकिक अनुभव की भाँति ही या उससे कुछ विलक्षण रसानुभूति होती है। वह मात्र आनंद रूप या ब्रह्मनंद सहोदर नहीं होती। स्थूल रूप से वह अनुभूति सुख-दुखात्मक कही जाएगी। भरत यदि उसे मात्र आनंद मूलक मानते तो हर्ष के साथ आदि का प्रयोग न करते। इसके विपरीत आनंदवादी आचार्य रसानुभूति को केवल आनंदमूलक मानते हैं। कुछ स्थितियों में यह अनुभूति विशुद्ध आनंदमय न होकर—शांति या विस्मयमूलक होती है। पर ये मनोविकार आनंद के वर्ग के ही हैं इस तरह रसानुभूति के हर्षादि संदर्भ पर मोटे तौर पर दो विभाजन सुख-दुख मूलक अथवा आनंद मूलक हुए। रामचंद्र-गुणचंद्र (जैनाचार्य) एवं सांख्यवादी आचार्य लोल्लट ने आचार्य भरत को सुख-दुखवादी सिद्ध किया है। सामान्य रूप से भट्ट लोल्लट तथा विशेष रूप से अभिनव गुप्त आनंदवाद के प्रवर्तक आचार्यों में आते हैं। मम्मट, विश्वनाथ, जगन्नाथ आदि ने इन्हीं का विस्तार किया है। आचार्य विश्वेश्वर और रुद्रभट्ट कहते थे कि रसानुभूति सुख-दुखात्मक होती और न विशुद्ध आनंद-मूलक। यह मिश्र अनुभूति है। उदाहरण के लिए श्रृंगार रस में वियोग का भाव निहित है—जो

(क) **सत्वोद्रेकादखंडस्वप्रकाशानंदचिन्मयः।**
वेद्यांतरस्पर्शशून्योब्रह्मास्वादसहोदर।।
लोकोत्तरचमत्कारप्राणः कैश्चित्प्रमातृभिः।
स्वकारवदभिन्नत्वेनायमास्वाद्यते रसः।।

—साहित्य-दर्पण 3.2.3.

(ख) **तत्र विभावानुभावव्यभिचारिसयोगाद्रसनिष्पत्तिः को दृष्टांतः अत्राह— यद्याहिनानाव्यजनौषधिद्रव्यसंयोगाद्रसनिष्पत्तिः —नाटयशास्त्र अध्याय 6**

दुखमूलक है। पश्चिम की ओर देखा जाए तो आई.ए. रिचर्डस् ने पाठक की मनोवैज्ञानिक व्याख्या करते हुए निष्कर्ष निकाला कि वह अनुभूति बहुत विशद और विविध होती है। उसे आनंद और सुख-दुख में नहीं बाँधा जा सकता। संस्कृत में आचार्य भरत के हर्षादि की व्याख्या बहुत दिन तक तो जारी रही—बाद में वह स्थिर हो गई। अभिनवगुप्त के मत को प्रामाणिक माना जाने लगा। हिंदी में आचार्य शुक्ल ने इसे पुनः झकझोरा। उन्होंने लिखा, "मेरी समझ में रसास्वादन का प्रकृत स्वरूप आनंद शब्द से व्यक्त नहीं होता। लोकोत्तर, अनिर्वचनीय आदि विशेषणों से न तो उसके अवाचकत्व का परिहार होता है न प्रयोग का प्रायश्चित। क्या क्रोध, शोक, जुगुप्सा आदि—आनंद का रूप धारण करके ही श्रोता के हृदय में प्रकट होते हैं, अपने प्रकृत रूप का सर्वथा विसर्जन कर देते हैं, उसे कुछ भी लगा नहीं रहने देते है।"[28] इसी आधार पर रसानुभूति को यथार्थ की जमीन पर उतारते हुए शुक्ल जी इसके स्वरूप पर फैसला देते हैं, "जिस प्रकार आत्मा की मुक्तावस्था, ज्ञान दशा कहलाती है, उसी प्रकार हृदय की मुक्तावस्था रस दशा कहलाती है।"[29] आचार्य भरत के कथन का ऐतिहासिक विकास के आधार पर वैज्ञानिक विवेचन करते हुए रमेश कुंतल मेघ कहते हैं, "आध्यात्मिक परंपराओं के बोझ से गौरवावनत भरत नाट्य में यज्ञ के लोक, वेद तथा आध्यात्म प्रमाण मंजूर करते हैं, तथा रसानुभव के अंतर्गत दुख से आर्त, श्रम से आर्त, शोक से आर्त प्रेक्षकों को विश्रांति का विधान करते हैं। अतः यह विश्रांति ही भट्टनायक के सत्व गुणोद्रेक, अभिनव गुप्त की संविद्विश्रांति तथा पंडितराज की सत्योपाधिक चित्त वृत्ति में रूपांतरित हुई है। भरत ने विश्रांति के साथ-साथ विनोदवृत्ति का भी इशारा किया है। यही विनोद भट्ट लोल्लट के चमत्कार, भट्टनायक के सुख (सत्वरूप) भोग, अभिनव के आनंद तथा पंडितराज के लोकोत्तर आनंद में परिणत हुआ है। यह बात भी गौर करने लायक है कि भरत ने शांत रस (तथा शम स्थायी) को नामंजूर किया है क्योंकि यहाँ सभी वृत्तियाँ उपरत हो जाती हैं।"[30] इस विश्लेषण के आधार पर लेखक ने रसानुभूति के स्वरूप पर विचार किया है। उन्होंने निष्कर्ष निकाला कि, "वे (भरत) यह भी महसूस करने लगे थे कि रसानुभव लौकिक अनुभव तथा प्रयत्क्ष प्रमाण से भी विलक्षण है। किंतु वे विलक्षणता की सीमाएँ नहीं पहचान सके हैं। केवल एक सीमा उन्हें मालूम है, रसानुभूति नाट्याश्रित है। यह भी ध्यातव्य है कि भरत रसानुभूति की व्याख्यान लौकिक भाववाचक संज्ञाओं के वाच्यार्थ के द्वारा ही करते हैं। इसमें कोई भी रूपक (Metaphor) या साम्य रूपक (Analogy) का व्यवहार नहीं हुआ है। अतः उनके मस्तिष्क में रसानुभूति का यही लौकिक एवं विलक्षण नाट्य रूप था।"[31]

आचार्य भरत रसानुभूति को लौकिक ही मानते हैं—यह आज के अनेक चिंतक सिद्ध करते हैं। काडवेल, गोल्डमान और लुकाच आदि ने मानसिक वृत्तियों की कलात्मक विलक्षणता का वैज्ञानिक अनुशीलन कर जब यह सिद्ध कर दिया कि चेतन-अवचेतन

में कुछ भी न तो रहस्य है और न अलौकिक, तब यह स्थिति और भी साफ हो जाती है। भरत का पूरा विवेचन इसकी अनुमति नहीं देता कि रसानुभूति को आलौकिक आनंद की वृत्ति या ब्रह्मानंद सहोदर का अर्थ प्रदान किया जाए। वास्तविकता यह है कि कलास्वाद रूप रस में परस्पर विरोधी वृत्तियों का द्वंद्वात्मक समन्वय होता है। वे वृत्तियाँ आस्वादक के संपूर्ण आंतरिक अस्तित्व से उभरती हैं। उसका चिंतन, भावन और कल्पना मूलक अस्तित्व आंतरिक रूप से सक्रिय हो जाता है। उसमें भाव अनुभाव का संयोग होने लगता है। अकेले भाव रूप चित्त वृत्तियों में यह शक्ति नहीं होती कि रसानुभूति की क्षमता पैदा कर सके। आचार्य भरत जहाँ भाव शब्द का प्रयोग करते हैं—वहाँ उनका अभिप्राय विभाव, अनुभाव और संचारियों से भी होता है। तभी उसमें विरोधी वृत्तियों का समन्वय भी होता है। "विभाव-राम, दुष्यंत, सीता, शंकुतलादि प्रेक्षकों के नैतिक, ऐतिहासिक, वैचारिक ओर मनोवृत्ति के धरातल को प्रभावित करते हैं। स्थायी भाव के जागरण में अनेक अन्य मनोवृत्तियों द्वारा भी सहायता ली जाती है और अनुभवादि से रागात्मक स्तर जाग्रत हो जाता है। इस अंतर्मुख मानसिक स्थिति को मंच पर प्रस्तुत नाट्य विषय, इतना तीव्र कर देने में सफल हो जाते हैं कि प्रेक्षक दैनिक रागद्वेष भूलकर कलागत अनुभूति के क्षण में उपयोगिता-अनुपयोगिता की वृत्ति से रहित होकर, रस मग्न हो उठती है।"[32] सिद्ध है कि रस रूप में परिणति मानसिक भाव-विभावात्मक द्वंद्व का कलात्मक रूपांतरण है। यह रूपांतरण मार्मिक आनंद प्रदान करता है। यह भाव विभोरता की स्थिति है। आचार्य विश्वेश्वर ने जिस मिश्र अनुभूति की बात की थी—उसे और स्पष्टकर कहा जा सकता है, जैसे शृंगार रस में भय, क्रोध, दैन्य, अमर्ष, उन्माद, आशंका आदि सुख-दुख मूलक संचारी भावों का सहयोग होने से रसात्मक परिणति होती है—उसी तरह अन्य रसों में भी। यह परिणति प्रक्रिया में मिश्र है—परिणति एक इकाई बन जाती है। एक इकाई—एक बिंब बनकर ही आत्म साक्षात्कार की अवस्था में पहुँचाती है। वासना का अंधापन पशुओं में होता है। मनुष्य के संयोग शृंगार में भी विशुद्ध वासना का चित्रण रचना को भ्रष्ट करता है। प्रेमियों की इच्छा-अनिच्छा, मानसिक उतार-चढ़ाव का द्वंद्व न हो तो रचना रस की परिणति तक नहीं पहुँचती। मानस में पुष्प वाटिका प्रसंग में राम-सीता का शृंगार वर्णन इसीलिए पाठक को तन्मयता की अवस्था तक पहुँचाता है किंतु अनेक रीतिकालीन संयोग वर्णन नहीं। रामचंद्र शुक्ल इसी को हृदय की मुक्तावस्था कहते हैं। मुक्तावस्था अर्थात् निजी रागद्वेष से मुक्ति। निजी रागद्वेष में हीनता, ग्लानि, दुख का दर्शन होता है पर कलात्मक, रागात्मक अनुभूति में स्थिति संकल्पहीन हो जाती है। स्थिति उदात्त और गतिशील हो जाती है। दुखी आदमी निजता में डूब संकल्पहीन होता है। कलाकार जब इस मनोभाव की स्थिति को उभारता है तो उसका दुख-कलात्मक रूप से अवतरित दुख के द्वंद्व से संकल्पनात्मक हो जाता है। उसमें साहस उगता है। वह सामान्य स्थिति में आ जाता है, इससे वह संघर्ष के लिए भी तैयार हो जाता

है। यही स्थिति उसके लिए दुखद हो जाती है। गोदान के टूट-टूट कर मरते हुए होरी का साक्षात्कार इसीलिए संकल्प में होता है। उसका वर्ग साक्षात्कार मजदूर को टूटन नहीं साहस देता है। कला के द्वारा यह प्रसंग निजता से मुक्त तो करता ही है। "मंच पर प्रस्तुत विभावादि मानव मूल्यों, विचारों, जातीय संस्कारों आदि के पूँजीवादी रूप होते हैं, अतः तार्किक पद्धति की अंशतः सुषुप्ति हो जाने पर भी चित्रात्मक आयाम जाग्रत रहता है।"[33] भरत के सूत्रों में इतनी सामर्थ्य नहीं है कि रसानुभूति की पूरी वैज्ञानिक व्याख्या को समेट सकें, परंतु प्रकृत रूप में द्वंद्व की लौकिक क्रिया का आभास उन्हें था—इसी कारण उन्होंने रस को नाट्याश्रित स्वीकार किया। महेश चंद्र राय ने रसानुभूति के इसी प्रकृत रूप का विश्लेषण करते हुए कहा, "रसानुभूति के अंतर्गत यह जो परस्य न परस्येति, अमेति न ममेति च—अन्य की (अनुभूति) है, नहीं भी है, मेरी है, मेरी नहीं भी है, ऐसा भाव विद्यमान है, इस द्वंद्वात्मकता को, इस आत्मविरोध को, द्रष्टा-दृश्य की भिन्नता के बावजूद जो एकात्मकता है, उसको, साधारण तर्क युक्ति के द्वारा नहीं समझाया जा सकता...असल में गतिशील परिवर्तनशील वस्तुमात्र के अंदर या द्वांद्विकता और अंर्तविरोध विद्यमान है। गतिशील, वस्तु किसी भी मुहूर्त में है भी और नहीं भी, यह परस्पर व्यापार साधारण युक्ति के लिए अनधिगम्य होने पर भी वास्तव सत्य के क्षेत्र में, इससे साधारण और प्राकृत व्यापार संभवतः और कुछ भी नहीं है...भाव के क्षेत्र में भी भाव के द्वांद्विक स्वरूप को मान लिया जाता तो रस निष्पति को लेकर इतने तर्कों की कोई आवश्यकता नहीं होती।"[34] इस व्याख्या से अनुभूति की निजता और सार्वजनीयता का अंतर स्पष्ट हो जाता है। यह स्थिति लौकिक है, अतः रसानुभूति का ब्रह्मानंद सहोदरत्व असिद्ध हो जाता है। आलोचक जब आत्मविभोर होकर रचना का साक्षात्कार कर चुकता है—तभी उसकी शक्ति विवेचन, विश्लेषण और आलोचन के लिए सक्षम होती है। यही कारण है कि आस्वादन की अवस्था आलोचना की पूर्व शर्त है।

पश्चिम में यूनानी आचार्यों ने सृजन कार्य आस्वादक के लिए ही शुरू किया था। चूँकि व्यक्तिगत संपत्ति और क्रय-विक्रय का उन्मुक्त बाजार उस समय नहीं था और कर्म की स्वतंत्रता बाधित नहीं थी, इसलिए रचना और आस्वादक के अंतर्संबंधों अपनी सीमाओं में विश्वसनीय थे। दास युगीन प्रजातंत्रों में एथेन्स में व्यक्ति और समूह के समाज के संबंध संगठित हो रहे थे। इसलिए जो भी रचा जाता उसका लक्ष्य मनुष्य था। प्लेटो का कवियों के प्रति निषेध का रुख इसीलिए बना क्योंकि उससे मनुष्य के अनुशासन हीन बनने का खतरा था। वह कला को अनुकरण की क्रिया कहता है और इस क्रिया को अवास्तविक मानता है। वस्तुओं का सृष्टा ईश्वर, उसकी अनुकृति करता है वस्तुशिल्पी और उसकी अनुकृति कवि। इस तरह वह आस्वादक को सत्य से तिगुना दूर कहता है। लोकमंगल के प्रति बेचैन प्लेटो कवि से दूरी रखना चाहता है, ताकि आस्वादक गुमराह न हों। वैसे उसने नैतिक काव्य

की प्रशंसा भी की है। अरस्तू ने प्लेटो की मान्यताओं को उलटकर सिद्ध किया कि कला का उत्पादन मनुष्य के विकास और परिष्कार में सहायक है। आस्वादकों के परिष्कार के लिए उसने चिकित्सा शास्त्र के विरेचन कैथारिसिस (Catharis) सिद्धांत; से मदद ली। यूनान के गंभीर काव्य त्रासदी के उद्देश्य पर प्रकाश डालते हुए अरस्तू ने कहा "ट्रेजडी का उद्देश्य है करुणा और भय के मनोभावों का उद्रेक करके उनका विरेचन करना जिससे उनके उपशम से निर्दोष आनंद की प्राप्ति हो सके।"[35] अरस्तू चाहता है कि काव्य या नाटक देखकर आस्वादक की भय और करुण भावों का विकास हो। चित्त शुद्धि में यही बाधक है। इसके लिए वह नायक के पतन का समर्थक है। "ऐसे दुखांतों में किसी नैतिक नियम के कारण नायक का नाश नहीं होता, अपितु यह दिखाने के लिए होता है कि मृत्यु या विनाश सार्वभौमिक है। भूल या अपराध हो जाने की स्थिति में नायक का अपराध, जगत कै नैतिक नियमों के विरुद्ध पड़ता है। अतः ऐसे पात्रों में प्रबल और प्रतापी होने पर भी कोई एक दुर्बल पक्ष होता है और उसी के कारण पतन होता है।"[36] अरस्तू ने त्रासदी के आस्वादकों पर प्रभाव का एक उदाहरण दिया। बताया कि एक क्रूर राजा शिकार की टोह में भटकता जंगल में रास्ता भूल गया। रात्रि हो गई थी। अचानक एक कोलाहल सुन पड़ा। उसी के सहारे वहाँ पहुँचा तो देखा कि नाटक हो रहा है। उसके पहले वह कला से नफरत करता था—पर मजबूरी में समय व्यतीत करने के लिए वहाँ बैठ गया। उसका मन उसमें रम गया। नाटक के दुखांत के कारण वह खूब रोया। दूसरे दिन वह गृहनगर वापस आ गया। उसके ऊपर उसका प्रभाव यह पड़ा कि वह दयालु तथा जनसेवक बन गया। राजा के लोग इस हृदय परिवर्तन को न पहचान सके। भारतीय रचना शास्त्र में मान्यता है कि रचना के प्रभाव से आस्वादक निजी राग द्वेष से मुक्त होता है या उदात्तीकरण होता है। विरेचन सिद्धांत निजी राग द्वेष का प्रच्छालन करता है। दोनों में मूलभूत अंतर हैं। एक में आदर्शवादी सकारात्मक चेष्टा तथा दूसरे में यथार्थमूलक निषेध की अधिकता है। उदात्तवादी लौंजाइनस ने रचना के विषय, शैली और शिल्प को आभिजात्य से बाँध दिया। उसने तमाम विशेषताओं को निरपेक्ष ढंग से एकत्र कर रचना की महानता और आस्वादक को उनके मार्फत महान बनाने का आदेश दिया। कहा, "एक उदात्त एवं भव्य साहित्यिक रचना प्रमाता की तर्क बुद्धि को संतुष्ट न करके उसे व्यक्तिगत सीमाओं से ऊपर उठा देती है। काव्य में जो कुछ प्रशंसनीय होता है, वह सदैव हमारी निर्णायक बुद्धि को संकरित तथा मात्र तर्क संगत को आच्छादित कर देता है।"[37] लौंजाइनस आस्वादक की कामनाओं तथा संस्कारों में हठात् रचना के विश्वासों के ऊपर धकेलने का पक्षपाती है। वह आत्मभ्रांति के अभिजात्य आदर्शों की वकालत करता है।

पश्चिम का मध्य युग अंधकार युग कहलाता है। उस युग में चर्च ने मनुष्य के चिंतन और संस्कारों को छीनकर पूरी तरह पुरोहितों और पादरियों के नीरस आदेशों

के अधीन रचनाकारों और आस्वादकों को कर दिया था। कला के दायरे में हठात् विश्वासों में दृढ़ हो जाने के अलावा कोई विकल्प नहीं था। कल्पना, भावना और संवेदना पर एक तरह की निषेधाज्ञा लागू थी। "चर्च कला का मुख्य उपभोक्ता बन गया और उसने उसे धर्म की सेवा में लगा दिया गया। कला का अपना कोई स्वतंत्र अस्तित्व नहीं बचा।"[38] रचनाकार चर्च के माध्यम से आस्वादकों में धार्मिक रुचियाँ बाँटते थे। यथार्थ रुचियों की अवहेलना के कारण अलौकिक इच्छाओं का भ्रमपूर्ण वातावरण इस युग में चर्च तथा उसके साथ जुड़ी रचनाओं ने तैयार कर दिया। इस युग में दाँते जरूर ऐसा कवि और आलोचक हुआ जिसने कला को संकीर्णता से मुक्त करने का प्रयास किया। पुर्नजागरण काल में शेक्सपियर ने रचना और आस्वादकों के लिए अभूतपूर्व चुनौती दी। यहाँ धर्म के बजाए मानव केंद्र में आने लगा। आस्वादकों की चिंता कवियों के लिए अनिवार्य हो गई। आस्वादकों की स्थिति में भी परिवर्तन आ गया था। उन लोगों ने चर्च से असहमति जाहिर कर दी थी। धार्मिक सिद्धांतों की एकता से बँधा आस्वादक अब व्यक्तिरूप में अपने को महसूस करने लगा। फलतः आस्वादक की विभिन्नताओं की माँग उठने लगी। इनसे रचनाकार कैसे पलायन करता। उसके रचनात्मक व्यक्तित्व में उत्तरोत्तर दबाव बढ़ने लगा। यद्यपि अभी भी आस्वादकों के बीच सामान्य जिज्ञासाओं के तत्व मौजूद थे, इसलिए रचनाकार बहुत प्रगतिशील नहीं हो सकता था। राज्य सत्ता जनता के हाथ में तो आई थी, इसलिए व्यवस्था का नायकत्व, इसलिए रचना का नायकत्व भी राजपुरुष में ही रहा। वह राजपुरुष रचना को उनके प्रति प्रतिबद्ध बनाए रखने के बदले कलाकार और यथासंभव विशिष्ट आस्वादकों को भी आर्थिक सुरक्षा का दायित्व स्वीकार करता था। इसके युग के कवि-नाटककार शेक्सपियर ने सत्य और असत्य के फैसले को धरती में ला दिया था। सिद्ध हुआ कि जीवन–अपने कार्यों से महत्त्वपूर्ण होता है–अन्य विश्वास और मान्यताएँ आरोपित सी होती हैं। इस युग में चौसर, स्पेन्सर ने भी कविता को मनुष्य के साथ जोड़ने का उपक्रम किया। आलोचक फिलिपि सिडनी ने आस्वादकों की ओर से कवियों से आग्रह किया कि उनका काम, "आनंद के साथ ही साथ शिक्षा को भी देना है। अतएव (कविता) उसके प्रति सम्मान प्रदर्शित करना आवश्यक है।"[39] उसने आस्वादकों के साथ कविता के रिश्ते की बात करते हुए कहा, "कविता को कान पकड़कर नहीं ले जाना चाहिए, उसे कोमलता से ले जाने की आवश्यकता है–अथवा वह ही हमें ले जाए–हमारा मार्गदर्शन करे।"[40] मध्य युग के बाद पुनर्जागरण काल में जो स्थितियाँ इस तरह बदलीं, आस्वादकों की कोमल संवेदनाओं के प्रति सम्मान का आग्रह जन्मा, वह आगे नवशास्त्रवादी युग में फिर कमजोर हो गया। उस समय कवियों की आचरण संहिता बनायी गई। ड्राइडन, बुआलो, एडीसन, रिचर्ड हर्ड, पोप और जान्सन आदि ने यह काम किया। बुआलो के बारे में कहा जाता है कि वह लेखकों का शिक्षक था। यह भी लगभग वह युग था–जब आस्वादकों

की अवहेलना की गई। यद्यपि जानसन जैसे लोग भी थे जिन्होंने आस्वादकों की माँग की वकालत की। अँग्रेजी का स्वच्छंदतावादी युग फ्रांस की राज्य क्रांति के सांस्कृतिक प्रभाव से जन्मा—इसलिए पहली बार वर्षों की ऐतिहासिक चुप्पी का विस्फोट हुआ। बहुत दिनों का उच्छिन्न, अवरुद्ध भावोन्मेष उबल पड़ा। रचनाकार का राज्यसत्ता के साथ अनुबंध टूटा। धन की शक्ति एक के बजाए अनेकों में गई, बाजार में क्रय-विक्रय की प्रतियोगिताएँ शुरू हुईं। मूल्यों की भव्यता और उदात्तता का दंभ टूटा। हर वस्तु तथा मूल्य बाजार में उपलब्ध क्रय योग्य होते गए। कला के प्रति दैवी सम्मान की भावना भी नहीं बची, परिणामतः धीरे-धीरे वह भी बाजार के नियमों से अनुशासित होने लगी। यह कवि और आस्वादक दोनों की रुचियों में परिवर्तन का दौर था।

"बूर्ज्वा ने प्रत्येक व्यवसाय के प्रभामंडल का अपहरण कर दिया। वे व्यवसाय भी जो कुछ सम्मान की नजरों से देखे जाते थे, उसके घेरे में आ गए। उसने डॉक्टरों, वकीलों, पादरियों, कवियों तथा वैज्ञानिकों को वेतन भोगी श्रमिकों में बदल दिया।"[41] पेरिस में हजारों रचनाकारों ने बाजार में प्रवेश पाने के लिए आपसी संघर्ष किया। पेंटिंग, वास्तुकला और चित्रों की प्रतियोगिता में तो बाजार की रुचि और विशिष्ट वर्गों द्वारा संचालित गैलरियों की रुचि को ध्यान में रखकर ही रचनाएँ की गईं। इस तरह आस्वादक और रचनाकार को फिर अप्रत्यक्ष रूप से खुद से काटने की चेष्टा की गई। यह सब धीरे-धीरे हुआ। भौगोलिक क्रांति ने जिस तरह समाज में पहले गतिशील भूमिका अदा की, उसी तरह कविता के क्षेत्र में भी गेटे, वर्डस्वर्थ, कालरिज, शैली और कीट्स आदि ने आस्वादकों की उमंगों को साथ-साथ लहराने का प्रयास किया। दोनों के निजी व्यक्तित्व की कदर हुई क्योंकि राज्य सत्ता को सीधे हस्तक्षेप से मुक्ति मिली थी। कवियों ने लोगों के बीच की मानसिक स्थितियों से अर्जित अनुभव को महत्त्व दिया। ये अनुभव कभी-कभी दो प्रेमियों के बीच के भले ही हों—पर सहज थे। प्रकृति के साथ भी कवियों-आस्वादकों का रचनात्मक संपर्क बढ़ा था। आस्वादकों के प्रति कवि का प्रदेय क्या होना चाहिए, इस पर बोलते हुए वर्डस्वर्थ ने कहा, "तात्कालिक आनंद प्रदान करने को कवि कला का अपकर्ष न समझा जाए। बात इससे बिलकुल उल्टी है। यह सृष्टि के सौंदर्य की स्वीकृति है। यह एक ऐसी स्वीकृति है जो अधिक अकृत्रिम है, क्योंकि वह औपचारिक नहीं वरन् अप्रत्यक्ष है। यह कार्य उसके लिए सरस और सहज है, जो संसार को प्रेमभाव से देखता है। यह मानव की नैसर्गिक और अपरिच्छन्न गरिमा के प्रति श्रद्धांजलि है, आनंद के भव्य और मूलभूत सिद्धांतों के प्रति सम्मान की भावना है जिनके द्वारा कवि अनुभव करता है, जीवित रहता है और सक्रिय रहता है। हमारी केवल उसी के प्रति सहानुभूति होती है जो आनंद से उत्पन्न होता है—हम जहाँ कहीं किसी के दुख में सहानुभूति व्यक्त करते हैं, वह सहानुभूति आनंद के सूक्ष्म संयोग से उत्पन्न और अग्रसर होती है।"[42] वर्डसवर्थ

ने आस्वादकों में पाई जाती सौंदर्य भावना और आनंद की तात्कालिक ललक की तृप्ति काव्य में अस्वीकार की। जैसे कवि तात्कालिक उत्तेजित प्रवाह से कविता रचता है—उसी तरह आस्वादक तृप्ति पाता है। कालरिज का मत इससे लगभग मिलता है। वह मानता है कि आस्वादक कविता के जितना नजदीक जाता है, उससे रमता है, वह अपने विश्वासों के बजाए कविता के विश्वासों में शामिल होता जाता है। दोनों में यह कार्य कल्पना शक्ति के द्वारा होता है। आनंद, नैतिकता, भावनाओं का निजी उत्तेजन, स्वच्छंद विहार, प्रकृति के साथ उन्मुक्त सहचर—कवि और आस्वादन के हाथ बहुत दिन नहीं जुड़े रहे सके। एक अमूर्त और प्रत्यक्ष महाजनी इच्छा ने कवियों को अपने साथ ले लिया। आजादी के प्रचार के बीच आजादी जाती रही। कला के व्यापक निर्वैयक्तिक मूल्यों से जुड़े लोकप्रिय रचनाकार यहाँ भुला दिए गए। विज्ञापन और प्रकाशकों की कृपा दृष्टि उनकी योग्यता का प्रतिमान बनने लगी। परिणाम हुआ कि कवि और आस्वादक दोनों उच्छिन्न हो गए।

पूँजीवादी व्यवस्था द्वारा कलाकार आस्वादक की अवहेलना का परिणाम ही है कि अनेक व्यक्तिवादी आंदोलन जन्मते और मिटते रहे। उनमें कोई बुनियादी फर्क नहीं था। अभिव्यंजनावाद, प्रतीकवाद, बिंबवाद, अंतश्चेतनावाद, अतियथर्थावाद और अस्तित्ववाद आदि आंदोलन इसी तरह के थे। इन सबकी मूल चिंता को समझकर कलाकार आस्वादक की वापसी एकमात्र यथार्थवादी आंदोलन में हुई। इसका श्रेय मार्क्सवाद को मिला। मार्क्स स्वयं गहरी साहित्यिक रुचि रखते थे। उन्होंने शेक्सपियर और बाल्जाक जैसे लेखकों पर सारगर्भित टिप्पणियाँ की हैं। उसके बाद तो अनेक मार्क्सवादी सौंदर्यशास्त्रियों ने इस विषय को आगे बढ़ाया। रूस के अलावा विश्व के अनेक देशों में कला ने नया स्वरूप और विकल्प का रूप ग्रहण कर लिया। व्यक्ति, समाज, तत्व-रूप, प्रतिभा-अर्जन, यथार्थ स्वतःस्फूर्तता आदि का आवयविक संयोजन करने वाले अनेक रचनाकारों ने सच्चे अर्थों में रचना की शाश्वतता सिद्ध की। जे. हाथर्न इस प्रसंग में लिखते हैं—"मार्क्सवादी केवल यही विश्वास नहीं करते कि गति सनातन है, बल्कि यह भी कि गति की प्रकृति-द्वंद्वात्मकता भी सनातन है। अतएव एक कलाकृति के लिए जो इस सनातन सत्य से संबद्ध होती है या उसे क्रियान्वित करती है, यह संभव होनी ही चाहिए कि वह कुछ ऐसा प्रस्तुत करे जो स्थायी रूप से सत्य हो, जो हमेशा उस पाठक के लिए सत्य के रूप में पहचान में आ सकने लायक हो, जो कि उस विशेष नीति से संपर्क करने में सक्षम है जिसमें कि ऐसा सनातन सत्य प्रस्तुत किया गया है।"[43] मार्क्सवादी कला सिद्धांत आनंद या उपयोग के सिद्धांतों को निरपेक्षता में नहीं देखते और न कवि को उन्माद में लिखने की आजादी देते। यहाँ आस्वादक की चिंता प्रधान है। उसे समझना और बदलना भी। कलाकार का सपना आस्वादक से जोड़ना है और आस्वादक का रचनाकार से।

इस तरह आस्वाद की क्रिया काव्यात्मक आत्मविश्वास, आत्म तर्क और आत्म

संघर्ष से संबद्ध है। इसमें ये तादात्म्य, साधारणीकरण या विवेचन के सिद्धांत जन्मे हैं। इनकी प्रक्रिया कवि और आस्वादक को मानसिक केंद्रीयता तक पहुँचाती है। निजी पीड़ाओं को सामान्यतया तक पहुँचाते हुए रचनाकार ऐसी कृति देता है जो और को भी निजता से मुक्त करे। यह मुक्ति न ब्रह्मानंद सहोदर है और न ब्रह्मानंद। यह एक तरह का परस्पर साक्षात्कार है ध्यान योग। आस्वादक यदि रचनाकार से आगे है तो वह रचनाकार के संस्कारों को झकझोरता है और रचनाकार के आगे होने से आस्वादक के संस्कारों को परिष्कार मिलता है। उसकी ग्राहिका शक्ति परिष्कृत होती है। यह एक प्रकार से सांस्कृतिक शिक्षा है। समाज में रचना के आस्वादन का अभ्यास रहता है, तो राष्ट्रीय वातावरण बदल जाता है। रचना में क्षमता होती है कि वह आस्वादकों के स्वभाव और अभिरुचि को बदल दे तथा उन्हें रचना में रागात्मक स्तर पर शामिल होने की शक्ति प्रदान करे। जिस समय आस्वादक रचनाकार से या उसकी कृति से साधारणीकृत होता है—उसे बराबरी का बोध होता है। वह मुग्ध होता है, आनंद में डूब जाता है किंतु यह तल्लीनता लौकिक उदात्तता की है। यदि वह तादात्म्य स्थापित करता है तो वह अपने को उठाता है—परिष्कृत होता है यदि विरेचन होता है तो वह विकृतियों से मुक्त होकर पीड़ा से आत्महत्या के बजाए संघर्ष की तैयारी करता है। ये क्रियाएँ आस्वादक को रचनाकार के विश्वास, दृष्टिकोण, विचारधारा के पास ले जाती हैं। यदि आस्वादक कवि के व्यक्तित्व से परिचित है, तो उसे और अधिक लाभ होता है—यदि नहीं है तो रचना के जरिए वह उसका काल्पनिक बिंब बना लेता है। यह इस तरह कि रचना उसका स्वभाव है। स्वभाव के जीवंत अनुभवों के जो रूप आस्वादक में बनते रहते हैं—उनकी सहायता से रचनात्मक स्वभाव भी रूप बना देता है। समाज में जब हलचल होती है—आंदोलन होते हैं—तब रचनाएँ युग की समूची तस्वीर कम ही पेश कर पाती हैं, पर जब शांति होती है—तब रचना में प्रतिनिधिकता रहती है। रचना में यह शक्ति रहती है कि वह पाठक को बलपूर्वक अपने साथ ले ले और आस्वादक में कि वह रचना से साक्षात्कार कर उसको अस्वीकार कर दे—उससे आंशिक सहमति व्यक्त करे—उससे अपेक्षाएँ भी पूरी करे। रचयिता की चयन वृत्ति, जीवन दर्शन और कलात्मक दक्षता पर आधारित है कि रचना आस्वादक से किस तरह का संबंध रख पाती है। दोनों के सापेक्ष संबंध तथा दोनों के सामाजिक अंतर्संबंधों से आस्वादक के प्रयोजन का समाजशास्त्र जाना जाता है। यही कला की मंजिल भी होती है।

विश्लेषण-मूल्यॉंकन=आलोचना

आस्वादक का रचना के साथ साधारणीकरण या तादात्म्यीकरण-सार्वजनिक या तादात्म्यीकरण-सार्वजनिक क्रिया है। मंच के अभिनय के हजारों दर्शक, कवि सम्मेलन के हजारों श्रोता और लिखित साहित्य के बिखरे हुए अनंत पाठक इसी कोटि में आते

हैं। वे रचना पढ़ते-सुनते या नाटक देखते—प्रसन्न या संतुष्ट होते रहते हैं। उन्हें रचना का आनंद लेने की शिक्षा मिलती रहती है और रचंनाकार की उनकी उन्नतिशील ग्रहण शक्ति का एहसास रचना के विकास का द्वंद्व उपस्थित करता रहता है। यह रचनाकार और सामाजिक का द्वंद्व है। यह द्वंद्व सीधा-साधा या गतिशील नहीं भी रह सकता। वह एक समाज जहाँ मनुष्य के विकास का संयोजन नहीं है। आदिम समाज व्यवस्था से लेकर बीसवीं शताब्दी की एलीट व्यवस्था जहाँ मौजूद है, जहाँ विकास की गड्डमड्ड शैलियों के अहेतुक प्रयोग होते हैं, जहाँ मनुष्य का मन आपस में आत्मीय नहीं है, नैतिकता के प्रश्न जहाँ मध्ययुगीन और आधुनिकता का वैज्ञानिक टकराव नहीं पेश करते, जहाँ शक्ति का स्रोत अदृश्य-शक्तियाँ हों—वहाँ रचना और सामाजिक का रिश्ता बहुत ऊबड़-खाबड़ होगा। ऐसे देशों ने आजकल तो चारागाह समझकर पूँजीवादी देशों को बदनीयत संस्थाएँ परोपकार की ओट में नए-नए सांस्कृतिक प्रयोग करती है। इन देशों के रचनाकार और सामाजिक के रिश्ते मैत्रीपूर्ण नहीं रहते। लोग कहते हैं कि ऐसे देश की रचनाओं में साधारणीकरण या तादात्म्यीकरण सामाजिक के लिए अनिवार्य नहीं है। इस संबंध में संक्षेप में उत्तर है कि समाज की मूल विभिन्नता और जटिलता का कारण सांस्कृतिक न होकर आर्थिक होता है। इसलिए आर्थिक परिवर्तन के लिए किए जाते आंदोलनों से विकासमान राजनीतिक चेतना क्रमशः तद्रूप सांस्कृतिक रास्ता साफ करती है। इसके अलावा यदि रचनाकार को भी सृष्टा कहना है तो उसका भी दायित्व है कि वह तत्कालीन व्यवस्था की पद्धति को पहचाने, उसमें परिवर्तन की रचना लिखे—जन शिक्षा के निमित्त। सामूहिक भावकोश के अनुरूप लिखी जाती रचना में से परिवर्तन की दिशा को रागात्मक ढंग से उभार लाना चाहिए। किसी भूखंड में पहले राजनीतिक चेतना उस तरह की संस्कृति की माँग करती है और कहीं पहले सांस्कृतिक चेतना उस तरह की राजनीति की माँग करती है।

जनता के प्रति ईमानदार न होने वाले लेखक ही सामाजिक की रुचि पर आरोप लगाकर रचना के मार्फत एलीट संस्कृति के प्रवक्ता बने रहते हैं। उनके पास न विश्व दृष्टि होती और न वे श्रेष्ठ रचना कर पाते। श्रेष्ठ रचना को साधारणीकरण या तादात्म्यीकरण के लिए कई तरह से संघर्ष करना पड़ता है। कई बार ऐसा होता है कि ऐसी रचनाएँ कुछ विलंब से लोकप्रिय होती हैं—पर वह लोकप्रियता तब स्थायी एवं गतिशील होती है।

रचना की आलोचना की प्रक्रिया आस्वादन के बाद शुरू होती है। युग की सच्चाई से जुड़ा हुआ, उसके अंतर्विरोधों को ऐतिहासिक पृष्ठभूमि में पहचानने वाला, कला की परंपराओं से अनुस्यूत—आलोचक रचना के साक्षात्कार के बाद उसकी समग्रता को अपने अधीन कर लेता है। वह उसकी जाँच-पड़ताल में प्रवृत्त होता है— रोगी के लिए सर्जन की तरह, मशीन के लिए मैकेनिक की तरह। तब रचना को रागात्मक प्रक्रिया से ज्ञान प्रक्रिया के हवाले कर लेता है। रचना के भीतर की गुत्थियों को

खोलकर वह अपने मानस में अथवा कागज के पृष्ठों में बिछा लेता है। वे गुत्थियाँ रूप पक्ष की हों या कथ्य की। कथ्य की रूप में उतरी आकृति का रहस्य वह खोल लेता है। जब वह रचना को इस तरह विस्तारता है—तब उसके लिए वह रचना एक बार फिर कच्ची सामग्री की तरह दिखने लगती है। लेकिन रचनाकार की रचना के पूर्व संचित की जाती सामग्री में इससे फर्क होता है। जैसे मैकनिक मशीन को खोलकर सामने रखता है तो उसके अंग—(प्रत्येक) बिखरकर भी जुड़ने की ललक रखते हैं। वे गढ़े होते हैं। वे कहीं और ढाले गए मालूम होते हैं—आलोचक जब रचना को खोलता है, तो उसको भी रचना के अवयवों से जुड़ने की ललक निकलती प्रतीत होती है। वह देखता है कि ये प्रतीक, अलंकार, बिंब, कैसे एक आकार में बँधे हैं। आलोचक को इनकी पूर्व स्थिति भी समझ में आती है। रचनाकार के अवेचतन से चेतन में आने की। वह जानता है कि ये रचना में से अमुक शब्द, प्रतीक या बिंब क्यों ढले ? कवि की कल्पना की यात्रा भी वह देख लेता है। आलोचक के पास शक्ति का कोश रचनाकार की तुलना में कम नहीं होता। अपेक्षा की जाती है कि वह अपेक्षाकृत अधिक ही हो आशंसक के नाम पर कही गई रमेश कुंतल मेघ की यह बात आलोचक के लिए भी सही है, "कलाकार माध्यम, तकनीक, यंत्र और औजार आदि की मदद से कलाकृति को मूर्त या प्रकट रूप से प्रस्तुत करता है, जबकि आशंसक को न तो रचना की तकनीकी बारीकियों में सक्रिय ढंग से उलझना पड़ता है और न ही किसी भौतिक कलाकृति की पुर्नरचना करनी पड़ती है। इस प्रकार माध्यम मूल रचना प्रक्रिया में कलाकार की सृजनशक्ति का जो व्यय, अपव्यय, अति व्यय आदि होता है, उससे आशंसक सुरक्षित, अव्यवहृत या अनजाना (अनिर्वचनीय) रह सकता है। फलस्वरूप वह आशंसा—भावात्मक पुनर्रचना—में उससे अतिरिक्त शक्ति को भी केंद्रीभूत कर सकता है और बहुधा कलाकार से अधिक तल्लीन होकर सौंदर्यानुभव करता भी है।"[44] वैसे यह बात उतनी आसान नहीं है। इसलिए कि रचना की संपूर्ण प्रक्रिया एक अद्वितीय अनुभव है। उससे गुजरे वगैर उसका अनुभव हो सके—यह जटिल स्थिति है। एक बार पोयटिक ड्रामा—आलोचकों को संबोधित करते हुए टी.एस.ईलियट ने कहा था कि वे लोग वापस जाकर एक बार सभी पौयटिक ड्रामा लिखें। भले ही अच्छा न लिख पाएँ। उसका आशय था कि सृजन प्रक्रिया के रहस्य को जान लें। यह प्रक्रिया देखी और समझी नहीं जाती, जानी जाती है। "बाँझ कि जान प्रसव की पीड़ा"—की तरह रचनाकार की पीड़ा आलोचक कैसे जानेगा ? वह रचना के दार्शनिक के नाते महज आदर्शों का बौद्धिक विश्लेषण कर सकता है, पर क्या उन्हीं के अनुरूप रचना भी कर सकता है ? अपने अनुभव और सोच को आकृति देना—उससे गुजरने का ही काम है। हिंदी के आलोचक रामचंद्र शुक्ल, रामविलास शर्मा, नामवर सिंह, रमेश कुंतल मेघ, विश्वंभर उपाध्याय, रचनाकार भी हैं। यही कारण है कि वे आलोचना के समय रचनात्मक तरंगों से क्रीड़ा कर पाते

हैं। ऐसे ही आलोचकों के लिए मेघ जी की बात खरी है। आलोचक की जाँच पड़ताल में पहले रचना का साक्षात्कार जो शर्त है—उसके लिए यह भी अनिवार्य शर्त है कि उसके रचनात्मक अनुभव हों। वह कृति के माध्यम से अनुस्यूत, विचार, अनुभव, अनुभूति, को अच्छी तरह जान लें। वह अपनी आस्था को स्थगित न करते हुए कृति की आस्था को आत्मसात कर ले। आत्मसात करने के प्रसंग में कुछ स्थितियाँ उभरती हैं। जैसे, "श्रेष्ठ कृति होने पर तादात्म्य कृति के साथ अधिक आवश्यक लगता है—चित्रित या वर्णित विश्व में अपने को निमग्न करने से साक्षात्कार और साधारणीकरण में सफलता मिल सकती है। इस रचना संसार में प्रवेश की दशा में प्रायः सामाजिक (आलोचक भी) कार्य की दृष्टि भी रख सकते हैं और कवि के साथ तादात्म्य करके भी देख सकते हैं। कभी यह भी संभव है कि सामाजिक, कवि के मंतव्य को समझ ही न सके और फिर भी अपने अहसास के बल पर वह रचना में रमण करता रहे। वह कवि से भिन्न मंतव्यों की भी कल्पना कर सकता है और रचना को नए आलोक में देख सकता है। उदाहरणः प्रकृति को रचना मानकर उसमें मानसिक दृष्टि से विचरण होता है परंतु हम उसके कर्त्ता को नहीं जानते, न उसके मंतव्य से परिचित हो पाए हैं, लेकिन इससे विभिन्न दृश्यों के साथ तादात्म्य में कोई बाधा नहीं पड़ती। प्रकृति या ईश्वर ने पदार्थों की सृष्टि आवश्यकता और नियम के अनुरूप की है किंतु प्रेक्षक उसे अपने परिप्रेक्ष्य से देख सकता है। इसीलिए, पाठक या प्रेक्षक किसी प्रिय रचना का वह रूप देख लेता है या देख सकता है जो कदाचित् उसके कर्त्ता ने भी न देखा हो।"[45] इस कथन में चार स्थितियों की ओर संकेत है। पहली—श्रेष्ठ कृति के साथ साधारणीकरण संभव है, द्वितीय—कवि के मंतव्य को न समझा जा सके और अहसास के बल पर रचना में रमण हो, तीसरी—आलोचक का मन्तव्य कवि से भिन्न हो और चौथी—वह रचना को अन्य तरह से समझ गया हो इन स्थितियों के विश्लेषण के लिए नीचे से उलझना ठीक होगा। आलोचक का रचनाकार से भिन्न मत होना तो ठीक है, पर प्रश्न है कि वह भिन्नता कैसी है—मित्रतापूर्ण है या शत्रुता पूर्ण ? वर्ग भेद है या कोण भेद। यदि वर्ग भेद है तो भी रचना के साथ साक्षात्कार जरूरी होगा। जैसे पूँजीवादी व्यवस्था में पूँजी के चरित्र के साक्षात्कार वगैर उसकी अंतर्वस्तु नहीं पहचानी जा सकती। जैसे अपराधी और न्यायाधीश—दोनों अपराध शास्त्र पढ़ते हैं। दोनों के उपयोग में फर्क हो जाता है। उसी तरह वर्गभेद होने पर भी साक्षात्कार से बचने का अर्थ होगा—उसकी मूलवस्तु को न समझना। उसकी कमजोरियों का खुलासा तभी होगा—जब उसके साथ साक्षात्कार कर लिया जाए। वर्ग के भीतर होकर यदि मत भिन्नता है तो वह मैत्रीपूर्ण होगी। उसका अभिप्राय होगा कि रचनाकार और आलोचक के दार्शनिक और कलात्मक बोध में अंतर है ? प्रमाण के लिए मार्क्सवादी आलोचक रामविलास शर्मा और नामवर सिंह में यदि मुक्तिबोध की कविता को लेकर अंतर है तो यही कहा जा सकता है कि या तो दोनों की रचना दृष्टि

में बोध की असमानता है या कविता के साथ साक्षात्कार में। यहाँ एक कारण यह भी संभव है कि रचना को दो आलोचक अलग-अलग जगह से देखें, अलग-अलग मनःस्थिति में देखें, उनके काव्यानुभव भिन्न हों ? मसलन्—एक ही चित्र को सीधे, बगल या ऊपर से देखने में अंतर पड़ेगा—दार्शनिक एकता के बावजूद। यह इसलिए कि रचना और आलोचना—दोनों गतिशील प्रक्रियाएँ हैं। रचना प्रक्रिया के बाद भी कृतिबोध के नए धरातल खोलती रहती है और एक बार बोध के बाद आलोचना भी रचना के रिश्ते को तरह-तरह से पहचानती रहती है। बातचीत के दौरान मैंने रामविलास जी से पूछा कि उन्होंने निराला पर बार-बार क्यों लिखा—क्या हर बार कुछ छूट जाने का अहसास होता था—पर कोई बात और सूझ पड़ती थी। उन्होंने उत्तर दिया, "मेरी आलोचना में स्थिर मानदंड नहीं हैं। एक ही कवि को बार-बार पढ़ता हूँ। हर बार नए अर्थ मिलते हैं। नए अर्थ में दूसरी तरह अर्थ मिलता है। निराला पर मैंने लिखा तो जिस तरह से लिखा, दूसरी बार और तरह से। दूसरी बार मैंने निराला के स्थापत्य का अध्ययन किया है और स्थापत्य का ही विवेचन किया है मैं काव्य को समझने के लिए हर बार टटोलता हूँ। बिना इसके काव्य नहीं समझा जा सकता। निराला के स्थापत्य को समझे वगैर निराला को नहीं समझा जा सकता। इसके बिना पूरी शक्ति उद्घाटित नहीं होती।"[46] आशय की कविता की पूरी शक्ति का उद्घाटन ही उसकी समीक्षा है। यह उद्घाटन देश-काल सापेक्ष होता है। कई बार रचनाकार रच देता है पर कृति की पूरी शक्ति नहीं जानता। जैसे जनन की जैविक क्रिया न जानते हुए माँ संतान जनती है। पूँजीवादी मनोवृत्ति में मुर्गी से अंडे की तरह जन्मा कवि नहीं जानता कि जो उसने लिखा है—उसका समग्र रहस्य क्या है ? उस व्यवस्था में कैसे उसकी कंडीशनिंग की है—उसे नहीं मालूम ? कदाचित् यह वह जानता तो मुक्त होता। आलोचक उसे जनाता है। वह उसकी कृति को उद्घाटित करता है जैसे यह सही है कि एक आलोचक के कई बार एक रचना को देखने से कई अर्थ खुलते हैं, उसी तरह कई आलोचक जब तक रचना को देखते हैं तो "अर्थबोध समुच्चय" तैयार होता है। इस प्रक्रिया में उनमें जो आपसी भेद दिखता है—यह वस्तुतः भेद के बजाए कोण या भंगिमा की भिन्नता है। ये भंगिमाएँ बाधक नहीं होतीं—रचनात्मक बोध में इजाफा करती हैं। आलोचक जब आलोचकों के फैसलों को तोड़ते हैं, तब उन्हें देखना चाहिए कि वे गलत जगह गलत औजार का उपयोग तो नहीं कर रहे ? दूसरी स्थिति यह बनी है कि आलोचक रचना के मंतव्य को समझे वगैर अहसासों के जरिए रमण करता है ? इस स्थिति को तो बचकानापन कहेंगे। ऐसे आलोचक या सामाजिक को या तो यह काम छोड़ देना चाहिए या रचनानुभव के लिए साधना करनी चाहिए। ऐसे सामाजिक को आलोचना का दायित्व तब तक हाथ में नहीं लेना चाहिए। जहाँ तक पहली स्थिति का प्रश्न है—वह आदर्श और निरापद है, मुक्तिबोध भी कहते हैं, "समीक्षक का प्रथम कर्त्तव्य

यह है कि वह किसी भी कलाकृति के अंतर्तत्वों को उसके प्राण तत्वों की भावना-कल्पना को हृदयंगम करे और एक विशेष दिशा की ओर प्रवाहित अंतर्धारा की गति को और उसकी अंतिम परिणति को सहानुभूतिपूर्वक अच्छी तरह समझे और तदुपरांत उसका विश्लेषण करे। किसी भी कलाकृति के भीतर जो गतिमान तत्व होते हैं, उनके अर्थ व्यापक होते हैं। अतएव उन तत्वों के अंतःसंबंध, उन अंतःसंबंधों के समुच्चय के विशेष गठन को हृदयंगम कर लेंगे, तब न केवल हम उस कलाकृति को उसकी समग्रता में, समझ सकेंगे, वरन् लेखक कलाकार के व्यक्तित्व और उसकी विशेष जीवन भूमि तक सहज ही पहुँच सकेंगे।''[47] वैसे यह जरूरी नहीं कि श्रेष्ठ कृति का साक्षात्कार जल्द हो जाए—जैसे पद्मावत (जायसी) के साथ इतना गहरा और आत्मीय संबंध रामचंद्र शुक्ल के पहले नहीं हो पाया था। यहाँ भी देश-काल की भिन्नताओं के अलावा वर्ग तथा कोण भिन्नताएँ काम करती हैं।

आलोचक एक गोताखोर होता है जो एक साथ पानी में डूबता, उतराता, डूब के अनुभव की पूरी व्याख्या करता, पानी के रंग से गहराई का अनुमान कर लेता, धीरे-धीरे गहराई का चिंतन करता हुआ ''गहराई का आचार्य हो जाता है। रचना के संपूर्ण सरोकारों से गुजरता हुआ वह चिंतक हो जाता है। आलोचक चिंतक और सामाजिक चिंतक में फर्क यह होता है कि पहला रचनात्मक संवेदनाओं से चिंतन की भूमि में पहुँचता है। मुक्तिबोध के शब्दों का उपयोग करें तो उसकी संवेदनात्मक ज्ञान से यात्रा शुरू होती है और ज्ञानात्मक संवेदना तक पहुँचती है। जब वह कहता है कि समाज वर्ग विभाजित है तो यह कथन अमूर्त नहीं रहता। उसके सामने दो पात्र होते हैं—एक असहाय श्रमिक और दूसरा उसका शोषक। दोनों में क्रिया होती है, जो शोषण का परिणाम देती है। चित्रों में उतरा हुआ उसका ज्ञान अधिक प्रेषणीय होता है। यही विभावानुमोदित भाव पक्ष है। इसी चित्रात्मक ज्ञान का मानसिक सामना उसे उसकी प्रेरणा देती है कि प्रस्तुत दोनों पात्रों की जाँच करे। उन्हें ऐंद्रिय रूप देकर प्रभावोत्पादक बनाने में रचनाकार की क्या क्षमता उभरी है ? वर्ग के सामाजिक बोध और रागात्मक बोध में कहाँ असमानता है ? इस तरह संवेदनात्मक ज्ञान का आधार विश्वसनीय और लोकप्रिय होता है। समग्र मनुष्य की जो कल्पना मार्क्स की है—उसमें रचना के द्वारा रचे चरित्र की भूमिका महत्त्वपूर्ण है। समाज वैज्ञानिक का चिंतन चित्रात्मक के बजाए अमूर्त रहता है। यदि उसके पास कलात्मक बोध है, वह कला का संवेदनशील आस्वादक भी है तो उसका सामाजिक चिंतन अमूर्त नहीं रह सकता। जीवित लोगों को यदि उसने सामाजिक चिंतन के बीच से न केवल समझ लिया है, वरन् उसके ज्ञान का मूर्तरूप यदि उन्हीं को समझ लिया है—तो समाज की एक मूर्त इकाई उसमें बिंबित हो सकेगी। यह अचानक नहीं है कि मार्क्स, ऐंगिल्स, लेनिन, माओ, होचीमिह्न सभी श्रेष्ठ आस्वादक, कलाकार और आलोचक थे। यह बात अलग है कि इनकी कर्म भूमि राज़नीति थी—पर उनके बोध में कलात्मक संवेदना

भरपूर थी। यह बात बड़बोलेपन की नहीं है कि मानवीय संवेदना के बिना कला शास्त्री नहीं होता और कलात्मक बोध के बिना समग्र मनुष्य नहीं होता है। समग्र मनुष्य की अवधारणा को स्पष्ट करते हुए वगैर समाज वैज्ञानिक नहीं होता। यह सही है कि "श्रेष्ठ और उल्लेखनीय कलात्मक सामान्यताएँ और रचना के उत्तम अंश चिंतक और कलाकार के टकराव से पैदा होते हैं। लेकिन यदि ऐसा होता तो हम यह निर्णय लेने को बाध्य होते कि कला का कर्म पूर्व कल्पित क्रिया न होकर रचनात्मक प्रयास का शुभ फल है। यह ऐसा निर्णय है जिसे महान लेखक अपनी कृतियों से सिद्ध कर रहे हैं। वे विद्वान जो इस द्वंद्व को लेखक में खोज पाते हैं, उनके अध्ययन में इस साहस का प्राचुर्य होता है जिससे वे उन लेखकों की विचारों की परंपरा जानकर निर्णय तक पहुचते हैं।"[48] कवि में विचारक और रचयिता का द्वंद्व द्वैत नहीं पैदा करता वरन् अवधारणा और आत्मबोध को जोड़ता है। यह रचयिता की विश्व दृष्टि को प्रामाणिक बनाता है। स्पष्ट है कि आलोचना बोध की एक लंबी यात्रा है। इतनी लंबी कि उसकी अवधि तय नहीं की जा सकती। वह जीवन के साथ जुड़ी है। जीवन की तरह गतिशील होना उसका स्वभाव है। उसमें आलोचक की निजता, सामाजिकता, तात्कालिकता, सार्वभौमिकता, एंद्रिय आवेग और चिंतन में से किसी का तिरस्कार नहीं है। वह बर्हिदृष्टि है—अंतर्सृष्टि भी। वह वस्तुपरक है और आत्मपरक भी। वह आस्वादक की उभरी उदात्त तथा सापेक्षिक ढंग से शास्वत चेतना का प्रतिफल है। उसमें सामान्य ग्रहण से लेकर गहरी पहचान की प्रक्रिया निहित है। उसमें वस्तु के प्रति तन्मयता और तटस्थता का क्रम है। वह एकाग्रता और विकेंद्रीकरण से तैयार होती है। वह प्रथम और सिद्धि दोनों हैं। वह सिद्धांत और व्यवहार का गठजोड़ है। वह अमूर्त से मूर्त और फिर मूर्त से अमूर्तन की गतिशील प्रक्रिया है।

आलोचना रचना के लिए एक अनिवार्य दायित्व है। इसीलिए हर समय उसका काम नया मनुष्य बनाना और जीवन का नया रास्ता खोजना है। इस क्रिया में आलोचक संघर्ष करता है और निर्माण भी। उसके चूक जाने पर पीढ़ियाँ गुमराह होती हैं। रचनात्मक शिशु अनुभव टूट जाते हैं। व्यक्तित्व की ऊर्जा का दुरुपयोग होने लगता है तथा उच्छिन्नताएँ बढ़ जाती हैं। बूर्ज्वा कला में यही हुआ। नार्मन रूडिच इसीलिए कहते हैं, "बूर्ज्वा कला और समीक्षाओं की रुचि ऐतिहासिक, सौंदर्यशास्त्रीय और चेतना के विकास में नहीं होती। वे इसीलिए उच्छिन्नताओं को बढ़ावा देने के लिए पारलौकिक शक्तियों को स्थापित करते हैं। वहाँ अब तक इन शक्तियों को खूब बढ़ावा मिला है। उनके उच्छिन्नता के उद्योग ने खूब प्रसिद्धि पाई। फाउष्ट, ज्वाइस, कफ्का और मान जैसे महान निदान विशेषज्ञ, व्याख्याता और समीक्षक—बूर्ज्वा विघटन की अवधि में पैदा हुए। उनकी सफलता ने स्वतः तुष्ट लोगों के झुंड के झुंड पैदा किए जो मरणशील संस्कृति की करोड़ों उच्छिन्नताओं और विकृत पहचान की निष्क्रियता प्रतिबिंबित करते हैं।"[49] यह आलोचक का काम है कि वह रचना के

भीतर से कवि की दृष्टि, मानसिक बुनावट, पक्षधरता और सौंदर्यबोधात्मक सत्य को निकाल लाए। यह तब हो सकता है—जब वह इन सबको गहरे से जानता हो और कविता से इन्हें अर्जित करने की क्षमता रखता हो। जब वे कवि के अंर्ततत्वों की पहचान या साक्षात्कार को प्राथमिक शर्त के रूप में स्वीकारते हैं तो इसलिए कि साक्षात्कार से प्राप्त विशेषों की वह व्याख्या कर सके। रचना की अंतर्वस्तु की व्याख्या समीक्षक की दूसरी शर्त है। प्रश्न है कि व्याख्या में अंर्तवस्तु के नाम पर वह मूलतः किन चीजों को शामिल करे। जाहिर है ये वे चीजें हैं जिनके द्वारा उसका काव्यानुभव रचना क्षम हुआ है। मसलन्—इतिहासबोध, बाह्य वास्तविकता से संपृक्ति, समीक्षा परंपरा की जानकारी, कवि व्यक्तित्व का संयोजन, विश्वदृष्टि, रचना में कवि की निजता और प्रातिनिधिकता, तत्व और रूप की एकता आदि। समीक्षा की इन तत्वों की व्याख्यात्मक जरूरत को महसूस करते हुए लूनार्चास्की ने लिखा, "साहित्यिक कृति हमेशा प्रतिबिंब (सामाजिक) होती है। इस प्रतिबिंब में जाने-अनजाने उस वर्ग का मनोविज्ञान तथा अन्य भी होता है—जिसका लेखक प्रतिनिधि है। जैसा कि हमेशा घटित होता है, रचना में विभिन्न तत्वों का मिश्रण होता है और विभिन्न वर्गों का प्रभाव लेखक में उद्वेलित होता है। इस सबकी आत्मीय व्याख्या की जानी चाहिए।"[50] मिल्टन ने तो व्याख्या को एक प्रकार की समीक्षा ही कह दिया, "यदि रचनात्मक साहित्य जीवन की व्याख्या की तरह विभिन्न विधाओं के नए रूप में परिभाषित होगा तो समीक्षात्मक साहित्य भी उस व्याख्या की व्याख्या के रूप में कला की विभिन्न विधाओं के परिप्रेक्ष्य में तथा प्रदत्त विधा के संदर्भ में जाना जाएगा।"[51] व्याख्या में समीक्षा की एक पद्धति मान लेने का अर्थ होगा—प्रक्रिया को पूरी तरह संपन्न होने के पूर्व ही उसका अस्तित्व स्वीकार कर लेना। अतएव इसे एक क्रिया के रूप में स्वीकार करना चाहिए। यही बात तथाकथित तुलनात्मक समीक्षा, सौष्ठववादी, स्वच्छंतदतावादी, प्रभाववादी, मनोविश्लेषणवादी ऐतिहासिक और चरित्रमूलक समीक्षा पद्धतियों के साथ लागू होती है। वे सभी आंशिक क्रियाएँ हैं। यथाक्रम, एक साथ अथवा अलग-अलग ये सभी आलोचना की प्रक्रियाएँ व्याख्या के अवसर पर एकत्र होती हैं। रचना की अंतर्वस्तु के अनुरूप इन क्रियाओं की आवश्यकता होती है। आलोचक किसी निर्णय पर पहुँचने के पहले ये क्रियाएँ संपन्न कर रचना के आत्मवृत्त का उद्‌घाटन करता है। आत्मवृत्त के भीतर उसे अनेक तरह के प्रसंग मिलते हैं। जिनके साथ वह जूझता है। वह कृति के विशिष्ट और सामान्य तत्वों को प्राप्त करता है। कृति के वैशिष्ट का प्रश्न उठाकर कुछ समीक्षकों ने माना कि वह दूसरी कृतियों से बिलकुल असंबद्ध होती है। वास्तविकता इससे भिन्न है। सतह के नीचे श्रेष्ठ कृतियों में भी सामान्य विशेषताएँ और प्रवृत्तियाँ मिलती हैं। वे रचना प्रक्रिया में महत्त्वपूर्ण भूमिका अदा करती हैं। यदि ऐसा न होता तो हम राष्ट्रीय या मानवीय साहित्य की परिकल्पना कैसे करते। बीसवीं शताब्दी में तो प्रवृत्तियों की दृष्टि से किसी

भी देश का साहित्य बहुद्देशीय होने लगा। परंतु इसका यह अर्थ नहीं कि रचयिता का वैयक्तिक दायित्व कमजोर पड़ा है। अलबत्ता वह बढ़ा है। आत्मीकरण की जिम्मेदारी का क्षेत्र बढ़ गया है, अंतर्संबंधों की दिशाएँ विविध हो गई हैं। रचना में प्रतिनिधिकता और निजता दोनों के संबंध गहरे हो गए हैं। अस्तित्ववादी और नई समीक्षा के प्रवर्त्तक इससे इनकार करते हैं। वे रचना की प्रातिनिधिकता को नहीं मानते। एक जर्मन लेखक ने कहा, "अध्ययन की कोई विधि जो किसी कार्य के अध्ययन तक कठोरता से सीमित नहीं है, उसे इस विज्ञान का हिस्सा नहीं माना जा सकता। एक विषय का अध्ययन जैसे कि विशेष लेखक का व्यक्तित्व, एक युग या पीढ़ी, या एक काल की अवधि—ये सभी साहित्यिक समीक्षा के आत्मवृत्त के बाहर की चीजें हैं।"[52] कासर का कहना है कि एक ही लेखक की दो रचनाएँ भिन्न हो जाती हैं, जैसे शेक्सपियर—सानेटों में और वही नाटकों में। इस प्रकार में वक्तव्य रचनाकार की प्रक्रिया में निहित अंतर्संबंधों से उदासीन होते हैं। अंतर्संबंध वस्तुतः जीवन तथा ज्ञान के तमाम क्षेत्रों से गुँथे होते हैं। इसलिए उनकी पहचान वैज्ञानिक तथा दार्शनिक दृष्टि से ही संभव है। अलगाव मूलक नीयत से यहाँ प्रवेश करने की इच्छा ही नहीं होती।

रचना के क्षेत्र में जब आंदोलन शुरू होते हैं, तब प्रतिनिधित्व की पहचान कठिन होती है वैसे उस समय विभिन्न तरह के प्रतिनिधान जन्म लेते हैं। उदाहरण के लिए नई कविता का आंदोलन लें। ऊपर से देखने पर लगता है कि कितनी जल्दी आंदोलन नए-नए रूप में अभिव्यक्ति हो रहा है। प्रयोगवाद—नई कविता, ताजी, ठोस, सहज, तरल न जाने कितने नाम। प्रतीक, बिंब, अस्तित्व के सहारे अलग-अलग शिविर। यह गौर से देखने पर प्रतिनिधित्व भेद नहीं हैं। मसलन् अज्ञेय, जगदीश गुप्त, भारती, जगदीश चतुर्वेदी, शमशेर, मुक्तिबोध, नागार्जुन जैसे कवियों को न तो इन त्वरित परिवर्तनशील प्रवृत्तियों में बाँधा जा सकता और न नई कविता की एक प्रवृत्ति में अज्ञेय और मुक्तिबोध को लिया जा सकता। एक ओर हर दिन बदलती प्रवृत्तियाँ पटल पर हैं—उनके निजी नामकरण मोह हैं, दूसरी ओर ऊपर से अज्ञेय और मुक्तिबोध नई कविता के कवि होकर भी दो तरह के प्रतिनिधि हैं। बाह्य वास्तविकता से पहचानने के लिए रचनाकार जिस तरह की यथार्थ दृष्टि अपनाता है—वही उसकी प्रवृत्ति का फैसला करती है। उसकी पक्षधरता भी उसमें सहायक होती है। सच्चा रचनात्मक आंदोलन उस समय शुरू होता है—जब जीवन में बुनियादी परिवर्तन शुरू होते हैं—या उनके लिए संघर्ष शुरू होता है। वेलिन्स्की इसीलिए कहता है, "कविता में जीवन पहले है और कला बाद में। इतिहास के सिवा जीवन कला इतनी पूर्णता, इतनी गहराई और इतनी विविधता के साथ और कहाँ अपने आपको मूर्त करता है ?"[53] इसका अर्थ है कि जीवन, इतिहास, कला और कविता की पूर्णता, गहराई और विविधता में सापेक्षता होती है। इसी सापेक्षता का नाम सत्य और सौंदर्य है। रचना का व्याख्याकार

इस रहस्य को जान ले तो यह प्रासंगिक हो जाता है। उसे इस बात का एहसास होना चाहिए कि सच्चाई स्थिर नहीं होती। कला में सच्चाई का रूपांतरण विधा के माध्यम से होता है, इसलिए वह दोहरी सतर्कता की माँग करती है। एक तो वास्तविकता सच्चाई का बोध और द्वितीय–उसका रचनात्मक रूपांतरण। आधुनिक युग में इस रूपांतरण की क्रिया और भी जटिल है। पूँजीवादी समाज द्वारा मनुष्य को उच्छिन्न कर देने की प्रक्रिया में तत्व और रूप का विभाजन हो गया है। अमूर्त रचना आंदोलन अमरीका में बाह्य वास्तविकता, कल्पना की चित्रात्मक शक्ति, पुनसृर्जन की परिणति को अस्वीकार करता है। आइडिया को कथ्य से काटता है। इस आंदोलन ने कला की विविध विधाओं को अमूर्त बना दिया है। समाजवादी कला अमूर्तन की किसी भी कोशिश को अस्वीकार करती है। वह कला या विज्ञान में से किसी को मनुष्य के बाहर खींच ले जाने का विरोध दार्शनिक तौर पर ही नहीं रचनात्मक उत्तर देती है। समाजवादी दुनिया ने सांस्कृतिक धरातल पर उन्नत रचनात्मक कीर्तिमान पेश किए हैं। दूसरी ओर पूँजीवादी ह्रासशील कला ने अपने चेहरे छिपाने के लिए, रूपवादी चकाचौंध के दायरे में नया कुछ भी रच पाने की संभावना के चुके जाने से–अमूर्तन का सहारा लिया है। यह वस्तुतः मनुष्य की ऐतिहासिक क्षमता की अवहेलना है।

मूल प्रश्न पर फिर वापस आएँ तो बीसवीं शताब्दी के सामने प्रमुख चुनौती है–रचना के क्षेत्र में वस्तु और रूप को एक साथ लेकर समग्र विकास की। तत्व और रूप एक-दूसरे से भिन्न नहीं होते। तरक्की पसंद देश में दोनों स्थिर नहीं होते, इसलिए आलोचकों का जीवित संपर्क बना रहता है। रचना प्रक्रिया और आलोचना प्रक्रिया की चुनौतियाँ साथ-साथ सक्रिय रहती हैं। लुकाच ने जर्मन लोगों के बारे में सामान्य प्रचारित धारणा का उल्लेख किया है। कहता है कि, "जर्मन लोगों की उत्कंठा शक्ति (तत्व) इतनी दृढ़ होती है कि वे जो कहते हैं उससे सभी रूप टूट जाते हैं। वे हमेशा रूप का उल्लंघन करते हैं, इसलिए स्खलित वाणी के अलावा उनके व्यक्त करने का कोई तरीका नहीं होता। इसके बावजूद लोग हमेशा रूप प्रसंग में बातें करते हैं। उनकी रूप हीनता उन्हें निरंतर नए और उन्नत रूप के लिए मोड़ती है जो मात्र उस प्रकृति के लिए संभव अभिव्यंजना है।"[54]

रूपहीनता की उस हालत से जहाँ यह प्रतीत होता है कि वे लोग निरंतर गतिशील हैं, कुछ कर गुजरते रहने की तमन्ना उनके दिलों में भरी रहती है, गतिशील तमन्नाएँ उनको झकझोरती हैं, वहीं यह भी कि किसी निष्कर्ष पर पहुँचने की कमी है, उनके दिलों में रोमानियत है–उसे शक्ति का संगठित पुंज नहीं कहा जा सकता। किसी विवेक सम्मत समाज और प्रौढ़ रचना से अपेक्षा की जाती है कि वह इनके पुंज के रूप में प्रकट हुआ करे। तीव्र उत्कंठा उसकी जिज्ञासा और प्रेरक शक्ति के रूप में ठीक है, पर वह तरल और भावुक शक्ति सृजन के लिए काफी नहीं। रचना की प्रौढ़ता के लिए रूप की साधना भी उनती ही जरूरी है–जितनी वस्तु शक्ति। लुकाच

ने कहा, "वस्तु ही रूप का निर्धारण करता है लेकिन वह वस्तु नहीं जिसका केंद्र बिंदु मनुष्य नहीं है।"[55] इतिहास गवाह है कि जब भी तत्व बदलता है, रूप बदल जाता है। इनके विकास की प्रक्रिया द्वंद्वात्मक होती है। द्वंद्व के कारण दोनों एक दूसरे पर निर्भर करते और सापेक्षिक स्वतंत्रता का सुख भी प्राप्त करते हैं। रूप की आंशिक या सापेक्षिक स्वतंत्रता पर भी एतराज करने वाले प्रगतिशील समीक्षकों के लिए मार्क्स का यह कथन महत्वपूर्ण है कि, "मेरी (लेखकीय) संपत्ति रूप है। यह मेरी आंतरिक निजता है।"[56] आगे वे बूर्ज्वा आजादी के विषय में लिखते हैं, "कानून मुझे लिखने की आज्ञा देता है, लेकिन इस शर्त पर कि मैं अपनी शैली में न लिखूँ–शासन द्वारा शैली में लिखूँ।–शासन द्वारा स्वीकृत अभिव्यक्ति का अर्थ है, दुर्दशा होने पर भी, मुँह पर शिकिन न आए। आप आनंद दायक वैविध्य को प्यार करते हैं। प्रकृति में अक्षम वैविध्य होता है। आप नहीं चाहते कि गुलाब में नील पुष्प (बनफ्शा) की सुगंधि हो किंतु मानव चेतना प्रकृति से भी अधिक समृद्ध होती है, अतएव मानवात्मा को किसी एक ही रूप या शैली में व्यक्त होने को क्यों विवश किया जावे।"[57] आलोचकों को देखना चाहिए कि रचना में ऐंद्रिय बोधात्मक आकृति बन सकी है या नहीं। बहुत-सी रचनाएँ चित्र बनाने के बजाए, उपदेश या सुझावों से लद जाती हैं। वे पूरी स्थितियों का साक्ष्य नहीं हो पातीं। इन रचनाओं की 'रूपात्मक शक्ति' क्षीण होती है। रूप की साधना से रहित रचनाकार रचना की बुनियादी शर्तें पूरी नहीं करते। वे अक्षर, ध्वनि, लय, अनुगूंज, ताल, व्यंजना के आनुपातिक संतुलन से मुक्त रहते हैं। वे रचना के अंगों की समग्रता की चिंता नहीं करते। वे उचित-अनुचित का ध्यान नहीं रखते। वे अनुभव से अर्जित ज्ञान के बजाए श्रुति या पुस्तकीय ज्ञान से काम चला लेते हैं। इसलिए यह बात स्पष्ट रूप से जान लेनी चाहिए कि रचना होने न होने की अनिवार्य पहचान उसके 'रूपगठन' में होती है। रूप की आंतरिक व्यवस्था होती है। सधे हुए रूप की रचना हीरे की तरह होती है, जिसके आर-पार सब-कुछ दिखता है। समीक्षा जब अपनी प्रक्रिया पूरी करती है, तब रचना को इसीलिए पूरे आलोक में पहचानती है। उसका काम रचना की समग्र विधि की द्वंद्वात्मकता की पहचान होता है। वह पहचान इतनी स्पष्ट हो–ताकि इस प्रयास में छिपे भ्रम टूट जाएँ। रूप की साधना का प्रश्न नाजुक है। उसका मेल पश्चिमी रूपवाद से नहीं हो सकता। अमरीकी आलोचकों ने नई समीक्षा के बाद शैली विज्ञान का आंदोलन शुरू किया है। वे शैली और संघटना के अध्ययन के जरिए भाषा विज्ञान और समीक्षा को पास ला रहे हैं। वे वाक्य रचना और कवित्व की रचना का पूरक अध्ययन करते हैं। अध्ययन पद्धति को गेष्टाल्ट की विशेष विधा कहते हैं।

भाषा वैज्ञानिक हाकेंट ने लगभग बीस वर्ष पहले इस प्रकार के अध्ययन को खूब उछाला था। इधर इसमें व्यावहारिक रूप से भी अध्ययन हुआ है। ब्राउनिंग की कविता 'पीपा-पासेस' के संघटनात्मक विश्लेषण द्वारा सौंदर्य की पड़ताल करते हुए

ए.ए. दिल ने आलोचना लिखी है। वोयगलिन लिखते हैं, "व्याकरण की रूप प्रकृति सिद्धांततः एक रूप स्ट्रक्चर पर आधारित होनी चाहिए और यह तभी संभव है, जब व्याकरण अपने क्षेत्र के भीतर अकाव्यात्मक (कैजुअल वाक्यों के साथ-साथ काव्यात्मक (नान कैजुअल) वाक्यों को भी अपने विश्लेषण का आधार बनाए और इस प्रकार व्याकरण को एक रूप स्ट्रक्चर का रूप दे।"[58] शैली विज्ञान का लक्ष्य माना जाता है—कविता का विशिष्ट, कवि की निजी क्षमता के साथ अध्ययन और सौंदर्य शास्त्र के क्षेत्र में विशेष विधि का प्रयोग। शैली विज्ञान का अध्ययन पूरी तरह नया नहीं है। सामंतवादी युग में इस तरह का अध्ययन अलंकार द्वारा होता था। विशेष वर्ग की वाक्य चातुरी के रूप में उसकी प्रशंसा होती थी। उस समय व्यक्तिवादी प्रवृत्तियाँ नहीं थी, इसलिए यह वर्गमूलक संघटना थी। इसके विषय में फ्रेडरिक जेमशन कहते हैं, "शैली एक मध्यवर्गीय संघटना है। इस वर्ग के जीवन में बढ़ती हुई स्वायत्तता की भावना की प्रतीक यह भाषा की सामूहिक शक्ति को कमजोर बनाने के लिए चेष्टा है। पूर्व पूँजीवादी सामूहिक शक्ति का अवमूल्यन कर ध्वस्त करने का प्रयत्न। यह शैली समूहों की सामाजिक जिंदगी से विकसित होने के बजाए उच्छिन्न व्यक्तियों के मौन से बनती है।"[59] कुछ क्षेत्रों में समीक्षा को नीतिशास्त्र के निकट लाकर आदर्शों से भरपूर किया जाता है। टी.एस. ईलियट ने कहा था, "साहित्यिक समीक्षा को निश्चित, नीतिगत और सैद्धांतिक दृष्टियों से पूरा किया जाना चाहिए।"[60] रूप के क्षेत्र में शैली विज्ञान और कथ्य के क्षेत्र में नीतिशास्त्र—यह रचना की स्वाभाविकता पर दोहरा प्रहार है। वैज्ञानिक दृष्टि वाले समीक्षक के लिए यह क्रिया विरोधाभास पूर्ण है। कभी लोग इस पर विश्वास कर सकते थे कि जीवन कला के सभी क्षेत्रों में नीति से सब कुछ है—आज विज्ञान, राजनीति और समाजशास्त्र ने व्यक्ति और समाज की काया पलट कर दी है। मनुष्य ने उन आपसी अंतर्संबंधों को खोज लिया है—जो स्वभाव से मानवीय एकता विकसित करते हैं। टी.ए. ईलियट ने जिस नीति और सिद्धांत की बात की है—वह उनकी समीक्षाओं तथा सिद्धांत रचनाओं से स्पष्ट है। वे मनुष्य के स्वभाव की आंशिक पहचान ही कर सके हैं। समीक्षा के लिए उन्होंने जो नीतिगत औजार अपनाने की राय दी, वह रचना प्रक्रिया के खिलाफ हैं। हकीकत यह कि समीक्षा रचना की होती है—उसके भीतर के कथ्य की—जो स्वतः नई रूपाकृति में उभर आया है, ऊपर के आरोपित कथ्य की नहीं। यह रचनाकार का दायित्व है कि वह जिन सिद्धांतों पर विश्वास करता है उन्हें रचना प्रक्रिया में बेमालूम तरीके से ढाल ले। गोल्डमान ने कहा, "द्वंद्वात्मक दर्शन में बहुतों में से सबसे महत्त्वपूर्ण एक विचार यह है कि विचार हमेशा किन्हीं ठोस स्थितियों में जीवन में अर्थ खोजने के लिए होता है। वह एक आचार पद्धति कायम करता है, जो वास्तविकता को मानव समूह की आशाओं के अनुरूप बदल डाले।"[61] अर्थ हुआ कि समीक्षा के ऊपर बाहर से अन्य सामग्री का थोपना—न केवल कला की हानि है, मानवीय संभावना के प्रति

अवरोध है। तत्व और रूप की एकता का आशय दोनों के स्वभाव की रक्षा करते हुएं विकास करना है। दोनों के स्वभाव की रक्षा तभी हो सकती है जब आलोचक रचनात्मक दायित्व को पूरी तरह समझता हुआ निर्णय की स्थिति में पहुँचता है। उसका निर्णय कला के साथ मानवीय सवालों से संबद्ध होता है, इसलिए उसे सरलीकरण और यांत्रिकता से बचने की जरूरत होती है। जार्ज स्टीनर ने समीक्षक को लोक शिक्षक कहते हुए उसे त्रिगुणात्मक–(1) लोक के लिए पठनीय साहित्य का चुनाव; (2) लोक के संवेदनात्मक दायरे में वृद्धि तथा (3) समकालीन साहित्य पर फैसला देने वाला कहा है। वह अतीत और वर्तमान के बीच संवाद कायम कराता है तथा तात्कालिक और समसामयिक का फर्क समझाता है। उसकी जिम्मेदारी है कि साहित्य की निरपेक्षता तोड़े। उसने लिखा कि, ''साहित्य का परंपरागत योग स्पष्ट तौर पर महान है। उसमें निरंतर नए का दबाव दिखाई पड़ता है। ऐसी स्थिति में हर समय चुनाव की स्थिति रहती है क्या ग्रहण करें, क्या छोड़ें। यही समीक्षक की जिम्मेदारी है। उसे नियतिवादी या कुछ मुट्टी भर लोगों के हक का प्रवक्ता होने के बजाए तमाम लोगों की वृत्तियों की पहचान करनी चाहिए। परंपरा में से उसे बहुतों के हित की बातें निकट लानी चाहिए। साहित्य की स्वस्थ समीक्षाएँ कमरे में बंद नहीं होतीं, वे ज्यादातर लोगों के लिए खुलती हैं। समीक्षा का संक्षेप में दायित्व है कि वह अतीत की व्यापक संलग्न वैधता से ज्योति लाए, जो निश्चित दिशा और निश्चय मूलकता के साथ वर्तमान की ओर इशारा करे।''[62] यह है आलोचक की जिम्मेदारी। आस्वादक के रूप में जनता के साथ शामिल रहकर वह साथ-साथ रचना का निचोड़ पीता है। उसे आस्वादकों की प्रक्रियाएँ ज्ञात होती हैं। जब वह उन्हें प्राथमिक अवस्था में छोड़कर ऊपर आता है तो विशेष रूप से दीक्षित दिखाई देता है। वह रचना-दार्शनिक के रूप में प्रकट होकर उसकी इस तरह पड़ताल करता है, जैसे उसे सामाजिक शिक्षक की जिम्मेदारी निभानी है। जनता के बीच श्रेष्ठ और पतित के द्वंद्व में साहस पूर्वक श्रेष्ठ के लिए संघर्ष का रास्ता न सुझाने पर वह कमजोर सिद्ध होता है। आलोचक में यदि अपनी रचनात्मक प्रक्रिया के प्रति ईमानदारी है और उसने अपनी दृष्टि को वस्तुपरक बनाने की चेष्टा की है तो वह अपने युग के लिए ही नहीं पूरी ऐतिहासिक प्रक्रिया में गतिशील प्रतिमानों का सृजन करता है। वह कैसे लेखकों के साथ कैसा व्यवहार करे, इस पर लूनार्चास्की का मत है, ''वह लेखक महान होता है जो एक जटिल समस्या और एक मूल्यवान सामाजिक विचारधारा को इस जबरदस्त कलात्मक सरलता के साथ अभिव्यक्त कर देता है कि वह करोड़ों जनता के दिलों में जगह बना लेती हैं। वह लेखक भी महान है जो अपेक्षाकृत सरल और प्राथमिक विषयवस्तु द्वारा उस करोड़ों जनता तक पहुँचता है। मार्क्सवादी आलोचक को इन्हें ऊँचा स्थान देना चाहिए। यहाँ उसके ध्यान और विवेक पूर्ण सहायता की जरूरत है। किंतु इसी के साथ निश्चय ही उन कृतियों के महत्त्व से इनकार नहीं किया जा सकता जो

हर साक्षर व्यक्ति के लिए ग्राह्य नहीं हैं, जो सर्वहारा संस्कृति के उच्च स्तर तक पहुँचे हुए लोगों हरावलदस्ते या पार्टी के अभिजाज्य सदस्यों तक प्रेषणीय है। जनसंख्या के इस भाग के जीवन की ज्वलंत समस्याएँ जो समाजवाद के निर्माण में महत्त्वपूर्ण भूमिका निभाते हैं, सहज ही एक कलात्मक स्तर के बिना इसलिए नहीं छोड़ी जा सकतीं कि उनका सामना अभी तक विशाल जनसमूह से नहीं हुआ है, या इन्हें सार्वभौम स्तर पर नहीं लिया या सकता।''[63] मतलब यह कि चाहे रचना हो या समीक्षा—उसका गंतव्य जनता का महान जीवन चरित्र ही है। उसी से लेना उसी को देना। इस क्रिया में दोनों बदलते हैं तथा कला का सौंदर्य समृद्ध होता है।

संदर्भ

1. माओ-त्से-तुंग—मार्क्सवादी सौंदर्यशास्त्र (संपादक ज्ञान रंजन), पृ. 20
2. अड्डोल्फो सैंजेज वैंक्वेज—आर्ट एंड सोसायटी—पृ. 224
3. कार्ल मार्क्स—(गुन्डराईज डर क्रिटिक डर पोलिटीसेफेन ओलकोनोमिक) इंग्लिश एडीसन (न्यूयार्क)—पृ. 24
4. वही, पृ. 26
5. वैलीन्टीना इवाशेव—सोवियत लिटरेचर, पृ. 150 नं. 5 (362) 1 78 (मास्को)
6. एल.एन. शूकिंग—''द सोशियोलाजी आफ लिटरेरी टेस्ट'', पृ. 28 (लंदन तृतीय संस्करण 1950)
7. गजानन माधव मुक्तिबोध—नए साहित्य का सौंदर्यशास्त्र, पृ. 79
8. वही, पृ. 78-79
9. अडोल्फो सैंचेज वैंक्वेज—आर्ट एंड सोसायटी—पृ. 234
10. रामचंद्र शुक्ल—चिंतामणि (प्रथम भाग), पृ. 200
11. रमेश कुंतल मेघ—अथातो सौंदर्य जिज्ञासा—पृ. 141
12. वामन—सा त्रेधा वैदर्भी गौड़ीपाञ्चाली काव्यालंकार सूत्रवृत्तिः 1, 2, 9,
13. रमेश कुंतल मेघ—मध्यकालीन रस दर्शन और सौंदर्य बोध—पृ. 201-202
14. रामचंद्र शुक्ल—रसमीमांसा (तृतीय संस्करण), पृ. 80
15. विश्वंभर उपाध्याय—भारतीय काव्यशास्त्र का अध्ययन—पृ. 459
16. जे.एस. हाथर्न—आइडेन्टटी एंड रिलेशनशिप—पृ. 99
17. माइकेल सोलीमैन—लोटस (अफ्रो ऐशियन राइटर्स की त्रैमासिकी जुलाई-सिंतबर 1976) पृ. 34
18. शैमुअल मार्शाक द्वारा गैलीना जिन चेंको को लिखे पत्र का अंश, सोवियत लिटरेचर (मास्को—अंक 9 (354)—1977) पृ. 105
19. लूसिंए गोल्डमान—इमैनुएल कॉट—पृ. 155
20. विनसार—द बरबल इकान—पृ. 38
21. लोविस अलथूसर—दी पिक्कोलो टियट्री—बरटोलाजी एंड ब्रीच्ट, फोरमार्क—पृ. 150
22. जे. हाथर्न—आइडेन्टटी एंड रिलेशनशिप, पृ. 107

23. मैथ्यू आर्नाल्ड—द स्टडी आफ पोयट्री—एसेज क्रिटिसिज्म—हाथर्न की पुस्तक पृ. 109 से
24. लियोन ट्राटस्की—लिटरेचर एंड रेव्यू (सेकेंड सीरियल पुस्तक) पृ. 109 से—लूशन—(1960) पृ. 59
25. लूर्सिए गोल्डमान—द हिडेन गाड, पृ. 19-20
26. वेनेवूथ—द रिटारिक आफ फिक्शन—पृ. 256
27. सार्त्र—ह्राट इज लिटरेचर—पृ. 28-30
28. आचार्य रामचंद्र शुक्ल—रस मीमांसा—पृ. 101
29. वही—चिंतामणि (भाग—1) पृ. 141
30. रमेश कुंतल मेघ—मध्ययुगीन रस दर्शन और सौंदर्यबोध—पृ. 306
31. वही, पृ. 306
32. विश्वंभर उपाध्याय—भारतीय काव्य शास्त्र का अध्ययन—पृ. 177
33. वही, पृ. 179
34. महेन्द्र भारद्वाज—मार्क्सवाद और साहित्य, पृ. 184
35. अरिस्टोटिल—द पोयटिक्स 6—पृ. 23
36. एम.जी. चर्निशेविस्की—ईस्थैटिक रिलेशन आफ आर्ट टू रियलिटी—पृ. 301-302 से उद्धृत।
37. लौंजाइनस—आन द सबलाइमर (एसेज इन क्लासिकल क्रिटिसिज्म—संपादक—टी.ए. मोजुन—1953)—पृ. 281
38. अडोल्फो सौंचेज बैक्वेज—आर्ट एंड सोसायटी—पृ. 171
39. फिलिपि सिडनी—एन अपोलाजी फार पोयट्री—पृ. 29
40. वही, पृ. 43
41. मार्क्स एंगेल्स—द कम्युनिष्ट मेनीफेस्टो (न्यूयार्क एंड लंदन—मंथली रिव्यू प्रेस 1968) पृ. 6
42. विलियम वर्डसूवर्थ—पोयट्री एंड पोयटिक डिक्शन—पृ. 14
43. जे. हाथर्न—कला कालजयी क्यों (अनुवाद गिरधर राठी) आलोचना जुलाई सि. 71, पृ. 75
44. रमेश कुंतल मेघ—अथातो सौंदर्य जिज्ञासा—पृ. 150
45. विश्वंभर उपाध्याय—भारतीय काव्य शास्त्र का अध्ययन—पृ. 492-493
46. रामविलास शर्मा—(कमला प्रसाद की बातचीत दिनांक 18-3-80)
47. एम. ख्रैपचेंको—द राइटर्स क्रिएटिव इनडिविडुयल्टी एंड डेवलेपमेंट आफ लिटरेचर—पृ. 13
48. गजानन माधव मुक्तिबोध—नई कविता का आत्मसंघर्ष—पृ. 134
49. नार्मन रुडिच—वीपनस् आफ क्रिटिसिज्म—(केलीफोर्निया 1976), पृ. 25
50. लूना चार्न्सकी—आन द नेचर एंड आर्ट—पृ. 11
51. हडसन—एन इन्ट्रोडक्सन टू द स्टडी आफ लिटरेचर, पृ. 261
52. वूल्फगैंग कासर (Wolfgang Kayser)–Das Sparchliche Kunstoerk- Page-283
53. वेलिंस्की—दर्शन, साहित्य और आलोचना—पृ. 6
54. जार्ज लुकाच (मेरलिन प्रेस लंदन 1947)—सोल एंड फार्म—पृ. 91
55. जार्ज लुकाच—द मीनिंग आफ कन्टेम्पोरेरी रियलिज्म (मेरलिन प्रेस लंदन 1972)—पृ. 19
56. कार्ल मार्क्स—आन लिटरेचर एंड आर्ट—पृ. 52
57. वही, पृ. 52
58. सी.एफ. वोयगलिन—आलोचना जुलाई-सित. 67 में रवींद्र श्रीवास्तव के लेख—भाषा वैज्ञानिक दृष्टि और आलोचना की नई भूमिका से उद्धृत—पृ. 67
59. फ्रेडरिक जेमशन—वीपनस् आफ क्रिटिसिज्म—नार्मन रुडिच (संपादन)— पृ. 34

60 टी.एस. ईलियट–रिलीजन एंड लिटरेचर (1969) पृ. 388

61. लूसिंए गोल्डमान–डायलेक्टिस आफ लिनरेशन–पृ. 140

62. जार्ज स्टीनर–ह्यूमन्स लिटरेरी (निबंध)–द क्रिटिक मोमेंट लंदन, 1964–पृ. 26

63. लूना चार्स्की–मार्क्सवादी सौंदर्य शास्त्र (पहल द्वारा प्रकाशित, पृ. 202 में मार्क्सवादी आलोचना की समस्याएँ (अनुवाद)

रचना और आलोचना की द्वंद्वात्मकता

सृजन और समीक्षण में अंतराल

संस्कृत के प्रमुख शास्त्रकार वामन ने विकासमान कवियों के दो वर्ग माने। दोनों वर्ग के कवियों का निर्धारण उन्होंने अपने युग में फैले कवियों के झुंडों को देखकर किया था। उनके अनुसार पहले वर्ग में वे कवि थे—जो दोषयुक्त कविताएँ तो लिखते थे, पर कविता विवेक का अभाव नहीं था। उचित गुरु या आलोचक का संपर्क न मिलने से वे पिछड़े रह जाते थे। काव्य शिक्षा का सुयोग उनके लिए फलप्रद होता था। वे कवि थे—अरोचकी। काव्य विवेक से रहित-सतृष्णाम्यव्यवहारी कवियों को वे किसी प्रकार की शिक्षा का प्रावधान नहीं करते। एक उदाहरण से इस बात को स्पष्ट करते हैं, "गंदे पानी में कतक फल के डाल देने से मैल धुल जाता है और शुद्ध जल निकल जाता है, पर कीचड़ में डालने से कोई लाभ नहीं होता।"[(क)] वामन ने युग के विवेक रहित कवियों की खूब निंदा की है। कवि निंदा की यह प्रवृत्ति वामन में ही नहीं तमाम आचार्यों में मिलती है। इसके विपरीत पश्चिम में कवियों की ओर से आलोचकों की निंदा अधिक मिलती है। उदाहरण के लिए गेटे ने कहा, "महान (कवि) व्यक्तित्व को समझने और उसके प्रति आदर भाव व्यक्त करने के लिए हमें स्वयं भी कुछ होना चाहिए। जिन लोगों ने ओएरिपिदेस की उदात्तता को स्वीकार नहीं किया वे या तो इस उदात्तता को हृदयंगम करने में असमर्थ-दीन-हीन प्राणी थे, अथवा वे निर्लज्ज वंचक थे, जो अपनी मान्यताओं द्वारा अपना बड़प्पन सिद्ध करना चाहते थे, और किया भी उन्होंने ऐसा ही।"[1] इस कवि ने आलोचकों के अनुत्तरदायित्वपूर्ण रवैये के कारण क्रोध में यहाँ तक कहा, "वे कुत्ते हैं। उन्हें मार डालना चाहिए।"[2] दूसरे कवि कीट्स ने उन्हें काले बालों का आदमी कहा था। भारत और पश्चिम के ये प्रमाण प्रवृत्तियों को दर्शाने के लिए हैं। पहली बात तो यह कि भारत की परंपरा में रचना के प्रसंग में आलोचकमुखी व्याख्याएँ अधिक मिलती हैं जबकि पश्चिम में कलाकारमुखी। वहाँ अधिकांश समीक्षक कवि रहे हैं, इसीलिए

जहाँ वे रचना के अंतरंग रहस्यों पर प्रामाणिक विश्लेषण करते थे कहीं आलोचक की ऐसी तटस्थता से चूक जाते थे जो कला मूल्यों के सामान्य निष्कर्षों को एक साथ सामने ला सकें। दूसरी बात यह कि भारत में नाट्य शास्त्र के बाद जहाँ आलोचना की परंपरा में कला मूल्यों की इतनी विदग्ध व्याख्याएँ हुई कि यदि उनका सावयविक आकलन किया जाए तो रचना शास्त्र का विज्ञान बन जाता है, वहीं अधिकांश आलोचकों की कमजोरी रही कि उन्होंने अपने काल की रचनाओं से संपर्क छोड़कर सौंदर्य चिंतन के निरपेक्ष मूल्याँकन के कारण रचनाकारों तथा आस्वादकों की गतिशील विश्वसनीयता खो दी। दोनों दिशाओं में एक तथ्य सामान्य है कि रचना और आलोचना का प्रकृत तथा स्वस्थ मार्ग समानांतरता में स्थापित नहीं हुआ। दोनों को परस्पर शिकायतें रही हैं। हिंदी में अभी भी रचना और आलोचना के बीच गहरी खाई है। इसका अर्थ यह है कि दोनों के प्रकृत मार्ग के प्रमाण नहीं रहे या चेष्टाएँ नहीं हुईं। मुश्किल यह है कि इन चेष्टाओं को गतिशील परंपरा का रूप नहीं दिया जा सका। आज भी ज्वलंत प्रश्न है कि रचना और आलोचना के स्वस्थ संबंध क्या हैं—उनकी अस्वाभाविकता को समाप्त करने के क्या उपाय हैं ?

राजशेखर ने काव्य हेतुओं के प्रसंग में प्रतिभा के दो भेद किए, कारयित्री प्रतिभा और भावयित्री प्रतिभा। कारयित्री प्रतिभा कवियों में होती है और भावयित्री (भाव) आलोचकों में। कवि तीन तरह से रचना करने वाले"—सहजा-पूर्वजन्म के संस्कारों से ही कवित्व शक्ति प्राप्त, ये सारस्वत कवि कहलाते थे।" आहार्य—जो अभ्यास से कवि बनते थे वे अभ्यासायिक थे और[3] औपदेशिकी जो तंत्र-मंत्र से कविता करते थे—वे औपदेशिक कहलाते थे। राजशेखर के अनुसार तीन प्रकार के कवि होते थे—शास्त्र कवि, काव्य कवि और उभय कवि। उभय कवि श्रेष्ठ थे, क्योंकि वे सहजा शक्ति के साथ शास्त्राभ्यास के संयोग से रचना करते थे। महाकवियों की श्रेणी इन्हीं कवियों के बीच निकलती थी।"[4] भावयित्री प्रतिभा संपन्न आलोचकों (भावक) के दायित्व के विषय में उनका कहना था कि वे कविता सत्ता को सफल बनाते हैं। कविता सुवर्ण की तरह है और आलोचना-कसौटी। कविता की आलोचना के जरिए परीक्षा होती है और इस तरह वह सिद्ध होती है। यह काव्य साधना है। सभी उसे पूरा नहीं कर पाते। अरोचकी किस्म के समीक्षकों को कोई रचना पसंद नहीं आती। सतृष्णाम्यव्यवहारी—प्रत्येक रचना की प्रशंसा करते हैं, जबकि मत्सरी-ईर्षालु होते हैं। वे छिद्रान्वेषण में ही लीन रहते हैं। श्रेष्ठ समीक्षक तत्वाभिनिवेशी होते हैं। वे निष्पक्ष और सच्चे होते हैं। ऐसे समीक्षकों की विशेष जिम्मेदारी होती है कि वे, "शब्दों की रचना विधि की परीक्षा करें, सूक्तियों और चमत्कार से आनंद लें, काव्य के सघन रसामृत का पान करें, रचना के गूढ़ तात्पर्य की खोज करें। वे अपनी ओर से कुछ न कहें, रचना की ओर से बोलें।[5] श्रेष्ठ कवि वही होता है जिससे आलोचकों की प्रशंसा में राजशेखर ने यहाँ तक कहा "पुस्तकों के पत्रों पर लिखे हुए अनेक काव्य

प्रबंध तो घर-घर रखे हुए हैं, लेकिन आलोचकों की हृदय शिलाओं पर खुदे हुए काव्य प्रबंध इने-गिने दो-तीन ही हैं।"[6] श्रेष्ठ कृति के विषय में उनका प्रतिमान एक और है। वह यह कि "एक रचना कवि के घर में, दूसरी मित्रों के बीच तथा तीसरी सभी के मुख पर पदन्यास करती हुई विश्वभ्रमण की इच्छा पूर्ण करती है, अर्थात् उनकी रचना के पद पठित तथा अपठित सभी के मुख पर स्थान प्राप्त कर लेता हैं।"[7]

श्रेष्ठ रचना और श्रेष्ठ आलोचक (भावक) के संबंधों पर संस्कृत काव्य-शास्त्र में सर्वाधिक राजशेखर ने ही लिखा है। यद्यपि उनके ग्रंथ के अठारह अधिकरणों में से एक ही अधिकरण उपलब्ध है—पर वह काव्य रहस्य पर गंभीरता से प्रकाश डालता है। उल्लेखनीय बात यह है कि राजशेखर ने रचना और आलोचना के अलग-अलग कर्मों की मान्यता के बावजूद दोनों के अन्योन्याश्रित संबंधों को महसूस किया था। उनका कहना था कि कारयित्री और भावयित्री प्रतिभा के सहयोग से ही श्रेष्ठ रचना बनती है। विवेक के बिना कवि और सहज रचनाशील संस्कारों के बिना आलोचक अधूरे होते हैं। राजशेखर स्वयं कवि थे—इसीलिए आलोचनात्मक मीमांसा को काव्य रूपक की तरह पेश किया है।

रचना प्रक्रिया का अंतरावलंबन

कवि और आलोचक को कितनी दूर तक एक-दूसरे के साथ रहकर अलग हो जाना चाहिए, इस प्रसंग में हमेशा विवाद रहा है। आज जबकि दोनों की मानसिक गतिविधियों और रचना प्रक्रिया का प्रामाणिक विश्लेषण हो चुका है, कहने में सुविधा है कि दोनों में मैत्री पूर्ण संबंध होते हुए रास्ते अलग-अलग हैं। रचनाकार के लिए कोई आदर्श आकृति पहले से उपलब्ध नहीं होती। वह बाह्य वास्तविकता से टकराता हुआ उसे अपनी चेतना के अनुकूल ढालता है। उसकी आत्मा में वास्तविकताएँ रूपांतरित होकर निवास करती हैं। वहाँ स्मृति, कल्पना आदि आंतरिक शक्तियों के द्वंद्व से रूपांतरित आकृतियाँ बार-बार नए-नए रूप में ढलकर बाहर आती हैं। रचनाकार जैसे ही मानसिक रूप से केंद्रित होता है उसकी अवचेतन-चेतन के बीच की बाधाएँ टूटती हैं और रचना का सृजन शुरू हो जाता है। यह क्रिया दूरगामी या अल्प अवधि की-कुछ भी हो सकती है। उसके सृजन की तीन स्थितियाँ प्रमुख रूप से होती हैं। प्रथम, अवचेतन चेतन की क्रिया द्वितीय, चेतन की क्रिया और तीसरी, माध्यम तथा अमूर्त अनुभूति की द्वंद्वात्मक क्रिया। रचयिता की अवचेतन क्रिया स्वतः स्फूर्त होती है। उसका अचेतन से चेतन में विस्फोट होता है, यद्यपि उस विस्फोट का पूर्व में सामाजिक संवेदनाओं से रिश्ता होता है, जो बहुत गहरा और अप्रत्यक्ष हो चुका होता है। लुकाच ने कलाकार की घटित स्वतः स्फूर्तता का अर्थ समझाते हुए लिखा, "स्वतः स्फूर्तता का अभिप्राय यह है कि कलाकृति का लक्ष्य जीवन की उस सूक्ष्मता समृद्धि और असमापनीयता को चित्रित करना है और उसे गतिमान तथा सुस्पष्ट रूप में प्राणवत्ता प्रदान करना

है—इसका लक्ष्य हमेशा ही विषय की सघन असमापनीयता को चित्रित करना रहेगा। इसका अर्थ है कि उसे अपनी कथा में इन सारे प्रमुख कारकों को सृजनात्मक रूप में समाविष्ट करने का लक्ष्य लेकर चलना होगा, जो वस्तुपरक यथार्थ में किसी विशिष्ट घटना या घटना-संश्लिष्ट का आधार होते हैं और कलात्मक समावेशन से अभिप्राय यह है कि सारे कारक क्रिया में व्यक्तियों के निजी सहज गुणों, चित्रित स्थितियों आदि के विशिष्ट गुणों के रूप में प्रकट होंगे ताकि विशिष्ट और सामान्य की एकता प्रत्यक्ष रूप में दृष्टिगोचर हो।''[8] स्वतः स्फूर्तता को लेकर अब भ्रम पैदा करने की कोई गुंजाइश नहीं है। अचेतन और स्वप्नों का घटित जीवन के साथ वस्तुपरक रिश्ता खोज लिए जाने के बाद कोई स्थिति रहस्य मूलक नहीं है। रहस्यमूलकता केवल अज्ञानता है। लुकाच ने जिसे सूक्ष्मता, समृद्धि और असमापनीयता कहा है—वह अचेतन-चेतन के सहज जोड़ से ही संभव होता है। अतीत बोध और स्मृतियों से जुड़े वगैर असमापनीयता असंभव है तथा अचेतन-चेतन जोड़ के वगैर अतीत और स्मृतियों का जोड़ भी। इस तरह यह अन्योन्य क्रिया है। रचनाकार के ध्यान योग से इस तरह का जोड़ विस्फोटक क्रिया से हो पाता है। चेतन की जिम्मेदारी फिर उसके साधने की होती है। चेतन में विस्फोट से उपलब्ध धूमिल सामग्री का रचनात्मक उपयोग होता है। यही उसे स्पष्ट आकृति तथा ऐंद्रिय चरित्र मिलता है। यहीं रचनाकार काव्य के विभिन्न साहचर्यों को सहेजता है। उस युग में प्रचलित विवेक प्रक्रिया कलात्मक संदर्भ, चुनौतियाँ, उसकी रचनाओं के प्रति आम धारणाएँ, प्रखर आलोचकों के नजरिए सभी कुछ यहाँ उस कथ्य के साथ उसे कचोटते हैं। वह बार-बार अचेतन से निकलकर बिखरी सामग्री को समेटता है, उभरी हुई धुँधली फैंटसी को साफ करता और विवेक की मंजूरी से इस क्रिया को अधिक सार्थक बनाने की चेष्टा में तल्लीन रहता है। ''पुन-पुन चंदन पुन-पुन पानी'' की क्रिया अचेतन और कथ्य के द्वंद्व की होती है। वह कथ्य जो निश्चित रचना स्वरूप के लिए मचल रहा होता है। देवीशंकर अवस्थी ने इस प्रक्रिया की बावत लिखा, ''मनुष्य का स्नायविक संगठन कैसे काम कर रहा है, इसका समय आत्मसातीकरण कवि पहले करता है एवं अपनी सृजन प्रक्रिया के दौरान इस स्नायविक प्रतिकिया के लय या साँचे को पकड़ने का प्रयास करता है, अथवा यों कहें कि अनुभूति विशेष या विविध अनुभूतियों के लिए एक साँचा (पैटर्न) खोजता है और जब एक बार यह साँचा पकड़ में आ जाता है, तब वह उससे बाहर की ओर भी यदा-कदा संचरण करके भीतर की ओर लौटता है। अर्थात् लिखता भीतर से है और उनमें संशोधन और परिष्कार बाहर से करता है।''[9] रचनाकार का आत्मसातीकरण ऐंद्रिय होता है। बाह्य वास्तविकता का प्रवेश द्वारा इंद्रियाँ ही हैं—जैसे, रूप, रस, गंध, स्पर्श, शब्द। ये स्वाभाविक संगठन के अनुसार काम करती हैं। उसी के अनुसार बाह्य वास्तविकता का विशेष पक्ष आत्मवृत्त में शामिल हो पाता है। अवचेतन कोश की प्रकृति में उसकी विशेष स्थिति होती है। इसी से

जुड़ा हुआ स्वतः स्फूर्त विस्फोट चेतन को साँचे की तलाश के लिए दबाव डालता है। इस अवसर पर भी आलोचना की हैसियत का दबाव पूरी तरह रूपांतरित चरित्र के रूप में सालता है। बाह्य वास्तविकता के साथ ऐंद्रिय योग और अर्जित संवेदनाओं की स्मृति या अवचेतन में संचयन की जो क्रिया होती है, वहाँ स्वयं प्रकाश्य और बाह्य वास्तविकता के साथ सक्रिय आलोचनाएँ जो यथार्थ की परतों का बोध करती हैं—के बीच द्वंद्वात्मकता होती है। इसे और साफ समझें तो यह कि बाह्य वास्तविकता या युग का माहौल अमूर्त नहीं होता। उस जमाने की जीवंत समस्याएँ, ऊपर चलती बहसें, संवाद, प्रखर समीक्षाएँ—रचनाकार के सामने होती हैं। मसलन् बीसवीं शताब्दी के तीसरे दशक में सांप्रदायिक दंगे खूब हो रहे थे। तमाम अखबारों में उन पर पक्ष-विपक्ष में लेख छपते थे। एक ओर आचार्य चतुरसेन और रामचंद्र टंडन जैसे लेखक हिंदूवादी नजरिया अपना रहे थे, दूसरी ओर प्रेमचंद्र जाति भेद से दूर कर्बला जैसा नाटक लिख रहे थे। 'हिंदुस्तानी' के प्रचार के लिए रचनात्मक नमूने पेश कर रहे थे। इससे क्या निष्कर्ष निकला, यही कि जमाने की ज्वलंत समस्याओं पर अखबारी बहसें, मौखिक विवाद, संघर्ष के मुद्दे रचनाकार द्वारा बाह्य वास्तविकता के आत्मसातीकरण के चुनाव में मदद करते हैं। दूसरी स्थिति अर्थात् अवचेतन से चेतन की गतिविधि में अथवा प्रतिभा की सक्रियता में फिर स्वयं प्रकाश्य और संज्ञान की एकीकृत बौद्धिक हलचल के साथ टकराव होता है। यहाँ रचयिता के अंतर्लोक का संयोजन होता है। अचेतन की सामग्री की अव्यवस्था समाप्त होती है और उनमें क्रमता पैदा होती है। क्रमता की पहचान के समय उसका अर्थ भी खुलता है। चेतन में ही अर्थ की व्याख्या हो पाती है, इसलिए अवचेतन यहाँ सार्थक पहचान प्राप्त करता है। यह स्पष्ट अर्थ और निश्चित अर्थ के बीच संघर्ष है। यह स्मृति और वर्तमान का टकराव है। यह अतीत और जीवित सच्चाई की अन्योन्य क्रिया है। इस स्थिति में अचेतन-चेतन में लगातार जुगाली होती है। इस क्रिया में वास्तविकता के साथ निजी संबंधों का सामान्य संबंधों की तरह रूपांतरण हो जाता है। निजता से सामान्यता में रूपांतरण से दोनों में परिवर्तन आता है। यह निजता समृद्ध होती है और सामान्यता विश्वसनीय। इससे रचनाकार में सापेक्षिक तटस्थता पैदा होती है। आमी लावेल कहते हैं, "कवि कुछ-कुछ रेडियों के ऐरियल की तरह होता है—वह एक प्रकार से तरंगों में लहराते संदेशों को ग्रहण करता है किंतु वह एरियल से इस मामले में भिन्न है क्योंकि उसमें संदेशों को शब्दों के साँचे में (पैटर्न) में रूपांतरित करने की शक्ति होती है। जिन्हें हम कविताएँ कहते हैं।"[10] संदेशों को शब्दों में रूपांतरित करने की क्रिया रचनाकार द्वारा इसलिए संभव है क्योंकि वह इस क्रिया को जानता-समझता है। वह इस विद्या में दक्ष है। यहाँ कल्पना की क्रीड़ा में वह बार-बार शामिल होकर रूपांतरण के कर्म को व्यापकता, समृद्धि और औचित्य प्रदान करता है। अवचेतन की संगति से उसमें सूक्ष्मता रहती है और चेतना की संगति से वैज्ञानिकता। किसी समय कल्पना की शक्ति को भी

दैवी माना जाता था—परंतु अब वह मानवीय नियंत्रण में है। वह मानसिक क्रिया है जिससे नया विचार या अंतर्दृष्टि उत्पन्न होते हैं। अव्यवस्था से कल्पना एक सुंदर चीज रच देती है। आंतरिक रचाव को आवयविकता प्रदान करने में इसकी अनिवार्य भूमिका है। यह शक्ति जब अव्यवस्था को संगठित कर उसे आकृति प्रदान करने में संलग्न होती है—तब भी उसे विकृति से टकराना पड़ता है। सुंदर बदसूरत का यह द्वंद्व बाह्य वास्तविकता की एवज में चेतन स्थानीय कर्म है। काडवेल लिखते हैं, "सौंदर्य का विरोध असौंदर्य नहीं कुरूपता करती है। कुरूपता की पहचान सौंदर्य शास्त्रीय क्षेत्र में होती है। संवेदनाएँ ही सौंदर्य और कुरूपता तय करती हैं। यह कहना संभव नहीं है कि किसकी कहाँ शुरुआत है और किसकी कहाँ इति। कुरूपता भी सौंदर्यशास्त्रीय मूल्य है।"[11] इस तरह जहाँ रचना है, इकाई है, रचना की तैयारी है, वहाँ विरुद्धों की उपस्थिति होती ही है। इन्हीं विरुद्धों के भीतर से विकास की गति ऊर्जस्वित होती है। "सौंदर्य और कुरूपता योग्यता और तुच्छता, उदात्तता और उपहास्यता—ये सभी विरोधी शर्तें जब सौंदर्यशास्त्रीय रूप से प्रयुक्त होती हैं तो वे एक-दूसरे के साथ संपृक्त होती हैं, एक-दूसरे से निर्धारित होती हैं और जो गुण उनमें होते हैं, उससे भिन्न गुण पैदा करती हैं।"[12] इस तरह रचयिता के चेतन क्षेत्र की गतिविधि अनेक द्वंद्वों की एकता और गतिशीलता निर्धारित करती है। वहाँ कई तरह से रचना और आलोचना की द्वंद्वात्मकता जो संवेदनाओं की बारीक कोशिकाओं के संघर्ष से बनती है, निहित होती है। कभी-कभी चेतन में रचना के निर्माण का संघर्ष काफी समय तक चलता है और कभी जल्दी संपन्न हो जाता है। एक कवि कहता है कि कोई कविता उसके दिमाग में महीनों से घूम रही थी, अब वह कागज में उतर रही है। एक कवि पहले रचनात्मक आवेश के साथ रचना को लिख लेता है और फिर उसमें बार-बार श्रम करता है। वर्षों के बाद वह तैयार होती है। कई बार प्रकाशन के बाद दूसरे संस्करण में रचनाओं में सुधार होता है। कामायनी के मूलपाठ में प्रसाद ने कई जगह बदला। निराला ने अपनी अनेक रचनाओं में तो इतना रूपांतर कर दिया कि विश्वास नहीं होता। मुक्तिबोध की कविताएँ लगातार बदलती रही हैं। इन सबको देखते हुए लगता है कि रचनाओं के पाठांतर को केंद्र में रखकर रचना प्रक्रिया पर शोध किया जाना चाहिए। यह इसलिए कि ऐसा परिवर्तन मात्र माध्यम का नहीं है। कवि को वहाँ भाषा शक्ति की व्यंजना में निरपेक्ष आशंका नहीं पैदा होती। यह मूलतः मानसिक गतिविधि में कहीं परिवर्तन है। कवि को कथ्य में संशोधन की जरूरत महसूस होती है। उसका अनुभव क्षेत्र बढ़ जाता है, आलोचकों की प्रतिक्रियाएँ देख चुकता है, तब उस कथ्य के कलात्मक संयोजन में कमजोरी मालूम होने लगती है—उसे पूरी रचना या उसका कोई अंश अपूर्ण लगने लगता है—हाथर्न लिखते हैं, "यदि रचना कर्म कभी भी मानस में विकसित है तो वह स्थिर होकर नहीं रह सकता। वह अपरिवर्तित, अविकसित भी नहीं हो सकता। हमारा

परिवर्तनशील जीवन और चेतन इच्छा, आत्म-वस्तु संबंधों की द्वंद्वात्मक प्रकृति के कारण इन सबमें चाहे-अनचाहे परिवर्तन कर देते हैं।"[13] प्रकाशित रचना में संशोधन के लिए कोई रचयिता सहज ही तैयार नहीं होता। यह उसके लिए कठोर निर्णय होता है–जैसे कोई वादी अपने मूल दावे में परिवर्तन के लिए जल्दी तैयार नहीं होता। अनिवार्यता के दबाव में ही वह इस तरह का कठोर निर्णय लेता है। प्रश्न है कि वह अनिवार्यता किसकी है, क्यों पैदा होती है ?

नोबल पुरस्कार विजेता ओटो लोवी (Otto Lolwi) ने शोध किया कि स्नायुवों की क्रियता में सक्रिय रसायन संलग्न रहते हैं। इसी शोध की व्यावहारिक निष्पत्ति थी, "कल्पना, (तर्क नहीं) नए का उत्पादन करती है। जैविक उत्तराधिकार में होने वाले परिवर्तन सामाजिक उत्तराधिकार पर आधारित होते हैं। यह निर्धारण सर्वोच्य शक्तिवान की उपस्थिति से होता है। इसमें तर्क शक्ति का उपयोग तब होता है, जब निर्णय नए के विकास का संकेत देता है। नया तत्व तमाम बालू से सोने के दाने छान लाता है और समर्थ के अस्तित्व को आश्वस्त करता है।"[14] लोवी का कहना है कि नए का सृजन कल्पना से ही होता है। बच्चों में मुक्त कल्पना होती है। सपनों अथवा नींद की दवाइयों के सेवन से भी कल्पनाएँ उभरती है पर ये कल्पनाएँ आसान होती हैं। इनसे विचार नहीं पैदा होते। इसलिए अनुभव और दक्षताएँ इन्हें दबाती हैं। (क्योंकि उनमें विचार होते हैं) "आशा मोही व्यक्ति जब कल्पना की उड़ानों से थक जाता है तब वह चेतन और आलोचन शक्ति से कल्पना को शक्ति देता है। वहाँ मानसिक गतिविधि की ऊष्मा से फैंटसी की कोमल सिल्लियाँ बन जाती हैं–जिसमें से कठोर, इस्पाती, संस्कारित सृजन होता है।"[15] मि. जेरार्ड के कथन से निष्कर्ष यह निकलता है कि सृजन के लिए कल्पना शक्ति जरूरी है। चेतन की अनुभव और तर्क शक्ति से उसे प्रौढ़ता दी जानी चाहिए, पर उसकी प्राथमिक हैसियत को समाप्त नहीं करना चाहिए। सृजन उसकी वरीयता के बिना संभव नहीं। उन्होंने कल्पना को जैविक रासायनिक परिणति बताया। यहाँ कल्पना और विचार के द्वंद्व में रचना के लिए कल्पना को प्रमुख मान्यता मिली है। इस आधार पर कह सकते हैं कि–

जब कवि महीनों किसी रचना पर सोचता है, या रची जाने के बाद संपादन करता है या दूसरे संस्करण में संपादन का निर्णय लेता है–तो इसका अभिप्राय भी यही है कि कल्पना और तर्क शक्ति के संघर्ष में दोनों ने अपने निर्णय बदले हैं। दोनों करीब आए हैं। कल्पना ने अपनी उड़ान को यथार्थ की ओर किया है और तर्क शक्ति ने सृजन की ऊर्जा पा ली है। चेतन-अचेतन में जुगाली की क्रिया निरंतर चली है। जुगाली की क्रिया अचेतन की न जाने कितनी रहस्य मूलक क्रियाओं को परिभाषित कर देती है। रचना में पहले जो छूट गया होता है, वह बाद में जुड़ जाने को तड़पता है। उस तड़प के पीछे एक कारण यह भी है कि रचे जाने के बाद रचयिता स्वयं उसका पाठक, आस्वादक और आलोचक हो जाता है। वह रचना रचनाकार

से भी आजाद होकर अस्तित्ववान हो जाती है। तब वह रचनाकार से भी पुर्नपरीक्षण की माँग करती है।'' इस बात से इनकार नहीं किया जा सकता है कि रचनाकाल में कोई कृति कर्त्ता का अनुभव ही है, पर रचे जाने के बाद इसका एक स्वतंत्र अस्तित्व हो जाता है और उस समय स्वयं रचनाकार एक विशिष्ट पाठक बन जाता है।''[16] रचयिता का बार-बार पाठक बन जाना इसका सबूत है कि वह रचनाकारों की विरादरी के साथ पाठकों और आलोचकों की विरादरी का भी है। जब वह रचना करता है तो उस समय पाठकों का एक अदृश्य समुदाय करके चेतन में टकराता है। जैसे-जैसे रचना का स्वरूप बँधने लगता है—उसे पाठकों के स्वर सुनाई पड़ते हैं। आलोचकों की तीखी बातें चुभती हैं। रचनाकाल के पूर्व तक के आलोचकों से वह जुड़ा होता है और आगे के आस्वादक-आलोचकों के लिए वह रच रहा होता है। तभी वह अपने चेतन संगठन और भाषाकार को आगाह करता रहता है। इसी से अंतर्दृष्टि विकसित होती है। मनोविज्ञान की जेस्टाल्ट पद्धति ने अंतर्दृष्टि के निर्माण की प्रक्रिया भी खोज ली है। इसके अनुसार अंतर्दृष्टि और कुछ नहीं, केवल सीखने और समस्याओं के समाधान की कल्पनात्मक राह है। अंतर्दृष्टि की जरूरत हर रचनाकार को महसूस होती है। उन्हें यदि भ्रम होता है, तो तर्क के क्षेत्र में वे सोच सकते हैं कि सृजन के लिए तर्क शक्ति जरूरी नहीं। इसलिए कई बार भोले रचनाकारों की अध्ययन के प्रति रुचि नहीं होती। वे रचनाओं को पूरी तरह स्वच्छंद और स्वतः स्फूर्तमान लेते हैं। मतलब यह कि वे अंतर्दृष्टि की महत्ता को अनजाने भी अस्वीकार नहीं करते। इस संदर्भ में जेरार्ड ने सर्जक और आलोचक को आगाह करते हुए लिखा, ''अधिक कल्पनाशील सर्जक तथा अधिक तार्किक आलोचक में अनिवार्यतः अंतर होता है। पहले को शिक्षा के लिए चेतन के तर्क पूर्ण क्षेत्र की ओर निर्देशित किया जाना चाहिए। उसकी यह कमी कथ्य और अभ्यास के द्वारा दूर की जा सकती है। यदि स्वयं प्रकाश्य और सचेतन मुखी कल्पना की अधिकता को हम संस्कारित कर सकें तो अभी भी हमें बहुत से रहस्यों की जानकारी मिल सकती है। खतरा इसमें है कि तर्क से कल्पना को इतना न बाँध दिया जाए कि जिससे काल और सामर्थ्य की महान संभावनाएँ विचारों की एवज में बीमार कर दी जाए।''[17]

चेतन-अचेतन की जुगाली में रचनाकार की कल्पना में पुराने का अतिक्रमण करने की शक्ति होती है, इसीलिए ही वह निरंतर गत्यात्मक हो जाती है। उलाँघने की मनोवृत्ति उसमें सहज हो जाती है। वातावरण के रस को निचोड़कर वह उसमें ऐसा रचनात्मक उद्देश्य समा देता है कि फिर जब उसकी रचना वातावरण के पास पहुँचती है तो उसे उसमें चमत्कार सा लगता है। आस्वादक सोचता है कि उसकी ही वस्तु उसे इस तरह मिली है, जिस तरह उसने पहले नहीं सोचा था। इसलिए आस्वादक में रसग्राही शक्ति तो है, पर उसमें आलोचनात्मक विवेक का अभाव रहता है। व्यक्ति इस मामले में विशेषज्ञ हो जाता है। उसके पास भावन और आलोचन

दोनों दृष्टियाँ होती हैं। अपनी रचनात्मक दक्षता के बलबूते वह आलोचन शक्ति की नीरसता समाप्त कर देता है। बल्कि उसे वह रचना के चित्रात्मक ढांचे में ढाल देता है। लूनाचान्र्स्की लिखते हैं, "कलाकार को वह अभिव्यक्ति करना चाहिए जो पहले न कहा गया हो। पहले प्रस्तुत किसी तथ्य का पुनरुत्पादन रचना नहीं है। उसके पास नया कथ्य होता है, और हर नया कथ्य नए रूप की माँग करता है।"[18] एक बात का ध्यान रचयिता को हमेशा रखना चाहिए कि उसमें प्राचीनता को उलाँघने की जो शक्ति होती है—वह उसकी स्वतः उद्भूत न होकर ऐतिहासिक प्रक्रिया के बोध पर निर्भर है। बल्कि, "नए और गतिशील का निर्णय ही इस बात पर निर्भर है कि रचयिता की समग्र ऐतिहासिक प्रक्रिया किस स्थिति में है ? यह वास्तविक एवं उल्लेखनीय आंदोलनों की व्याख्या की सहायता से संभव है। जीवन में अनेक मुखी प्रवृत्तियाँ, संघटनाएँ आपस में प्रतिच्छेदन करती तथा उमड़ती हैं। नए की पहचान के लिए प्रथम दृष्टि में ही उद्वेलित करते अथवा अचंभे में डालते कौन सी चीज उभरती है, इसकी पहचान में गलती नहीं की जानी चाहिए।"[19] यह बात विशेष रूप से रचयिता के लिए ही है। क्योंकि ऐतिहासिक प्रक्रिया का बोध, नए के लिए बेचैन तथा उल्लेखनीय जन उभारों की शृंखलाओं की परंपराओं से गुँथकर ही वह गतिशील प्रक्रिया में जुड़ पाता है। गतिशील प्रक्रिया में जुड़ने से नवीनता की कोमल तरंगें उसमें बार-बार सीमा लाँघती हैं। जिन्हें उसे पहचानना चाहिए। यह सूक्ष्म मानसिक क्रिया है। इसे तभी पहचाना जा सकता है, जब रचयिता चौकन्ना रहता है।

रचनाकार की अंतिम भिड़ंत परंपरागत माध्यमों से होती है। चेतन के व्यापक संघर्ष से निथर कर जब लगभग निश्चय मूलक, स्वायत्त, रचना के योग्य आकृति मँडराने लगती है—तब वह अभिव्यक्ति के लिए द्वार तलाशती है। अचेतन की जुगाली छूट जाती है और चेतन-माध्यम की जुगाली शुरू हो जाती है। मुक्तिबोध ने इस तरह कहा, "यह कला का दूसरा क्षण है कि जिसमें हमारे वेदनात्मक हेतु और संवेदनात्मक अभिप्राय किसी व्यापक मार्मिक जीवन महत्त्व से न्यस्त हो जाते हैं और हमारे लिए वह आत्मतत्व इतना अधिक महत्त्वमय मालूम होता है कि हम उसकी अभिव्यक्ति के लिए छटपटाते हैं। इस छटपटाहट को जब हम शब्द, रंग तथा स्वर में अभिव्यक्त करने लगते हैं, तब कला का तीसरा क्षण शुरू हो जाता है। अधिव्यक्ति के साधन, अर्थात् हमारे लिए, भाषा सामाजिक है। इसके उसके शब्द संयोग, भाव परंपरा और ज्ञान परंपरा से पूर्ण हैं। अतएव हमें अपने हृदय तत्वों को उनके मौलिक रूप, रंग और भार में स्थापित और प्रकट करने के लिए नए शब्द संयोग बनाने या लाने पड़ते हैं। शास्त्रीय शब्दावली में कहें तो हमें नवीन वक्रोक्तियों और भंगिमाओं का सहारा लेना पड़ता है। साथ ही कल्पना शक्ति भी नवनवीन रूप बिंबों का विधान करती है, जिनसे मन तत्व अपने मौलिक रूप रंग में प्रकट हो सकें।"[20] माध्यम की खोज की बात मुक्तिबोध के अनुसार कला का तीसरा क्षण है। माध्यम क्या है—कृति।

कृति बनती किन तत्वों से है—ऐंद्रिय आकार देने वाले तत्व—रंग, रेखा, शब्द। इससे ढाँचा बन जाता है। बुद्धि शब्दों-साहचर्यों के संयोग तयकर ऐंद्रिय रूप को गहराई देती है। जीवन की भाँति उसे भंगिमा के अनेक स्तर मिल जाते हैं। वह परंपरागत अर्थ विन्यास, व्यंजनाशक्ति तथा वैचारिक सीमाओं को पहचानती है। इस तरह ऐंद्रिय आकृति तथा विवेक सम्मत अर्थ प्रवाही भाषा का संगठन करने से कृति बन जाती है। रचयिता यहाँ कुशल और साधक शिल्पी का रूप धारण करता है। शिल्प के औजार या तत्वों को वह सहयोग के लिए आह्वान करता है। वह आह्वान एकांगी नहीं हो सकता। इसलिए कि शिल्प या माध्यम की अपनी भी परंपरा है। उसका भी इतिहास और वर्तमान से संपृक्ति है। उसकी संरचना में अलग-अलग अंग हैं—जिनके बीच अंतर्संबंध हैं। जैसे—वर्ण, शब्द, पद, वाक्य, लय, ताल, ध्वनि, आरोह-अवरोह, छंद, अलंकार आदि। शिल्प के अपने औचित्य मूलक फैसले हैं। इन सबको भूलकर वह कलाकार के साथ आत्म-समर्पण क्यों करे ? रचनाकार के आत्मादेश की निरंकुशता को वह क्यों बर्दाशत करे ? शब्दों की शक्ति बड़ी व्यापक होती है। वस्तुतः उसी ने मनुष्य की समग्रता को सुरक्षित रखा है। ज्ञान का ऐसा कोई हिस्सा नहीं—जो शब्दों के बिना मूर्त हो। मानविकी, विज्ञान और संस्कृति का सारा ऐतिहासिक प्रवाह भाषा में संवेदित होता है। गणित, विज्ञान, राजनीतिक, अर्थशास्त्र आदि की भाषा के संयोजन अलग-अलग होते हैं। कला इन सभी संयोजनों से अंतर्संबंध रखते अपना संयोजन करती है। सपाटता और अमूर्तता के खिलाफ संघर्ष करती है। कला की भाषा में सजीवता और विश्वसनीयता तभी आती है—जब उसमें ज्ञानात्मक भाषा के अंतर्संबंधों का संवेदनात्मक निचोड़ शामिल होता है। रचयिता की आत्म स्वीकृत आकृति शब्दों में उतरने के लिए जिस तरह बेचैन होती है, उसमें कई तरह द्वंद्व होते हैं। आकृति और रंग, आकृति-ध्वनि, आकृति और ताल-लय, आकृति और पद, आकृति और शब्द, आकृति और वाक्य और आकृति तथा अलंकार आदि ये सभी अंग-रूप या शिल्प बनाते हैं। शिल्प स्वयं आंतरिक आकृति का विकल्प नहीं विकास भी है। रचयिता विशेष प्रकार के रूप को समूह के रूप में तथा एक-एक अंग की भी जाँच से अपनी प्रक्रिया को आगे बढ़ाता है। बकौल मुक्तिबोध, "यहाँ से शब्द साधना शुरू होती है। शब्द के अपने ध्वनि-अनुसंग होते हैं, जिसमें चित्र और ध्वनि दोनों शामिल हैं। कलाकार अपने हृदय के तत्व के रंग, रूप, आकार के अनुसार अभिव्यक्ति का रंग-रूप और तैयार करना चाहता है। इसलिए इसे अपने हृदय की भाव-ध्वनियों की, शब्दों की अर्थ ध्वनि से अनवरत तुलना करनी पड़ती है।"[21] शब्दों के सहायक और संवेदित तत्व जनता के बीच दूरी ऐतिहासिक परंपरा से जीवित हैं। इसलिए उनमें जन संवेदना, विश्वास और सोच का स्तर शामिल होता है। अतएव जब रचयिता की अंतर्यात्रा का बिंब उसमें टकराता है, तो यह वस्तुतः स्थूल रूप में रचना और आलोचना का टकराव होता है। भाषा की ओर से तमाम संस्कृति, प्रबुद्ध अर्थ निष्पत्ति

और आंदोलन का तेवर रचयिता की वैयक्तिकता के द्वंद्व करता है। द्वंद्व में दोनों प्रभावित होते हैं। प्रभाव का हर अणु सृजन को क्रियाशील करता है। जो चीज बनती जाती है, वह निर्वैयक्तिक होनी शुरू होती है। रचना जो रचयिता से मुक्त होकर अस्तित्ववान होती है, वास्तव में वैयक्तिकता-निर्वैयक्तिकता के संघर्ष में निर्वैयक्तिक परिणति है। तभी रचना प्रतिनिधि बन जाती है। पूर्व की स्थिति में निजता की वरीयता होती है और अभिव्यक्ति के बाद सार्वजनीनता की निरंतर सार्वजनीन होती हुई रचना प्रक्रिया के दौरान निजी आकृति में परिवर्तन करती है। रचनाकार की नीयत, उसका भावात्मक उद्देश्य, जो मानसिक आकृति में घुला होता है—और अधिक प्रौढ़ तथा विश्वसनीय होता है। कई बार नीयत ठीक होने के बावजूद भावात्मक उद्देश्य रचना के ढलान में बचकाने सिद्ध होते हैं। सरलीकरण की शिकायत खुद ही महसूस होने लगती है। यह इसलिए कि भाषा से रचे हुए सामाजिक अनुभव के सामने उसकी औकात छोटी सिद्ध हो जाती है। रचनाकार का आत्मविश्वास नितांत भोला ठहर जाता है। तभी तो उसे अपने अनुभवों को भी भाषा की अनुभूति सिद्ध करना पड़ता है। रचयिता के ऊपर निर्भर है कि उसकी आंतरिक आकृति कितने विरुद्धों से टकरा कर बनी है। उसके जीवित अनुभव का क्षेत्रफल कितना है ? कलात्मक परंपरा की उसकी सिद्धि क्या है ? भाषा की शक्ति का उसका बोध जितना मार्मिक है—आदि। जो रचनाकार यह पहले भोग लेता है—गहरे तथा व्यापक संदर्भों में—उसके लिए उस दौर में कठिनाई नहीं जाती। उसके मोह भी ज्यादा घनीभूत नहीं होते। उसके आत्म विश्वास और रचनात्मक आवेग इतने संतुलित होते हैं कि उसे बहुत ज्यादा संशोधन नहीं करना पड़ता। जो करता है—उसे निर्ममतापूर्वक करता है चित्रकार की स्थिति इस मामले में ज्यादा प्रत्यक्ष होती है। एक मेरा मित्र राष्ट्रीय स्तर का प्रगतिशील चित्रकार है। मैं देखता हूँ कि कभी-कभी चित्र बनाने बैठता है तो एक-एक रेखा, रंग-संयोजन के लिए रातें गुजार देता है। उसके चेहरे में तनाव देखे जाते हैं। इस अवधि में किसी से बात करते या सुनते वह अनुपस्थित चित्त होता है। मैं जानता हूँ कि उसके भीतर हलचल चल रही होती है। कोई रंग चुनता है, रंग उसका कहना नहीं करता। क्योंकि वह जन प्रतिनिधि है—कलाकार का नहीं। कलाकार उनकी आवाज सुनता है। वह रंग की पारदर्शिता पहचानता है। रचनाकार-रंग-जनता की एक गति या प्रवाह जब तक न बने—दोस्त की बेचैनी शांत नहीं होती। जब उसे पूरा कर लेता है, तो खुशी से झूम जाता है—चाहे उसने चित्र गहरी पीड़ा का ही क्यों न बनाया हो ? कविता के क्षेत्र में यह काम तो और जटिल है। वह पीड़ा अपेक्षाकृत कृति रूप में भी पूरी तरह मूर्त नहीं हो पाती। उसमें चित्र भी शब्दों, ध्वनियों तथा माहौल के संयोग से बनता है। रचनाकार के मानसिक आकृति की एक-एक तरंग को खोलकर लाना चाहता है कि वे शब्दों के आसपास बँध जाएँ। शब्द उस तरंग में लहराने लगें। तरंग और शब्दों की मुठभेड़ में जो भी प्रसंग हीन होता है—जितना प्रसंग हीन होता

है—उतना बदल जाता है। फिर मुक्तिबोध को सामने लाएँ। उन्होंने समूची प्रक्रिया को समेटते हुए कहा, "इस प्रकार कला के तीसरे क्षण में मूलद्वंद्व है—भाषा तथा भाव के बीच। इन दोनों की परस्पर प्रतिक्रिया और संघर्ष बहुत उलझे हुए होते हैं और वे उन दोनों को बदलते रहते हैं। इन दोनों में संशोधन होता जाता है। यह द्वंद्व अत्यंत महत्त्वपूर्ण और सृजनशील है। भाषा, एक परंपरा के रूप में फैंटसी के मूल रंग को विस्तृत कर देती है।"[22] इस गहरे संघर्ष को झेलकर ही रचना बनती है। वह रचना सुंदर होती है।

आलोचना की प्रक्रिया का अंतरावलंबन

आलोचना के दायरे पर बहुत विवाद रहा है। यहाँ यह चर्चा प्रसंगहीन है। इस स्थान पर उसकी वैज्ञानिक तथा समकालीन स्थिति के अनुरूप विश्लेषण उचित रहेगा। यह मानकर चलना होगा कि आलोचना नीरस और अरचनात्मक कर्म नहीं है। वह रचना का एक अंग है। उसी ने कला सृजन को माँजा, लोकप्रिय बनाया और रचयिता की रहस्यमूलक अंतर्यात्रा को व्याख्यायित किया है।

आलोचना एक तरह से पुनर्रचना है। रचनाकार की तरह की आजादी उसे पहले नहीं मिलती। आरंभ में उसका कर्म रचना में प्रवेश करना, धँसना, उसके रग-रग को पहचानना, उसका भावात्मक-रागात्मक साक्षात्कार करना होता है।

चूँकि तदाकार ज्यों का त्यों नहीं होता—कवि की अनुकृति नहीं होता—उसमें गृहीता का निजत्व शामिल होता है, इसलिए यह कर्म भी सृजन की सीमा में आता है। प्रश्न है कि तदाकार फिर क्या है—? क्या आलोचना अपनी आजादी से रचना को किसी भी तरह समझने को आजाद है ? स्पष्ट है कि नहीं ? आलोचक का काम है—रचना के अवयवों को खोलकर उनके संयोजन, अनुपात, समरूपता, सामंजस्य आदि को जान ले। फिर देखे कि इन संयोजनादिक से ही बनी आकृति क्या उसके रचनाकार मानस में उभरती है ? उसको विभिन्न संयोजनों से बनी रचनाओं के नमूने मालूम हैं। संयोजनों के बदलने पर नयी कृति का बिंबन भी उसके लिए कठिन नहीं। तुलनात्मक मनीषा के कारण रचना विशेष के साथ तदाकार की स्थिति में रमते हुए उससे मुक्त भी होता है। उसके रमण का क्षण छोटा या बड़ा हो सकता है। एक रचना की स्वायत्त अनुगूँज उसे दिनों तक परेशान कर सकती है और जल्दी ही मिट भी सकती है। आलोचक को इस तरह रचना के साथ तब तक जूझना जरूरी है—जब तक माध्यम के साथ एक तान, बहुतान, समरूप, विषम रूप के द्वंद्वों से न गुजर ले। एकतानता में माध्यम और आस्वादक-मानस में परस्पर विलयन, समरूप में समानता की रक्षा, रक्षा का एहसास, बहुतान में रचना विशेष के उन संयोजनों के औचित्य का बोध करते हुए कल्पना के सहारे अन्य विकल्पों का बिंबन और तदाकार होना तथा विषम रूप में उसके विलोम बिंब साक्षात्कार की क्रियाएँ शामिल हैं। रचना में

अंतर्लोक अपनी स्वायत्त वरीयता को कायम रखते हुए आगे बढ़ता है, आलोचना में रचना की वरीयता की रक्षा की जाती है। उसको केंद्र में रखकर वृत्त की संभावनाओं की खोज की जाती है। रचनाकार के मानस में आलोचक उपस्थित रहता है—उससे प्रतिवाद करता है, रचयिता प्रतिवाद को अपनी इच्छा से उपयोग करता है, आलोचना में रचना के माध्यम से रचयिता उपस्थित होता है—जिसे वह अपनी निजता के अनुरूप ढाल लेता है। एक की द्वंद्वात्मक इच्छा का परिणाम रचना और दूसरी की आलोचना। आलोचना की वरीयता पर टिप्पणी है, "समीक्षक बाहर की ओर से प्रभाव ग्रहण करता है एवं भीतर की ओर से महत्त्व का आकलन करता है। पर यह होता एक ही समय और साथ-साथ है।"[23]

समीक्षक पहले सामान्य जनता का, फिर प्रबुद्ध और संस्कृत आस्वादकों का तथा अंत में संभावना का प्रतिनिधि होता है। इतना बड़ा दायित्व लेकर वह रचना की आंतरिक प्रक्रिया में धँसने की जिम्मेदारी उठाता है। कविता का पहला प्रबद्ध आलोचक भामह कवियों की कठोर परीक्षा का हिमायती है। उसने आलोचकों के सामने कविता की पड़ताल का प्रतिमान देते हुए कहा कि वे कविता को कैसे समझें—मसलन्, "कविता एक तपस्या है। कवित्व के लिए व्याकरण, छंद, अभियान कोष, इतिहास, लोक-व्यवहार, युक्ति, कला आदि से परिचय आवश्यक है। सत्काव्य का पठन तथा विद्वानों का उपासन भी उसके साथ होना चाहिए। यह तो सही है कि बिना प्रतिभा के काव्य का सर्जन नहीं होता, किंतु उस पर व्युत्पत्ति का अध्ययन पूर्वक संस्कार न हो तो वह प्रतिभा प्रकाशित नहीं होती और इतने परिश्रमों के बाद कोई विरला ही 'महाकवि' के नाम से प्रसिद्ध हो पाता है।"[24]

भामह कविता की शिक्षा के प्रयास में इस तरह के उपदेश करते हैं। वे काव्य में वाक् विलास और कौशल को काव्य की सिद्धि मानते हैं। नागरक विदग्ध गोष्ठियों में, सहृदयों की उपस्थिति में, सरस्वती के मंदिरों की प्रतियोगिता में वक्र और विदग्ध कथनों से युक्त रचना को वे कविता मानते थे। उनका लक्ष्य युगीन वास्तविकता के द्वंद्व से उपजी मानसिकता को रचना प्रक्रिया में ढालना नहीं है। वे कविता को आकर्षक चाहते हैं, जिसका आधार वक्रता ही होती है। प्रतिभा का काम यही है कि वह व्युत्पन्न होकर आकर्षक काव्य प्रस्तुत करे। व्युत्पत्ति का काम है कि वह प्रतिभा को आलोकित करे—उसे महाकाव्यत्व की ओर ले जाए। दंडी तो प्रतिभा की वरीयता भी समाप्त करते हैं। वे व्युत्पत्ति को उतना की महत्त्वपूर्ण मानते हैं जितनी प्रतिभा को। प्रतिभा के अभाव में रचना संभव है, व्युत्पत्ति के बिना नहीं। भामह दंडी का लोक जीवन विशिष्ट आस्वादकों पर निर्भर था। वे आकर्षक और वक्र कथनों के सामाजिक मनोविज्ञान की गहराई में नहीं जा सके। इसलिए उनके आधार प्रबुद्ध और संस्कृत आस्वादक थे। परंतु इतना तय है कि उन्होंने अमूर्तन को प्रोत्साहन नहीं दिया। उन्होंने आलोचनात्मक, शास्त्रीय और कलात्मक चुनौतियों से रचनाकार

को टकराना अनिवार्य माना। यदि उनका परिवेश दरबारी न होता, तो रचना का बेहतर यथार्थ सौंदर्य शास्त्र पेश करते। वे रस की सत्ता से आगे बढ़ जाते क्योंकि रस की व्याख्या बाद में कृति की उपेक्षा करने लगी थी।

उस युग की एक झलक प्रस्तुत करने का अभिप्राय यह था कि रचना और आलोचना के अन्योन्य रिश्ते की शुरुआत समकालीन नहीं है। इसके स्रोत प्राचीन कला ग्रंथों में भी मिलते हैं। विकास की नई मंजिल में हम उसके सामाजिक मनोविज्ञान तक जा सके हैं, जहाँ प्रतिभा का दैवी रहस्य भी खुल गया है। स्वयंभू तत्वों को अन्य सामाजिक क्षेत्रों की तरह कला के क्षेत्रों में भी काफी धक्का लगा है। पर यह सब अचानक नहीं—रचना और आलोचना की सामाजिक संबद्धता और स्वयं की द्वंद्वात्मकता के कारण हुआ।'' पश्चिम में प्लेटो के बाद, उनके शिष्य अरिस्टाटिल के समय से, नई-नई समीक्षा दृष्टियों का विकास होने लगा और वर्तमान युग तक तो इसकी विशाल परंपरा हम देख ही रहे हैं। सृजन मूल्यों की टकराहट, उखाड़-फेंक, पाश्चात्य समीक्षा के इतिहास में ही नहीं, भारतीय काव्य शास्त्र के इतिहास में भी प्रचुर है।''[25] जरूरत इस बात की है कि रचना के इस द्वंद्वात्मक विकास की खोज की जाए—ताकि इतिहास के विभिन्न काल खंडों में लदे अमूर्त सरोकार घटें।

आलोचना की जिम्मेदारी रचना की विकास मूलक बाधाओं को साफ करना, पूरे उन्मोचन का वातावरण बनाना तथा अराजकता से बचाना है। यह कैसा होगा ? इस प्रसंग में पहली बार यह है कि उसे सामाजिक विकास की प्रक्रिया के भीतर से कलात्मक विकास की प्रक्रिया का बोध होना चाहिए। हर मोड़ पर उसकी जानकारी यह हो कि तत्काल समाज और कला के रिश्ते में कैसी स्थितियाँ सक्रिय रही हैं ? वर्ग समाज का सामाजिक-सांस्कृतिक अंतर्संबंध ही उन रिश्तों को प्रामाणिक बना सकता है। ये संबंध कहीं राजनीतिक केंद्र से कहीं मनोवैज्ञानिक या कहीं समाज वैज्ञानिक केंद्र से फूटते हैं। ये मनुष्य की समग्रता के केंद्र से जब तक स्रवित नहीं होते तब तक एकांगी होते हैं। मध्य युग के चर्च और मंदिर, मनोवैज्ञानिक की यौन व्याख्या में यांत्रिक समाज शास्त्रियों की—सांस्कृतिक अनुकृतियाँ—रचना के विषय में निरपेक्ष भ्रामक फैसले करती हैं। जरूरत है मनुष्य को समग्रता में पहचानने की। आलोचना को यही काम करना होता है—रचना की मार्फत। रचना की मार्फत इसलिए कि वह विशुद्ध दार्शनिक के बजाए रचना का दार्शनिक होता है। रचना का दार्शनिक होने में उसकी दोहरी भूमिका होती है—सामाजिक दार्शनिक होकर वह उसे रचना के भीतर पाने और उसकी संभावना को निर्देशित करने का काम करता है। इस तरह की विकसित दृष्टि का आलोचक, ''किसी एक साहित्यकार अथवा एक साहित्यिक कृति का समुचित मूल्याँकन भी इतिहास हो सकता है, क्योंकि मुख्य प्रश्न ऐतिहासिक परिप्रेक्ष्य का है। वास्तविक आलोचक किसी एक कृति का मूल्याँकन करते समय परोक्ष रूप से साहित्य की समस्त कृतियों का मूल्याँकन करता है, यदि वह ऐसा नहीं

करता तो वह मूल्याँकन ही नहीं है और उसके अंतर्निहित प्रतिमान में कहीं न कहीं असंगति है। जो हर रचना के मूल्याँकन के लिए एक नया प्रतिमान इस्तेमाल करता है अथवा किसी कृति का मूल्याँकन उस कृति के अनुरूप प्रतिमान से करता है और उस कृति के समय उसे भूल जाता है—उसे गंगा गए गंगादास और जमुना गए जमुनादास ही कहा जाएगा।"[26] आलोचना की प्रक्रिया की चर्चा हो चुकी है। वहाँ हमने पाया है कि आलोचक, रुचि, संस्कार और ऐतिहासिक विवेक के अनुरूप रचना से साक्षात्कार करता हुआ, उसको भोगता हुआ—मूल्याँकन की स्थिति तक पहुँचता है। वहाँ वह दार्शनिक के समकक्ष पहुँच जाता है। यहाँ हम यह देख सकते हैं कि अपनी दृष्टि के निर्माण में उसको किन रचनात्मक स्थितियों से गुजरना पड़ता है। वह कहाँ-कहाँ रचनाकार के नजदीक पहुँचता हुआ छूट जाता है।—आलोचक में विवेक के जिस नैरंतर्य का प्रश्न नामवर जी ने उठाया है—उसे भलीभाँति समझना आवश्यक है। ज्ञान की आधुनिकतम मीमांसा का साक्ष्य है कि विवेक के नैरंतर्य का मसला एक मात्र द्वंद्वात्मक भौतिकवाद-ऐतिहासिक भौतिकवाद ने हल किया है। इस दृष्टि के तहत मनुष्य की नई दुनिया अपने समग्र चरित्र के साथ निर्मित हो चुकी है—काव्य का क्षेत्र उसमें शामिल है। समाजवादी देशों में पूरी तरह तथा अन्य देशों में प्रमुख प्रकृति के रूप में ऐतिहासिक भौतिकवादी जीवन मूल्यों के रचनात्मक संस्कार पैदा हो गए हैं। इनके अनुरूप रचनाएँ भी की गई हैं। मार्क्सवादी सौंदर्य शास्त्र के निर्माण के लिए प्रभूत रचनात्मक सामग्री उपलब्ध है। ऐसी स्थिति में आलोचना के निर्माण के जो मुद्दे विकसित हो रहे हैं—वे महत्त्वपूर्ण हैं। पहला मुद्दा है कि आलोचक किसी कृति की दुनिया के बीच देश-काल की सीमा में पले व्यक्ति की रचना मानता है। इसीलिए उसकी वस्तु, पात्रों का चरित्र घटनाएँ या विचार-कहीं बाहर से नहीं आते। वे उसी सीमा में से कहीं से हैं। कहीं प्रत्यक्ष और कहीं अनेक परतों से ढके हुए। ये स्थितियाँ समकालीन होकर भी सुदूर अतीत से छनी आती हैं। वे मानव संस्कारों में घुलकर यात्रा करती रही हैं। आलोचक इस सघनता की तह तक पहुँच जाता है। यह पात्रों की आत्मा का इतिहास होता है। रचनाओं में आत्मा के इतिहास के रचे हुए प्रतीक पाए जाते हैं। दूसरा मुद्दा है कि आलोचक यह देखे कि उस रचना की घटनाएँ, विचार और पात्रों की गतिविधियाँ वैसी ही क्यों है ? शेखर गोदान का पात्र क्यों नहीं है ? राम और रावण के युद्ध पर आधारित महाकाव्य मुक्तिबोध ने क्यों नहीं लिखा ? चतुरसेन और यशपाल के उपन्यासों के चरित्र की दृष्टि से पात्र अलग-अलग क्यों हैं ? इतना ही नहीं नागार्जुन की ही चौथे दशक की कविताएँ आठवें दशक से भिन्न क्यों हैं ? समकालीन एक रचनाकार में अवधि का फर्क, दूसरे रचनाकारों में निजता के फर्क इतिहास की लंबी दूरी के फर्क-ऐतिहासिक विवेक से समझे जाते हैं। यह विवेक विश्लेषण के जरिए देखता है कि हर क्षण परिवर्तनशील जीवन पीछे नहीं लौटता। वस्तु को देखते-देखते वह वस्तु तथा दृष्टि—दोनों बदल

जाती हैं। यह बदलना उस समय महसूस होता है, जब गुणात्मक अंतर आ जाता है। पानी का परिवर्तन तभी जाना जाएगा जब वह वर्फ या वाष्प में बदल जाएगा। कली का फल में बदलना–पेड़ की एक क्षण की घटना नहीं–उस धरती की कहानी होती है। इस तरह आलोचक की जिम्मेदारी है कि वह वस्तुओं-घटनाओं-पात्रों को सृष्टि के सातत्य में महसूसे। दूसरी रचनाओं की परस्परता में उसे जाँचे। व्यवस्था के प्रकार, रचनाकार की दृष्टि और सपने की खोज करे। तीसरा मुद्दा यह है कि रचनाओं में से आलोचक उन तत्वों की खोज करें, जो विकासशील हैं। ऐसे भी लेखक होते हैं, जिनके लिए कुछ भी विकासशील नहीं है। वे चारों ओर अंधकार और ह्रास देखते हैं। उनके अनुसार विनाश कभी भी संभव दिखता है। ऐसी रचनाओं की निराशा मूलक प्रक्रिया में काफी अंतर्विरोध होते हैं। गतिशील जीवंत तत्वों की झलक उनमें होती है, पर लेखक, उन्हें घेर कर दबाता है। वहाँ दबाने की कोशिश दिख जाती है। जैनेंद्र के पात्र जान बूझकर मोड़े हुए जान पड़ते हैं। अज्ञेय की 'असाध्य वीणा' वीणा की असाध्यता को बरबस रहस्यमूलक बना दिया गया है। कई रचनाएँ जबरन पात्रों से हृदय परिवर्तन कराती हैं–जबकि पात्र का विकास उसके लिए परिपक्व नहीं होता है। गलत विचार मोड़ तथा यथार्थ का संस्पर्श रचना के अंतरविरोध को खोले वगैर नहीं रहते। कभी रचना में इतने टुकड़े नजर आते हैं–कि वह अपनी समग्रता खो देती है। वह अमूर्तन की वकालत करने लगती है। आलोचक की जिम्मेदारी है कि रचना के भीतर से टिमटिमाती आशा-उत्साह की गतिशील किरणों को पकड़े। निराला की भाँति–'रहा राम का एक और मन जो न थका' (राम की शक्ति पूजा)–को पहचान लेने पर यह विश्वास हो जाता है कि इतने संहार के बाद यदि सृष्टि जीवित है, तो इसका अर्थ है कि जीना और बढ़ना ही शाश्वत है। जब हम उसे सुनियोजित बढ़ाते हैं जो उसकी रफ्तार तेज हो जाती है। अंतिम मुद्दा यह है कि रचना में सामाजिक अनुसंधान की खोज समाजशास्त्र की तरह नहीं होती। उसका तरीका रचनात्मक होता है। रचना के अपने नियम होते हैं। वह तभी प्रभावशील होती है–जब रचना के नियमों के अधीन रची जाती है। कथ्य और भाषा का द्वंद्व, भाषा और सचेत रूप का द्वंद्व रचना को एकता में बाँधता है। वहाँ रूपवाद और कथ्यवाद का झगड़ा नहीं होता। वहाँ आदर्श और यथार्थ में बैर नहीं रहता। बल्कि इन सभी की द्वंद्वात्मकता से रचना की आकृति बन पाती है। रचना के नियम रचयिता को भीतर से अनुशासित करते हैं। उनकी अनुकूलता-प्रतिकूलता काव्य की प्रकृति से उभरते हैं। वे रचना में भावों की विभिन्न स्वाभाविक मुद्राओं से प्रकट होते हैं। रचनाकार की विचारधारा उसकी जीवन स्थितियों में घुलकर ऐंद्रिय व्यवहार में बदल जाती है। तभी वह पात्रों में ढलती है।

जब लेखक उसे भावों और पात्रों में फिट करता है, तो वहाँ रचना नहीं रह जाती। आलोचक में इतनी समझ होनी चाहिए–कि वह यह सब जान ले। वह कलात्मक

अंतर्तत्वों का अध्येता ही न हो—उनका विधायक हो। वह रचना के हर स्तर पर निहित भाव तरंगों में डूब सकता हो। रचना का स्वरूप विश्लेषण वह तभी कर सकता है, जब रचनाकार के प्रयत्नों से न ही प्रसन्न हो—उसकी सिद्धि तक पहुँचे। यह करते हुए उसे रचनाकार का शत्रु नहीं—मित्र नजर आना चाहिए। रचना जीवन की वास्तविकताओं से संघर्ष के बाद बनती है, जबकि आलोचना रचनाकार के साथ सहानुभूति से। जीवन स्थितियों से संघर्ष में वह रचनाकार का सहयोगी है। व्यवस्था की पद्धतियों के आधार पर जीवन मूल्यों की खोज करने में वह कवि की पूरक की तरह मदद करता है। रचनाकार उसकी भूमिका को जल्दी स्वीकार नहीं करता इसलिए आलोचक अपनी वस्तुपरक हैसियत से इस तरह बाध्य कर देता है कि वह रचना में संलग्न होते समय उसे अस्वीकार न कर सके। उसे लगातार आलोचना के द्वंद्व को भोगना पड़े। आलोचक रचना का द्वंद्व भोगे वगैर नहीं रह सकता क्योंकि वही तो उसकी उपजीव्य सामग्री है। उसी सामग्री से उसे देखना है कि कवि की दृष्टि स्पष्ट है या उलझी, दृष्टि और सृजन में घोल है या नहीं।

रचना और आलोचना की परस्परता

रचना और आलोचना का रिश्ता द्वंद्वात्मक होता है। दोनों एक-दूसरे के लिए अनिवार्य हैं। यह द्वंद्वात्मकता पूँजीपति और सर्वहारा की तरह भी होती है और एक ही वर्ग में समानता अथवा एक से बेहतर दूसरे को बेहतर बनाने की चेष्टा के लिए होती है। इसमें वैमनस्य तथा मैत्री पूर्ण दोनों द्वंद्व हैं। एक ही वस्तु की यह दोहरी पहचान है। एक पहचान अनुसंधान मूलक होकर वस्तु के रचने की तथा दूसरे की वस्तु को पहचानते हुए अनुसंधान मूलक होनेे की। रमेश कुंतल मेघ ने लिखा है, "कवि का विभाव बाह्य रचना हो जाता है, तथा भावक का अंतःसृष्टि। दोनों ही बिंब विधायक होते हैं। तो भावना के समधरातल से बहिर्मुखी होकर एवं बाह्य कलाकृति प्रस्तुत करके—अर्थात् बाह्य रूप में कारयित्री प्रतिभा को प्रकट करने व्यक्ति कवि हो जाता है। इसके विपरीत भावना के समधरातल पर अंतर्मुखी होकर एवं अशरीरी कलाकृति प्रस्तुत करके अर्थात् आभ्यंतर रूप में कारयित्री प्रतिभा में ध्यानस्थ होकर व्यक्ति भावक या 'सहृदय' या आशंसक हो जाता है। यदि कवि भावक कवि होता है या आशंसक 'कारक आशंसक' तो वे उनके आदर्शों के उत्कर्ष माडल हैं। इस प्रकार कवि भी आशंसक और आलोचक हो सकते हैं, जिस प्रकार आशंसक और कवि।"[27] इस कथन का विस्तार करें तो रचनाकार और आलोचक के संबंधों का खुलासा हो सकता है। जैसे—रचनाकार का आभ्यंतरीकरण रचना के बाद सीधे मंच से ओझल हो जाता है। उसकी रचना ही प्रमाण देने लगती है—बाह्य वास्तविकता से लेखकीय संघर्ष की। इसलिए रचयिता की क्रिया कलात्मक क्षमता का उपयोग कर कृति पेश करने में संपन्न होती है। आलोचक की क्रिया यहीं से शुरू हो जाती है। जहाँ रचयिता

की क्रिया का अंत, वहीं से आलोचक की क्रिया की शुरुआत। रास्ते भी उलटे। रचयिता जहाँ आत्मवृत्त का बाह्यीकरण करता है, वहीं आलोचक उस कृति का आभ्यंतरीकरण। आभ्यंतीकरण के समय उसकी रचनात्मक प्रतिभा जागृत होती है, तभी वह रचना की समूची प्राणशक्ति को आत्मसात कर पाता है। उसकी भाषा शक्ति से विंधकर रचनात्मक साहचर्यों के जरिए वैकल्पिक रचना खड़ी कर लेता है। यदि वैकल्पिक रचना नहीं बन पाती तो आलोचक या रचयिता में कहीं न कहीं खोट है। कृति में यदि उपादानों का बिंब नहीं बना तो आलोचक भी भटक सकता है। कथ्य की चित्रात्मक प्रकृति नहीं बनती आलोचक लड़खड़ा सकता है। कदाचित् आलोचक अधिक जीवंत, जीवन स्थितियों से संपृक्त और कला के इतिहास से रमा है तो वह लड़खड़ाए रचयिता को पीछे छोड़कर उन्हीं उपादनों का समग्र बिंब अपने मानस में रच लेता है। तभी वह निर्मम होकर रचयिता को आगाह कर पाता है रचनाकार की क्रिया आत्मविश्वास से शुरू होती है—तब रचना बन पाती है। और आलोचक की क्रिया आस्वादन के बाद आत्मविश्वास तक पहुँची है—तब आलोचना शुरू होती है। एक में अवचेतन और चेतन के द्वंद्व में सापेक्षता के बावजूद वरीयता स्वयं-प्रकाश की होती है और दूसरे में चेतन की वरीयता स्थापित होती है। एक रचने के लिए सर्तक होता है—दूसरा जाँचने के लिए। रचना में चेतन की निगरानी पृष्ठभूमि में होती है—जबकि आलोचना में अवचेतन की। रचनाकार खोज में निकलता है—नई जमीन का उद्‌घाटन करता हुआ। उसके लिए उसकी निजी अर्जित और स्वायत्त शक्ति काम आती है। वह रचने की गहरी आवश्यकता महसूस करता है। उसे लगता है कि वैसा नहीं रचा गया। यदि उसने रचा तो कोई कमजोरी रह जाएगी। उस आवश्यकता के लिए उसमें अतिरिक्त साहस होता है ताकि अनकही कहानी को कहने का खतरा उठा सके। उसके लिए संतोष हानिकर है। खोज के प्रति शिथिलता, उदासीनता, अलगाव उसकी रचना में दिख जाते हैं। रचते समय वह न तो तार्किक होता और न आत्मतुष्ट। वह तो कभी न समाप्त होने वाली गली में निकल पड़ता है—आलोचक के लिए पहली तृप्ति जरूरी है। तृप्ति इस बात की कि रचना में समझने को कुछ शेष नहीं रहा। उसका अनुसंधान इसके लिए होता है कि रचना में प्रयुक्त उपदानों का सृजन से कैसा रिश्ता रहा है। वे ठीक तरीके से प्रयुक्त हैं या नहीं। वे प्रामाणिक हैं या नहीं। एक ज्ञान की रचना करता है, दूसरा रचना का ज्ञान खोजता है। रचनाकार और ज्ञानकार का यह सहज संघर्ष दोनों को लाभ पहुँचाता है—इस बहाने कला के इतिहास के दोनों सहयोगी हो जाते हैं। रचना प्रक्रिया के दौरान आलोचक की मानसिक कल्पना और द्वंद्व रचना की सधी हुई तस्वीर बना देता है। रचना के विभाग में आलोचक के शामिल होने से रचना में आशंकाएँ मौजूद नहीं रहती। चेतन मस्तिष्क में रचयिता स्वयं प्रकाश्य विस्फोट और कल्पना की उमंग को चिंतक से तस्दीक कराता है। जहाँ वह छाँटने-काटने की राय देता है—वहाँ वह वैसा कर लेता है। चिंतन और आलोचक

को मानस में प्रवेश दे देने से रचयिता की कौन सी पहचान अप्रमाणित रह सकती है और कौन से संयोजन शेष रह सकते हैं जब परंपरा, विचारधारा, कौशल, लक्ष्य सब-कुछ सृजन सहयोगी हो जाते हैं। रचना के इस स्वाभाविक क्रम में जो कृति बनती है—उसमें तमाम आस्वादकों की राय का संविलयन होता है। आस्वादक स्थान-स्थान पर अपनी उपस्थिति पाते हैं। आस्वादकों का प्रबुद्ध प्रतिनिधि आलोचक उसमें इतना रमता है कि उसकी कमजोरियाँ तलाशने में बारीक विवेचनात्मक शक्ति जरूरी हो जाती है। एक बार लेनिन तोल्स्तोय की विश्व प्रसिद्ध कृति 'युद्ध और शांति' पढ़ रहे थे। गोर्की पहुँच गए। वे पुस्तक के रस में मग्न लेनिन को तो बिना बाधा पहुँचाए बैठे रहे खुद रचनाकार होने के नाते यह एक आलोचक की स्थिति के प्रति सम्मान भी था। थोड़ी देर बाद जब लेनिन रसात्मक उन्माद से जागे तो हाल-चाल पूँछे वगैर बोले—'गोर्की, इससे महान ग्रंथ का पता तुम्हें है, मुझे तो नहीं। क्या कमाल किया है इसने। यह तो जादूगर है।' लेनिन ने समीक्षक के रूप में तोल्स्तोय पर ही सर्वाधिक लिखा है। उल्लेखनीय बात यह है कि आस्वादन की यह गहरी और विश्वसनीय प्रक्रिया सच्चे आलोचक को जन्म देती है। कौन नहीं जानता कि लेनिन ने तोल्स्तोय के अंतर्विरोधों को खोला है, उनकी विचारधारा को गलत ठहराया है, पर उनकी समीक्षा वस्तुपरक है। सही और समान विचार-धारात्मक लेखकों की समीक्षा के बजाए गलत विचारधारात्मक लेखकों के अंतर्विरोध पहचानने वाली समीक्षा में वस्तु परकता की ज्यादा खरी जाँच हो पाती है। मुक्तिबोध का जनवाद खोजने की तुलना में रघुवीर सहाय में बूर्ज्वा और जनवाद के द्वैत को खोजने में ज्यादा सतर्कता जरूरी होती है। सतर्कता ही उच्च स्थिति ही वस्तुपरकता की भी उच्च स्थिति है।

रचना वर्ग की विचारधारा से मुक्त नहीं होती। यह वर्ग देश और काल की सांस्कृतिक उपज होती है। आलोचना वर्ग से मुक्त नहीं होती, इस तरह रचना और आलोचना की शक्ति का निर्माण वर्ग की सामाजिक-सांस्कृतिक हैसियत से होता है। इसीलिए दोनों में ऐसा कुछ होता है—जिसमें सर्वमान्य सत्य हो। दोनों के हित समान होते हैं—इसलिए लक्ष्य की समानता रहती है। यह एक तरह का सांस्कृतिक साक्षात्कार कहा जाएगा। पूँजीवादी समाज में रचनाकार और आलोचक में वर्ग भेद रहता है। यदि वर्ग भेद केवल जन्म के कारण है और दोनों उस वर्ग की कमजोरियों विशेषताओं को जानते हैं और कमजोरियों से आत्मसंघर्ष करते हैं तो उनसे मुक्ति भी मिल जाती है। जैसे तोल्स्तोय अमीर वर्ग में जन्मे थे—पर यथार्थ को समझने की आंतरिकता ने उन्हें लगातार उस वर्ग से मुक्त किया। पूरी तरह मुक्त न हो पाने का कारण विचाराधारात्मक संगति थी। रचनाकार और आलोचक की वर्ग रुचि में भेद होने से दोनों के सबंध वैर पूर्ण रहते हैं। होनी चाहिए—कमजोरियों को खोलते हुए। आलोचक वर्ग भिन्न रचना का जबाव सांस्कृतिक स्तर पर देता है, ऐसा ही देना चाहिए। रचना का उत्तर राजनीतिक हो गया तो हजारों आस्वादक संतुष्ट नहीं होते। ऐसी स्थिति

में उसका जन शिक्षात्मक दायित्व पूरा नहीं होता। उसके अलावा अनजाने विरोधी वर्ग में फँसे रचनाकारों की मुक्ति में सहायता नहीं मिलती। आलोचक को इतना प्रखर होना चाहिए कि वह रचना की मूल्य दृष्टि और उसमें निहित रचयिता के आत्मवृत्त को इस तरह खोल दे कि भोले लेखकों का भला हो। वे असहमति के लिए तैयार हो सकें। यह कार्य मनोवैज्ञानिक तरीके से होता है, जाहिर है कि वह मनोविज्ञान फ्रायड का नहीं हो सकता। रचनाकार को यथार्थ से जोड़ना तथा आस्वादकों को यथार्थवादी संस्कार देना आलोचक का दायित्व है। साहित्य की भूमिका को अधिक से अधिक प्रभावशील बनाने में उसका योग होता है। यह इसलिए "साहित्य शब्दों द्वारा, मनुष्य को प्रभावित करता है। उसका प्रभाव दर्शन और विज्ञान से व्यापक इसलिए होता है कि उसका संबंध इंद्रियबोध से है। उसका माध्यम ही रूपमय है, कल्पना के सहारे वह तरह-तरह के रूप पाठक या श्रोता के मन में जगाता है। उसकी विषयवस्तु भी रूपमय है। वह चिंतन के निष्कर्ष ही नहीं देता, जीवन के चित्र भी देता है। दर्शन और विज्ञान से भिन्न उसकी निजी कलात्मक विशेषता जीवन के चित्र देने में है।"[28] यथार्थ की अनुभूति से रचनाकार कल्पना के जरिए चित्र पेश करता है और आलोचक यथार्थ के कल्पनात्मक चित्रों की यथार्थ जाँच करता है। यह दोनों का दायित्व है, जो एक ही लक्ष्य के लिए द्वंद्वात्मक है।

लुकाच ने एक आलोचक की प्रशंसा की है—उसका नाम है रुडोल्फ कासनर। उसने बताया कि कासनर ने सैद्धांतिक समीक्षा नहीं लिखी। इसलिए कि वह रचना शक्ति को आलोचना में लगाकर रचनात्मक तत्वों को ही विकसित करता रहा। उसने रचनाकार की सामान्य जिंदगी के व्यवहार, संवेदन शक्ति के जीवन संघर्षों से टकराने की प्रकृति, अनुभवों के आकृति ग्रहण करने की प्रक्रिया का अध्ययन किया। उसने हर क्षण घटित रचनाकार के रूपांतरणों पर छोटे-छोटे निबंध लिखे। रचनाकार में उभरती हुई रचनात्मक शक्ति को जाँचा—उसकी बाधाएँ पहचानी। इसी तरह फिर रचना के भीतर उन बाधाओं को खोजा। रचना की आवयविकता उससे उभरी शैली को महसूस किया। कासनर ने व्यावहारिक समीक्षा में पाया कि शैली रचनाकार के संपूर्ण जीवन की मूर्त इकाई होती है। इसी समय उसने यह सिद्ध किया कि शैली कैसे तैयार होती है और सिद्ध होती है। उसने रचनाकार की जीवन प्रक्रिया और रचना प्रक्रिया के अंतर्संबंध खोजे। बताया कि कलाकार के जीवन में एक ठोस स्वर लहरी लगातार झंकृत होती है। उसके साथ जीवन के संघर्ष पचते और रिसते रहते हैं। इन लहरियों में अंततः एकता स्थापित होती है। उसकी स्थापना है कि ऐसी धन, ऐसी अनंत अनुगूँजें महान रचना को जन्म देती हैं। जीवन की महानता ही रचना की महानता में रूपांतरित होती है। रचना के बारे में ये नतीजे आलोचक कासनर के हैं। सिद्ध है कि इतनी कठोर तपस्या के बाद ही आलोचक रचनाकार का आत्मीय सहयोगी हो पाता है। कासनर आलोचकों को हिदायतें देता और उनके दायित्वों पर प्रकाश

डालता है। एक स्थान पर दोनों में अंतर करता है—"कवि पद्य में लिखता है, समीक्षक गद्य में। दोनों में महत्त्वपूर्ण अंतर यह होता है कि कविता के अपने नियम हैं, गद्य के नहीं।"[29] ऐसा कहने के पीछे कवि को रूप के अनुशासन की याद दिलाता है। जाहिर है कि गद्य में लिखी जाती समीक्षा के लिए रूपात्मक अनुशासन से मुक्ति रहती है। संरचना का अनुशासन उसे नहीं बाँधता। रचयिता शक्ति संवर्द्धन और विकीरण करता है। वह शक्ति के साथ उड़ता और धरती से उस उड़ान को जाँचता रहता है। समीक्षक में संशयों-जिज्ञासाओं की भरमार होती है—इसलिए वह आजाद हो जाता है। उसका अनुशासन कृति होती है। वह उड़ान भरने की चेष्टा करता हुआ—वस्तुओं के निकट बने रहने को बाध्य है उसके मानस में तरह-तरह के तर्कों की क्रीड़ा होती है। बेहतर आलोचक तर्कों के बीच में ही रचना की मार्फत उन तरंगों से भाव क्रीड़ा करता हुआ—फिर अपनी जगह आ जाता है। वह भाव तरंगों से खेलकर भी ज्यादा निरपेक्ष रह लेता है। आलोचना और रचना—सांस्कृतिक प्रक्रिया में पूरक हैं जो विरुद्धों की एकता से बनती है। कवि रचनात्मक क्षमता के द्वारा व्यवस्था का विकल्प अथवा गत्यात्मक स्थिति व्यक्त करता है, जबकि आलोचक का कार्य हमेशा विकल्प के प्रति द्वंद्वात्मक संबंध बनाने रखना है। उसमें संदेह के कारण निरंतर बेहतर की माँग बनी रहती है। यह अच्छी बात है कि उसे संतुष्ट यदि कोई कर सकता है, तो वे हैं रचना के चित्र, रूप या बिंब। आलोचक, आलोचना पढ़कर संतुष्ट नहीं होता। उसकी जिज्ञासा केवल रचना में ही पूरी होती है। वह आलोचना की प्रत्यालोचना इसलिए करता है—ताकि रचना की समझ साफ हो। ठीक से रचना के उद्घाटित न करने के अपराध में उत्तेजित होकर वह प्रत्यालोचना के लिए बाध्य होता है—अपने संतोष की रचना पाने के लिए रामचंद्र शुक्ल मानस और पद्मावत को पढ़कर तुष्ट हुए और रामविशाल शर्मा निराला को। लुकाच ने भी इसको स्वीकार किया है। उसने लिखा, "शायद जीवन एक शब्द है, जिसका अर्थ है—समीक्षक के लिए कवि होने की संभावना और कवि के लिए समीक्षक होने की संभावना, आत्मा में किया हुआ, वही इसमें जी सकता है, जिसकी आत्मा में दोनों तत्व इस तरह विमोचित होते हैं उनके 'रूप' को जन्म मिल जाता है।"[30] यह अन्योन्य क्रिया जब किसी युग में टूट जाती है—तब दोनों अलग-थलग हो जाते हैं। तभी इस तरह के मुहावरे प्रचलित होते हैं कि असफल कवि आलोचक होता है। वास्तव में आलोचक कवि की असफलता से नहीं, कवि होने के बावजूद गंभीर कलात्मक दायित्व के दबाव में पैदा होते हैं। रचना को परिष्कृत करने तथा उसकी जटिल प्रक्रिया को प्रेषणीय बनाने के लिए वह दोहरा दायित्व निभाता है। वह रचना की अनेक मुखता उजागर करता है। अनेक मुखताएँ विभाजित नहीं की जा सकतीं, पर स्थूल रूप से वर्ण संयोजन, सार्थक शब्द संयोजन, वाक्य रचना—जो रचना का पूरा बिंब बनाते है—दृश्य, घटना और पात्रों के साथ मूल्य दृष्टि और अंत में मूल्य दृष्टि की पक्षधरता। रचना से इन रहस्यों

को खोलने के लिए रचनाकार की साधना आलोचक के लिए भी जरूरी हो जाती है। दोनों के पूरक दायित्व इसे हल करते हैं। गोल्डमान ने कहा, "बोध और व्याख्या दो भिन्न प्रक्रियाएँ नहीं हैं; बल्कि एक ही प्रक्रिया है और भिन्न सहयोजकों से संबंधित है।...बोध अध्येय वस्तु के सार्थक संघटन को प्रकाश में लाने की प्रक्रिया है। व्याख्या भी एक तत्काल समावेशी संघटन में इस संघटन को विधायक तत्व के रूप में समाष्टि करने की प्रक्रिया है। शोधकर्त्ता समावेशी संघटन की विस्तृत पड़ताल नहीं करता। अध्येय कृति की उत्पत्ति को बोधगम्य बनाने के लिए जितनी पड़ताल जरूरी है, उतनी ही करता है। जरूरी केवल यह है कि बाह्य संघटन को अध्याय की वस्तु बनाया जाए और व्याख्यामूलक शोध को नए तथा ज्यादा विस्तृत संघटन को जोड़ा जाए।"[31]

अलगाव पूर्ण संबंध

रचना और आलोचना के प्रकृत रिश्तों को तोड़ने की कोशिश बूर्ज्वा समाज में अधिक हुई है। मध्ययुग में जो उच्छिन्नता थी (एलिएनेशन)—वह कला और जनता के आपसी संबंधों को नहीं तोड़ती थी। उस युग में धर्म की मध्यस्थता ने जरूर जनता को आवश्यकता के स्वभाव से काट दिया था, परंतु सामूहिक खुशी, आस्वादन, पीड़ा का माहौल एक आस्था के सहारे मौजूद था। भाई चारे की कमर नहीं तोड़ी हुई थी। पूँजीवादी समाज ने इसी पर प्रहार किया। श्रम विभाजन की एक पूरक संगति तोड़ दी गई, विशेषज्ञता की स्वायत्तता पर जोर दिया जाने लगा। कला के क्षेत्र में स्थापित किया गया कि रचना अपने-आप पूर्ण, आलोचना अपने आप पूर्ण। रचनाकार और आलोचक कभी न मिलने देने के लिए विशेषज्ञ बनाए जाने लगे। लेखक अपने आंतरिक जीवन का भी व्यवसाय करने लगा। इसीलिए बाजार की सुरुचि के अनुकूल रचना की वस्तु के बजाए-क्राफ्ट, तकनीक, आत्माभिव्यक्ति पर जोर बढ़ा। रूपवादी कलाकार तथा हर दिन नई डिजाइन, फैशन, एलीट रुचियों का आलोचक। प्रतिष्ठानों की रुचि कला में हस्तक्षेप की हुई। उन्होंने प्रकाशन शुरू किए—पत्रिकाएँ और समाचार पत्र। विशेष प्रतिभाशाली रचनाकारों—समीक्षकों को उनमें तैनात किया गया। लेखक और समीक्षक वेतन भोगी हो गए। प्रतिष्ठानों ने उनको ऐसी आजादी दी जो राजनीति और समाज विज्ञान के बाहर मँडराए। साहित्य को राजनीति से विलगाकर उन्होंने ऐसी रचना शैली को बढ़ावा दिया जो ठोस जीवन सच्चाइयों से दूर तथा अमूर्त हो। इस माहौल में वे लेखक भी जो पूरी तरह नहीं बिके, जिनमें प्रतिरोध जिंदा रहा, प्रतिष्ठानों के अप्रत्यक्ष नियंत्रण में आ गए। एलेन पौ जैसा कवि कहता है कि लंबी कविताओं का कोई अस्तित्व नहीं होता। इस तरह की कविताओं में टुकड़े होते हैं—कविता नहीं। ललित साहित्य का प्रेमी यह कवि बिना सीधे बिके भूल-भुलैया में डूब गया। इन्हीं कारणों से पूँजीवादी समाज में हमें रचना और आलोचना के संबंधों की खोज के पूर्व दोनों के सामाजिक स्रोत और दबाव तलाशने होंगे। पहचानना होगा

कि उन दबावों के बीच क्या उनमें कोई बदलाव है ? काडवेल का कहना है, "सभी प्रकार की कलाएँ परिवर्तनशील सामाजिक रिश्तों और प्रचलन से बहिष्कृत चेतना के बीच तनावों से जन्म लेती हैं। नई कला क्यों जन्मती है, पुरानी-आस्वादकों और समीक्षकों को क्यों तोष नहीं दे पाती, इसका कारण वह समकालीनता की पकड़ से बाहर हो चुकी है। पुरानी कला का हमारे लिए अर्थ होता है क्योंकि वे संवेदनाएँ, प्रभावों के वे स्रोत—नहीं बदलते, क्योंकि नए संबंधों की सामाजिक व्यवस्था पुराने को छोड़ती नहीं—उसे जोड़ती है, नई कला बीती हुई कलात्मक परंपराओं को भी जोड़ती है।"[32] बूर्ज्वा कला के भीतर वे षड़यंत्र शामिल होते हैं, जो शोषितों को अधिकारों के एहसास से वंचित करें। वे सामाजिक धारणाओं में न होकर कल की विशेषज्ञता, स्वायत्तता, व्यक्तिगत पूर्णता जैसी अलगाव पूर्ण स्थापनाओं के जरिए शामिल होती हैं—इसलिए ज्यादा सतह में नहीं देखी जातीं। प्रेम प्रसंगों पर लिखते हुए काडवेल ने कहा, "मनुष्य की स्वाभाविक असफलता यह मान लेने में है कि कहीं कुछ नहीं बदलता, विचार शाश्वत होते हैं—एक शब्द में जो अभिव्यक्त है, वह उसी तरह अपरिवर्तनीय है, जैसे कि शब्द अटल है।"[33] इतिहास का दोहराना, युग-युगों को बार-बार आना, परमशक्ति द्वारा पापों का भंजन—ये पौराणिक आदर्श थे, अपने आप पूर्ण होना, या बिक्री के मूल्य में अस्तित्व की परीक्षा को निर्भर करना पूँजीवादी मूल्य। पूँजीवादी बुद्धिजीवियों ने दोनों को घोलकर नया शाश्वतवाद गढ़ा है। निरपेक्षता के नए बूर्ज्वा दर्शन ने रचना और आलोचना के रिश्तों को दूसरे संबंधों की ही तरह दूर-दूर ले जाकर पटका है। लेनिन ने निरपेक्षता की स्वायत्त अवधारणा को तोड़ते हुए कहा था, "व्यक्तिवाद (संशयवाद, भ्रांतिवाद) और द्वंद्ववाद के बीच अनिवार्यतः फर्क यह है कि (वस्तुपरक) द्वंद्ववाद में सापेक्ष और निरपेक्ष के बीच का अंतर स्वयं सापेक्ष है। वस्तुपरक द्वंद्ववाद के लिए सापेक्ष के भीतर निरपेक्षता निहित है। व्यक्तिवाद और भ्राँतिवाद के लिए सापेक्षता ही सापेक्ष है जो निरपेक्ष को छोड़ देती है।"[34] लुकाच ने भी इस सापेक्ष निरपेक्ष संबंधता को द्वंद्वात्मक तरीके से विश्लेषित किया। उन्होंने लिखा, "द्वंद्वात्मक पद्धति का सार सापेक्ष और निरपेक्ष की अविभाज्य एकता की व्याप्ति में निहित है। निरपेक्ष सत्य के सापेक्ष तत्व होते हैं (स्थान, काल और परिस्थितियों पर निर्भर) दूसरी ओर सापेक्ष सत्य जहाँ तक कि वह वास्तविक सत्य है, जहाँ तक वह वास्तविकता की ईमानदार अखंडता को प्रतिबिंबित करता है—अपनी निरपेक्ष बैधता रखता है।"[35] बूर्ज्वा समाज द्वारा वितरित संस्कृति और मूल्यों में निहित लक्ष्य ही यह है कि सत्यता, संबद्धता और आस्था की स्वाभाविक प्रक्रियाएँ टूट जाएँ। इसे तोड़ने के उनके प्रयास सौंदर्य मूल्यों के द्वारा आते हैं। उनकी चिंता तब होती है, जब सौंदर्य मूल्य राजनीति और विज्ञान की अन्योन्य क्रिया को समझने लगते हैं। ऐसे लेखक जो इस व्यवस्था का प्रतिरोध नहीं कर सकते। इसके लिए उनके पास साहस की कमी होती है—समीक्षकों को उनकी रचनाओं का विश्लेषण करना चाहिए।

उनकी थीम, तकनीक और लक्षणों में निहित उच्छिन्नता भी खोल दी जानी चाहिए। तकनीक के प्रति निरपेक्ष व्यापारिक रुचि के कारण कथ्य का खोखलापन चलन में आ गया है। खोखले वातावरण में आरंभ की गई जिंदगी का हश्र ही तकनीकी रुचि है। दोनों एक तरह की स्थिति बनाते हैं। इनमें विरुद्ध की एकता नहीं—एकता की विरुद्धता शामिल है—उच्छिन्नता मूलक। एक बात उल्लेखनीय है कि साहित्य के सामंतवादी और पूँजीवादी युगों में यदि समीक्षक उच्छिन्न होता है तो रचना उसे ठीक कर देती है—पर रचना में उन प्रवृत्तियों के उतर आने पर अपेक्षाकृत दीर्घ जीवी हो जाती है। आलोचना उन युगों में जितनी जल्दी दिग्भ्रमित होती है, उतनी ही जल्दी-जल्दी उनमें सामाजिक रिश्तों का संघर्ष भी झलकने लगता है। मतलब यह कि समीक्षा के क्षेत्र में परिवर्तन को स्वीकारने की क्षमता जल्दी आती है। लुकाच तो निश्चित मत के रूप में ही तथ्य पेश करते हैं, "असत्याभास और विकृत समीक्षाएँ रचना की तुलना में कम समय तक टिकती हैं।"[36] इनका कहना समीक्षा के लिए तब तक सही है जब तक वह सामाजिक रचनात्मक संस्कारों से गहरे से नहीं विंधी होती। मध्य युग तथा बूर्ज्वा समाज में यही है। सामाजिक-मनोविज्ञान के संस्कार समाजवादी व्यवस्था में पैदा होते हैं। तब समीक्षा और रचना के रिश्ते विकास मूलक हो जाते हैं। उस दृष्टि के आलोचक के सामने व्यक्तिवादी संकीर्णताएँ नहीं छिप पातीं। वह समीक्षा गहरे दलदल से भी सच्चाई निकाल लाती है। व्यक्तिवादी समीक्षक इसे छिपाते हुए अनैतिहासिक चरित्र की वकालत करते हैं। अतिशास्त्रीय, अवाँगर्द और निष्क्रिय रोमांसवादी समीक्षाएँ भी ठोस सामाजिक-ऐतिहासिक दृष्टि को ओझल करती हैं। वे विकृत समाज शास्त्र और सौंदर्यवाद को एक नजर से देखती हैं। विडंबना है कि ये प्रवृत्तियाँ संस्कृति और राष्ट्रीयता का भी मजाक उड़ाती हैं—वे परंपरा, शास्त्र, सौंदर्य और गतिशीलता को समझने में पूरी तरह असफल रहते हुए सांस्कृतिक दृष्टि का प्रचार करते हैं। वे पुरानी रुचि के लिए नवीनता का नारा देते हैं। नई कविता का छायावाद विरोध किस तरह विकृत रूप से छायावादी संस्कारों को फैलाता है—इसका नया प्रमाण है। इस प्रवृत्ति ने क्या किया—(1) साहित्य को समाज से अलगाया; (2) समाज में विकसित निरंतरता को क्षीण कर 'क्षणवाद' चलाया। नएपन की छलाँग को रास्ते में भ्रमित कर दिया; (3) जैविक मनोविज्ञान का प्रचार किया—जिससे अमूर्तन बढ़ा, युवा उत्तेजनाएँ उभरीं, भूखी नंगी पीढ़ियाँ जन्मीं; (4) अंततः नया रहस्यवाद आया।

इस तरह सिद्ध है कि बूर्ज्वा समाज में उच्छिन्नता की प्रवृत्तियाँ विकसित होती हैं। रचनाकार और आलोचक इस उच्छिन्नता से मुक्ति दिलाने के लिए संयुक्त रूप से संघर्ष के लिए उत्तरदायी हैं। जरूरत पड़े तो दोनों जिम्मेदारियाँ साथ-साथ निभानी चाहिए—ताकि सृजन और आस्वादन की समस्याएँ हल की जा सकें। जैसा कि गोर्की, मायकोव्स्की, राहुल, निराला और मुक्तिबोध ने किया। ऐसे रचनाकार सिद्धांतों, मूल्यों और विभिन्न जीवन संदर्भों से टकराकर सच्चाई अर्जित करते हैं। लुकाच का मत

है, "लेखक समीक्षक अधिकतम विविध दिशाओं में टकराते हैं। लेकिन उनका लक्ष्य हमेशा वस्तुगत सच्चाई और रचना के जीवन संबंधों के शोध में समाप्त होता है।"[37] समाज के संघर्ष यदि धीमें हों तो इस क्षेत्र में कार्य उस प्रतीक्षा के वगैर आरंभ किया जाना चाहिए। गोल्डमान कहते हैं, "दर्शन या रचना कर्म समय और स्थान से उठकर भी अपना मूल्य रख सकते हैं। सबसे पहले जहाँ स्थितियाँ प्रकट हों–वहीं विशेष मानवीय स्थितियों के रूप में प्रकट की जा सकती हैं। ये (दर्शन+रचना) साथियों और सृष्टि से बीच मानवीय अंतर्संबंधों के मध्य उत्पन्न महान मानवीय समस्याओं की भूमिका में पक्षांतरण हैं। अब जबकि, इन समस्याओं के असंख्य संयुक्त उत्तर मानवीय व्यक्तित्व की विशेष संरचना के द्वारा दिए जा सकते हैं, और उनमें से प्रत्येक प्रदत्त उत्तर, उस संरचना में विभिन्न या अंतर्विरोधी ऐतिहासिक स्थितियों तक से संवाद कर सकते हैं।"[38] समय और स्थान से उठने का अभिप्राय है कि रचना और दर्शन दोनों सापेक्ष निजता से निरपेक्ष सार्वजनीनता तक पहुँचते हैं। जिस तरह व्यक्तियों की स्थितियों को सामाजिक सामान्यता प्रदान करते हैं, उसी तरह देश और काल की सीमा को लाँघते हैं, ताकि निर्णय सार्वभौमिक हो सकें। यह विश्व दृष्टि के निर्माण की प्रकिया है। गोल्डमान ठीक मानते हैं–रचना और दर्शन सामाजिक स्थिरता को लाँघकर आगे जा सकते हैं और सामाजिक-आर्थिक रूपांतरण की भूमिका बना सकते हैं। जो समस्याएँ मनुष्य में स्वतः उद्भुत हैं–रचना के पात्र और दर्शन के निष्कर्ष उसे अभिव्यक्त कर सकते हैं। मार्क्सवाद स्वयं एक ऐसा दर्शन है जिसको वर्ग संघर्ष की संगठित तीव्रता के पूर्व मानवीय स्वभाव के भीतर से पाया गया है। आलोचना का अंतिम रूप दर्शन के करीब पहुँच जाता है–इसलिए रचना और आलोचना की द्वंद्वात्मकता से समग्र रचनात्मक निजता और मानव एवं प्रकृति की अनंत अन्योन्य ऊर्जा की संगति का संयुक्त उपयोग हो जाता है। रचना के द्वारा व्यापक मानवीय संवेदना पेश होती है–जो अधिकतम बौद्धिक क्षमता से पुष्ट रहती है तथा आलोचना के द्वारा प्रामाणिक, रागात्मक तथा ऐंद्रिय संवेगों की चिंतनपूर्ण वैज्ञानिक परीक्षा हो जाती है। इसलिए ग्राम्शी को कहना पड़ा, "आचार दर्शन द्वारा उपस्थित बुनियादी परिवर्तन के लिए राजनीति विज्ञान और इतिहास इसके प्रमाण हैं कि कोई अमूर्त मानव स्वभाव स्थिर और अपरिवर्तनीय (धार्मिक और परमवायी अवधारणा के अनुसार) नहीं है। बल्कि वह मानव स्वभाव समग्र ऐतिहासिक दृढ़ निश्चयों के सामाजिक संबंधों पर निर्भर होता है, इसीलिए ऐतिहासिक सत्य, निश्चित सीमाओं में भाषा तत्व और समीक्षा की विधियों से खोजे जा सकते हैं।"[39] ग्राम्शी के कथन का अर्थ है कि मानव स्वभाव सचेष्ट चेतना के साथ परिवर्तनीय है। विशेष प्रकार से समाज को बदलकर स्वभाव के रूपांतरण, निर्देशन और विकास की स्थितियाँ निर्मित की जा सकती हैं। इस स्थिति में टी.एस. ईलियट का यह विश्वास कितना उपहास्यास्पद लगता है, जब वह कहता है, "सैफो (Sappho) के गीतों को पढ़ने का अर्थ यह

नहीं कि मैं अपने-आपको 2500 वर्ष पूर्व के ग्रीकटापू के आदमी होने की कल्पना करूँ—महत्त्व की बात है वह अनुभव जो विभिन्न सदियों के मानवों के लिए समान है वह भाषा, जो कविता से आनंद पाने में सक्षम है, वह विद्युत कौंध, जो 2500 वर्षों की छलाँग लगा सकती है।"[40] ईलियट का विश्वास अवैज्ञानिक है। अब तो उसकी अवैज्ञानिकता विवादास्पद भी नहीं रही। अरबों का चरित्र साक्ष्य बन चुका है। मुक्तिबोध "अँधेरे में" कविता में कहते हैं कि उन्होंने सत्य पाने के लिए हर चेहरे के इतिहास की खोज की है। इस बात को द्वंद्वात्मक पद्धति से निष्कर्ष के रूप में आते हुए ग्राम्शी कहता है, "प्रत्येक व्यक्ति अस्तिवान संबंधों की संश्लिष्ट इकाई ही नहीं होता, बल्कि वह उन संबंधों का इतिहास होता है। वह व्यक्ति अतीत का निचोड़ रूप होता है।"[41] इतिहास के द्वारा रचे हुए आदमी का ही काम है कि वह इतिहास को बार-बार अपनी रचनात्मक क्षमता से रचता रहे। अंधकार में बिखरी हुई इतिहास की कच्ची सामग्री का जैसे-जैसे संवेदनात्मक साक्ष्य उसे मिलता जाता है—वह बार-बार आलोचक की मदद सेउसका पुनर्मूल्याँकन करता है और रचना की मदद से उसे नए स्वरूप में ढालकर पेश करता है। हर्बर्ट रीड ज्ञान की इस संगति का श्रेय मार्क्स को देते हुए बोलते हैं, "इतिहास के प्रसंग में मार्क्स का संकल्प-विकल्प तथा वास्तविक रूप से इस समस्या के उभारे जाने का फल होना चाहिए था कि उसके बाद के लोग उसकी सबसे जटिल विभक्तियों के सतही अनुशीलन को रोकते जिसका अभी और द्वंद्वात्मक विश्लेषण प्रतीक्षित है।"[42] मार्क्सवाद ने सृष्टि रचना के किसी भी अंश को निरर्थक तथा असंबद्ध नहीं माना। उसके निष्कर्षों में यह बात अनिवार्यता से शामिल है कि हर क्षण चीजें बदलती और विकसित होती हैं। वे कैसे विकसित होती हैं—इसके नियम हैं। विरुद्धों की एकता इनमें से महत्त्वपूर्ण है। जो दर्शन अमूर्त रहकर पूर्ण निरपेक्षता की वकालत करता है—वह उसकी नजर में ह्रास शील है। उसमें प्रगति के कोई अवसर नहीं होते—चाहे वह कला का प्रसंग हो या आलोचना का। परमवादी कलाशास्त्र में विरुद्धों की एकता के सवाल पैदा ही नहीं होते। वहाँ विरोध निरपेक्ष ही होता है। वह विरोध के लिए विरोध है। हाथर्न ने कहा कि विकास तभी होता है जब "व्यक्तिगत और सामाजिक तात्कालिक और शाश्वत, निरपेक्ष और सापेक्ष समान रूप से कटे हुए विरुद्धों के बजाए द्वंद्वात्मक रूप से संबद्ध विरुद्धों के रूप में पाए जाते हैं। उनके लिए यह कोई समस्या नहीं होते है।"[43] यह बात मानव जीवन के लिए जितनी सही, उतनी ही प्राकृतिक तत्वों के लिए है। यह सृष्टि की रचना प्रक्रिया का नियम है। मार्क्सवादी विश्वासों के अधीन रचनाकार से अपेक्षा की जाती है कि वह ऐसी रचना करे जिसमें रचना के प्राकृतिक नियमों तक पहुँचा गया हो। मानव स्वभाव में जहाँ इन नियमों का व्यवधान आ गया हो, उन्हें पुनः प्रवाह में लाकर स्वभाव को उचित दिशा दी जाए। जीवन की सामग्री का वस्तुपरक रूपांतरण यही है। रचयिता कथावस्तु तथा अन्य रचनात्मक उपादानों को

रूपांतरण की प्रक्रिया से ही हासिल करता है। यही क्रिया द्वंद्वात्मक है। कथ्य से रूप तक—औचित्य अनौचित्य के संघर्ष के साथ। रचनाकार का मानस विरोधी वर्गों के सामाजिक-आर्थिक-सांस्कृतिक कारणों से अपनी रचना प्रक्रिया हासिल कर लेता है। इन्हीं कारणों में रचनाकार में समीक्षक और समीक्षक में रचनाकार का टकराव निहित है। दोनों के सापेक्ष सहयोग से ही उसे विश्व दृष्टि प्राप्त हो पाती है। वेलेन्स्की, चर्नी सेव्स्की, काडवेल और लुकाच की समीक्षाओं में कवि की उपस्थिति तथा चेखब, गोर्की, लोर्का, पैलोनैरुदा, निराला और मुक्तिबोध में समीक्षक की उपस्थिति से कौन इनकार कर सकता है। दोनों सहयोगियों के संवेदनात्मक रिश्ते होते हैं, स्थूल रूप से वे नहीं भी दिख सकते। कई बार तो रचयिता अपने आलोचक के प्रति उदासीन उपेक्षा पूर्ण यहाँ तक कि शत्रुतापूर्ण रवैया रखते हुए अनजाने ही प्रभावित हो चुका होता है। यह इसलिए कि उपेक्षा उदासीनता या शत्रुतापूर्ण मानसिक क्रियाएँ मानस में उभरकर शून्य में विलीन नहीं हो जातीं। मानस में ये उभरती हैं तो चेतन से अचेतन तक की तरंगों में कहीं न कहीं घुल जाती हैं। रचनाकार की दृष्टि में प्रतिनिधिकता, ऐतिहासिकता, समकालीनता, सामाजिकता, वस्तुपरकता, वैयक्तिकता और वैचारिकता की पुष्टि के लिए स्वभाव की हर तरह की प्रतिक्रियाएँ सापेक्षिक महत्त्व रखती हैं। समीक्षक और रचनाकार में बहुत ही महीन तरीके से विश्लेषण और संश्लेषण की सक्रिय प्रक्रिया रहती है। यही प्रक्रिया आनुपातिक ढंग से घटित होकर ऐसी इकाई रच देती है, जिसे सुंदर कहते हैं। रचना के सौंदर्यशास्त्र का मसला इससे भिन्न नहीं है। वस्तुतः रचना और आलोचना के संगत रिश्ते की खोज तथा असंगत रिश्तों को सामंजस्य प्रदान करने का ही नाम सौंदर्यशास्त्र है। वेलेन्स्की ने समीक्षा को ''सौंदर्यशास्त्र व्यवहार में'' की संज्ञा दी थी। ऐसा कहकर उसने सौंदर्य शास्त्र के भीतर निजी आस्वाद, पसंद की वरीयता, वैयक्ति रुचि और इच्छाओं को भरपूर स्थान दिया है। ये रचना की जरूरतें हैं—जो समीक्षा में अंतर्भुक्त होती हैं। इसीलिए ए. जीज का कहना सही है, ''रचना समीक्षा में से सौंदर्य शास्त्र की जुदाई अंततः अमूर्तशास्त्रीयता की ओर बढ़ाती है।''[44] रचना-समीक्षा और सौंदर्य शास्त्र के संबंधों को तोड़कर यह नहीं कहा जा सकता कि सौंदर्यशास्त्र समीक्षा का एक अंग है। सौंदर्यशास्त्र वस्तुतः परिणति में विश्व दृष्टि तथा व्यवस्थित सिद्धांतों से रचा-पचा होता है, उसमें इनके आलोचनात्मक विश्लेषण घुले-मिले रहते हैं—इसलिए वह समीक्षा का सामान्यीकृत स्वरूप है। निश्चय ही यह प्रक्रिया उन सौंदर्यशास्त्रों की नहीं है जो समीक्षा का अर्थशास्त्र के सूत्रों में पाते हैं। वे भोंड़े तरीके से समीक्षा और विज्ञान का रिश्ता जोड़ते हैं। हकीकत में वे रचना, समीक्षा, सौंदर्यशास्त्र और विज्ञान के बीच अलगावपूर्ण अव्यवस्था फैलाते हैं। ए. जीज इसकी अनिवार्य व्याख्या करते हुए लिखते हैं, ''मार्क्सवादी-लेनिनवादी सौंदर्यशास्त्र अमूर्त नियमों का प्रचलन नहीं करता और न रचनात्मक अभ्यास से संबंधों की तिलांजलि देता। बल्कि वह रचनात्मक अभ्यास

से ही नियमों की खोज करता है। सौंदर्यशास्त्रीय सिद्धांत विश्व कला के उपलब्धियों पर आधृत सामान्यताओं को प्रस्तुत करते हैं और वे उसकी प्रमुख प्रवृत्तियों के सैद्धांतिक विशदीकरण हैं।"[45]

विश्व में कला का विकास सच्चे अर्थों में कारयित्री प्रतिभा और भावयित्री प्रतिभा के द्वंद्व से हुआ है। इस विकास की सारवस्तु यद्यपि सामाजिक-आर्थिक स्थितियाँ रही हैं—पर वे हमेशा सीधे ही नहीं दिखाई देती रहीं। उनके और कला के बीच का संबंध काफी चक्करदार और जटिल रहा है। इसी कारण सतही ढंग से सौंदर्य शास्त्र पर व्यक्त धारणाएँ मूल वस्तु से कट जाती रही हैं। कभी वस्तु को सुंदर कहा गया और कभी आत्म को, जैसे वे दोनों जुदा-जुदा हों। सौंदर्य शास्त्र इसके लिए दोषी नहीं, इस विलगाव का कारण वर्गीय संरचनाएँ थीं। बहुत से ऐसे सौंदर्यशास्त्री भी रहे हैं, जिन्होंने सामाजिक चिंतन के बीच में कला प्रसंगों को पाया है, जैसे—पलेटो, अरस्तू, फ्रायड, मार्क्स आदि। जो सौंदर्यशास्त्र केवल कला प्रसंगों पर सोचते रहे हैं—वे अप्रत्यक्ष रूप से सामाजिक चिंतन में शामिल थे। इसी कारण सभी की निष्पत्तियाँ अंततः वस्तुवादी आत्मवादी सामाजिक चिंतनों में से कहीं न कहीं मेल खाती हैं। सौंदर्य चाहे वस्तु, वस्तु के अलंकरण विशिष्ट रूप, उदात्तता, अभिजात्य, अभिव्यंजना, अनुकरण में हो, चाहे वह प्रतिभा अथवा व्युत्पत्ति के कारण आए अथवा—सहृदय की चेतना, अपेक्षित सामाजिक प्रभाव, तादात्म्य या सह अनुभूति, सत्य और शिव की सिद्धि में निहित हो—सामाजिक चिंतन का कोई न कोई पक्ष इनमें अनिवार्यतः शामिल है। इसीलिए निष्कर्ष में यह कहा जाएगा कि रचना समीक्षा और सौंदर्य शास्त्र में सामाजिक-सांस्कृतिक जीवन पद्धति की एक संगति मिलती है। इस संगति को अधिकतम मानव के हित में तथा सृष्टि के नियमों के अनुकूल विकसित करने में रचना-आलोचना और सौंदर्य शास्त्र का विकास निहित है। इनमें लगातार नए और पुराने का द्वंद्व छिड़ा रहता है। इस द्वंद्व का अंतिम लक्ष्य रचना है। चिंतन के अन्य सारे सोपान रचनाकार में आकर अनुस्यूत होते हैं। वे वहीं से उसी के लिए और उसी के बारे में रहते हैं। गोल्डमान के अनुसार, "सौंदर्यात्मक अन्विति की आकांक्षाएँ उससे ऐसी कृति की रचना करा देती है, जिसका आलोचक द्वारा अवधारणा की भाषा में अनुवादित होने वाला संघटन कुछ ऐसा होता है, जो उसके विचारों, उसकी मान्यताओं और उसकी कृति की रचना को प्रेरित करने वाली अभीप्सा से भिन्न और यहाँ तक कि विपरीत भी होता है।"[46]

प्रगति या विकास की प्रक्रिया

कुछ लोग कहते हैं कि रचना में अपने आप शाश्वतता, दूरदृष्टि और वैकल्पिक समस्याएँ होती हैं। रचनाकार स्वयंभू, प्रजापति और कालजयी होता है। इस प्रसंग पर काव्यमीमांसा में राजशेखर ने एक रूपक प्रस्तुत किया। उसके अनुसार ब्रह्मा की कृपा

से विश्व को अर्थ रूप में परिणत करने वाला "काव्य-पुरुष" जैसा पुत्र सरस्वती को मिला। सरस्वती ने पुत्र के आकार का वर्णन किया। आकार यह कि, "तुम्हारे, शब्द-अर्थ-शरीर, संस्कृत भाषा-मुख, प्राकृत भाषाएँ-भुजाएँ, अपभ्रंश-जंघा, पिशाच-भाषा-चरण, मिश्र भाषाएँ—वक्षस्थल हैं। तू सम, प्रसन्न, उदार और ओजस्वी है। ये ही काव्य गुण है। तेरी वाणी उत्कृष्ट है। रस तेरी आत्मा है। छंद तेरे रोम हैं। प्रश्नोत्तर, पहेली, समस्या आदि तेरे वाग्विनोद हैं और अनुप्रास, उपमा आदि तुझे अलंकृत करते हैं। भावी अर्थों को बताने वाली श्रुति (वेद) भी तेरी स्तुति करती हैं।"[(क)] इस रूपक में आचार्य का लक्ष्य था—काव्य की संपूर्ण विशेषताओं को संरचनात्मक समग्रता में बाँधने का। काव्य पुरुष की उत्पत्ति का मिथ भी आचार्य ने कविता के दो रूपों में पेश किया। मध्ययुग में भारतीय कला से प्रभावशील वर्ग की उल्लेखनीयता है कि उसने रचना प्रक्रिया या सृजन की समस्याओं को मानवीय शक्ति से इतर मान लिया था। यही कारण है कि कवि रचना के पूर्व देव स्तुतियाँ करते थे। उनसे कविता करने की शक्ति देने की याचना करते थे। यह प्रभाव बहुत दिन तक बना रहा, यहाँ तक कि आधुनिक कवियों में भी देव स्तुति के बाद प्रबंध की शुरुआत मिलती है। इसी परंपरा में स्वयंभू, प्रजापति ओर कालजयी जैसे विशेषण प्राप्त हैं। इसकी परिधि में कविता के विकास की कोई समस्या विचार के क्षेत्र में नहीं आती। वहाँ तो हर रचना घटित है। अधिक से अधिक उसके कौशल पर शास्त्रीय गोष्ठियाँ हो सकती थीं—पर रचना प्रक्रिया का क्षेत्र गोष्ठियों में वर्जित थे। यह भाववादी जीवन मूल्यों के अनुसार रचना की कैफियत थी। जैसा कि कहा था, "पूजीवादी उत्पादन, आत्म रचनाओं में से कुछ का तो विरोधी है, उदाहरण के लिए कला और कविता।"[47] बीसवीं शताब्दी में वैज्ञानिक-दार्शनिक दृष्टि संपन्न आलोचकों और सौंदर्यशास्त्रियों के द्वारा रचना प्रक्रिया की बारीक व्याख्या तथा कवियों द्वारा स्वयं आत्मकृत के निर्मम उद्‌घाटन के बाद अब यह समस्या विश्लेषण की परिधि में आ गई है। इसलिए अब इसकी देश और काल सापेक्ष पहचान की जाने लगी है।

सोवियत क्रांति और दो भयावह युद्ध—विश्व की दो विरोधी प्रमुख प्रवृत्तियाँ हैं। एक में सामंती-पूँजीवादी समाज से मुक्ति और दूसरे में फासीवाद की पिशाच लीला दोनों ने रचना के क्षेत्र में अद्‌भुत परिवर्तन किए। नीत्शे, कामू, काफ्का, सार्त्र, गोर्की, मायकोव्स्की जैसे रचनाकार इस माहौल में जन्मे। सदियों से चली आती परिवर्तन

(क) **शब्दार्थों ते शरीर संस्कृतं मुखं, प्राकृतं बाहुः जघनमपभ्रंशः पैशाचं पादौ, उरोमिश्रम्। समः प्रसन्नोमधुर उदार ओजस्वी चासि। उक्ति चणं च ते वचो, रस आत्मा, रोमाणि छन्दासि, प्रश्नोत्तरप्रवदित्वकादिकं च वाक्‌केलिः अनुप्रासोपमादयश्च, त्वामलं कुर्वंति। भविष्योदर्थस्यार्मिधात्री श्रुतिरपि भवंत मत्ति स्तौति।**

—राजशेखर—काव्य मीमांसा

की मंद गति, जिसकी समग्र पहचान जल्दी नहीं बन पाती थी, इन रचनाकारों के कारण तीव्र हो गई। स्थितियों में तीव्र परिवर्तन का प्रभाव लेखकों और चिंतकों पर पड़ा। गुणात्मक परिवर्तन आया। स्थितियों की गतिशीलता और उभार के अनुरूप इनकी भी सारवस्तु निर्मित हुई। फ्रायड और मार्क्स ने दो दुनियाओं के परिवर्तन की संगति तैयार की। फ्रायड के दर्शन के मनुष्य को अंतवृत्तियों को समझने में जितनी सहायता पहुँचाई, उससे अधिक उसे कामुक और विलासी बनाया। उसने बूर्ज्वा व्यवस्था को उबरने का उपाय देने के बजाए–विकृतियों पर आस्था टिकाने का दर्शन दिया। मार्क्स ने दुनियां के पीड़ितों को दासता से पूर्ण मुक्ति तथा सृजन के अनंत सोपान दिखाए। इसीलिए फ्रायडवाद विद्युत चकाचौंध की भाँति आकर्षित करने के बाद फ्यूज हो गया जबकि मार्क्सवाद ने सामाजिक-सांस्कृतिक क्षेत्र में आमूल परिवर्तन और विकास की मिशाल बना दी। इसके कारण रचना की शून्य और आकस्मिकता के प्रति निर्भरताएँ समाप्त हुईं।

समकालीन दुनियां में समाज की गत्यात्मकता और रचना के विकास के अंर्तसंबंध अत्यंत जटिल हैं। मार्क्स ने इस जटिलता का उल्लेख करते हुए यह भी कहा, "कुछ शीर्षस्थ रचनाकार समाज के सामान्य विकास के साथ संवाद नहीं करते।"[46] इस कथन का लाभ उठाते हुए लोगों ने कहा कि मार्क्स कला की सामाजिक संबंधों की निर्भरता और नियंत्रण को स्वीकार नहीं करते थे। ऐसे निष्कर्षों तक पहुँचने के पूर्व यह देखना जरूरी है कि क्या मार्क्स रचना को सामाजिक अलगाव की उत्पत्ति मानते थे ? कदापि नहीं ? इस तरह के वक्तव्य उन्होंने रचना के उन शिखर क्षणों के लिए दिए हैं–जब समाज के विकास से रचना के संबंध सीधे नहीं टकराते। उन युगों के रचनाकार वस्तुतः इतिहास और भविष्य की इतनी गहराई में धँसे होते हैं कि वर्तमान से गुजरती हुई नजर तात्कालिक उत्तेजना के मटमैलेपन को सतह में नहीं जाने देते। ऐसी रचनाओं की प्रगतिशीलता देर से पहचानी जाती है। किसी जमाने में "ग्राम्या" राम की शक्ति पूजा से अधिक प्रगतिशील समझी जाती थी। समाज का सर्वांग और बराबर विकास एक साथ नहीं होता, परंतु इससे इस अवधारणा में अंतर नहीं आता कि सामाजिक विकास और रचनात्मक विकास में अंर्तसंबंध है। इलया इरेन वर्ग ने महान रचनाओं के बारे में लिखा, "रचना की प्रगतिशीलता या निगतिशीलता की पहचान के सिलसिले में महान रचनाओं के प्रति गलत दृष्टि बना ली जाती है।–उन रचनाओं में अनुभव की कमी नहीं होती, बल्कि वे परंपरा की विरासत और शताब्दी की समग्रता में धँसी होती है।"[49] प्रगतिशीलता समकालीन अथवा अतीत कालीन रचनाओं की तुलना मात्र से भी नहीं पहचानी जाती। दास्तोवस्की और निराला और पंत, अज्ञेय और मुक्तिबोध की तुलना से यह फैसला नहीं होगा कि प्रगतिशील कौन है ? पहली जरूरत होती है कि तमाम रचनाकारों तथा उनकी रचनाओं की बुनावट को पहचाना जाए। उनकी निजी प्रक्रिया देखी जाए। वास्तविकता

के किस पहलू और किस तरंग को उन लोगों ने स्पर्श किया है। संभव है कि वे पूरक सिद्ध हों। रचना विकास की विभिन्न गति रेखाओं को आत्मसात करने के बाद तुलना की स्थिति पैदा होती है। प्रगतिशीलता की दृष्टि न तो प्रत्येक रचना की पूर्ण स्वायत्तता की वकालत करती और न अनुकरण मूलक संबद्धता की। महत्त्वपूर्ण बात यह•है कि जीवन की स्वाभाविक विभिन्नताओं के बीच के अंतर्संबंधों की भाँति रचना की भी प्रक्रिया होती है। इसीलिए प्रगति और विकास की विविध स्थितियाँ होती हैं। किन्हीं स्थितियों में पूर्व तत्व चक्कर लगाते रहते हैं और दूसरी स्थिति में पूर्व रूप पूरी तरह से विलयित होने के बजाए उच्चतर रूप में (प्रायः बदले हुए)' जो उन्हीं से उभरते हैं, अस्तित्ववान और गतिशील रहते है।[50] विश्व की प्रकृति में इतनी विविधता है कि रचना के लिए कभी भी कथ्य और शैली की निःशेषता संभव नहीं है। इसीलिए तुलना के लिए भी काफी सतर्कता की जरूरत है। स्थूल जैसे निम्नतर स्थिति से उच्चतर स्थिति-तुलना के लिए विधायक नहीं होते।

परिवर्तन और विकास सदैव प्रगति का ही अर्थ नहीं रखते समाज में लगातार आंदोलन होते हैं, पर सभी का परिणाम प्रगति नहीं होता। स्थिरता, निगति अथवा अनुसरण में से कोई भी परिणाम उनमें से निकलता है—आंदोलन की प्रकृति के अनुरूप। निर्जीव प्रकृति में होने वाले विकास की वैज्ञानिक आमतौर पर अग्रगामी क्रिया नहीं मानते। वस्तुतः यह विकास जिसमें नैरंतर्य पुनर्सृजन, और गुणात्मक रूप से नई चारित्रिकता—ही प्रगति कहलाती है। प्रगति की यह धारणा रचना के साथ भी लागू होती है। रचना के इतिहास को देखते हुए यह समझना आसान हो जाता है कि कहाँ परंपराएँ स्थिर हैं, कहाँ नए का प्रवर्तन है और कहाँ सक्रांति की अवस्थाएँ हैं। गोर्की ने लिखा, "नए रचयिता की प्रत्येक पुस्तक के गुप्त अंतर्संबंध पुरानी से होते हैं और प्रत्येक नए रचना कर्म में पुराने के तत्व निहित रहते हैं। स्टेनढाल, बाल्जाक, फ्लावर्ट और मोपांसा एक-दूसरे के बिना असंभव होते। यदि प्रथम दो कर्मी रचना को अंतिम निष्कर्ष तक न पहुँचाते, फ्लावर्ट और मोपांसा को उसे पूरा करना पड़ता।"[51] इसका अभिप्राय हुआ कि रचनाकार का पहला दायित्व यह पहचानने में है कि ऐतिहासिक क्रम में उस काल में रचना कहाँ पर है ? कथ्य और रूप की किन स्थितियों से रचनाकार निपट चुके हैं। विरासत की समग्र पहचान जितनी गहरी होती है, रचना में उतना ही नयापन आ जाता है। उपलब्धियों और प्रवर्तन का सतत द्वंद्व रचनाकार के लिए अनिवार्य है। हर समय पूर्व उपलब्धियों का पुर्नमूल्यॉकन हो जाता है। पूर्व उपलब्धियाँ जितनी बार जिस तरह से प्रवर्तन से टकराती हैं—उनकी स्थिति का नया रंग पहचान में आता है। मसलन् तुलसी की रचनाओं का बोध रामचंद्र शुक्ल, रमेश कुंतल मेघ या विश्वनाथ त्रिपाठी से समाप्त नहीं होता। वह हर समय प्रवर्तक के काल की बोध सीमा उसके दूसरे तेवर को खोल लाती है। कारण यह है कि जिस तरह वर्तमान में ज्ञान के लिए अज्ञान हमेशा चुनौती है, उसी तरह अतीत भी। अतीत

तो और भी चुनौती है क्योंकि वह तो और भी पहले के ज्ञान का प्रतिबिंब है। अतीत की रचना के साथ एक खूबी और थी कि उस काल की रचना में वे भी तत्व शामिल हो जाते थे—जिन्हें रचयिता नहीं जानता था। जैसे वे चाँद के धब्बे की बात करते थे, पर उसकी वस्तुगत जानकारी उन्हें नहीं थी। आगे का प्रवर्तक कवि जब अतीत को अपने आत्मवृत्त में लाता है—तो उस अज्ञात प्रयोग के प्रति बदले बोध को भी ध्यान में रखता है। बूर्ज्वा समीक्षक इस ऐतिहासिक अन्योन्य क्रिया को नहीं मानते। मसलन् कालिंगवुड कहते हैं, "रचना का एक कार्य दूसरे तक नहीं पहुँचता। प्रत्येक कार्य एक बंद इकाई है। एक इकाई से दूसरे में कोई ऐतिहासिक संक्रमण नहीं होता।"[52] उसने और भी कहा, "रचना का रचना के रूप में कोई इतिहास नहीं होता। रचना का अर्थ सौंदर्य शास्त्र की गतिविधि और कल्पना है। कल्पना का कार्य एक पूरी स्वायत्त इकाई पेश करना है। जिसका सब-कुछ उसी में उसी के लिए है। सौंदर्य शास्त्र की दृष्टि से जिसके लिए केवल रचना रचना की तरह अस्तित्ववान है—एक व्यक्ति का रचना कर्म किसी निजी क्षण के अस्तित्व की तरह के रूप में होता है।"[53] कुछ आलोचकों ने कहा कि यह तय करना कठिन है कि रचनाकार अपने सृजन कर्म में इतना आगे बढ़ा है। ऐसे लोगों के पास प्रगति को पहचानने के लिए उत्तम या निकृष्ट, उच्चतर और निम्नतर जैसे विभाजन ही होते हैं। दूसरे आलोचकों का मत है कि गत और आगत की तुलना करते हुए रचना की समीक्षा असंगत है। रचना को युग की अभिव्यक्ति के रूप में देखना काफी है। ऐसी समीक्षाएँ अधूरी हैं। रचना का नितांत व्यक्तिगत, निरीक्षण की अभिव्यक्ति स्वतः पूर्ण अतुलनीय होना केवल भ्रम है। जो रचयिता इन बातों से तुष्ट होते हैं, उनकी रचना के तत्व भी स्थिर या गतिशील, किसी भी ऐतिहासिक तरंग से जुड़े होते हैं। फर्क यह होता है कि उनकी रचनाएँ विशिष्ट योग्यताएँ, मौलिकता और कलात्मक दक्षताएँ नहीं होती। रचना का स्वभाव ही है कि उसमें परंपरा और प्रवर्तन की द्वंद्वात्मकता होनी चाहिए। निरंतरता या प्रवाह में शामिल होने के लिए यही आवश्यक है। जीवन की ऐतिहासिक जटिलता वास्तविकता की गहरी धुली हुई संपृक्ति को रचनात्मक कल्पना में जितनी मिलती है—उतनी ही वह रचना अपने चरित्र के करीब होती है। इसे इतिहास और भौतिक ज्ञान मीमांसा का रचनात्मक द्वंद्व भी कह सकते हैं। ऐसे ही रचना से हर सामाजिक विकास की स्थिति से जुड़े व्यक्ति के मानवीय आदर्श और सच्चाई बोलती है। सच्चाई केवल घटित की ही नहीं, बल्कि संभावना की भी होती है। संभावना केवल आंचलिक या राष्ट्रीय नहीं—मानवीय। मानवीय का यहाँ अर्थ विश्व के मनुष्य की सर्वोत्तम रचनात्मक दक्षता। यही तभी संभव है—जब रचयिता विश्व की सामाजिक-सांस्कृतिक गति के साथ भी अंतर्संबंध महससू करे—वस्तुपरक ढंग से। अंध राष्ट्रीयता या सांप्रदायिकता के कारण रचना में सर्वोत्तम का सृजन नहीं होता।

रचना की प्रगतिशीलता के साथ जुड़ा प्रश्न शैली और पद्धति का भी है। इस

प्रसंग में इतिहासकारों ने रचना के इतिहास में यथार्थ और यथार्थ विरोधी धाराओं का उल्लेख किया है। यथार्थधारा आदिम युग से अमिट सच्चाई के रूप में सक्रिय है, दूसरी धारा कृत्रिम और वर्गानुमोदित है। दोनों के बीच संघर्ष जारी रहा है। एक विचार है कि यथार्थवादी और रोमांसवादी—रचना की दो पद्धतियाँ हैं—जिनकी स्थिति ऐतिहासिक परिप्रेक्ष्य में दृश्य होती है। ये दोनों पद्धतियाँ अनेक रूपों में परिलक्षित होती हैं। इस विचार के जरिए रचना का तमाम क्षेत्र सीमित हो जाता है। संज्ञान के विकास की अनेक स्थितियों से रचनात्मक तंतु टूट जाते हैं। मुख्य-बात है कि रचना का कोई आंदोलन जीवन से बिलकुल कटा नहीं रहा। जीवन से जुड़ने पर उसमें कथ्य की नवीनता आई और उसने रूप को भी चुनौती दी। रूप की गति कथ्य से जुड़ी रही। हिंदी के इतिहास के मध्ययुगीन प्रयास में सूर, तुलसी, केशव, बिहारी, घनानंद के रूप की एकता नहीं है। शैली सबकी अलग है। शैली और रूप के तत्व मोटे रूप में ही चौपाई अथवा सवैया कहे जाएँगे। हर रचनाकार की रूप-शैली भिन्न तो है—विशिष्ट कालावधियों में अलग-अलग हो जाती रही है। कल्पना की चित्रात्मक क्षमता जितनी समग्र और मौलिक होती है—उतनी ही शैली निज और काल सापेक्ष हो जाती है। शास्त्रीय युगों की शैली-रोमानी युगों से मेल नहीं खाती शास्त्रीयता से यथार्थ अथवा रोमान से शास्त्रीय युगों में स्थानांतरण के अपने द्वंद्व रहे हैं। ये द्वंद्व जब तीव्र होते हैं तो या तो रोमान पैदा हुआ है या यथार्थ। रोमान से यथार्थ की ओर भी प्रस्थान हुआ है। यथार्थवादी चेतन का अपना रोमान होता है, जिसे गोर्की ने सक्रिय रोमांस कहा है। रोमांस से यथार्थ के रूप में आलोचनात्मक यथार्थ की प्रक्रिया भी जन्म लेती रही है। उस समय के लेखक रोमांस का अतिक्रमण करते प्रतीत होते हैं। जैसे हिंदी के छायावाद के भीतर से पंत और निराला मुक्त नजर आ रहे हैं, या प्रेमचंद्र उस काल की सीमा को तुरंत लाँघ जाते हैं। दुनियां में बहुत से ऐसे रचनाकार हैं, जो समाजवादी मूल्यों को सीधे सैद्धांतिक रूप से स्वीकार न करते हुए भी सामाजिक सच्चाइयों को रचनात्मक आकार देते हैं। उनमें से प्रतिभाशाली हो गयी हैं। वे समकालीन संस्कृति के निर्माण में महत्त्वपूर्ण भूमिका अदा करते हैं। उनमें से अधिकांश आलोचनात्मक यथार्थ के नजदीक होते हैं। रचना के विकास में उनकी स्थिति प्रगति के अंतर्विरोधों को समझने में दिखती है। तोल्स्तोय की रचना 'युद्ध और शांति इसीलिए तो लेनिन को पसंद थी क्योंकि उसमें रूसी समाज की भयानक वर्गगत खाइयाँ दिखाई पड़ती थीं।

कला की विभिन्न विधाओं में अंतर्संबंध होते हैं, पर विकास की दृष्टि से यह जरूरी नहीं है कि प्रत्येक विधा का साथ-साथ समानांतर विकास हो। रचनात्मक आंदोलनों के समय विधा मूलक केंद्रीयता भी उपस्थित हो जाती है। पहले का साहित्य तो ज्यादातर कविता या नाटक के रूप में व्यक्त हुआ। आधुनिक युग में कभी कथा साहित्य युग का बिंब पूरी ताकत से पेश करता है, कभी कविता। रूस में एक साथ

कथा साहित्य का विकास हुआ। प्रतिभा में उसी ओर झुकीं। हिंदी ने आधुनिक युग में छोटे-छोटे काल ही सही-कविता कहानी या आलोचना प्रधान हो जाते हैं। माहौल में कोई विधा गहरे से उतर जाती है, जब रचना प्रवाह मुड़ जाता है। वास्तविकता के बिंब उस विधा के भीतर से गुजरने लगते हैं। कभी कोई विधा हाशिये में आ जाती है, कभी कोई। विधा के घिसने से कई बार कथ्य की तेजधार कुंठित होने लगती है, तब विशिष्ट रचनाकार उससे भी टकराकर कथ्य और रूप परिवर्तन का गंभीर तनाव झेलता है। परंपरागत कविता से मुक्ति के लिए सबसे महत्त्वपूर्ण और प्रगतिशील तनाव निराला ने झेले। उसी काल के कवि पंत और प्रसाद में ऐसे तनाव नहीं हैं। परिवर्तन का सरल अनुप्रवेश ही उनकी रचनाओं से गुजरता है। विधा परिवर्तन रूप परिवर्तन का स्वतंत्र आंदोलन भी इस तनाव को नहीं झेल समता। इसमें विवाद करना संभव नहीं है कि तनाव रूप का नहीं—कथ्य की तेजी से उभरता है। यह कथ्य में कुछ जोड़ने का होता है। यह पुराने और नए का द्वंद्व है। द्वंद्व की तीव्रता नई-पुरानी खाई पर आधारित है। यह हकीकत है समस्याओं की गई पहचान और नई समस्याओं की खोज के लिए संलग्न रचनाकार में ही प्रगतिशीलता की संभावनाएँ होती हैं। समस्याओं की नवीनता ही नई समस्याओं का उदय—दोनों के लिए रचनात्मक में व्यवस्था का एक सपना होता है। यह बीते सपने और भावी सपने का भी संघर्ष हो जाता है। आलोचक यही तो देखता है। कि रचयिता क्या वास्तव में परिवर्तन के लिए व्याकुल है ? व्यवस्था के सपने के बिना परिवर्तन की इच्छा लगभग अराजक होती है, जो प्रगतिशील या विकास मूलक नहीं। यह भी संभव है कि प्रगतिशील सपने, व्यवस्था के निश्चित आदर्शों के बावजूद रचना के भीतर वे प्रक्रियाएँ न ढल सकी हों। "प्रगतिशील रचना के भीतरी अंतर्विरोधों को हमें नहीं झुठलाना चाहिए। क्योंकि तरक्की पसंद आंदोलन भी किसी न किसी हिस्से से चुकते हैं। रचना की जो महत्त्वपूर्ण प्रेरक शक्ति रही है विकास की विभिन्न स्थितियों में उसी का रूपांतरण आम तौर पर नहीं हो पाया।"[54] आशय की नए-पुराने के निर्णय से ही रचनात्मक प्रक्रिया तय नहीं हो जाती। उसे व्यक्तित्व में अर्जित करना पड़ता है—मूल्य के रूप में इसी में हर रचयिता का फर्क तैयार होता है। राष्ट्रीय चरित्र का साहित्य होते हुए भी प्रगति और उपलब्धि की अर्जित रचित स्थितियों में कभी समानता नहीं मिलती। दिनकर और नागार्जुन की कविताएँ एक तरह नहीं हो सकतीं क्योंकि दोनों व्यक्तित्व अर्जन-सर्जन में भिन्न हैं। वेलिंस्की ने लिखा, "जितना बड़ा कवि, उतनी ही अधिक निश्चयात्मक सामाजिक संपृक्ति और उतने ही गहरे अंतर्संबंध उसके विकास दृष्टि और सक्रिय प्रतिभा प्रकार तथा समाज के ऐतिहासिक विकास से।"[55] रचना में आंतरिक बुनावट का स्वरूप ही प्रगट होता है यह तो आलोचना का काम है कि वह उस बुनावट के चरित्र को पा ले। आलोचक रचनाकार की व्यक्तिगत क्षमताओं को अनुभवों की ऐतिहासिकता के परिप्रेक्ष्य में ही जाँचता है। दोनों को इस समस्या को आत्म

करते सरलीकरणों से बचना चाहिए। उन्हें अवधि और स्थान की संकुचित धुरी में भोले तरीके से नहीं बाँध देना चाहिए। रचनाकार के संबंध और इतिहास के अंतर्संबंधों को बड़ी सावधानी से जाँचना चाहिए। उस समय मूल्य और सौंदर्य मूल्यों को लेकर भ्रम का शिकार नहीं होना चाहिए। मूल्य की पहचान से रचयिता की कथ्य वे प्रति दिशा का पता चलता है। वह आत्मवादी है या वस्तुवादी इसका संकेत मिल जाता है। यह इतिहास की वास्तविक अनुभूतिं में भी शामिल होता है। सौंदर्य मूल्य-मूल्य की तुलना में ज्यादा जल्दी बदल जाते हैं, वे हमारी नई रुचियों के अनुसार नए समाज के रूप में प्रकट होते हैं। रचयिता उन्हीं के जरिए आत्मविश्वासपूर्ण तरीके से सौंदर्य मूल्यों के साथ रचनात्मक क्रीड़ा करता है। यही करता है कि प्रगति रचना की दुनिया में भी स्थिर नहीं हो पाती। जैसे कि ज्ञान के निरंतर विकास को कभी कम नहीं किया जा सकता—उसी तरह सौंदर्य मूल्यों को। ज्ञान का विकास दृष्टि को मांजता, गहराता और विचरण को मुक्ति देता है और रचना का विकास-सौंदर्य मूल्यों को नए-नए रूप में पेश होने का बेचैनी देता है। उसी कारण रचना और आलोचना विशेषकर कला और विज्ञान के सामान्यतः विकास पर निर्भर करते हुए द्वंद्वात्मक तरीके से ऊर्ध्वोन्मुख होते हैं। इससे ही रचना की प्रगति एक वस्तुपरक साक्ष्य बन जाती है। रचना के भीतर क्या नहीं मिलता—ज्ञान, प्रकृति के नियम, वैज्ञानिक विश्वास, आस्वाद का धरातल, युगीन प्रतिनिधि कलाएँ, ईर्षा-द्वेष, संघर्ष, संकीर्णताएँ, सीमाएँ, रूढ़ियाँ, प्रतिक्रियाएँ, सकारात्मक, नकारात्मक स्थितियाँ, इच्छाएँ, अनिच्छाएँ, आस्था-अनास्थाएँ प्रभावशील वर्ग आदि। ये सभी आंतरिक स्थितियाँ ऐंद्रिय-रागात्मक विश्वासों के साथ रचना का आकार बनाती हैं। यही कारण है कि रचना-मनुष्य का बिंब बन जाती है। अमूर्तन से उसका परिणति में कोई रिश्ता नहीं रह जाता। यथार्थ रूप में मनुष्य और नए मनुष्य का ऐतिहासिक बिंब रचना में ही मिल पाता है। रचना की निरंतर चेष्टा बेहतर मनुष्य के बिंबन की होती है। हिंदी में आज की मूर्त भाषा में बात की जाए तो रचनाकार का संघर्ष इस देश के भीतर आधुनिक आदमी रचने की है। पुराने और आधुनिक का संघर्ष उसकी चुनौती तो है ही, आधुनिकता के अंतर्विरोधों से टकराना भी कम जरूरी नहीं। यह इसलिए कि "आधुनिकता" की अवधारणा को हमारे काल ने काफी गड्डमड्ड किया।

संदर्भ

1. पोहान बोल्फ गांग गेटे—कानवरसेशन आफ गेटे—पेज 381-82
2. —वही—किल ड डाग, ही इन रिव्यूअर
3. डार्क हेपरड क्रिटिक्स

4. राजशेखर—काव्य मीमांसा—पेज 31
5. —वही—पेज 35
6. —वही—पेज 35

'संति पुस्तकविन्यस्ताःकाव्यबध गृहे-गृहे
द्वित्तास्तु भावक मनःशिलापट्टानिकुट्टिताः

7. —वही—पेज 31
8. जार्ज लुकाच—मार्क्सवादी; लेनिनवादी, ज्ञान मीमांसा में सत्य की वस्तु परकता (अनुवाद-कमलेश) (निबंध) "आलोचना जुलाई-सित. 1971" पेज 36
9. देवीशंकर अवस्थी—रचना और आलोचना (1979) पेज 11
10. आमीलावेल (Amy LoWell) क्रिएटिव प्रौसेस (संपादित)—ब्रेव्सटर जीसलिन—पेज 111
11. क्रिस्टोफर काडवेल—स्टडीज एंड फरदर स्टडीज इन ए डाइंग कल्चर—पेज 77
12. —वही—पेज 77-78
13. हार्थान—आइडेन्टरी एंड रिलेशनशिप—पृ. 132
14. आर.डब्ल्यू. जेरार्ड—द वाय ला जिविलवेस आफ इमैजिनेशन (लेख) क्रिएटिव प्रोसेस— ब्रेव्सटर जीसेलिन—पेज 227
15. —वही—पेज 227
16. देवी शंकर अवस्थी—रचना और आलोचना—पेज 14
17. आर.डब्ल्यू. जेरार्ड—द बायलाजिकल वेस आफ इमेजिनेशन क्रिएटिव प्रोसेसब्रेव्सटर जीसेलिन एडीशन—पेज 249
18. लूना चार्स्की—आन लिटरेचर एंड आर्ट—16
19. जार्ज लुकाच—राइटर एंड क्रिटिक—पेज 200
20. गजानन माधव मुक्तिबोध—नई कविता आत्मसंघर्ष एवं अन्य निबंध—पेज 3-4
21. —वही—एक साहित्यिक की डायरी—पेज 26
22. —वही—पेज 28
23. देवी शंकर अवस्थी—रचना और आलोचना—पेज 11
24. गणेश त्रैयम्बक देश पांडे—भारतीय साहित्य शास्त्र पेज 95 से उद्धृत।
25. भागीरथ दीक्षित—अभिनव साहित्य चिंतन—पेज 15
26. नामवर सिंह—इतिहास और आलोचना—पेज 201-202
27. रमेश कुंतल मेघ—अथातो सौंदर्य जिज्ञासा—पेज 135
28. रामविलास शर्मा—साहित्य के स्थायी मूल्य और मूल्याँकन—पेज 12-13
29. जार्ज लुकाच—सोल एंड फार्म—पेज 20
30. —वही—पेज 23
31. लूसिंए गोल्डमान—साहित्य का समाज शास्त्र, इतिहास, वर्तमान, स्थिति और पद्धति मूलक समस्याएँ (अनुवाद) आलोचना जन.—मार्च 1972, पेज 9
32. क्रिस्टोफर काडवेल—स्टडीज इन डाइङ्ग कल्चर—पेज 54
33. —वही—पेज 129
34. टी.आई. लेनिन—कलेक्टेड वर्क्स (लंदन) 1961, पेज 360
35. जार्ज लुकाच—राइटर एंड क्रिटिक—पेज 62
36. —वही—पेज 187
37. —वही—पेज 211

38. लूसिंए गोल्डमान—हिडेन गाड—पेज 20
39. ग्राम्शी—द प्रिजन नोट् बुक—पेज 133
40. टी.एस. ईलिएट—आन पोपट्री एंड पोयट्स—पेज 117
41. ग्राम्शी—द प्रिजन नोट बुक—पेज 353
42. हर्बट रीड—हाट इज रेयूव्लूशनरी आर्ट—पेज 163
43. जे.एम. हार्थान—आईडेन्टटी एंड रिलेशनशिप—पेज 175-76
44. ए. जीज—फाउल्डेशन्स् आफ मार्क्सष्ट एस्थिटिक्स—पेज 16
45. —वही—पेज 18
46. लूसिंए गोल्डमान—साहित्य का समाजशास्त्र, इतिहास, वर्तमान स्थिति और पद्धति मूलक समस्याएँ (अनुवाद आलोचना, जन.-मार्च 1972, पेज 7
47. कार्ल मार्क्स क्योरीज आफ सरप्लसवेलूर पार्ट 1 (मास्को 1969, पेज 285
48. —वही—ए कन्ट्रीव्यूशन टू द क्रिटिक आफ पोलिटिकल, इकानामी (मास्को-1970) पेज 215
49. इलया इह रेन वर्ग—कलेक्टेड वर्क्स—पेज 464
50. एम. रूतकेविच (M. Rutkevich-Vo Pros-y Filosoffi) वोप्रासी फिलोसोफी नं. 8/1965 पेज 30
51. मैक्सिम गोर्गी—द राइटर्स क्रिएटिव इनडिविड्यूल्टी एंड द डिवलपमेंट आफ लिटरेचर (एम. खैपचेंको)—पेज 289 से उद्धृत।
52. आर. कलिंग वुड—एसेज फिलासफी आफ आर्ट (व्लूमिगटन—1964) पेज—152
53. —वही—पेज 151
54. एम. खैपचेंको—द रारटर्स क्रिएटिव इनडिविड्यूल्टी एंड डेवलपमेंट आफ लिटरेचर—पेज 323
55. टी.जी. बेलिन्स्की (कंपलीट वर्क्स, पेज 502) ख्रैपचेंको—पेज 332

●●●